중졸
검정
고시

필수과목 총정리

기출문제 정복하기

www.goseowon.co.kr

PREFACE

검정고시의 전 과목 합격은 평균 60점 이상이며, 과목 합격은 60점 이상인 과목에 대하여 합격을 인정합니다. 즉, 검정고시는 고득점이 목표가 아니라 합격하는 것에 목적이 있다고 할 수 있습니다.

때문에 검정고시는 대입 수학능력시험이나 공무원시험과 다른 학습방법이 필요합니다. 합격에 필요한 점수를 얻기 위해서 필수적인 내용만을 정리해 놓은 효율적인 교재를 선택하여 짧은 시간에 최대의 효과를 얻는 것이 중요합니다.

본서는 중졸학력 인정 검정고시의 기출문제집으로 2013년도부터 2017년 가장 최근의 기출문제까지 체계적으로 수록하여 출제경향 파악을 도왔습니다. 또한, 매 문제에 상세한 해설을 담아 학습의 효율성을 높였으며, 수험생 혼자서도 본서 한 권만으로 완전학습이 가능하도록 구성하였습니다.

검정고시 시험을 발판으로 자신의 꿈에 한 걸음 더 가까이 다가가고자 하는 수험생 여러분을 응원하며, 모두에게 합격의 영광이 있기를 바랍니다.

INFORMATION

❶ 목적

정규 학교에 미진학한 사람들에게 계속 교육받을 기회를 제공하고 국가의 교육수준 향상을 도모하며 교육의 평등 이념 구현에 기여

❷ 근거법령

고등학교 입학 자격 검정고시 규칙(교육부령 제1호, 2013. 3. 23)

❸ 시험관리기관

- ㉠ **시ㆍ도 교육청** : 시행공고, 원서교부ㆍ접수, 시험실시, 채점, 합격자발표
- ㉡ **한국교육과정평가원** : 출제 및 인쇄

❹ 시험일정

- ㉠ **1차** : 매년 4월
- ㉡ **2차** : 매년 8월
- ※ 매년 4월 / 8월 2회에 걸쳐 시행한다.

❺ 시험개요

- ㉠ **필수** : 국어, 수학, 영어, 사회, 과학 (5과목)
- ㉡ **선택** : 도덕, 기술ㆍ가정, 체육, 음악, 미술 중 1과목

❻ 합격기준

필수 6과목과 선택 1과목의 평균이 60점이 넘으면 합격이다. 평균이 60점이 넘지 않으면 7과목 중 60점이 넘은 과목만 과목합격이 된다. 과목합격이 된 과목의 경우 추후 실시되는 검정고시 응시 시 해당 과목만 과목 응시 면제를 신청할 수 있다.

❼ 응시자격 및 제한

㉠ 응시자격

- 초등학교 졸업자 및 이와 동등 이상의 학력이 있는 자
- 3년제 고등공민학교 졸업자 또는 졸업예정자
- 중학교에 준하는 각종학교 졸업자 또는 졸업예정자
- 「초ㆍ중등교육법 시행령」 제29조의 규정에 의하여 학적이 정원 외로 관리되는 자
- 「보호소년 등의 처우에 관한 법률 시행령」 제69조 제2호에 해당하는 자
- ※ 졸업 예정자라 함은 최종 학년에 재학 중인 자를 말함

㉡ 응시자격 제한

- 중학교 또는 「초ㆍ중등교육법 시행령」 제97조 제1항 제2호의 학교 졸업자 또는 재학 중인 자
- 공고일 이후 중학교 또는 「초ㆍ중등교육법 시행령」 제97조 제1항 제2호의 학교를 졸업한 자
- 공고일 이후 학교에 재학 중 학적이 정원 외로 관리되는 자
- 고시에 관하여 부정행위를 한 자로서 처분일로부터 응시자격 제한 기간이 경과되지 않은 자

STRUCTURE

기출문제

2013년부터 2017년 2회까지 시행된 5년 간의 기출문제를 수록하였습니다.

과학 | 2017년 제2회 중졸검정고시

1 다음 설명에 해당하는 것은?

빛 → 초점

• 나란하게 들어온 빛을 굴절시켜 한 초점을 지나
• 돋보기로 이용된다.

① 프리즘　　　　　　② 볼록 렌즈
③ 오목 렌즈　　　　　④ 평면 거울

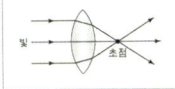

• 방해석은 외부에서 힘을

① 광택　　　　　　② 자성
③ 조흔색　　　　　④ 쪼개짐

정답 및 해설

18 생식
ⓐ 무성 생식 : 암수 생식세포의 결합 없이 자손을 만드는 생식 방법
 • 분열법 : 한 개의 세포로 이루어진 생물이 어느 정도 자라면 세포 분열을 통해 두 각 새로운 개체가 된다.
 • 출아법 : 몸의 일부가 혹처럼 돋아나 어느 정도 자라면 떨어져 나와 새로운 개체가
 • 포자 생식 : 일부에서 포자를 만들고, 포자가 싹이 터서 새로운 개체가 된다.
 • 영양 생식 : 꽃이 피는 식물의 영양 기관(뿌리, 줄기, 잎) 일부가 새로운 개체가
ⓑ 유성 생식 : 암수가 각각 생식세포를 만들고, 이 생식세포가 결합하여 자손을

19 쪼개짐은 결합력이 약한 방향이나 특정한 면을 따라 광물이 쉽게 쪼개지는
 힘을 가하면 기울어진 육면체 모양으로 갈라져 떨어지는 쪼개짐이 나타나

정답 및 해설

매 문제 명쾌한 해설과 보충설명으로 합격에 한 걸음 더 가까이 갈 수 있도록 도와드립니다.

CONTENTS

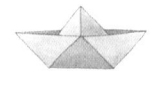

중졸검정고시
기출문제 정복하기

· PART I ·

2013년 제1회
중졸검정고시

국어
수학
영어
사회
과학

1 음절의 구성 방법이 다음과 같은 것은?

산, 강, 물

① 나   ② 의
③ 길   ④ 아

2 다음의 특성을 가진 단어가 아닌 것은?

사람이나 사물의 움직임을 나타낸다.

① 먹다   ② 웃다
③ 파랗다   ④ 달리다

3 관용어가 쓰이지 않은 문장은?

① 오늘 내가 너의 콧대를 꺾어 주겠다.
② 나는 네가 오기를 목이 빠지게 기다렸다.
③ 한라산에 오르니 구름이 손에 잡힐 듯하다.
④ 내가 가장 좋아하는 일은 음식을 만드는 것이다.

▶▶▶ 정답 및 해설

1 자음+모음+자음의 구성이다.

2 글은 동사에 대한 설명이다. ③은 형용사이다
　※ 형용사 : 사물의 성질이나 상태를 나타내는 말

3 ① 콧대를 꺾다 : 상대편의 자만심이나 자존심을 꺾어 기를 죽이다.
　② 목이 빠지게 기다리다 : 몹시 안타깝게 기다리다.
　③ 손에 잡힐 듯하다 : 매우 가깝게 또는 또렷하게 보이다.

답 1.③ 2.③ 3.④

4 다음 경고문에 나타난 문제점은?

쓰레기는 쓰레기 봉투에 담아 버릴 것.
그냥 버리는 사람은 고발 조치하겠음.

① 부드럽고 공손한 말투를 사용했다. ② 상대방을 위협하는 표현을 사용했다.
③ 자신의 생각을 간접적으로 표현했다. ④ 읽는 사람의 입장이나 기분을 고려했다.

[5~8] 다음 글을 읽고 물음에 답하시오

(가) 작은 것이 높이 떠서 만물을 가 비취니
　　밤중의 광명(光明)이 ㉠너만한 이 또 있느냐
　　보고도 말 아니하니 내 벗인가 하노라

　　　　　　　　　　　　　　　　　　　　－ 윤선도, 「오우가」 －

(나) 사람들이 착하게 사는지 별들이 많이 떴다.
　　개울물 맑게 흐르는 곳에 마을을 이루고
　　물바가지에 떠 담던 접동새 소리 별 그림자
　　그 물로 쌀을 씻어 밥 짓는 냄새 나면
　　굴뚝 가까이 내려오던
　　밥티처럼 따스한 별들이 뜬 마을을 지난다.

　　사람이 순하게 사는지 별들이 참 많이 떴다.

　　　　　　　　　　　　　　　　　　　　－ 도종환, 「어떤 마을」 －

(다) ㉡돌담에 속삭이는 햇발같이
　　풀 아래 웃음짓는 샘물같이
　　내 마음 고요히 고운 봄 길 위에
　　오늘 하루 하늘을 우러르고 싶다.

　　　　　　　　　　　　　　　　　　　　－ 김영랑, 「돌담에 속삭이는 햇발」 －

━━━ 정답 및 해설

4 상대방을 위협하는 표현은 경고문에 사용하기에 적합하지 않다.

🅰 4.②

5 (개)와 (나)에 대한 설명으로 적절하지 않은 것은?

① (개) - 자연물에 대한 친밀감을 표현하고 있다.
② (개) - 우울하고 어두운 분위기를 느낄 수 있다.
③ (나) - 평화로운 마을의 모습을 표현하고 있다.
④ (나) - 고요하고 따뜻한 분위기를 느낄 수 있다.

6 밑줄 친 ㉠이 가리키는 것은?

① 물　　　　　　　　　② 돌
③ 달　　　　　　　　　④ 소나무

7 밑줄 친 ㉡과 같은 표현법이 쓰인 것은?

① 오월은 계절의 여왕이다.　　② 인생은 짧고, 예술은 길다.
③ 죽어도 아니 눈물 흘리오리다.　④ 꽃 핀 것처럼 환하게 밝아진다.

8 다음 밑줄 친 구절과 심상이 같은 것은?

> 뻐꾸 영 우에서 / <u>한나절 울음 운다.</u>

① 별들이 많이 떴다.　　　　② 접동새 소리
③ 밥 짓는 냄새　　　　　　④ 밥티처럼 따스한 별

■■■ 정답 및 해설

5 작가의 자연 친화적 태도가 잘 드러나 있는 작품으로 대상에 대한 친근감을 드러내고 있다.

6 작은 것이 높이 떠서 만물을 다 비추는 존재로 '밤중'이란 표현을 참고할 때 '달'이라 할 수 있다.

7 ㉡에 쓰인 표현법은 직유법이다.
　① 의인법　② 대구법, 대조법　③ 역설법

8 ② 청각적 심상
　① 시각적 심상　③ 후각적 심상　④ 촉각적 심상

정답 5.② 6.③ 7.④ 8.②

[9~11] 다음 글을 읽고 물음에 답하시오.

그러나 우리 어린애들은 전혀 달랐다. 어른들 마음과는 아무 상관없이 누나와 나는 피란민들을 마냥 부러워하고 있었다. 세상의 저쪽 끝에서 와서 다른 저쪽 끝까지 가려는 사람들 같았다. 무거운 짐을 들고 불편한 몸을 이끌며 길을 떠나는 모습이 오히려 우리들 눈에는 새의 깃털만큼이나 가벼워 보였다. 그들처럼 마음 내키는 대로 세상을 여기 저기 떠돌아다니지 않고 우리는 왜 마을에 붙박여 살아야 하는지 도무지 이해할 수가 없었다. 그래서 ㉮우리도 피란을 떠나자고 아버지한테 조르기로 작정했다.

〈중략〉

이런 곡절 끝에 명선이는 우리 집에서 살게 되었다. 마지막으로 마을에 남게 된 유일한 ㉠피란민이었다. 인민군한테 발뒤꿈치를 밟혀 가면 피란을 내려왔던 명선네 친척들은 역시 인민군보다 한 걸음 앞서 부랴사랴 우리 ㉡마을을 떠나면서 명선이를 버리고 갔다. 그래서 명선이는 피란민일가가 묵다가 떠난 자리에서 ㉢동네 사람들에게 하나의 골치 아픈 ㉣뒤퉁거리로 발견되었다. 누나하고 내가 할머니를 따라 피란을 떠나던 바로 그날 아침의 일이었다.

– 윤흥길, 「기억 속의 들꽃」 –

---

9 위 소설의 서술자는?

① 나   ② 누나
③ 아버지   ④ 할머니

10 밑줄 친 ㉮의 이유로 알맞은 것은?

① 좋은 학교에 가고 싶어서   ② 고향 마을에 붙박여 살고 싶어서
③ 도시에서 좋은 친구를 사귀고 싶어서   ④ 마음 내키는 대로 떠돌아다니고 싶어서

11 밑줄 친 ㉠~㉣ 중, 시대적 상황을 짐작할 수 있는 것은?

① ㉠   ② ㉡
③ ㉢   ④ ㉣

■■■ 정답 및 해설

9 소설 속의 '나'가 이야기를 이끌어가고 있다.

10 마음 내키는 대로 세상을 여기저기 떠돌아다니지 않고 우리는 왜 마을에 붙박여 살아야 하는지 도무지 이해할 수가 없어 피란을 떠나자고 아버지한테 조르기로 작정한다.

11 피란민 : 전쟁이나 동란, 난리를 피하여 다른 데로 옮기는 사람들

답 9.① 10.④ 11.①

[12 ~ 13] 다음 글을 읽고 물음에 답하시오.

웃음소리들은 높아졌다. 그런 그 웃음소리들이 사라지기도 전에 김 첨지는 훌쩍훌쩍 울기 시작하였다. 치삼은 어이없이 주정뱅이를 바라보며

"금방 웃고 지랄을 하더니 우는 건 무슨 일인가?"

김 첨지는 연해 코를 들이마시며,

"우리 마누라가 죽었다네."

"뭐, 마누라가 죽다니, 언제?"

"이놈아, 언제는? 오늘이지."

"예끼 미친놈, 거짓말 마라."

"거짓말은 왜, 참말로 죽었어. 참말로…… 마누라 시체를 집에 뻐들쳐 놓고 내가 술을 먹다니, 내가 죽일 놈이야, 죽일 놈이야."

하고 김 첨지는 엉엉 소리를 내어 운다.

치삼은 흥이 조름 깨어지는 얼굴로,

"원 이 사람이, 참말을 하나, 거짓말을 하나? 그러면 집으로 가세, 가."

하고 우는 이의 팔을 잡아당기었다.

치삼의 잡는 손을 뿌리치더니, 김 첨지는 눈물이 글썽글썽한 눈으로 싱그레 웃는다.

"죽기는 누가 죽어."

하고, 득의양양……."

"죽기는 왜 죽어, 생때같이 살아만 있단다. 그년이 밥을 죽이지. 인제 나한테 속았다, 인제 나한테 속았다."

하고 어린애 모양으로 손뼉을 치며 웃는다.

"이 사람이 정말 미쳤단 말인가? 나도 아주머네가 않는단 말은 들었는데."

하고 치삼이도 어떤 불안을 느끼는 듯이 김 첨지에게 또 돌아가라고 권하였다.

"안 죽었어, 안 죽었대도 그래."

김 첨지는 화증을 내며 확신 있게 소리를 질렀으되, 그 소리엔 안 죽은 것을 믿으려고 애쓰는 가락이 있었다. 기어이 일 원 어치를 채워서 곱빼기 한 잔씩 더 먹고 나왔다. 궂은비는 의연히 추적추적 내린다.

– 현지건, 「운수 좋은 날」 –

12 '김 첨지'의 심리 상태와 거리가 먼 것은?

① 큰 불행이 닥칠 것을 예감하고 있다.　② 친구에게 아내의 허물을 드러내려 한다.

③ 병든 아내가 걱정이 되어 마음이 무겁다.　④ 집으로 가는 것을 몹시 불안해 하고 있다.

12 '운수 좋은 날'은 인력거꾼의 하루 동안의 일과와 그 아내의 비참한 죽음을 통해 일제 식민지 치하 하층 노동자의 궁핍한 생활상과 기구한 운명을 집약적으로 보여주고 있다.

② 친구에게 아내의 허물을 드러내려 하는 것이 아니라 아내의 죽음을 슬퍼하고 있다.

답 12.②

13 글의 제목에 대한 설명이다. (   )안에 들어갈 말로 가장 적절한 것은?

> 제목 '운수 좋은 날'은 가장 비극적인 날을 (   )으로 표현한 것이다. 작품의 제목은 '운수 좋은 날'이지만, 그 내용은 가장 운수가 나쁜 날이다. 이것은 외면적 행운 뒤에 비극적 결말이 준비되어 있다는 모순된 현실을 극적으로 제시한다.

① 객관적　　　　　　　　　② 반어적

③ 설득적　　　　　　　　　④ 체험적

[14 ~ 16] 다음 글을 읽고 물음에 답하시오.

㉮ 호랑이는 우리 민족의 건국 신화인 단군 신화에서부터 등장한다. 호랑이는 고려 시대의 기록이나 최근에 조사된 민족 자료에서는 산신(山神)으로 나타나는데 '산손님', '산신령', '산군(山君)', '산돌이', '산지킴이' 등으로 불리기도 하였다. 이처럼 신성시된 호랑이가 우리의 설화나 민화 속에서는 여러 가지 모습으로 나타난다. 설화나 민화 속에서 우리는 무서운 호랑이, 익살스러운 호랑이, 정이 철철 넘치는 호랑이, 신이(神異)한 호랑이를 만날 수 있다. 여기에서는 우리 민족의 삶의 모습이 설화 속의 호랑이를 통해 어떻게 형상화되어 있는지 살펴 볼 것이다.

㉯ 우리 민족에게 효는 인간이 지켜야 할 가장 큰 도리였다. 이처럼 인간의 효성에 감동한 호랑이 이야기가 많이 있다. 여름철에 홍시를 구하려는 효자를 등에 태워 홍시가 있는 곳으로 데려다 준 호랑이 이야기, 고개를 넘어 성묘 다니는 효자를 날마다 태워다 준 호랑이 이야기 들이 있다.

㉰ 옛날에 한 나무꾼이 산속에서 호랑이를 만났다. 그는 두려움에 떨다가 정신을 가다듬고 호랑이를 '형님'이라고 불렀다. 호랑이가 그에게 형님이라고 부르는 까닭을 묻자, 그가 말했다.
"우리 어머니가 첫아이를 낳았는데, 호랑이 탈을 쓰고 있어서 할 수 없이 산에 버렸답니다. 그 후, 어머니는 버린 아들이 몹시 보고 싶어 눈물을 흘린 날이 많았다고 합니다. 어머니가 버렸다는 이가 형님임이 분명합니다."
이 말을 들은 호랑이는 그를 동생으로 생각하고, 그의 어머니를 자기 어머니처럼 봉양하였다.

― 최운식, 「설화 속의 호랑이」 ―

14 글 전체에서 (가)의 역할로 알맞은 것은?

① 글쓴이의 당부
② 앞의 내용 요약
③ 이어질 내용 소개
③ 주장에 대한 근거 제시

15 (나)에 쓰인 설명 방법은?

① 예시
② 분석
③ 정의
④ 과정

16 (다)와 가장 관계 깊은 속담은?

① 호랑이 없는 곳에 여우가 왕 노릇 한다.
② 남의 잔치에 배 놓아라 감 놓아라 한다.
③ 가랑잎이 솔잎더러 바스락거린다고 한다.
④ 호랑이 굴에 들어가도 정신만 차리면 산다.

━━ 정답 및 해설

14 설화 속에 나타난 호랑이의 유형을 나누어 설명하며 우리 민족의 삶의 모습이 설화 속의 호랑이를 통해 어떻게 형상화되어 있는지 살펴보자며 이어질 내용을 소개하고 있다.

15 예를 들어 설명하고 있다.
② 분석 : 얽혀 있거나 복잡한 것을 풀어서 개별적인 요소나 성질로 나눔.
③ 정의 : 어떤 말이나 사물의 뜻을 명백히 밝혀 규정함.

16 ① 뛰어난 사람이 없는 곳에서 보잘것없는 사람이 득세함.
② 쓸데없이 남의 일에 참견한다.
③ 자기의 허물은 생각하지 않고 도리어 남의 허물만 나무라는 경우

답 14.③ 15.① 16.④

집에 들어오니, 시골에서 친척 한 분이 올라와 있었다. 친척에게 몇 푼의 용돈을 탄 나는 군고구마를 사러 다시 골목길로 나갔다. 그런데 어두운 골목 끝 카바이드 등불이 출렁거리고 있는 군고구마 통 옆에 그 아이가 아저씨와 다정하게 앉아 있는 것이 보였다. 이튿날, 골목에서 그 아이를 만났을 때 사연을 들을 수 있었다. 아저씨가 밤이면 팔다 남은 군고구마를 주고, 또 학비도 도와준다는 것이었다. [㉠] 그 아이는 배고픔을 잊게 되었고, 힘이 솟아나 농구를 잘 할 수 있게 된 것이었다. 나는 이 사연을 친구들에게 퍼뜨렸고, 우리는 건빵 내기 대신에 군고구마 내기를 하게 되었다. 군고구마 장수 아저씨는 가난한 동네 아이 둘을 이렇게 돕고 있었다.

아저씨는 봄이 될 무렵, 다른 장사를 해야 한다며 우리 곁을 떠났지만, 그 후에도 아이를 도와 주는 일은 그치지 않았다.

가난하지만 마음씨 착했던 군고구마 장수 아저씨가 우리와 한패가 되어 놀면서, 어질고 착하게 자라기를 빌던 아름다운 마음을 지금도 기억하고 있다. ㉡아이들과 함께 놀아 주던 아저씨의 그런 따뜻한 정이 지금은 왜 사라지고 없을까?

– 박동규, 「내 생애 가장 따뜻한 날들」 –

17 위 글의 특징으로 적절한 것은?

① 역사적으로 의미 있는 사건을 조명하고 있다.
② 꾸며진 인물들을 통하여 허구의 세계를 그리고 있다.
③ 일상생활 속에서 경험한 바를 통해 감동을 주고 있다.
④ 객관적인 설명을 중심으로 글의 내용을 전달하고 있다.

18 [㉠]에 알맞은 접속어는?

① 그래서　　　　　　② 그러나
③ 그리고　　　　　　④ 왜냐하면

━━━ 정답 및 해설

17 내 생애 가장 따뜻한 날들은 수필이다. 수필은 누구나 쓸 수 있고 일정한 형식이 없으며 소재가 다양하며 글쓴이의 개성이 잘 드러나는 자기 고백적인 글이다.

18 ① 순접 : 글의 앞뒤 뜻을 긍정하여 다음 글에 이어주는 경우
② 역접 : 앞의 뜻을 부정하면서 다음 글에 이어주는 경우
③ 첨가 : 앞의 글에 덧붙이는 뜻으로 쓰이는 경우
④ 인과 : 앞뒤 글이 서로 원인, 결과를 이루는 경우

답 17.③　18.①

19 밑줄 친 ⓛ에 나타난 글쓴이의 심정으로 가장 알맞은 것은?

① 초조함 　　　　　　　　② 미안함

③ 너그러움 　　　　　　　④ 안타까움

[20~22] 다음 글을 읽고 물음에 답하시오.

(가) 외계인이 이 지구를 관찰한다면, 밤마다 60억의 인간이 사는 이 지구에서 벌어지는 똑같은 광경 – 10억 이상의 인간이 똑같이 생긴 상자 앞에 넋을 잃고 바라보고 있는 괴상한 광경 – 을 보고, 그것은 근래에 와서 나타난 괴이한 일이라고 생각할 것이다.

문제는 외계인이 어떻게 생각하느냐가 아니라, 우리 자신이 이러한 변화를 별다른 비판 없이 자연스럽게 받아들이고 점점 그 속에 깊이 빠져 들어간다는 데 있다. 특히, 텔레비전 시대에 태어난 이른바 텔레비전 세대인 새 인류는, 텔레비전이라는 ㉠눈으로 씹는 ㉡껌을 버리지 못하며, 전파를 통해 들어오는 ㉢마약을 주는 대로 받아 먹게 되어, 급기야는 텔레비전이 이끄는 대로 따라다니는 불쌍한 ㉣포로의 신세가 되기도 한다.

– 김규, 「눈으로 씹는 껌, 텔레비전」 –

(나) 텔레비전은 활용만 잘 하면 인간 생활에 매우 유용한 매체이다. 막강한 힘을 지녔을 뿐만 아니라, 시청자가 어떻게 활용하느냐에 따라서 쓰임새가 다양할 수 있기 때문이다.

먼저, 텔레비전은 강력한 교육적 기능을 가지고 있다. 현대 사회에서 텔레비전은 가장 영향력 있는 사회 교육 교사로서의 역할을 한다. 텔레비전을 통해 제공되는 수많은 유용한 내용의 메시지들은 시청자에게 올바른 삶을 살아가는 지표 역할을 할 수 있다. 바람직한 생활의 가치 규범을 가르쳐 줄 뿐 아니라, 언어, 의상, 관습 등 모든 면에서 사회화의 기능을 담당하는 중요한 학습 수단으로 활용될 수 있다.

– 김기태, 「우리의 친구, 텔레비전」 –

20 위와 같은 글을 읽을 때 유의할 점은?

① 등장 인물의 심리 변화를 파악한다.

② 언어의 아름다움을 느끼며 감상한다.

③ 등장 인물 간의 갈등 양상을 파악한다.

④ 주장에 대한 근거가 타당한지 파악한다.

▇▇▶ 정답 및 해설

19 아이들과 함께 놀아 주던 아저씨의 그런 따뜻한 정이 사라지고 없음을 안타까워하고 있다.

20 논설문은 어떤 문제에 대해 자기의 주장을 논리적으로 증명하여 독자를 설득하는 글로, 주장에 대한 근거가 타당한지 파악하며 읽는다.

답 19.④　20.④

21 밑줄 친 ⊙ ~ ⓔ 중, 비유된 표현이 아닌 것은?

① ⊙　　　　　　　　　　② ⓒ

③ ⓒ　　　　　　　　　　④ ⓔ

22 (나)와 텔레비전에 대한 관점이 같은 것은?

① 텔레비전은 가족 간의 대화를 단절시키고 있어.

② 텔레비전은 필요한 정보를 얻는 창구이기도 해.

③ 텔레비전에는 폭력적이고 선정적인 내용도 많아.

④ 텔레비전을 너무 오랫동안 시청하면 눈이 나빠져.

23 다음에서 설명하는 언어의 특징은?

> 과거에 '뫼'라는 말은 '산'을 뜻하는 우리 고유어였다. 그러나, '산'이라는 한자어가 들어오면서 점차 덜 쓰이게 되고, 현재는 쓰이지 않는 말이 되었다. 이와 같이 언어도 시간의 흐름에 따라 변화를 겪게 된다.

① 언어의 규칙성　　　　　　② 언어의 역사성

③ 언어의 사회성　　　　　　④ 언어의 창조성

24 다음과 같은 음운의 변동이 나타나는 것은?

> 'ㄷ, ㅌ'이 'ㅣ' 모음을 만나 'ㅈ, ㅊ'으로 바뀌는 음운 현상

① 미닫이   ② 바느질
③ 책가방   ④ 한라산

25 다음 ㉠～㉣ 중, 글의 통일성르 깨뜨리는 문장은?

> ㉠돼지는 후각이 빼어나게 발달되어 있다. ㉡멧돼지는 몇 십 리 밖에 있는 포수의 화약 냄새를 맡고 일찌감치 도망쳐 버릴 정도로 후각이 발달되어 있다. ㉢하지만, 멧돼지의 그 사나운 생김새가 우리를 위협하기는 한다. ㉣집돼지도 마찬가지로 냄새 맡은 기능이 매우 발달되어 있는데, 제 새끼와 다른 새끼를 구별하거나 주인과 남을 구별할 때에 주로 후각을 이용한다.

① ㉠   ② ㉡
③ ㉢   ④ ㉣

■■■ 정답 및 해설

24 구개음화 : 자음 'ㄷ, ㅌ'이 'ㅣ'모음 앞에서 'ㅈ, ㅊ'으로 바뀌는 음운 현상

25 ㉢은 멧돼지의 생김새에 대한 부분이다.

🅐 24.①   25.③

1 다음 벤 다이어그램은 U를 전체집합으로 하는 두 부분집합 A, B사이의 포함관계를 나타낸 것이다. 이 때, $A \cup B$는?

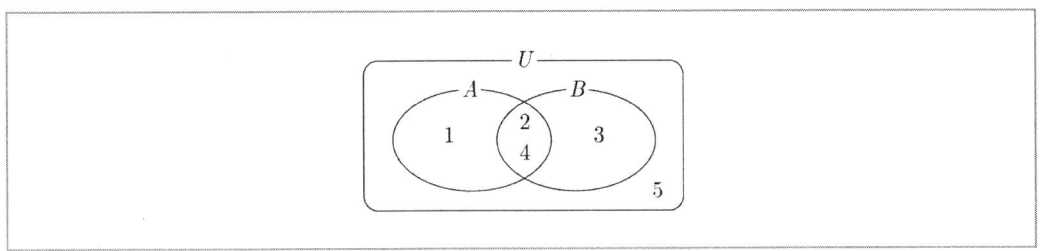

① $\{5\}$ 　　　　　　② $\{1, 3\}$

③ $\{1, 3\}$ 　　　　　④ $\{1, 2, 3, 4\}$

2 $(+6)+(-2)$의 값은?

① -8 　　　　　　② -4

③ 4 　　　　　　　④ 8

3 일차방정식 $5x = 6 - x$를 풀면?

① $x = 1$ 　　　　　② $x = 2$

③ $x = 3$ 　　　　　④ $x = 4$

📖 정답 및 해설

1 합집합 : 집합 A의 원소와 집합 B의 원소를 모두 합한 전체.

2 $(+6)+(-2)=6-2=4$

3 $5x=6-x$
$5x+x=6$
$6x=6$ $\therefore x=1$

답 1.④ 2.③ 3.①

4 좌표평면에서 점 $(-5, -2)$의 위치는?

① 제1사분면   ② 제2사분면

③ 제3사분면   ④ 제4사분면

5 민지네 반 학생 30명의 충치 수를 조사하여 나타낸 도수분포도이다. 도수가 가장 큰 계급은?

충치 수(개)	학생 수(명)
0 이상~2 미만	8
2 이상~4 미만	12
4 이상~6 미만	7
6 이상~8 미만	3
합계	30

① 0 이상~2 미만   ② 2 이상~4 미만

③ 4 이상~6 미만   ④ 6 이상~8 미만

6 삼각형 ABC에서 $\angle x$의 크기는?

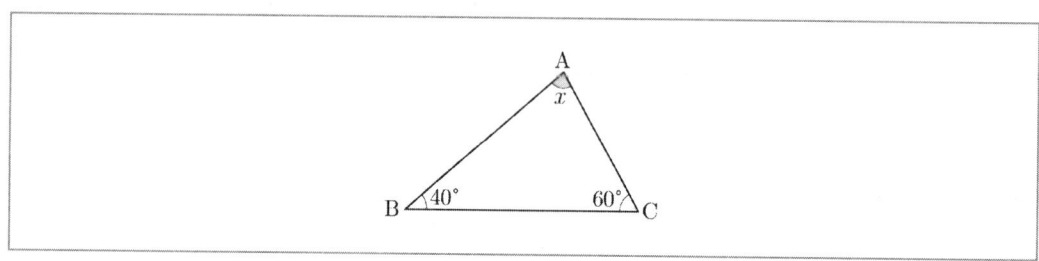

① 60°   ② 70°

③ 80°   ④ 90°

7 $a^2 \times a \times a^3$을 간단히 하면?

① a^6 ② a^7

③ a^8 ④ a^9

8 연립방정식 $\begin{cases} x + y = 5 \\ -x + 2y = 1 \end{cases}$을 풀면?

① $x = 1,\ y = 3$ ② $x = 2,\ y = 3$

③ $x = 3,\ y = 1$ ④ $x = 3,\ y = 2$

9 일차부등식 $2x - 3 > 1$을 풀면?

① $x < -1$ ② $x > -1$

③ $x < 2$ ④ $x > 2$

10 기울기가 2이고, y절편이 -2인 직선을 그래프로 하는 일차함수의 식은?

① $y = 2x - 2$ ② $y = 2x + 2$

③ $y = -2x - 2$ ④ $y = -2x + 2$

▶ 정답 및 해설

7 지수는 더해준다.
$\therefore a^2 \times a \times a^3 = a^6$

8 $x = 2y - 1$을 $x + y = 5$에 대입하여 풀면
$2y - 1 + y = 5$
$3y = 6 \quad \therefore y = 2 \quad x = 3$

9 $2x - 3 > 1$
$2x > 4 \quad \therefore x > 2$

10 기울기는 보통 x축을 나타내므로 기울기가 2이고 y절편이 -2인 직선을 그래프로 하는 일차함수의 식은
$y = 2x - 2$이다.

답 7.①   8.④   9.④   10.①

11 은주와 진호가 가위바위보를 한 번 할 때, 은주가 이길 확률은?

① $\dfrac{1}{4}$　　　　　　　　　　② $\dfrac{1}{3}$

③ $\dfrac{2}{3}$　　　　　　　　　　④ $\dfrac{3}{4}$

12 삼각형 ABC와 삼각형 DEF가 닮을 때, x의 값은?

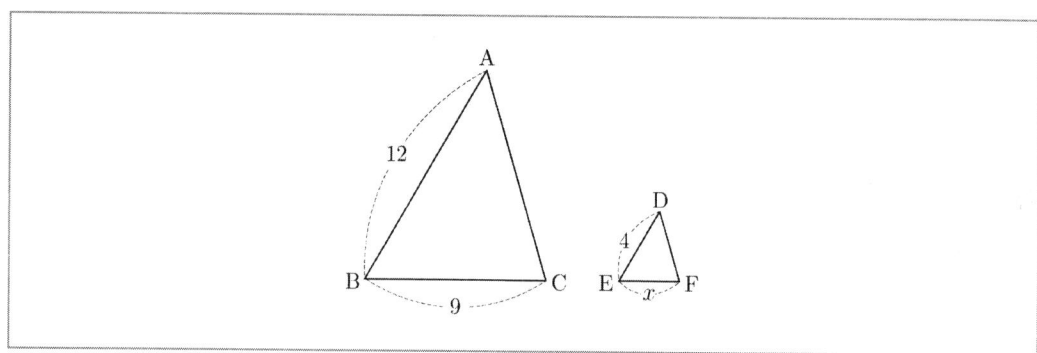

① $\sqrt{3}\,cm$　　　　　　　　② $\sqrt{6}\,cm$

③ $3cm$　　　　　　　　　　④ $6cm$

13 넓이가 $6cm^2$인 정사각형의 한 변의 길이는?

① $\sqrt{3}\,cm$　　　　　　　　② $\sqrt{6}\,cm$

③ $3cm$　　　　　　　　　　④ $6cm$

━━━▶ 정답 및 해설

11 은주가 가위바위보에서 이기 확률은 $\dfrac{3}{9}=\dfrac{1}{3}$ 이다.

12 삼각형 DEF는 삼각형 ABC를 $\dfrac{1}{3}$ 배 축소한 도형이므로 선분 BC=9이면 $x=3$이 된다.

13 정사각형은 네 각이 모두 직각이고, 네 변의 길이가 모두 같은 사각형이다.
정사각형의 넓이는 한 변의 길이×한 변의 길이이므로,
$6cm^2 = \sqrt{6} \times \sqrt{6}$

답 11.② 12.③ 13.②

14 $\sqrt{2} \times \sqrt{5}$ 를 간단히 하면?

① $\sqrt{10}$ ② $2\sqrt{5}$

③ $5\sqrt{2}$ ④ 10

15 $x^2 + 10x + 25 = (x + \square)^2$ 일 때, $\square$ 안에 알맞은 수는?

① 5 ② 20

③ 25 ④ 100

16 이차방정식 $(x+1)(x-3) = 0$을 풀면?

① $x = -1$ 또는 $x = -3$

② $x = -1$ 또는 $x = 3$

③ $x = 1$ 또는 $x = -3$

④ $x = 1$ 또는 $x = 3$

■■■ 정답 및 해설

14 $\sqrt{2} \times \sqrt{5} = \sqrt{10}$

15 인수분해 공식 중 $(x+a)(x+b)=x^2+(a+b)x+ab$이므로
$x^2+10x+25=(x+5)^2$ 이 된다.

16 AB=0의 성질을 이용하여 풀이하면 $x+1=0$ 또는 $x-3=0$
$\therefore x=1$ 또는 $x=3$이다

답 14.① 15.① 16.②

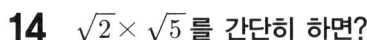

17 이차함수 $y = -(x-1)^2 + 4$의 최댓값은?

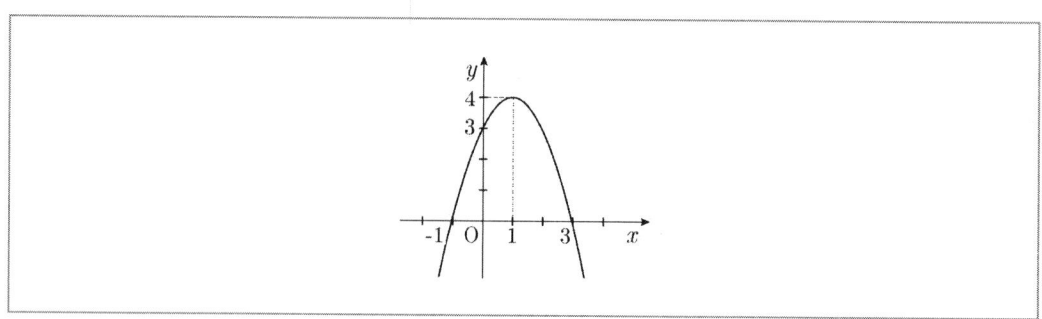

① 1

② 2

③ 3

④ 4

18 직사각형 $ABCD$에서 $\overline{BC} = 8cm$, 대각선 $\overline{BD} = 10cm$일 때, x의 값은?

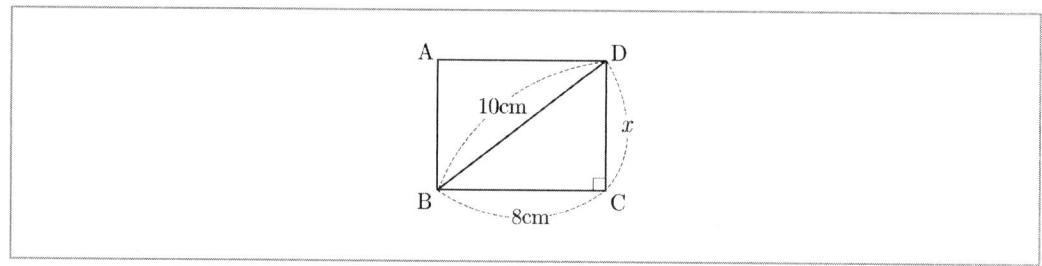

① $5cm$

② $6cm$

③ $7cm$

④ $8cm$

17 주어진 이차함수는 $y = -x^2$의 그래프를 x축의 방향으로 1만큼, y축의 방향으로 4만큼 평행이동한 것이다. 따라서 $x = 1$일 때 최댓값은 4가 된다.

18 피타고라스의 정리에 의하여 직각삼각형의 비는 $a^2 + b^2 = c^2$이 된다.
즉, $8^2 + x^2 = 10^2$
$x^2 = 36$ $\therefore x = 6$

답 17.④ 18.②

19 $\angle C = 90\,°$인 직각삼각형 ABC에서 $\cos B$의 값은?

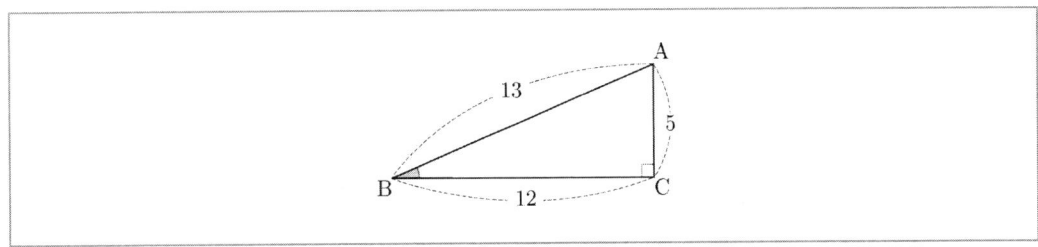

① $\dfrac{12}{5}$

② $\dfrac{5}{12}$

③ $\dfrac{5}{13}$

④ $\dfrac{12}{13}$

20 그림의 원 O에서 호 AB에 대한 원주각 $\angle APB = 50\,°$일 때, 중심각 $\angle AOB$의 크기는?

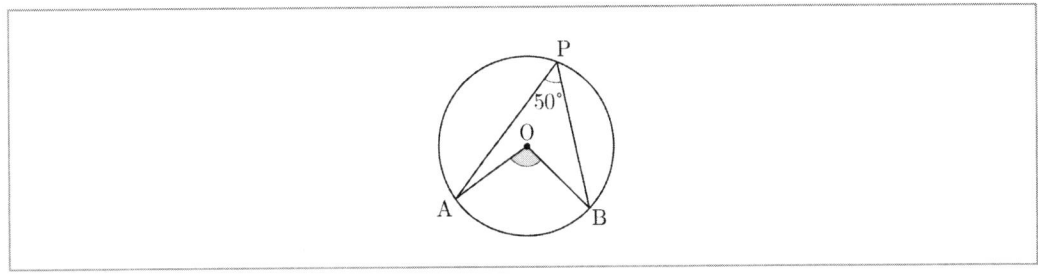

① $60\,°$

② $80\,°$

③ $100\,°$

④ $120\,°$

▰▰▰ 정답 및 해설

19 $\cos B = \dfrac{\text{밑변}}{\text{빗변}} = \dfrac{12}{13}$

20 원주각은 원주 위의 한 점에서 그은 서로 다른 두 개의 현이 만드는 각으로,

원에서 한 호에 대한 원주각의 크기는 중심각의 크기의 $\dfrac{1}{2}$이다.

따라서 중심각 $\angle AOB$는 $100\,°$가 된다.

답 19.④ 20.③

1 다음 단어들을 모두 포함할 수 있는 것은?

cook	doctor	pilot	singer

① job
③ place
② food
④ country

2 두 단어의 의미 관계가 나머지 셋과 다른 것은?

① buy – sell
③ speak – talk
② start – finish
④ ask – answer

3 대화에서 A가 찾고 있는 곳은?

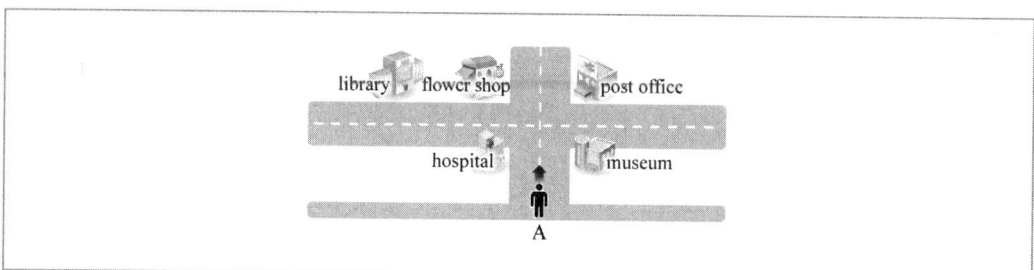

━━ 정답 및 해설

1 요리사, 의사, 조종사, 가수
　① 직업　② 음식　③ 장소　④ 나라

2 ①②④는 반의어, ③은 유의어이다.
　① 사다-팔다　② 시작하다-끝나다　③ 말하다-이야기하다　④ 묻다-대답하다

3 「A : 실례합니다. 어디입니까?
　 B : 한 블록 쭉 가서 좌회전하세요. 꽃집 바로 옆에 있습니다.」
　그림에서 꽃집 바로 옆에 있는 것은 도서관이다.
　① 병원　② 도서관　③ 박물관　④우체국

答 1.①　2.③　3.②

A : Excuse me. Where is the _____?

B : Go straight one block. And trun left.

It't next to the flower shop.

① hospital   ② library

③ museum   ④ post office

[4~5] 빈칸에 들어갈 말로 알맞은 것을 고르시오.

4

I _____ at a hospital last month.

① work   ② worked

③ will work   ④ am working

5

My mother wears a hat when _____ goes out.

① I   ② you

③ she   ④ they

■■■ 정답 및 해설

4 「나는 지난 달 병원에서 근무했다.」
  last month와 일치하는 과거 표현을 찾는다.

5 「나의 엄마는 외출할 때는 모자를 쓰신다.」
  My mother=she

답 4.② 5.③

6 다음 글에서 묘사하는 인물의 그림으로 알맞은 것은?

Emily is my best friend. She wears glasses. She has long straight hair.

①

②

③

④

7 빈칸에 공통으로 들어갈 알맞은 말은?

• What are you looking _____?

• Korea is famous _____ taekwondo.

* teakwondo : 태권도

① at

② to

③ for

④ from

━━▶ 정답 및 해설

6 「Emily는 나의 가장 친한 친구이다. 그녀는 안경을 쓴다. 그녀는 긴 생머리를 하고 있다.」

7 「• 너는 무엇을 바라고 있니?

• 한국은 태권도로 유명하다.」

look for ~을 바라다, 기대하다.

❸ 6.① 7.③

8 그림의 내용으로 보아 빈칸에 알맞은 것은?

orange

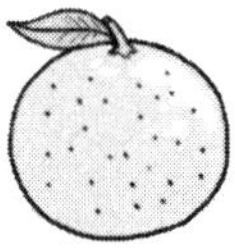

1,000원

apple

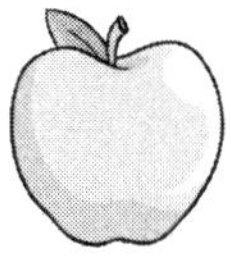

500원

→The orange is ______ than the apple.

① cheaper ② cheapest
③ expensive ④ more expensive

[9~10] 대화의 빈칸에 들어갈 말로 알맞은 것을 고르시오.

9

A : ______ you interested in Korean culture?
B : Yes, I am.

① Am ② Do
③ Is ④ Are

정답 및 해설

8 「오렌지는 사과보다 더 비싸다.」
3음절 이상의 단어는 비교급을 만들 때 more를 이용한다.
① 더 싼 ② 가장 싼 ③ 비싼 ④ 더 비싼

9 「A : 한국 문화에 관심이 있니?
B : 응.」

답 8.④ 9.④

10

> A : _____ did you stay at the hotel?
>
> B : For two weeks.

① How far   ② How long

③ How much   ④ How often

11 대화의 빈칸에 들어갈 말로 적절하지 않은 것은?

> A : I think this restaurant serves great food.
>
> B : _____ . The food is really good.

① I think so, too   ② That's right

③ I'm sorry, but I can't   ④ I agree with you

12 대화에 나타난 B의 심정으로 가장 알맞은 것은?

> A : You lool happy. what happened?
>
> B : I won the first prize in the contest.

① 기쁨   ② 화남

③ 속상함   ④ 두려움

▶▶ 정답 및 해설

10 「A : 호텔에 얼마동안 머물렀습니까?
B : 2주 동안요.」
① 얼마나 멀리 ③ 얼마나 많이 ④ 얼마나 자주

11 「A : 나는 이 식당은 맛있는 음식이 나온다고 생각해.
B : 나도 그래. 이 음식은 정말 훌륭해.」
①②④는 긍정의 대답이지만 ③은 부정의 대답이라 상황에 어울리지가 않는다.

12 「A : 너 기분 좋아 보인다. 무슨 일이야?
B : 이번 시험에서 일등 했어.」

🅐 10.② 11.③ 12.①

13 대화의 빈칸에 들어갈 말로 적절하지 않은 것은?

A : May I speak to Jane, please?

B : _____.

---

① Speaking
② So am I
③ Jane's speaking
④ This is she

14 대화에서 두 사람의 관계로 가장 알맞은 것은?

A : How can I help you, sir?

B : I'd like to mail this letter and I need five stamps.

A : Okay. Here you are.

---

① 교통 경찰 – 시민
② 도서관 사서 – 학생
③ 택시 기사 – 승객
④ 우체국 직원 – 고객

■■■■ 정답 및 해설

13 「A : Jane과 통화할 수 있나요?」
①③④는 전화통화에서 본인임을 나타내는 표현이다. ② 나두 그래.

14 「A : 어떻게 도와드릴까요?
　B : 우표 다섯 장이 필요하고 이 편지를 보내고 싶어요.
　A : 알겠습니다. 여기 있습니다.」
우표와 편지가 대화에 등장하는 걸로 우체국임을 알 수 있다.

답 13.② 14.④

15 A에 대한 B의 응답이 적절하지 않은 것은?

① A : Tand you for the present.

    B : You're welcome.

② A : How do you go to school?

    B : By bus.

③ A : Why are you upset?

    B : Yes, I do.

④ A : Will you do me a favor?

    B : Sure. What is it?

16 대화가 이루어지는 장소로 가장 알맞은 것은?

A : May I see your movie ticket, please?

B : Here you are.

A : Thank you. Please go to Theater 3. Enjoy the movie.

---

① 영화관   ② 수영장

③ 옷 가게   ④ 동물 병원

17 밑줄 친 말의 의도로 가장 알맞은 것은?

A : What's wrong with you? You look so down.

B : My English grade is not good.

A : <u>Why don't you study harder?</u>

① 초대하기　　　　　　　　② 거절하기

③ 칭찬하기　　　　　　　　④ 조언하기

18 대화의 내용을 순서에 맞게 배열한 것은?

(A) Did you watch the baseball game yesterday?

(B) Our Korean team did.

(C) No, I didn't. Which team won the game?

① (A) − (B) − (C)　　　　　② (A) − (C) − (B)

③ (B) − (A) − (C)　　　　　④ (B) − (C) − (A)

17 「A : 무슨 일이니? 기분이 안 좋아 보여.

　　　B : 영어 성적이 좋지 않아.

　　　A : 더 열심히 하는 게 어때?」

상대방에게 더 열심히 해 보라는 조언의 표현이다.

18 「(A) 어제 야구경기 보았니?

　　　(C) 아니. 어떤 팀이 이겼니?

　　　(B) 우리 팀이 졌어.」

답 17.④ 18.②

19 대화의 상황으로 가장 알맞은 것은?

A : Can I help you?

B : Yes, please. I need a bag.

A : How about this one? It's on sale now.

① 진료하기   ② 물건사기

③ 안부묻기   ④ 축하하기

20 다음 메모를 읽고 알 수 없는 것은?

```
• • • • •   MEMO   • • • • •
• To : Alice
• From : David
• Date : April 10th
• Message : The exam is tomorrow.
```

① 보낸 사람   ② 보낸 날짜

③ 시험 날짜   ④ 시험 과목

21 자기소개에 대한 다음 글에서 언급되지 않은 것은?

Hi, my name is sumin. I'm 14 years old. I'm from Seoul. I'm a middle school student. I like science and math. I'm glad to see you.

19 「A : 도와드릴까요?

B : 네, 가방이 사고 싶습니다.

A : 이것은 어떠세요? 지금 세일 중입니다.」

20 메모에서 시험 과목은 알 수 없다.

21 「안녕, 내 이름은 수민이야. 나는 14살이야. 나는 서울에 살아. 나는 중학생이야. 나는 과학과 수학을 좋아해. 만나서 반가워.」

🅐 19.② 20.④ 21.③

① 나이　　　　　　　　② 출신지
③ 가족　　　　　　　　④ 좋아하는 과목

22 밑줄 친 this가 공통으로 가리키는 것은?

- We can't live without <u>this</u>.
- We drink <u>this</u> everyday.
- We take a shower with <u>this</u>.

① fire　　　　　　　　② money
③ water　　　　　　　 ④ shampoo

23 다음 글의 제목으로 가장 알맞은 것은?

Soccer is my favorite sport. It is fun and exciting. I like running and kichking. I play on the dragon team. I practice every Tuesday and Saturday.

① My favorite Sport　　　② My Best Friend
③ Unhappy Weekends　　 ④ World-famous Players

24 다음 글에서 설명하고 있는 계절은?

> It begins in March in Korea. It is warm and pleasant. Many flowers come out in this season.

① spring ② summer
③ fall ④ winter

25 다음 글의 내용과 일치하지 않는 것은?

> I visited my grandparents today. They grow rice and vegetables. After lunch, I worked in the field. It was hard work, but I learned a lot about farming.

① 오늘 나는 조부모님 댁을 방문했다.
② 조부모님은 쌀과 채소를 재배하신다.
③ 나는 점심을 먹고 들판에서 일을 했다.
④ 농사일이 나에게는 힘들지 않았다.

정답 및 해설

24 「한국에서는 3월이 시작이다. 날씨는 따뜻하고 화창하다. 이 계절에는 많은 꽃들이 핀다.」
① 봄 ② 여름 ③ 가을 ④ 겨울

25 「오늘 나는 조부모님 댁을 방문했다. 그들은 쌀과 채소를 재배하신다. 나는 점심을 먹고 들판에서 일을 했다. 농사일이 힘들었지만 농사에 대해서 많은 것을 배웠다.」

답 24.① 25.④

1 다음 설명에 해당하는 지역은?

> • 교통이 편리하고 땅 값이 비싸다.
> • 주간에는 유동 인구가 많고 야간에는 상주 인구가 적다.
> • 관청, 은행, 백화점, 회사의 사무실 등 고층 건물이 밀집되어 중심 업무 지구를 형성한다.

① 도심   ② 주변 지역
③ 농업 지역   ④ 개발 제한 구역

2 다음 지역의 공통점은?

> • 울릉도   • 제주도

① 빙하 지형   ② 화산 지형
③ 고위 평탄면   ④ 석회암 지대

▬▬ 정답 및 해설

1 도심을 핵구역이라고도 하며 대개는 시가지의 중심부에 형성되며, 서울의 경우는 명동이 대표적인 도심이라고 할 수 있다.

2 화산 지형 : 화산활동에 관련하여 형성된 지형의 총칭이다.

답 1.① 2.②

3 다음은 학생들의 발표 내용이다. 공통 주제로 가장 알맞은 것은?

> 학생 1 : 남북간의 전쟁 위협이 없어져요.
> 학생 2 : 진행되는 과정에서 비용이 많이 들어요.
> 학생 3 : 이산가족 문제를 해결할 수 있어요.

① 하형제 폐지   ② 남북 평화 통일
③ 출산 억제 정책   ④ 쓰레기 매립장 건설

4 다음 설명에 해당하는 자원은?

> • 사우디아라비아, 이란, 쿠웨이트가 주요 생산국이다.
> • 페르시아 만 주변 지역에 집중적으로 매장되어 있다.

① 석유   ② 구리
③ 석탄   ④ 철광석

5 다음 내용에 해당하는 지역은?

> • 세계 최대의 열대 밀림 지역
> • 최근 대규모 개발 사업으로 심각한 환경 문제 발생

▶▶▶ 정답 및 해설

3 남북평화통일은 우리나라가 이루어야 할 과제중의 하나이다.

4 쿠웨이트, 사우디아라비아, 이란, 이라크, 베네수엘라 등 5대 석유생산국은 국제 석유자본에 대한 생산국측의
발언권을 강화하기 위하여 석유수출국기구를 설립하기도 하였다.

5 ㈜지역은 적도 부근에 위치하여 고온다습한 열대기후가 나타나며, 세계 최대 규모인 아마존밀림이 있는 곳이다.

답 3.② 4.① 5.④

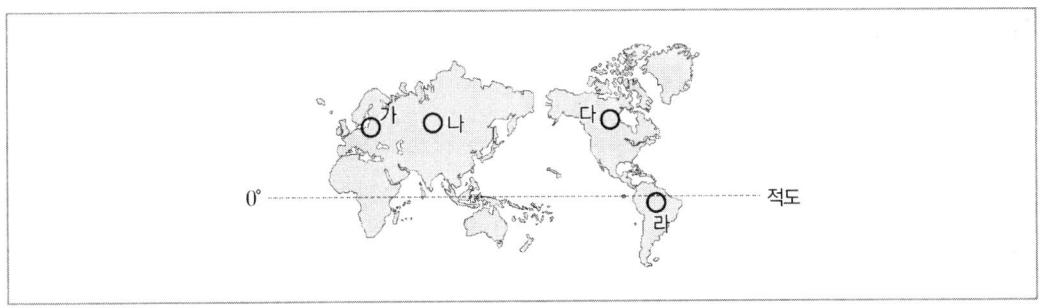

① 가   ② 나
③ 다   ④ 라

6 다음 내용에 해당하는 현상은?

- 산업화에 따라 농촌 인구가 도시로 이동하는 현상
- 취업과 교육의 기회를 찾아 서울, 부산 등 대도시로 이동

① 역도시화   ② 이촌 향도
③ 인구 고령화   ④ 도심의 인구 공동화

7 다음 내용의 고대 문명이 발생한 지역은?

- 황허 강 유역에서 발달
- 갑골 문자 사용
- 나라의 중요한 일을 점을 쳐서 결정

① 인도   ② 중국
③ 이집트   ④ 메소포타미아

정답 및 해설

6 이촌향도 현상은 농촌 인구가 도시로 이동하는 현상이다.
도시에는 일자리가 많을 뿐만 아니라 생활 편의시설이 집중되어 있기 때문에 사람들이 농촌을 떠나 도시로 모여들게 된다.

7 황허문명에 대한 설명으로 황허문명은 황허 유역에서 나타난 중국의 고대 문명을 통틀어 나타내는 말이다.

답 6.② 7.②

8 다음 내용과 관련 있는 국가는?

> • 포에니 전쟁에서 승리하여 지중해 세계 통일
> • 건축, 법률 등 실용적 문화가 발달
> • 대표적 문화유산은 콜로세움

① 로마 제국　　　　　　　② 무굴 제국
③ 오스만 제국　　　　　　④ 페르시아 제국

9 다음 내용과 관련 있는 역사적 사건은?

> • 예루살렘 성지 회복을 위해 시작
> • 이 사건의 결과로 교황과 영주(기사)들의 권력 약화

① 종교 개혁　　　　　　　② 프랑스 혁명
③ 십자군 전쟁　　　　　　④ 신항로 개척

10 다음 내용과 관련 있는 인물은?

> • 에스파탸의 무적함대 격파
> • 영국 국교회를 확립한 절대 군주

① 루이 14세　　　　　　　② 표트르 대제
③ 펠리페 2세　　　　　　④ 엘리자베스 1세

■■■ 정답 및 해설

8 로마제국은 아우구스투스가 황제 지배체제 혹은 원수정을 사실상 시작한 기원전 27년부터 몰락까지의 로마를 일컫는다. 로마의 패권주의는 로마제국의 막대한 부를 안겨주었을 뿐만 아니라 로마제국의 문화를 고대 지중해 세계에 널리 퍼뜨려 로마제국의 건축, 법, 정치, 종교 등이 전해지게 되었다.

9 십자군 전쟁 : 11세기 말에서 13세기 말 사이에 서유럽의 그리스도교도들이 성지 팔레스타나와 성도 예루살렘을 이슬람교도들로부터 탈환하기 위해 전후 8회에 걸쳐 감행한 대원정.

10 엘리자베스 1세 : 잉글랜드의 여왕으로 영국 절대주의의 전성기를 이루었다. 국교의 확립을 꾀하고 종교적 통일을 추진하였으며, 화폐제도를 통일하고 중상주의 정책을 펼쳤다.

정답 8.① 9.③ 10.④

11 다음 내용과 관련이 깊은 역사적 사건은?

> • 증기 기관의 발명
> • 공장제 기계 공업의 발달

① 산업 혁명   ② 명예 혁명
③ 농업 혁명   ④ 청교도 혁명

12 ☐ 안에 알맞은 경제 용어는?

> 나는 옷을 사러 백화점에 갔다. 그러나 신발이 더 마음에 들어 신발을 샀다. 이 때 신발을 사기 위해 내가 포기한 옷의 가치를 ☐이라고 한다.

① 공정성   ② 형평성
③ 기회 비용   ④ 자원의 희소성

13 다음 내용과 관련이 깊은 문화의 속성은?

> • 인도에서는 손으로 접어서 음식을 먹는다.
> • 한국에서는 숟가락과 젓가락을 사용하여 음식을 먹는다.

① 상대성   ② 강제성
③ 변동성   ④ 절대성

▬▬ 정답 및 해설

11 산업 혁명 : 18세기 후반부터 영국의 방적기계 계량을 시작으로 유럽에서 일어난 생산기술과 사회구조에 대변혁. 이로써 가내수공업에서 공장제 기계공업을 통한 대량생산이 가능해졌으며, 자본주의가 성립하였다.

12 기회비용 : 어떤 재화의 여러 가지 종류의 용도 중, 어느 한가지만을 선택한 경우, 나머지 포기한 용도에서 얻을 수 있는 이익의 평가액.

13 문화의 상대성이란 각 사회의 문화를 나름대로 가치있는 것으로 인정하는 문화의 태도를 말한다.

🗹 11.①   12.③   13.①

14 다음 내용과 관련이 깊은 정치 형태는?

> • 다수(민중)에 의한 지배
> • 고대 그리스 아테네에서 발달

① 귀족정치   ② 민주정치

③ 군주정치   ④ 독재정치

15 다음 설명에 해당하는 국가 기관은?

> • 현대 대의 민주주의의 핵심
> • 국민이 선출한 대표로 구성

① 법원   ② 국회

③ 감사원   ④ 헌법재판소

16 어떤 제품의 수요량과 공급량을 나타낸 표이다. 시장(균형) 가격은?

가격(원)	100	200	300	400	500
수요량(개)	100	80	60	40	20
공급량(개)	20	40	60	80	100

① 100   ② 200

③ 300   ④ 400

▶▶ 정답 및 해설

14 민주정치 : 국민이 주인이 되어 일하는 정치이다. 국가의 주권이 국민에게 있고, 국민의 의사에 따라 하는 정치를 말한다. 즉, '국민의, 국민에 의한, 국민을 위한 정치'이다.

15 국회 : 국민이 선출한 의원을 구성요소로 하는 합의체로서, 입법·재정·기타 중요한 일반 국정에 결정적으로 참여하는 권능을 부여받은 기관.

16 시장 가격은 경쟁 시장에서 어떤 상품의 가격이 그 상품의 수요와 공급의 일치점에서 결정되는 가격이다.

답 14.② 15.② 16.③

17 다음 중 경제 주체가 아닌 것은?

① 가게
② 기업
③ 정부
④ 토지

18 다음 인물이 등장하는 건국 신화와 관련 있는 국가는?

- 환웅 : 환인의 아들로 인간 세상에 내려와 다스렸다.
- 웅녀 : 원래 곰이었으나 쑥과 마늘을 먹고 여인이 되었다.
- 단군왕검 : 환웅과 웅녀가 혼인하여 낳은 아들이다.

① 부여
② 발해
③ 옥저
④ 고조선

19 몽골과의 항쟁으로 고려인의 자주 정신을 보여 준 군대는?

① 광군
② 별무반
③ 삼별초
④ 주현군

➤➤➤ 정답 및 해설

17 경제 주체란 자기의지와 판단에 의해 경제활동을 행하는 주체를 말하며, 기업 · 개인 · 정부 · 외국 등이 전형적인 경제주체의 예이다.

18 보기의 내용은 고조선의 건국신화로 기원전 2333년에 단군왕검이 홍익인간의 이념을 내세워 나라를 세웠다.

19 삼별초는 최씨 무신정권이 고용한 군인으로서, 여러차례에 걸친 몽골의 침입에 끝까지 대항하였다. 이와 같은 삼별초의 대몽 항쟁은 고려인의 자주정신을 보여 준 것이다.

답 17.④ 18.④ 19.③

20 다음 설명에 해당하는 고구려 왕은?

- 고구려의 전성시대를 열었음
- 5만의 군사를 신라에 보내어 왜군을 물리침
- 요동 지방을 포함한 만주 대부분의 땅을 차지함

① 보장왕   ② 영양황
③ 고국천왕   ④ 광개토 대왕

21 다음 설명에 해당하는 조선의 제도는?

- 조세 징수와 군역 부과에 활용
- 오늘날 주민등록증과 같이 신분을 증명하는 제도

① 과전법   ② 호패법
③ 직전법   ④ 대동법

22 다음 설명에 해당하는 사상은?

- 고려 말 안향 등이 원나라에서 받아들임
- 조선 건국을 주도한 사대부들의 이념
- 유교적 이상 정치를 실현하기 위해 덕치주의를 강조함

① 훈고학   ② 양명학
③ 고증학   ④ 성리학

▒▒▒ 정답 및 해설

20 광개토 대왕 : 고구려 19대 왕으로 소수림왕의 정치적 안정을 기반으로 영토를 확장한 정복 군주이다. 우리나라 역사상 가장 넓은 땅을 개척하였고, 정치체제를 정비하고 불교를 장려하였다.

21 호패법은 16세 이상의 남자에게 발급한 패로 호구를 명백히 하여 민정의 수를 파악하고, 직업·계급을 명시하여 신분을 증명하기 위한 것이었다. 그러나 가장 중요한 목적은 군역·요역의 기준을 밝혀 유민을 방지하고, 호적 편성에 누락되거나 허위로 조작하는 사례를 방지하는데 있었다.

22 성리학 : 중국 송·명나라 때 학자들에 의하여 성립된 학설로 성명과 이기의 관계를 논한 유교철학이다.

🔁 20.④ 21.② 22.④

23 다음 설명에 해당하는 조선 후기 정치 형태는?

> • 순조에서 철종에 이르는 시기에 나타남
> • 안동 김씨, 풍양 조씨 등 외척 가문이 권력을 독점함

① 귀족정치　　　　　　　　② 정당정치
③ 세도정치　　　　　　　　④ 탕평정치

24 다음 설명에 해당하는 조약은?

> • 운요호 사건 이후에 체결한 조약
> • 우리나라가 맺은 최초의 근대적 불평등 조약
> • 일본의 조선 해안 측량권과 치외법권 등을 인정함

① 난징 조약　　　　　　　　② 정미 7 조약
③ 강화도 조약　　　　　　　④ 한일병합 조약

25 ㉠, ㉡에 들어갈 말을 순서대로 배열한 것은?

> 러 · 일 전쟁에서 승리한 일본은 고종의 반대에도 불구하고 (㉠)을 강제로 체결하여 대한재국의 (㉡)을 빼앗고 서울에 통감부를 설치하였다.

	㉠	㉡		㉠	㉡
①	을사 조약	외교권	②	텐진 조약	군사권
③	전주 화약	외교권	④	한성 조약	재정권

➡ 정답 및 해설

23 세도정치 : 국왕의 위임을 받아 정권을 잡은 특정인과 그 추종세력에 의해 이루어지는 조선의 정치형태로 19세기에 들어오면서 전국적으로 민란이 일자, 그러한 움직임에 대처할 역량이 없던 지배계층이 오히려 권력을 집중시켜 낡은 지배체제를 유지하고자 했던 것이 세도정치이며, 그것은 역사의 진정과정에서 극복되어야 할 한 단계였다.

24 강화도조약 : 1876년 2월 강화도에서 조선과 일본이 체결한 조약으로 일본의 군사력을 동원한 강압에 의해 체결된 불평등 조약이다.

25 을사조약 : 1905년 일본이 한국의 외교권을 박탈하기 위해 강제로 체결한 조약
　　외교권 : 국제법에서, 주권 국가로서 외국과 외교를 할 수 있는 권리

답 23.③　24.③　25.①

1 다음 설명에 해당하는 힘은?

> • 물체가 외부로부터 힘을 받아 모양이 변한 후, 원래의 상태로 되돌아가려는 힘이다.
> • 활이나 용수철 저울에 이용된다.

① 탄성력   ② 마찰력
③ 자기력   ④ 전기력

2 자동차가 $400km$의 거리를 5시간 동안 이용한 경우 평균 속력은?

① $40km/h$ ② $60km/h$
③ $80km/h$ ④ $100km/h$

3 건조한 상태에서 플라스틱 빗으로 머리를 빗을 때, 머리카락이 빗에 달라붙는 원인이 되는 것은?

① 관성   ② 부력
③ 풍력   ④ 정전기

■■■ 정답 및 해설

1 ② **마찰력** : 물체가 다른 물체에 접촉하면서 운동을 시작하려고 할 때, 혹은 운동하고 있을 때, 접촉면에 생기는 운동을 방해하는 힘이다.
   ③ **자기력** : 자극 사이에 작용하는 힘.
   ④ **전기력** : 전하를 갖고 있는 물체 사이에 작용하는 힘으로 전기장을 매개로 하여 정지한 전하에 작용한다.

2 속력=거리/시간=400km/5h=80km/h

3 정전기는 전하가 정지 상태에 있어 흐르지 않고 머물러 있는 전기로 마찰로 인해 생긴다.

정답 1.①   2.③   3.④

4 그림과 같이 빛이 평면 거울에 입사할 경우 반사각의 크기는?

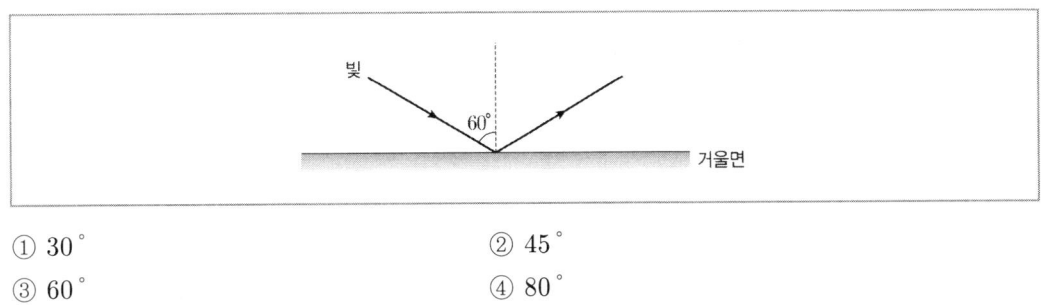

① 30°

② 45°

③ 60°

④ 80°

5 높은 곳에서 물체가 떨어져 지면에 충돌하기까지의 과정에서 감소하는 에너지는? (단, 공기 저항과 마찰은 무시한다.)

① 위치에너지

② 전기에너지

③ 운동에너지

④ 역학적에너지

6 그림의 전기 회로에서 스위치를 닫아 전구 (가)에 0.3A의 전류가 흐른다면, 전구 (나)에 흐르는 전류의 세기는? (단, 도선의 전기저항은 무시한다.)

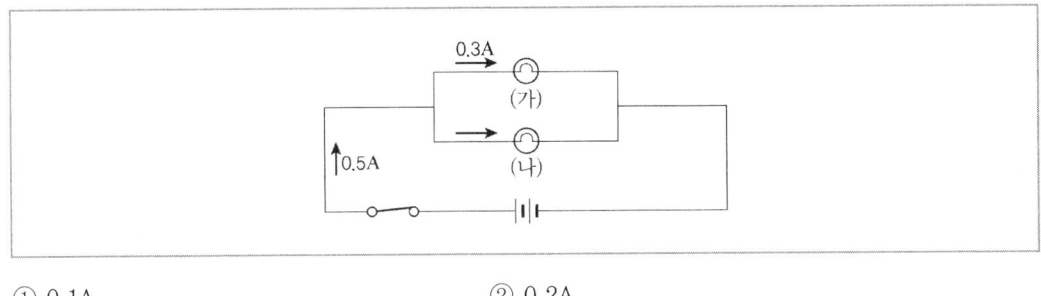

① 0.1A

② 0.2A

③ 0.3A

④ 0.4A

━━ 정답 및 해설

4 평면거울에 빛이 입사할 경우 입사각과 반사각의 크기는 같다.

5 위치에너지는 높은 곳에 있는 물체가 가지고 있는 에너지를 말한다. 위치 에너지는 물체의 높이에 비례하고 물체의 질량에 비례하므로 물체가 지면에 가까워질수록 위치에너지는 감소한다.

6 병렬연결방법은 지속시간이 길어지지만 전류의 세기는 그대로이므로 0.5A의 전류가 (가)에 0.3A로 흐르면 (나)에는 0.2A가 흐르게 된다.

답 4.③ 5.① 6.②

7 온도가 일정할 때 기체의 압력과 부피의 관계가 바르게 나타낸 그래프는?

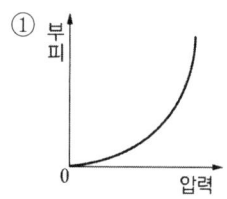

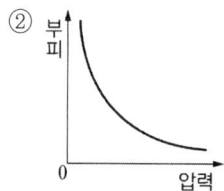

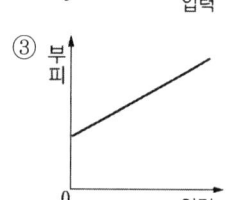

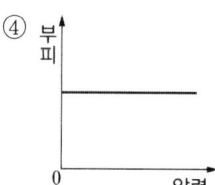

8 물질의 상태변화에서 열에너지를 흡수하는 과정을 바르게 고른 것은?

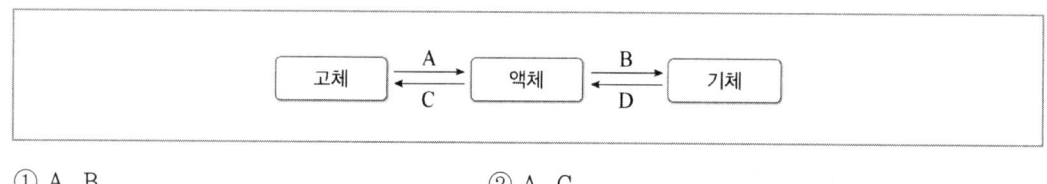

① A, B

② A, C

③ B, D

④ C, D

9 다음 중 혼합물이 아닌 것은?

① 소금물

② 설탕물

③ 흙탕물

④ 증류수

▶▶ 정답 및 해설

7 보일의 법칙으로 기체의 부피와 압력의 곱은 일정하다. 즉 기체의 부피와 압력은 반비례하다는 것을 밝혔다.
보기에서 반비례를 나타낸 그래프는 ②이다.

8 고체 상태를 구성하는 입자는 매우 규칙적이고 촘촘한 배열을 이루지만, 차츰 열을 받으면 입자 배열도 불규칙적으로 되고 입자들 사이의 간격도 점점 커진다.
따라서 열에너지를 흡수하는 과정은 A, B이다.

9 혼합물 : 두 종류 이상의 물질이 화학적 반응을 일으키지 않고 물리적으로 단순히 섞여 있는 물질.
④ 증류수 : 물을 가열했을 때 발생하는 수증기를 냉각시켜 정제된 물을 말한다.

답 7.② 8.① 9.④

10 나트륨(Na) 원소의 불꽃 반응 색깔은?

① 청록색   ② 붉은색

③ 노란색   ④ 보라색

11 물을 나타내는 분자식은?

① H_2 ② H_2O

③ CO_2 ④ HCl

12 그림에서 밀도가 가장 작은 것은?

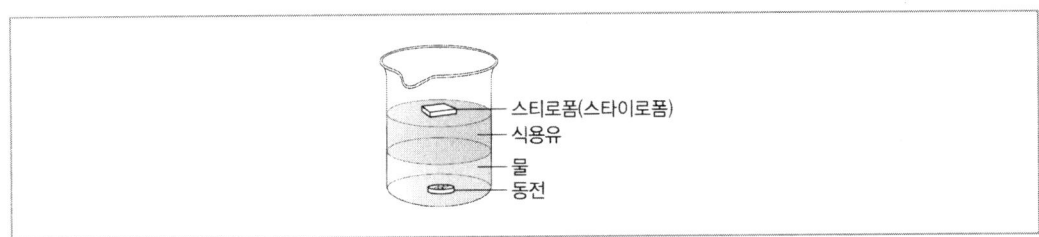

① 물   ② 동전

③ 식용유   ④ 스티로폼(스타이로폼)

■■■ 정답 및 해설

10 ① 구리 ② 리튬 ④ 칼륨

11 ① 수소 ③ 이산화탄소 ④ 염화수소

12 물체가 물보다 밀도가 크면 가라앉고, 밀도가 작으면 뜬다.

🔴 10.③ 11.② 12.④

13 다음 설명에 해당하는 것은?

> • 식물 세포에서 관찰된다.
> • 식물 세포의 가장 바깥쪽에 위치하며 세포의 형태를 유지시켜 준다.

① 핵   ② 세포막
③ 세포벽   ④ 세포직

14 그림은 녹색식물 잎의 표피이다. 기공에서 주로 일어나는 작용은?

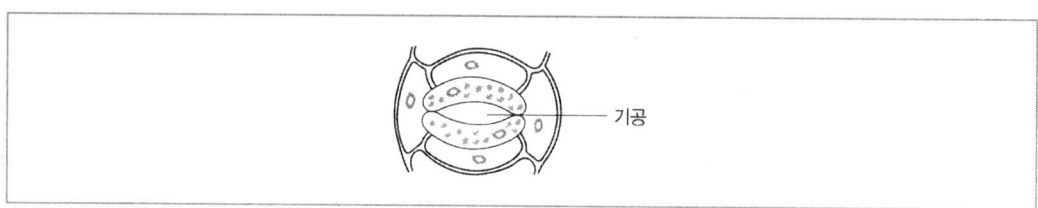

① 지지 작용   ② 증산 작용
③ 저장 작용   ④ 광합성 작용

15 다음 설명에 해당하는 혈액의 구성 성분은?

> • 핵을 가지고 있다.
> • 모양이 불규칙하다.
> • 외부에서 들어온 세균을 잡아먹는다.

━━━ ▶ 정답 및 해설

13 ① 핵: 세포의 모든 활동을 조절하는 세포내 기관.
② 세포막: 세포와 세포 외부의 경계를 짓는 막으로 세포 내의 물질들을 보호하고 세포간 물질 이동을 조절한다.
④ 세포질: 세포 내부를 채우고 있는 균일하고, 일반적으로는 투명한 점액형태의 물질.

14 잎의 뒷면에 있는 기공을 통해 물이 기체상태로 식물체 밖으로 빠져나가는 작용을 말한다.

15 ① 혈장: 혈액 속의 유형성분을 부유시키는 액체인데, 단백질을 비롯하여 다종다양한 유기물이나 무기물을 녹인다.
③ 적혈구: 붉은색 납작한 원반 모양의 혈액세포로 혈관을 통해 전신조직에 산소를 공급하고 이산화탄소를 제거한다.
④ 혈소판: 혈액응고의 중요한 역할을 하는 고형성분의 하나이다.

답 13.③ 14.② 15.②

① 혈장 　　　　　　　② 백혈구
③ 적혈구 　　　　　　② 혈소판

16 다음 설명에 해당하는 우리 몸의 기관은?

> • 강낭콩 모양을 하고 있다.
> • 혈액 속의 노폐물을 걸러준다.
> • 체액의 조성을 일정하게 유지시킨다.

① 심장 　　　　　　　② 방광
③ 대장 　　　　　　　④ 신장(콩팥)

17 사람의 눈과 사진기를 비교할 때, 사진기의 조리개에 해당하는 것은?

① 각막 　　　　　　　② 공막
③ 홍채 　　　　　　　④ 망막

18 사람의 염색체에 대한 설명으로 옳은 것은?

① 여자의 성염색체는 XY이다.
② 남 · 여의 염색체 수는 다르다.
③ 부모로부터 각각 22개씩 물려받았다.
④ 유전정보를 가지는 DNA를 포함한다.

19 사람의 정자와 난자가 수정된 수정란이 자궁 내벽에 자리를 잡는 현상은?

① 배란

② 월경

③ 착상

④ 출산

20 지구의 내부 구조에서 가장 많은 부피를 차지하는 부분은?

① 지각

② 맨틀

③ 외핵

④ 내핵

21 지하수의 작용으로 만들어진 것은?

① 사구

② 삼각주

③ U자곡

④ 석회 동굴

22 태양계 행성들에 대한 설명으로 옳은 것은?

① 토성은 고리가 있다.

② 목성에는 극관이 있다.

③ 수성은 크기가 가장 크다.

④ 금성은 위성 수가 가장 많다.

■■■ 정답 및 해설

19 ① 배란 : 난소에서 성숙한 난자가 배출되는 현상

20 맨틀은 지각과 외핵 사이의 구간으로, 지구 전체 부피의 84%를 차지한다.

21 석회 동굴 : 석회암 지대에서 절리면이나 파쇄대를 따라 지하로 스며드는 빗물이나 지하수에 의한 용식작용으로 지하에 생긴 다양한 규모와 형태의 동굴.

22 ② 화성에는 극관이 있다.
③ 목성은 크기가 가장 크다.
④ 목성은 위성 수가 가장 많다.

🅐 19.③ 20.② 21.④ 22.①

23 우리 은하를 구성하는 천체가 아닌 것은?

① 성운   ② 성단

③ 태양계   ④ 외부 은하

24 다음 설명에 해당하는 것은?

- 공기 덩어리가 상승할 때 주로 생성된다.
- 단열 팽창에 의해 공기 덩어리 안의 온도가 낮아져 수증기가 응결된 것이다.
- 모양에 따라 적운형, 층운형으로 분류된다.

① 구름   ② 성에

③ 이슬   ④ 서리

25 다음 중 '눈'을 나타내는 일기 기호는?

①   ②

③   ④

▶ 정답 및 해설

23 외부 은하란 우리 은하 밖에 위치하고 있는 무수한 은하들을 말한다.

24 ② 성에 : 겨울철에 유리창 바깥쪽의 온도가 0°C 이하가 되면 방 안의 공기 중, 수증기가 바로 승화하여 유리창에 얼어붙어 만들어지는 것.
③ 이슬 : 공기 중의 수증기가 기온이 내려가거나 찬 물체에 부딪힐 때 엉겨서 생기는 물방울.
④ 서리 : 수증기가 침착하여 지표나 물체의 표면에 얼어붙은 것.

25 ① 뇌우
② 구름의 양
④ 소나기

답 23.④   24.①   25.③

중졸검정고시
기출문제 정복하기

PART II

2013년 제2회
중졸검정고시

국어
수학
영어
사회
과학

1 다음 문장에서 주어는?

> 작은 개미가 과자를 먹는다.

① 작은　　　　　　　　　　② 개미가
③ 과자를　　　　　　　　　　④ 먹는다

2 밑줄 친 단어 중 '사물의 상태나 성질을 나타내는 것은?

① 하늘이 매우 푸르다.　　　　② 강아지가 빨리 달린다.
③ 저산에는 나무가 많다.　　　　④ 첫째도 조심, 둘째도 조심이다.

3 다음과 같은 특성을 보이는 말은?

> • 어느 한 시기에 집단을 초월하여 널리 쓰인다.
> • 당시 사회의 모습을 반영하며, 비판의식도 담긴다.
> • '공주병, 몸짱'이라는 말은 외모를 중시하는 사회풍조를 반영한다.
> • 일정한 시간이 지나면 대부분 사라지지만, 일부는 남아서 우리 언어생활에 자리 잡기도 한다.

■■ 정답 및 해설

1 주어란 어떤 상태나 행위의 주체가 되는 명사 또는 명사 상당구를 말한다.
　① 형용사　③ 목적어　④ 동사

2 사물의 상태나 성질을 나타내는 것은 형용사이다.
　② 동사　③ 명사　④ 서수

3 ① 비속어 : 비어와 속어를 이르는 말
　② 외래어 : 외국어로부터 들어와 한국어에 동화되고 한국어로서 사용되는 언어
　④ 전문어 : 전문 직업을 같이하는 특정 사회에서 인위적으로 만들어진 말

답 1.② 2.① 3.③

① 비속어　　　　　　　　　　　② 외래어

③ 유행어　　　　　　　　　　　④ 전문어

4　다음 글과 관계있는 언어의 특성은?

"누가 개를 개라고 했느냐고? 네가 그런거야, 니콜라스. 너와 나와 이 반에 있는 아이들과 이 학교와 이 마을과 이 주와 이 나라의 모든 사람이. 우리 모두 그렇게 하자고 약속한 거야."

－ 앤드루 클레먼츠, 「프린들 주세요」 －

① 언어의 법칙성　　　　　　　② 언어의 사회성

③ 언어의 역사성　　　　　　　④ 언어의 창조성

5　다음과 같은 음운 변동이 일어나는 단어는?

자음과 자음이 만나 서로 같거나 비슷한 소리로 바뀌는 현상

① 국화　　　　　　　　　　　② 따님

③ 부엌　　　　　　　　　　　④ 훈련

▩▩▩ 정답 및 해설

4　언어의 사회성이란 사회적 약속으로서의 언어의 성질. 언어와 사회의 관계에서 알 수 있듯이 언어는 개인이 함부로 바꿀 수도 없앨 수도 없는 공용물이며 그것은 사회 구성원 간의 약속으로 맺어진 것이다.

5　자음동화에 대한 설명이다.
　① 음운의 축약　② 음운의 탈락　③ 음절의 끝소리 규칙

답 4.② 5.④

6 ⊙~② 중 글의 통일성을 깨뜨리는 문장은?

> 물은 여러 가지로 이용된다. ⊙물은 요리, 목욕, 빨래 등 일상생활의 용수로 쓰인다. ⓛ일상생활하수는 수질오염의 주된 원인이 되고 있다. ⓒ저수지에 가둬 두었던 물은 농사를 짓는데 이용된다. ②그리고 물은높은 곳에서 떨어지는 힘으로 전기를 일으켜 우리생활에 이용되기도 한다.

① ⊙   ② ⓛ
③ ⓒ   ④ ②

7 다음 토론의 주제로 적절한 것은?

> 학생 1 : 저는 청소년들이 짧은 시간에 엄청난 부와 명성을 누릴 수 있다고 믿기 때문에 연예인을 꿈꾼다고 생각합니다. 어찌보면 일확천금을 노리는 것과 비슷한 생각이라고 볼 수 있습니다. 또, 그런 의식을 대중매체에서 부추기는 것도 문제라고 생각합니다. 학교별, 지역별 장기자랑이나 노래자랑처럼 한바탕 웃고 즐기는 형식이 아니라, 헛된 꿈을 불러일으킨다면 문제가 있다고 생각합니다.
> 학생 2 : 우리나라 청소년들은 자기들의 소질을 발휘할 수 있는 기회를 거의 제한받고 있는 실정입니다. 오히려 저는 어린가수들을 육성하여 일찍부터 체계적으로 관리한다면, 언젠가 세계를 주름잡는 가수가 나오지 않을까 하는 생각을 합니다. 어린가수를 육성하는 건 그들의 잠재력을 최대화할 수 있는 방법이라고 생각합니다.

① 청소년들의 경제 활동은 바람직한가?
② 청소년들의 매체 사용 규제는 필요한가?
③ 청소년들의 연예계 진출은 바람직한가?
④ 청소년들의 오락 중심 축제 문화는 필요한가?

📚 정답 및 해설

6 ①③④는 물의 쓰임에 대한 설명이고 ②는 수질 오염의 원인에 대하여 말하고 있다.

7 학생1과 학생2는 연예계진출에 대해 서로 다른 입장을 나타내고 있다.

답 6.② 7.③

[8~10] 다음 글을 읽고 물음에 답하시오.

(가) 그립다
　　말을 할가
　　하니 그리워.

　　그냥 갈가
　　그래도
　　다시 더 한 번

　　㉠저 산에도 까마귀, 들에 까마귀,
　　서산(西山)에는 해진다고
　　지저귑니다.

　　앞강물, 뒷강물
　　흐르는 물은
　　어서 따라오라고 따라가자고
　　흘러도 연달아 흐릅디다려.

　　　　　　　　　　　　　　　　　　　　　– 김소월, 「가는 길」 –

(나) 비 오자 장독간에 봉선화 반만 벌어
　　해마다 피는 꽃을 나만 두고 볼 것인가.
　　세세한 사연을 적어 누님께로 보내자.

　　누님이 편지보며 하마 울까 웃으실까.
　　눈앞에 삼삼이는 고향집을 그리시고
　　손톱에 꽃물 들이던 그날 생각하시리.

　　양지에 마주앉아 실로 찬찬매어 주던
　　하얀 손 가락가락이 연붉은 그 손톱을
　　지금은 꿈속에 본 듯 힘줄만이 서노라.

　　　　　　　　　　　　　　　　　　　　　– 김상옥, 「봉선화」 –

8 (가), (나)에서 공통적으로 느낄수 있는 주된 정서는?

① 고마움   ② 그리움

③ 두려움   ④ 즐거움

9 (가), (나)에 대한 설명으로 적절한 것은?

① (가) 형식이 정해져 있다.

② (가) 후각적 심상이 잘 드러난다.

③ (나) 3음보의 율격이 잘 나타난다.

④ (나) '봉선화'는 회상의 매개체이다.

10 ㉠과 같은 표현방법을 사용한 것은?

① 나는 한 마리 어린짐승

② 밥티처럼 따스한 별들이

③ 해야, 고운 해야. 해야 솟아라.

④ 하늘 밑 푸른 바다가 가슴을 열고

━━━ 정답 및 해설

8 (가)는 나그네의 이별과 그리움, 인간의 미련과 자연의 무심함을 노래하고 있고,
(나)는 누님에 대한 그리움을 나타내었다.

9 봉선화는 누나를 회상하고 그리워하는 매개체이다.

10 ㉠에는 반복법이 쓰였다.
① 은유법 ② 직유법 ④ 의인법

답 8.②   9.④   10.③

(가) 가게 문을 닫고 주인댁에서 날라 온 저녁밥을 먹고 나면 비로소 수남이 혼자만의 시간이다. 꿀 같은 시간이었다. 책을 펴놓고 영어단어를 찾고, 수학문제를 풀어보고, 턱을 괴고 소년답게 감미로운 공상에 잠길 수 있는 그런 시간이었다.

그러나 오늘 수남이는 그게 되지를 않았다. 책을 집어던졌다.

낮에 내가 한 짓은 옳은 짓이었을까?

옳을 것도 없지만 나쁠 것은 또 뭔가. 자가용까지 있는 처지에 나 같은 어린아이에게 오천 원을 우려내려고 그렇게 심하게 굴던 신사를 그 정도 골려준 것이 뭐가 나쁜가? 그런데도 왜 무섭고 떨렸던가. 그때의 내 꼴이 어땠으면, 주인영감님까지 "네 놈 꼴이 꼭 도둑놈 꼴이다."라고 하였을까.

그럼 내가 한 짓은 도둑질이었단 말인가.

그리고 나는 도둑질을 하면서 그렇게 기쁨을 느꼈더란 말인가.

수남이는 몸을 부르르 떨면서 낮에 자전거를 갖고 달리면서 맛본 공포와 함께 그 까닭 모를 쾌감을 회상한다.

– 박완서, 「자전거도둑」 –

(나) "소인(小人)이 마침 달빛을 즐기는 중입니다. 그런데, 만물이 생겨날 때부터 오직 사람이 귀한 존재인 줄 아옵니다. 그러나 소인에게는 귀함이 없사오니 어찌 사람이라 하겠습니까?"

공은 그 말의 뜻을 짐작은 했지만 일부러 책망하며 말하였다. "너 그게 무슨 말이냐?" / 길동이 절하고 말씀드리기를 "소인이 평생 서러워하는 바는, 소인이 대감의 정기(精氣)를 받아 당당한 남자로 태어났고, 또 낳아서 길러주신 어버이의 은혜를 입었는데도 아버지를 '아버지'라 못하옵고 형을 '형'이라 못하오니, 어찌 사람이라 하겠습니까?"

하고, 눈물을 흘리며 적삼을 적셨다.

공이 이 말을 다 듣고 비록 불쌍하다는 생각은 들었으나, 그 마음을 위로하면 방자해질까 염려되어 크게 꾸짖어 말했다.

"재상 집안에 천한 종의 몸에서 태어난 자식이 너뿐이 아닌데, 네가 어찌 이다지도 방자하냐? 앞으로 또 이런 말을 하면 내 눈앞에 나타나지도 못하게 하겠다."

– 허균, 「홍길동전」 –

11 (가), (나)의 공통점으로 적절한 것은?

① 허구적인 이야기이다.

② 인물의 외양을 묘사하고 있다.

③ 일인칭 시점에서 서술하고 있다.

④ 역사적인 사실에 바탕을 두고 있다.

▬▬ 정답 및 해설

11 (가)는 동화, (나)는 소설이다.

답 11.①

12 (가)에서 수남의 내적 갈등으로 볼 수 없는 것은?

① 나는 왜 이렇게 공부가 어려울까.
② 내가 오늘 한 짓은 도둑질이었을까.
③ 나는 자가용신사에게 오천 원을 줘야 했을까.
④ 내가 자가용 신사를 골려 준 일은 잘한 일이었을까.

13 (나)에서 알 수 있는 내용으로 적절한 것은?

① 착한사람은 복을 받았다.
② 당시에는 신분 차별이 없었다.
③ 서자는 호부 호형하지 못했다.
④ 양반가의 자제는 무례하고 건방졌다.

[14 ~ 16] 다음 글을 읽고 물음에 답하시오.

(가) 아우 : (㉠총을 내던지고, 민들레꽃을 꺾어 든다.) 이 꽃을 보니까 그 시절이 그립다. 형님과 함께 행복하게 지냈던 시절이 그리워…….

형 : 벽 너머 저쪽에도 민들레꽃이 피어 있겠지…….

아우 : 형님이 보고 싶어!

형 : 동생 얼굴이 보고 싶구나! 형과 아우, 그들 사이를 가로 막은 벽을 안타까운 표정으로 바라본다. 비가 그치면서 ㉡구름 사이로 한 줄기 햇빛이 비친다.

형 : 하지만, 내 마음을 어떻게 저 벽 너머로 전하지?

아우 : 비가 그치고 산들바람이 부는군.

형 : 저 ㉢벽을 자유롭게 넘어갈 수만 있다면……. 가만 있어봐. 민들레꽃은 씨를 맺으면 어떻게 되지? 바람을 타고 멀리 멀리 날아가잖아?

아우 : 햇빛이 비치니까 샛노란 민들레꽃이 더 예쁘게 보여.

형 : 이 꽃을 꺾어서 벽 너머로 던져주어야지. 동생이 이 ㉣민들레꽃을 보면, 진짜 내 마음을 알아줄 거야.

아우 : 형님에게 이 꽃을 드리겠어. 벽 너머의 형님이 이 꽃을 받으면, 동생인 나를 생각하겠지.

🔴▶ 정답 및 해설

12 수남은 공부가 어려워서 갈등을 겪고 있지는 않다.

13 길동은 호부호형을 하지 못하는 것 때문에 괴로워하고 있다.

🅐 12.① 13.③

－ 중략 －

무대조명, 서서히꺼진다. 다만, 무대 뒤쪽의 들판 풍경을 그린 걸개그림만이 환하게 밝다. 막이 내린다.

－ 이강백, 「들판에서」 －

㈏ 문학 작품 읽기에서는 작품의 기본 내용이나 줄거리 파악에 그쳐서는 안 된다. 문학 작품에서 글쓴이는 '돌려 말하기'와 '생략'을 많이 이용한다. 그러므로 읽는 이는 글쓴이가 사용하는 '돌려 말하기'를 먼저 이해하고, 글쓴이가 진정으로 말하려고 하는 깊은 내용까지 파악할 수 있어야 한다. 이것이 바로 문학 작품에 대한 ㉮'깊고 넓은 이해'이다. 우리가 흔히 이야기하는 '주제파악'이나 '생활에의 적용'은 문학 작품에 대한 깊고 넓은 이해의 한 모습이다.

－「문학 작품의 감상」 －

14 ㈎와 같은 글에 대한 설명으로 적절하지 않은 것은?

① 막과 장으로 구성된다.
② 공간의 제약을 받지 않는다.
③ 무대 상연을 목적으로 한다.
④ 대사와 지시문으로 사건이 전개된다.

15 ㈎에서 '형제간의 화해'를 상징하는 소재는?

① ㉠   ② ㉡
③ ㉢   ④ ㉣

▶ 정답 및 해설

14 공간의 제약을 받지 않는 것은 시나리오이다.

15 민들레꽃을 꺾어 우애를 맹세했던 형제가 측량기사의 이간질로 서로에 대한 믿음이 무너진 두 형제는 들판의 민들레를 보며 마음의 벽을 허물고 우애를 회복하게 된다.

답 14.② 15.④

16 (가)를 ㉮의 방법으로 감상한 내용을 다음에서 고른 것은?

> ㉠ 작가의 창작의도를 생각해 본다.
> ㉡ 뒷부분에 이어질 내용을 상상해 본다.
> ㉢ 주요사건을 중심으로 줄거리를 요약해 본다.
> ㉣ 작품의 내용을 사회 현실과 관련지어 본다.

① ㉠㉡   ② ㉠㉣
③ ㉡㉢   ④ ㉢㉣

[17 ~ 19] 다음 글을 읽고 물음에 답하시오.

(가) 음성언어는 소리의 속성 때문에 말하는 이와 듣는 이가 대면한 상태에서 사용한다. 말하는 이는 듣는 이를 마주보고 있기 때문에 손짓이나 억양, 몸짓, 표정, 어조 등 부수적인 표현방법을 활용하기도 한다.
이에 비해 문자언어는 상대방이 없는 상태에서 충분한 시간을 가지고 사용하게 된다. 문자언어는 사전에 계획이 가능하며, 다 적은 후에도 계속 수정이 가능하다. 또, 음성언어를 사용할 때 보다 복잡한 내용을 논리적으로 전달할 수 있는 특성이 있다.

– 김용석, 「음성언어와 문자언어」 –

(나) 표준어도 여러 방언 중에서 대표로 정해진 것이다. 따라서, 방언이 없으면 표준어의 제정이 무의미하다. 예를 들면, '   ㉠   '는 '무수, 무시, 무우, 무와 같은 방언 중에서 표준어규정에 따라서 표준어가 된 것이다.

– 성낙수, 「표준어와 방언」 –

17 (가), (나)의 공통점으로 적절한 것은?

① 실제 겪은 경험을 소개한다.
② 전해 오는 이야기를 서술한다.
③ 의견에 대한 반론을 주장한다.
④ 대상에 대한 정보를 전달한다.

■■■ 정답 및 해설

16 '주제 파악'이나 '생활에의 적용'은 문학 작품에 대한 깊고 넓은 이해의 한 모습이다.

17 (가), (나)는 모두 정보 전달을 목적으로 하는 설명문이다.

답 16.② 17.④

18 ㈎에서 설명하고 있는 '문자언어'의 특성은?

① 소리의 속성 때문에 대면한 상태에서 사용한다.
② 억양, 몸짓 등 부수적인 표현방법을 사용한다.
③ 음성언어보다 내용을 논리적으로 전달하기 어렵다.
④ 사전계획을 할 수 있고, 적은 후에도 수정이 가능하다.

19 ㉠에 들어갈 말로 적절한 것은?

① 무   ② 무수
③ 무시   ④ 무우

20 다음에서 건의하는 내용으로 적절한 것은?

안녕하세요? 저는 ○○중학교에 다니는 정상화라고 합니다. 얼마 전 학교 앞에서 등굣길에 차와 부딪힐 뻔 한 적이 있습니다. 이 문제를 해결해 주실 수 있는 분이 시장님이라는 생각이 들어 시장님께 말씀드립니다.
우선, 우리학교 근처 불법 주차차량에 대한 조치를 취해주시기 바랍니다. 학교 정문 앞 인도가 안 그래도 좁은데 차들이 인도까지 올라와 있으니 학생들은 자연히 위험한 차도로 다닐 수밖에 없습니다.
그리고 인도와 차도사이에 안전봉과 도로에 과속방지턱을 설치해 주셨으면 좋겠습니다. 지난번 친구 학교 앞에 가보니 예쁜 안전봉과 과속방지턱이 설치되어 있어서 참으로 부러웠습니다.
시장님, 제 얘기를 끝까지 들어주셔서 고맙습니다. 시장님은 이 문제를 충분히 해결해 주실 능력이 있는 분 같습니다. 고맙습니다.

○○○○년 ○월 ○일
○○중학교 정상화 올림

① 교통사고 피해 보상   ② 아침 등교 시각 변경
③ 친구 학교 방문 요청   ④ 학교 앞 교통 문제 해결

━━ 정답 및 해설

18 ①②는 음성 언어의 특성.

19 '무'는 무수, 무시, 무우의 표준어이다.

20 학교 근처 불법 주차 차량에 대한 조치를 취해 줄 것과 인도와 차도 사이에 안전봉과 과속 방지턱을 설치해 달라고 내용으로 보아 학교 앞 교통 문제 해결에 대해 건의하고 있다.

답 18.④ 19.① 20.④

[21 ~ 22] 다음 글을 읽고 물음에 답하시오.

가난한 제3세계에서는 곡식이 모자라 어린이를 비롯해서 수백만의 사람들이 굶주려 죽어 가는데, 산업화된 나라에서는 수백만이 넘는 사람들이 동물성지방을 지나치게 섭취하여 심장병, 뇌졸중, 암과 같은 병으로 죽어 가고 있다. 특히, 미국에서 두 번째로 흔한 질병인 대장암은 육식과 직접적인 관계가 있다고 한다. 또 다른 보고서에 따르면, 고기소비와 심장질환 및 암 발생이 서로 관련이 깊다고 한다. 쇠고기 문화권에서의 심장병 발생률이 채식 문화권에서의 발병률보다 무려 50배나 더 높다는 것이다. 그러니 오늘날 미국인들과 유럽인들은 말 그대로 '먹어서 죽는다.'고 할 수 있다.

이와 같은 연구사례를 읽으면서 내가 두려움을 느낀 것은, 요즈음 우리나라에서도 어른 아이 할 것 없이 우리의 전통적인 식생활습관을 버리고 서양식 식생활습관을 그대로 모방하고 있다는 점이다. 병원마다 환자들로 초만원을 이루고 있는 원인이 어디에 있는지 우리는 곰곰이 생각해 보아야 한다. 먹어서 죽는 것은 미국인과 유럽인들만이 아니다. 우리도 먹어서, 너무 기름지게 먹어서 죽을 수 있다.

– 법정, 「먹어서 죽는다」 –

21 윗글에 나타난 글쓴이의 태도는?

① 긍정적   ② 비판적

③ 수동적   ④ 예찬적

22 윗글의 내용과 일치하지 않는 것은?

① 가난한 제3세계에서는 동물성 지방을 많이 섭취한다.

② 미국에서 대장암은 육식과 직접적인 관계가 있다.

③ 심장질환과 암 발생은 고기 소비와 관련이 깊다.

④ 우리나라에서도 서양식 식생활 습관을 모방하고 있다.

➠ 정답 및 해설

21 가난한 제3세계에서는 수백만의 사람들이 굶주려 죽어 가는데, 산업화된 나라에서는 너무 기름지게 먹어서 죽을 수도 있다며 비판적인 태도를 보이고 있다.

22 가난한 제3세계에서는 수백만의 사람들이 굶주려 죽어 간다고 하였다.

답 21.② 22.①

[23 ~ 25] 다음 글을 읽고 물음에 답하시오.

신문이 진실을 보도해야 한다는 것은 새삼스러운 설명이 필요 없는 당연한 이야기이다. 정확한 보도를 하기 위해서는 문제를 전체적으로 보아야 하고, 역사적으로 새로운 가치의 편에 서봐야 하며, 무엇이 근거이고, 무엇이 조건인가를 명확히 해야 한다고 했다. 그런데 이러한 준칙을 강조하는 것은 기자들의 기사작성기술이 ㉠미숙하기 때문이 아니라, 이해관계에 따라 특정보도의 내용이 달라지기 때문이다. 자신들에게 ㉡유리하도록 기사가 보도되게 하려는 외부세력이 있으므로 진실보도는 일반적으로 ㉢수난의 길을 걷게 마련이다. 양심적이고자 하는 언론인이 때로 형극¹⁾의 길과 고독의 길을 걸어야 하는 이유가 여기에 있다.

신문은 스스로 자신들의 임무가 '사실보도'라고 말한다. 그 임무를 다하기 위해 신문은 자신들의 이해관계에 따라 진실을 ㉣왜곡하려는 권력과 이익 집단, 그 구속과 억압의 논리로부터 자유로워야 한다.

– 송건호, 「신문과진실」 –

1) 형극(荊棘) : 나무의 온갖 가시. 고난이나 장애 따위를 비유하여 이르는 말.

23 윗글을 읽는 방법으로 가장 알맞은 것은?

① 글의 내용을 상상하며 읽는다. ② 글쓴이의 개성을 파악하며 읽는다.
③ 근거의 타당성을 판단하며 읽는다. ④ 글에 나타난 운율을 파악하며 읽는다.

24 윗글에서글쓴이가궁극적으로말하고자하는것은?

① 진실 보도를 막는 외부세력이 있다.
② 진실보도는 일반적으로 수난의 길을 걷는다.
③ 신문은 이해관계에서 벗어나 진실을 보도해야 한다.
④ 기자는 전체보다 부분을 보고 기사를 작성해야 한다.

25 ㉠ ~ ㉣의뜻풀이로옳지않은것은?

① ㉠ 미숙 : 일에 익숙하지 못함. ② ㉡ 유리 : 이익이 있음. 이로움.
③ ㉢ 수난 : 견디기 어려운 일을 당함. ④ ㉣ 왜곡 : 사실을 정확하게 전달함.

■■■ 정답 및 해설

23 논설문은 어떤 문제에 대해 자기의 주장을 논리적으로 증명하여 독자를 설득하는 글로, 주장에 대한 근거가 타당한지 파악하며 읽는다.

24 신문은 스스로 지신들의 임무가 '사실 보도'라고 말한다.

25 ④ 왜곡 : 사실과 다르게 해석하거나 그릇되게 함.

답 23.③ 24.③ 25.④

1 두 집합 $A = \{2, a\}$, $B = \{1, 2, 3, 4,\}$이고, $A \cap B = \{2, 4\}$일 때 a의 값은?

① 1 ② 2
③ 3 ④ 4

2 $(-2)+(+5)$의 값은?

① 7 ② 3
③ -3 ④ -7

3 일차방정식 $3x - 5 = x + 1$을 풀면?

① $x = -2$ ② $x = 1$
③ $x = 3$ ④ $x = 6$

■■ 정답 및 해설

1 교집합은 2개 이상의 집합에 동시에 속하는 원소로 된 집합, 공통부분이라고도 한다.
$A \cap B = \{2, 4\}$일 때 a의 값은 4이다.

2 $(-2)+(+5)=3$

3 $3x-5=x+1$
$2x=6$ ∴$x=3$

답 1.④ 2.② 3.③

4 함수 $y = ax(a \neq 0)$의 그래프가 점 $(2, 4)$를 지날 때 a의 값은?

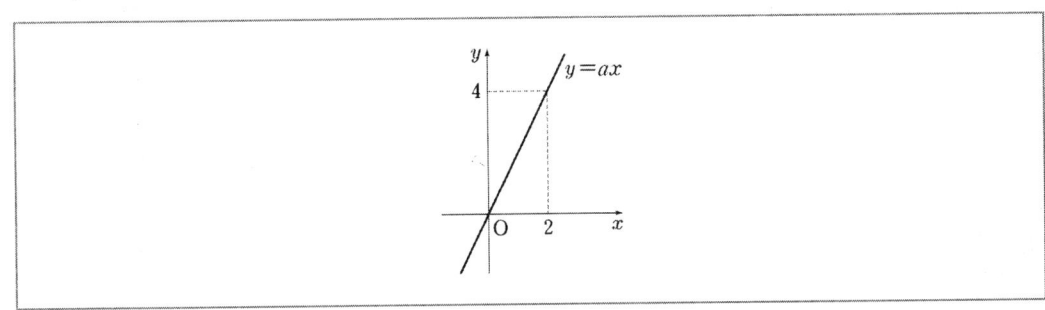

① 1   ② 2

③ 3   ④ 4

5 다음 도수분포표는 어느 반 학생들의 수학성적을 조사하여 나타낸 것이다. 수학성적이 80점 이상인 학생 수는?

수학 성적(점)	학생 수(명)
50 이상 ~ 60 미만	3
60 이상 ~ 70 미만	7
70 이상 ~ 80 미만	11
80 이상 ~ 90 미만	8
90 이상 ~ 100 미만	1
합계	30

① 6명   ② 7명

③ 8명   ④ 9명

▨▨▨ 정답 및 해설

4 기울기는 x의 값의 증가량에 대한 y의 값의 증가량의 비율이다.
즉, $y=ax$에서 기울기는 x의 계수 a이므로 $a=2$이다.

5 성적이 80점 이상인 학생 수는 9명이다.

🖪 4.② 5.④

6 그림과 같은 원 O에서 $\angle AOB = 30°$, $\angle COD = 60°$이다. 부채꼴 AOB의 넓이가 $20cm^2$일 때, 부채꼴 COD의 넓이는?

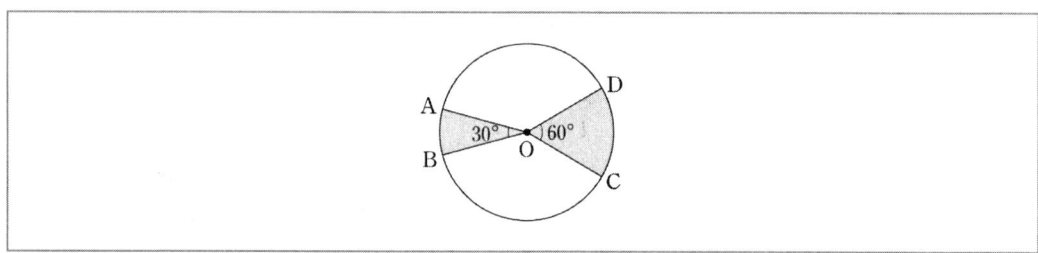

① $40cm^2$ ② $45cm^2$

③ $50cm^2$ ④ $55cm^2$

7 $2x^3 \times 5x^4$을 간단히 하면?

① $7x^7$ ② $7x^{12}$

③ $10x^7$ ④ $10x^{12}$

8 연립방정식 $\begin{cases} 2x + y = 5 \\ -x + y = -1 \end{cases}$ 의 해는?

① $x = 1$, $y = 2$ ② $x = 1$, $y = 3$

③ $x = 2$, $y = 1$ ④ $x = 3$, $y = 1$

▶ 정답 및 해설

6 한 원에서 부채꼴의 호의 길이와 넓이는 각각 중심각의 크기에 정비례한다.
따라서 부채꼴 AOB의 넓이가 20cm²일 때 부채꼴 COD의 넓이는 40cm²가 된다.

7 $2x^3 \times 5x^4 = 10x^7$

8 $x = y + 1$을 $2x + y = 5$에 대입하면,
$2(y + 1) + y = 5$
$3y = 3$ $\therefore y = 1$, $x = 2$

답 6.① 7.③ 8.③

9 일차부등식 $3x - 1 < 8$을 풀면?

① $x < 3$ ② $x > 3$

③ $x < 4$ ④ $x > 4$

10 기울기가 2이고, 점 $(1,\ 1)$을 지나는 일차함수의 식은?

① $y = 2x - 3$ ② $y = 2x - 1$

③ $y = 2x + 1$ ④ $y = 2x + 3$

11 삼각형 ABC에서 $\overline{AB} = \overline{AC}$, $\angle B = 70\,^\circ$일 때, $\angle x$의 크기는?

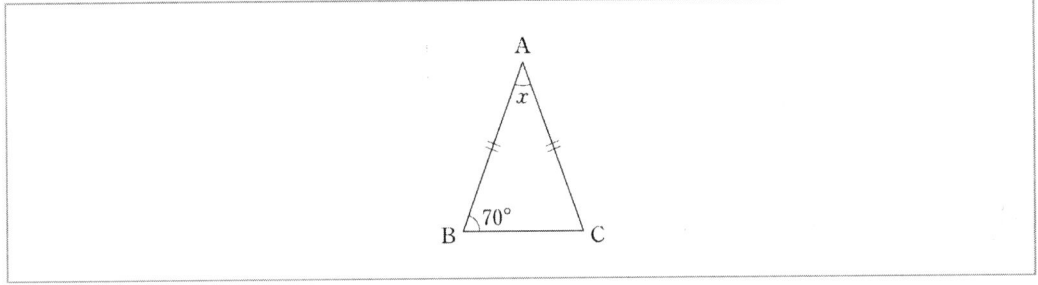

① $40\,^\circ$ ② $45\,^\circ$

③ $50\,^\circ$ ④ $55\,^\circ$

12 다음 표는 학생 20명의 혈액형 조사하여 나타낸 것이다. 이 중에서 한 학생을 임의로 택했을 때, 그 학생의 혈핵형이 A형이 아닐 확률은?

혈핵형	A	B	AB	O	합계
학생 수(명)	7	6	3	4	20

① $\dfrac{7}{20}$

② $\dfrac{1}{2}$

③ $\dfrac{13}{20}$

④ $\dfrac{17}{20}$

13 두 정육면체 A, B의 닮음비가 $1:2$일 때, 큰 정육면체 B의 부피는 작은 정육면체 A의 부피의 몇 배인가?

① 2배

② 4배

③ 6배

④ 8배

14 $5\sqrt{3}-3\sqrt{3}$ 을 간단히 하면?

① $-2\sqrt{3}$

② -2

③ 2

④ $2\sqrt{3}$

■■■ 정답 및 해설

12 A형이 아닐 확률은 $\dfrac{A형이 아닌 학생수}{전체 학생수}=\dfrac{13}{20}$ 이다.

13 닮음비가 $1:2$일 때 부피의 비는 $1^3:2^3$이므로 8배가 된다.

14 $5\sqrt{3}-3\sqrt{3}=2\sqrt{3}$

답 12.③ 13.④ 14.④

15 $x^2 + 3x + 2$를 인수분해하면?

① $(x+1)(x+2)$ ② $(x+1)(x-2)$

③ $(x-1)(x+2)$ ④ $(x-1)(x-2)$

16 이차방정식 $(x-3)^2 = 0$의 해는?

① $x = -3$(중근)   ② $x = 3$(중근)

③ $x = -3$ 또는 $x = 3$ ④ $x = 0$ 또는 $x = 3$

17 이차함수 $y = x^2 - 3$의 그래프에 대한 설명으로 옳은 것은?

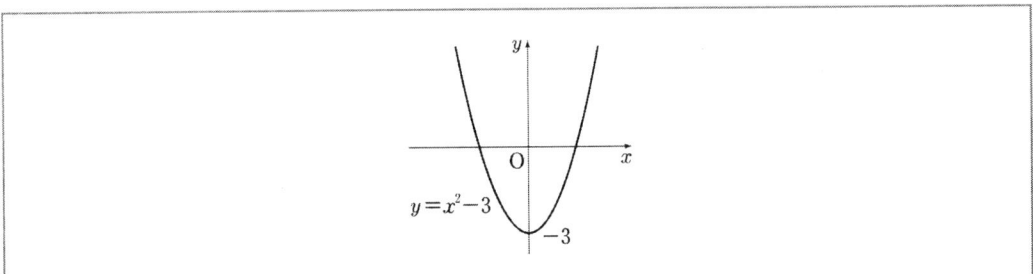

① 위로 볼록하다.
② 최댓값이 -3이다.
③ 점 $(2, 1)$을 지난다.
④ 꼭짓점의 좌표는 $(-3, 0)$이다.

━━━ 정답 및 해설

15 인수분해 공식에 의해 $x^2 + (a+b)x + ab = (x+a)(x+b)$이므로
$x^2 + 3x + 2 = (x+1)(x+2)$

16 이차방정식이 중근을 가지려면 완전제곱식 형태가 되어야 한다.
$x-3 = 0$의 해는 $x = 3$으로 중근이 된다.

17 ① 아래로 볼록하다.
② 최솟값이 -3이다.
④ 꼭짓점의 좌표는 $(0, -3)$이다.

답 15.① 16.② 17.③

18 그림과 같이 밑면의 반지름의 길이가 $5cm$, 모선의 길이가 $13cm$인 원의 높이는?

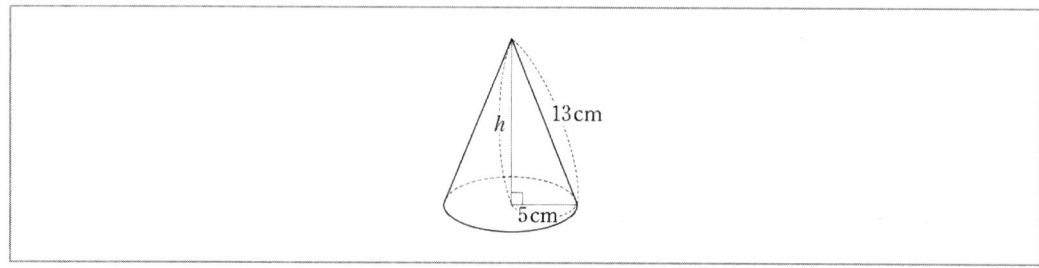

① $9cm$ ② $10cm$

③ $11cm$ ④ $12cm$

19 그림과 같은 인 직각삼각형에서 의 값은?

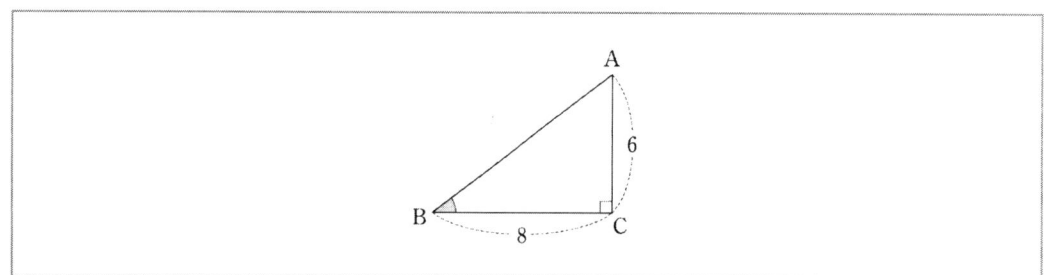

① $\dfrac{2}{3}$ ② $\dfrac{3}{4}$

③ $\dfrac{4}{5}$ ④ $\dfrac{4}{3}$

■■■ 정답 및 해설

18 원뿔의 높이 $h = \sqrt{모선^2 - 반지름^2}$ 이므로
$h = \sqrt{13^2 - 5^2} = \sqrt{144}$ =12cm이다.

19 직각삼각형의 $\tan B = \dfrac{높이}{밑변}$ 이므로
∴ $\tan B = \dfrac{3}{4}$

답 18.④ 19.②

20 그림과 같이 삼각형 ABC는 원 O에 외접하고 점 E, E, F는 접점이다. $\overline{AD}=2cm$, $\overline{BE}=5cm$, $\overline{CF}=3cm$일 때, 삼각형 ABC의 둘레의 길이는?

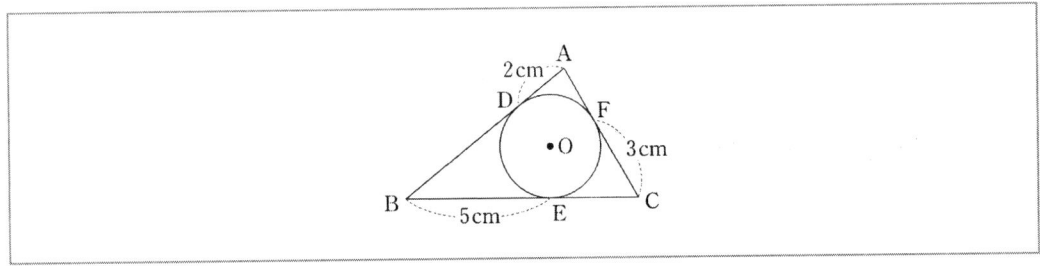

① 14cm

② 16cm

③ 18cm

④ 20cm

20 원의 외부에서 원에 접선을 그을 때 두 접선의 선분의 길이는 같다.

즉, 선분 AD=선분AF이고 선분 FC=선분 EC와 같고, 선분 BE=선분 BD와 같으므로 삼각형 ABC의 둘레는 20cm이다.

답 20.④

1 두 단어의 관계가 나머지 셋과 다른 것은?

① big – large
② high – low
③ old – young
④ strong – weak

2 다음 단어들을 모두 포함하는 것은?

> angry, excited, glad, happy, sad

① color
② hobby
③ animal
④ feeling

3 빈칸에 공통으로 들어갈 말로 알맞은 것은?

> • I was born _____ 1998.
> • I am interested _____ animals.

① by
② in
③ on
④ to

▶ 정답 및 해설

1 ①은 유의어, ②③④는 반의어이다.
① 큰-큰 ② 높은-낮은 ③ 늙은-어린 ④ 힘이 센-약한

2 화난, 흥분된, 기쁜, 행복한, 슬픈
① 색깔 ② 취미 ③ 동물 ④ 감정

3 「• 나는 1998년에 태어났다.
• 나는 동물에 관심이 있다.」
be born in ~에서 태어나다.
be interested in ~ 에 관심이 있다.

답 1.① 2.④ 3.②

4 대화가 자연스럽지 않은 것은?

① A : Can you swim?

B : Yes, I can.

② A : Let's play soccer.

B : That's a good idea.

③ A : Thank you very much.

B : My pleasure.

④ A : What is your favorite animal?

B : Yes, I like it.

5 빈칸에 들어갈 말로 알맞은 것은?

> A : Do you know how to drive?
>
> B : Yes, I _____.

① do

② is

③ shall

④ will

▶ 정답 및 해설

4 ① A : 수영할 수 있니?

B : 응 할 수 있어.

② A : 축구하자.

B : 좋은 생각이야.

③ A : 정말 고마워.

B : 천만에.

④ A : 가장 좋아하는 동물이 뭐야?

B : 응, 좋아해.

5 「A : 운전하는 법을 알고 있나요?

B : 네.」

Do로 묻는 문장은 do로 대답한다.

답 4.④ 5.①

6 그림에 대한 표현으로 알맞은 것은?

① I go to bed.   ② I play soccer.

③ I take a bath.   ④ I listen to the radio.

7 빈칸에 들어갈 말로 알맞은 것은?

> A : What do you want to buy for your sister?
> B : I want to buy a doll for _____.

① me   ② her

③ him   ④ you

8 빈칸에 들어갈 말로 알맞은 것은?

> I will go fishing _____.

➡ 정답 및 해설

6 ① 나는 자러 간다.
   ② 나는 축구를 한다.
   ③ 나는 목욕을 한다.
   ④ 나는 음악을 듣는다.

7 「A : 여동생선물로 무엇을 샀니?
   B : 나는 그녀를 위해 인형을 샀어.」
she의 목적격인 her이 들어간다.

8 미래를 나타내는 문장이므로 tomorrow가 들어간다.
   ② 어제 ③ 지난 밤 ④ 이틀 전

                                          답 6.③ 7.② 8.①

① tomorrow   ② yesterday

③ last night   ④ two days ago

9 빈칸에 들어갈 말로 알맞은 것은?

A : Which season do you like best?

B : I like winter best.

A : _____?

B : Because I can ski in winter.

① Who   ② Why

③ What   ④ When

10 밑줄 친 말의 의도로 알맞은 것은?

A : Do you want some more cake?

B : No, thank you. I'm full.

① 거절하기   ② 비난하기

③ 설득하기   ④ 칭찬하기

▶ 정답 및 해설

9 「A : 가장 좋아하는 계절이 뭐니?

B : 나는 겨울을 가장 좋아해.

A : 왜?

B : 왜냐하면 겨울에는 스키를 탈 수 있거든.」

이유를 나타내는 Why가 들어간다.

10 「A : 케이크 좀 드시겠어요?

B : 아니오. 배 불러요.」

답 9.② 10.①

11 다음 글에서 설명하는 요가동작을 잘 묘사한 그림은?

Today, we will learn some yoga moves. Let's start! Stand up. Raise your arms above your head.

①

②

③

④

12 글쓴이의 직업으로 가장 알맞은 것은?

I work for a restaurant. I'm good at Italian food. I feel very happy when people like my food.

① 경찰관 ② 상담원
③ 요리사 ④ 음악가

13 대화에서 가리키고 있는 표지판은?

> A : What does the sign say?
> B : It says, "Do not take pictures."

①  ②

③  ④

14 대화에서 엄마가 수지에게 부탁하는 것은?

> Mom : I'm washing the dishes. Can you help me, Suji?
> Suji : Sorry, I'm busy. I'm doing my homework.

① 세차 하기 ② 청소 하기
③ 설거지 하기 ④ 화분에 물주기

━━ 정답 및 해설

13 「A : 표지판은 무슨 뜻인가요?
　　 B : '사진을 찍지 마세요'입니다.」

14 「Mom : 설거지를 하고 있다. 수지야, 엄마 좀 도와줄래?
　　 Suji : 미안해요. 저 바빠요. 숙제를 하고 있어요.」

답 13.④ 14.③

15 일기예보에서 빈칸에 들어갈 알맞은 말은?

Mon	Tue	Wed	Thur	Fri
13	14	15	16	17

A : Today is Tuesday. It's raining.
B : How about Friday?
A : It will be _____.

① sunny
② rainy
③ snowy
④ cloudy

16 표의 내용과 일치하는 것은?

Name	Age
Meg	16
John	15
Beth	13
Amy	10

① Meg is the youngest of all.
② John is older than Meg.
③ Beth is younger than John.
④ Amy is the oldest of all.

15 「A : 오늘은 화요일입니다. 비가 오네요.
　　B : 금요일은 어때요?」
　① 화창한 ② 비가 오는 ③ 눈이 오는 ④ 흐린

16 ① Meg는 이 중에서 가장 어리다.
　② John은 Meg보다 나이가 많다.
　③ Beth는 John보다 어리다.
　④ Amy는 이 중에서 가장 나이가 많다.

답 15.④ 16.③

17 대화에 나타난 B의 기분으로 가장 알맞은 것은?

> A : The movie is starting. Let's go inside.
> B : Wait! I can't find my ticket. It was in my pocket.
> A : You're joking!
> B : No, I'm not. I can't find it.

① 기쁘다　　　　　　　② 외롭다
③ 당황스럽다　　　　　④ 자랑스럽다

18 다음에서 'I'가 어제한 일이 아닌 것은?

> Yesterday was my mother's birthday. In the morning, I cleaned the house. My mother and I went shopping and ate dinner at a restaurant. We had a good time.

① 등산　　　　　　　　② 쇼핑
③ 외식　　　　　　　　④ 청소

19 대화의 주제로 알맞은 것은?

> A : What do you want to be in the future?
> B : I want to be a doctor. How about you?
> A : I want to be a movie star.

① 장래희망   ② 취미활동
③ 학교생활   ④ 환경보호

20 다음은 친구가 Mina에게 보낸 문자메시지이다. 이 메시지를 보낸 이유는?

> Hi, Mina. Do you have any plans for this Sunday? I'm thinking about going to see a movie.
> Can you come with me?

① 책을 빌리기 위해서   ② 숙제를 확인하기 위해서
③ 영화를 함께 보기 위해서   ④ 점심을 함께 먹기 위해서

21 A, B의 관계로 가장 알맞은 것은?

> A : Good morning. What's the problem?
> B : Doctor, my leg hurts a lot.
> A : I see. Let me take a look.

▶ 정답 및 해설

19 「A : 장래에 무엇이 되고 싶니?
　　 B : 나는 의사가 되고 싶어. 너는?
　　 A : 나는 영화배우가 되고 싶어.」

20 「안녕, 미나야. 이번 일요일에 계획 있니?
　　 나는 영화를 보러갈 생각이야. 나와 함께 갈래?」

21 「A : 안녕하세요? 무슨 일이세요?
　　 B : 선생님, 다리를 많이 다쳤어요.
　　 A : 알겠어요. 제가 볼게요.」

답 19.① 20.③ 21.②

① 엄마 – 아들　　　　　　② 의사 – 환자
③ 버스기사 – 승객　　　　④ 은행직원 – 고객

22 광고에서 알 수 없는 것은?

The Book of the Week

Title: Abraham Lincoln
Writer: David Herbert
Price: $ 12

① 제목　　　　　　　　② 저자
③ 가격　　　　　　　　④ 출판사

23 주어진 말에 이어질 대화의 순서로 알맞은 것은?

May I help you?
(A) I want a blue one.
(B) What color do you want?
(C) Yes, please. I'm looking for a shirt.

① (A) – (C) – (B)　　　② (B) – (A) – (C)
③ (B) – (C) – (A)　　　④ (C) – (B) – (A)

▬▬ 정답 및 해설

22 출판사에 대한 내용은 나와 있지 않다.

23 「도와 드릴까요?
(C) 네. 셔츠를 찾고 있습니다.
(B) 무슨 색상을 원하세요?
(A) 나는 파란 것을 원합니다.」

📌 22.④　23.④

24 대화에서 A가 가려고 하는 곳의 위치는?

> A : Excuse me. Where is the bookstore?
> B : Go straight and then turn right at the first corner. It's on your right.

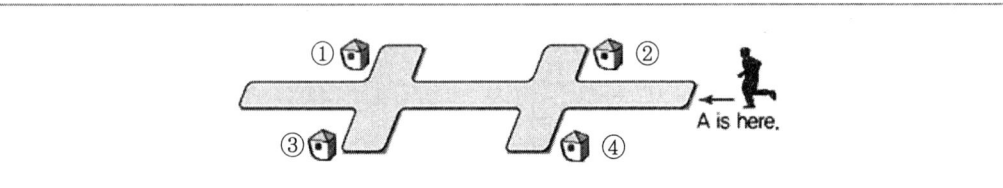

25 다음은 무엇을 위한 조언인가?

> • Do exercise everyday.
> • Don't eat too many sweets.
> • Wash your hands before meals.

① 건강 지키기   ② 성적 올리기
③ 친구 사귀기   ④ 환경 지키기

1 다음 설명에 해당하는 곳은?

- 우리나라 제일 동쪽에 위치
- 러일 전쟁 중에 일본 영토로 강제 편입
- 풍부한 수산 자원과 지하자원(메탄 하이드레이트)

① 간도   ② 독도

③ 울릉도   ④ 제주도

2 다음 설명과 관련있는 농업형태는?

- 지중해 연안의 여름철 고온 건조한 기후
- 해안평야나 구릉지에서 뿌리가 깊고 잎이 두꺼운 과수나 나무 재배
- 주요작물 : 레몬, 올리브, 포도, 코르크

① 낙농업   ② 혼합농업

③ 수목농업   ④ 고랭지농업

▶ 정답 및 해설

1 독도 : 경상북도 울릉군 울릉읍 독도리에 위치하고있는 화산섬이다.

2 ① 낙농업 : 젖소를 사육하여 우유를 생산하고, 우유를 원료로 하여 유제품을 제조하는 산업
② 혼합 농업 : 농작물 재배와 가축의 사육을 유기적으로 결합한 농업형태
④ 고랭지 농업 : 고원이나 산지 등 여름철에도 서늘한 땅에서 이루어지는 농업

🅐 1.② 2.③

3 다음 설명에 해당하는 지역은?

> • 교통이 편리하고 땅값이 비싸다.
> • 유동인구가 많고 상주인구는 적다.
> • 관청, 은행, 백화점, 대기업 본사 등 고층건물이 밀집되어 중심 업무 지구를 형성한다.

① 도심　　　　　　　　　　② 위성도시
③ 주변지역　　　　　　　　④ 개발제한구역

4 다음에서 설명하는 식량자원은?

> • 계절풍 기후 지역의 평야지대에서 재배
> • 생산지와 소비지가 일치하여 국제적 이동량 적음
> • 주요수출국 : 타이, 베트남

① 밀　　　　　　　　　　　② 쌀
③ 콩　　　　　　　　　　　④ 옥수수

5 다음 설명에 해당하는 공업지역을 지도에서 고를 것은?

> 제철(포항), 자동차 · 조선 · 석유 화학(울산), 기계(창원) 공업 등이 발달하고 있으며, 임해공업 지역으로 우리나라 최대의 중화학 공업지역이다.

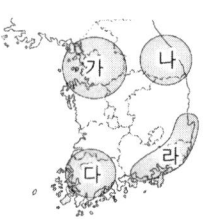

▶ 정답 및 해설

3 도심을 핵구역이라고도 하며 대개는 시가지의 중심부에 형성되며, 서울의 경우는 명동이 대표적인 도심이라고 할 수 있다.

4 쌀은 보리 · 밀과 함께 세계적으로 중요한 농산물이다.

5 라는 남동 임해 공업지역으로 원료 수입과 제품 수출에 유리, 풍부한 노동력, 정부의 정책적 지원을 받는다.

답 3.① 4.② 5.④

① 가   ② 나

③ 다   ④ 라

6 다음에서 설명하는 것은?

> 노르웨이 해안에 나타나는 지형으로 빙하에 의해 형성된 U자곡에 바닷물이 들어와 만들어진 좁고 긴 만

① 갯벌   ② 삼각주

③ 피오르   ④ 툰드라

7 다음 내용에 해당하는 중국왕조는?

> • 중국 최초의 통일왕조
> • 법가사상, 군현제실시
> • 주요문화유산 : 병마용, 만리장성

① 진(秦)   ② 당(唐)

③ 원(元)   ④ 청(淸)

▄▄▄ 정답 및 해설

6 ① 갯벌 : 조수가 드나드는 바닷가나 강가의 넓고 평평하게 생긴 땅.
② 삼각주 : 강, 호수의 하구에 형성되는 퇴적물의 집합체.
④ 툰드라 : 북극해 연안의 동토지대로서 삼림한계보다 북쪽의 극지에 해당.

7 ② 당 : 수나라에 이은 중국의 왕조.
③ 원 : 13세기 중반부터 14세기 중반에 이르는 약 1세기 사이, 중국 본토를 중심으로 거의 동아시아 전역을 지배한 몽골족의 왕국.
④ 청 : 명나라 이후 만주족 누르하치가 세운 정복왕조로서, 중국 최후의 통일왕조.

달 6.③ 7.①

8 다음 교사의 질문에 대한 학생의 대답으로 옳은 것은?

중세 유럽은 주군과 봉신간의 주종 관계를 맺고 있었습니다. 이러한 사회 질서를 무엇이라고 하나요?

_____ 입니다.

① 군국제   ② 군현제

③ 균전제   ④ 봉건제

9 다음 내용과 관련있는 종교는?

• 쿠란은 경전이면서 생활지침서이다.
• 유일신인 알라에 대해 절대적으로 복종한다.
• 하루에 다섯 번 메카를 향해 예배를 드린다.

① 불교   ② 이슬람교

③ 크리스트교   ④ 조로아스터교

▶▶ 정답 및 해설

8 봉건제 : 중세 유럽에서 봉토수수에 의해서 성립되었던 지배계급 내의 주종관계

9 이슬람교 : 7세기 초 아라비아의 예언자 무함마드가 완성시킨 종교

🅐 8.④ 9.②

10 다음 내용과 관련있는 역사적 사건은?

> • 고대 그리스 · 로마 문화 부활
> • 인간의 개성과 능력을 중시하는 인문주의
> • 주요인물 : 레오나르도다빈치, 미켈란젤로

① 르네상스   ② 산업 혁명
③ 종교 개혁   ④ 신항로 개척

11 다음 세계사 신문의 내용과 관련 있는 인물은?

> 제 ○○○ 호   **세 계 사 신 문**   19△△년 △월 △일
>
> 영국의 통치에 대해 비폭력 · 불복종 운동을 전개하면서 인도의 민족 운동을 이끌었다. 피켓 들기, 항의 행진, 영국산 제품 불매 운동 등을 전개하였으며, 영국의 직물 제품을 사지 않기 위해 스스로 물레를 돌려 옷을 만들어 입기도 하였다.

① 간디   ② 다윈
③ 마르크스   ④ 콜럼버스

▓▓▓ 정답 및 해설

10 르네상스 : 14 ~ 16세기에 서유럽 문명사에 나타난 문화운동으로 학문 또는 예술의 재생 · 부활이라는 의미를 가지고 있다.

11 간디 : 인도의 민족 운동 지도자이자, 인도 건국의 아버지이다. 남아프리카에서의 인종차별에 대한 투쟁으로 유명해졌다.

답 10.①   11.①

12 다음에서 설명하는 것은?

> • 개인이 사회적 존재로 성장해가는 과정
> • 인간이 사회생활에 필요한 것을 학습하는 과정
> • 한 사회의 행동양식, 가치관 등을 학습하는 과정

① 정보화   ② 전문화
③ 사회화   ④ 세계화

13 다음에서 설명하는 재판의 종류는?

> 절도나 폭행 등의 범죄행위에 대하여 죄의 유무와 형벌의 정도를 결정한다.

① 민사 재판   ② 선거 재판
③ 행정 재판   ④ 형사 재판

▶ 정답 및 해설

12 ① 정보화 : 정보가 중심이 되어 가치를 만들어 내는 사회경제를 행하는 활동이나 경향
② 전문화 : 분업의 결과로서 생기는 기능순화의 총칭
④ 세계화 : 세계 여러 나라가 정치, 경제, 사회, 문화, 과학 등 다양한 분야에서 서로 많은 영향을 주고받으면서 교류가 많아지는 현상

13 ① 민사 재판 : 사법상의 권리나 법률관계에 관한 법률상의 다툼이 있는 사건과 기타 민사사건에 대하여 법원이 심리하여 법률적으로 판단하는 일
② 선거 재판 : 선거 사범에 관한 재판
③ 행정 재판 : 행정 작용이나 공권력의 행사나 불행사로 국민의 권리나 이익을 침해받은 사람이 행정 기관을 상대로 행정 처분의 무효나 취소를 주장하는 분쟁을 해결하는 재판

답 12.③ 13.④

14 다음에서 설명하고 있는 국민의 기본권은?

누구든지 성별, 종교, 사회적 신분 등에 의해 정치·경제·사회·문화적 생활에 있어서 차별을 받지 않는다.

① 자유권   ② 평등권
③ 참정권   ④ 청구권

15 다음에서 설명하는 경제활동의 예는?

일상생활에서 자신의 욕구를 충족하기 위해 대가를 지불하고 재화와 서비스를 구입하여 사용하는 활동

① 옷을 사서 입는다.   ② 가수가 노래를 부른다.
③ 교사가 교실에서 수업을 한다.   ④ 돈을 빌려주고 이자를 받는다.

16 다음 내용에 해당하는 민주시민의 정치참여 활동은?

• '민주주의의 꽃'이라고도 함
• 가장 기본적인 정치 참여 방법
• 보통, 평등, 직접, 비밀의 원칙 적용

① 선거   ② 여론 형성
③ 정당 활동   ④ 시민 단체 활동

▬▬▬ 정답 및 해설

14 ① **자유권** : 개인이 그 자유로운 영역에 관하여 국가권력의 간섭 또는 침해를 받지 아니할 권리
   ③ **참정권** : 국민이 직접·간접으로 국정에 참여할 수 있는 권리
   ④ **청구권** : 타인에 대하여 일정한 행위를 요구할 수 있는 권리

15 ①은 돈을 지불하여 옷을 얻어 자신의 욕구를 충족시킨다.

16 **선거** : 하나의 집단 또는 단체의 대표자나 임원을 그 구성원 중 일정한 자격을 갖춘 자가 정해진 방법에 따라 자유의사로 선출하는 행위

🄰 14.② 15.① 16.①

17 다음 ( ) 안에 들어갈 알맞은 용어는?

( )(이)란 생산과정을 여러 단계로 나누고, 각 단계를 서로 다른 사람들에게 맡기는 것을 의미한다.

① 교환   ② 분업
③ 서비스   ④ 기회비용

18 다음 유적이 널리 만들어진 시대의 사회모습은?

고인돌

① 직립 보행 시작   ② 불 사용법 발견
③ 지배 계급 등장   ④ 철제 무기 사용

17 ① 교환 : 자기가 필요 이상으로 소유하고 있는 재물을 다른 사람이 소유하고 있는 재물과 바꾸는 행위
③ 서비스 : 사람에게 편리함을 주는 것을 상품으로 하여 판매하는 행위
④ 기회비용 : 어떤 재화의 여러 가지 종류의 용도 중 어느 한가지만을 선택한 경우, 나머지 포기한 용도에서
얻을 수 있는 이익의 평가액

18 고인돌이 널리 만들어진 시대는 청동기시대로 청동기시대엔 지배계급이 등장하였다.

답 17.② 18.③

19 다음 내용과 관련 있는 것은?

> • 경주의 양반출신 최제우가 창시
> • 중심사상 : 인내천(사람이 곧 하늘)
> • 천주교 전파와 서양세력의 침략에 반대

① 서학   ② 실학

③ 동학   ④ 성리학

20 다음 내용과 관련 있는 나라는?

> 옛날에 시조 추모왕(주몽)이 나라를 세웠는데, 그는 북부여에서 태어났으며, 천제(하느님)의 아들이었고,
> 어머니는 하백(물의신)의 따님이었다.
>
> — 「광개토대왕릉비」 —

① 가야   ② 백제

③ 신라   ④ 고구려

▶ 정답 및 해설

19 ① 서학 : 조선 중기 이후 조선에 전래된 서양사상과 문물.
② 실학 : 실생활에 도움이 되는 실용적인 학문.
④ 성리학 : 중국 송·명나라 때 학자들에 의하여 성립된 학설.

20 고구려는 주몽의 의해 세워졌으며 졸본지방에서 일어나 한반도 북부와 중국 둥베이지방을 무대로 하여 발전한
고대국가로 668년에 멸망하였다.

답 19.③ 20.④

21 다음 내용과 관련 있는 지역은?

> • 한반도의 중심지로 백제의 최초 도읍지
> • 장수왕의 남진 정책으로 고구려가 일시적 차지
> • 진흥왕 때 신라가 차지한 후 북한산 순수비 건립

① 금강 유역　　　　　　② 한강 유역

③ 낙동강 유역　　　　　④ 대동강 유역

22 다음 내용과 관련 있는 민족은?

> • 서희가 외교 담판으로 강동 6주 획득
> • 강감찬이 귀주대첩으로 제3차 침입 격퇴
> • 나성과 천리장성을 쌓는 등 국방 강화 노력

① 선비족　　　　　　　② 몽골족

③ 돌궐족　　　　　　　④ 거란족

23 다음 내용과 관련된 조선의 정치 · 사회세력은?

> • 네 차례에 걸친 사화　　　　• 서원 운영과 향약 조직
> • 이조전랑의 임명 문제　　　　• 동인과 서인의 분열

🔲 정답 및 해설

21 한강유역을 가장 먼저 차지한 나라는 백제였다. 한강유역을 중심으로 급속한 발전을 이루었다.
고구려는 미천왕 때 한반도 서북부를 장악한 이후 남진정책을 적극적으로 추진하여 한강유역을 압박하기 시작하였고, 장수왕의 침공으로 백제의 한성이 함락되고 개로왕이 전사하는 참패를 당하고 한강유역을 빼앗았다. 신라는 백제와 동맹을 맺고 한강유역을 차지하였다가 동맹을 깨고 한강유역을 완전히 장악하였다.

22 거란족은 11세기 압록강 유역에 살고 있던 민족이다. 거란은 고려의 북진 정책과 친송 정책을 문제삼아 세 차례에 걸쳐 공격하였는데 1차 침입은 서희의 담판으로, 2차 침입은 양규의 선전으로, 3차 침입은 강감찬 장군의 귀주 대첩으로 대승을 거두었다.

23 ① 서얼 : 서는 양인 첩의 자손, 얼은 천인 첩의 자손을 말한다.
② 진골 : 신라시대의 신분제도인 골품제도의 한 등급
④ 향리 : 고려 · 조선 시대에 지방 행정실무를 담당하였던 최하위 관리를 통합하여 일반적으로 지칭하는 말

🔘 21.② 22.④ 23.③

① 서얼   ② 진골
③ 사림   ④ 향리

24 다음 내용에서 밑줄 친 이 지역은?

- 이 지역에서 일본과 최초의 근대적 조약을 체결하였다.
- 프랑스가 병인양요 때 이 지역에서 문화재를 약탈해갔다.

① 거문도   ② 대마도
③ 위화도   ④ 강화도

25 다음 사실과 관련 있는 역사적 사건은?

· 인천 상륙 작전	· 유엔군의 한국 파병

① 6 · 25 전쟁   ② 태평양 전쟁
③ 제주도 4 · 3 사건   ④ 광주 학생 항일 운동

▬▬ 정답 및 해설

24 강화도조약 : 1876년 2월 강화도에서 조선과 일본이 체결한 조약
　　병인양요 : 1866년에 프랑스 함대가 강화도를 침범한 사건

25 ② 태평양전쟁 : 1941 ~ 1945년까지 일본과 연합국 사이에 벌어진 전쟁
　③ 제주도 4 · 3 사건 : 1947년 3월 1일부터 1954년 9월 21일까지 제주도에서 발생한 남로당 무장대와 토벌대
　　간의 무력충돌과 토벌대의 진압과정에서 다수의 주민들이 희생당한 사건
　④ 광주 학생 항일 운동 : 1929년 11월 광주에서 시작되어 이듬해 3월까지 전국에서 벌어진 학생들의 시위운동
　　으로 3 · 1운동 이후 가장 큰 규모로 벌어진 항일운동이다.

답 24.④ 25.①

1 목욕탕 물에 잠긴 다리 부분이 실제보다 짧아 보이는 빛의 성질은?

① 굴절 ② 반사

③ 분산 ④ 직진

2 두 물체가 접촉하지 않아도 작용하는 힘을 다음에서 고른 것은?

㉠ 중력	㉡ 마찰력
㉢ 자기력	㉣ 탄성력

① ㉠㉡ ② ㉠㉢

③ ㉡㉢ ④ ㉢㉣

3 자동차가 80km/h의 일정한 속력으로 2시간 동안 달렸다. 이동한 거리는?

① 40km ② 80km

③ 120km ④ 160km

━━ 정답 및 해설

1 굴절 : 비스듬하게 입사된 빛이 기존의 매질로부터 새로운 물질로 진행할 때, 매질의 밀도 차이에 의해 빛 좌우의 속도 차이가 생겨서 빛이 꺾이는 현상

2 중력 : 지구의 만유인력과 자전에 의한 원심력을 합한 힘
자기력 : 자석과 같이 자성을 가진 물체가 서로 밀거나 당기는 힘
중력과 자기력은 두 물체가 직접 접촉하지 않더라도 힘이 작용한다.

3 이동한 거리=평균속력×걸린 시간이므로
80km×2=160km

🅐 1.① 2.② 3.④

4 그림에서 물체를 들어 올리는 데 필요한 최소한의 힘 F의 크기는? (단, 실의 질량과 모든 마찰은 무시한다.)

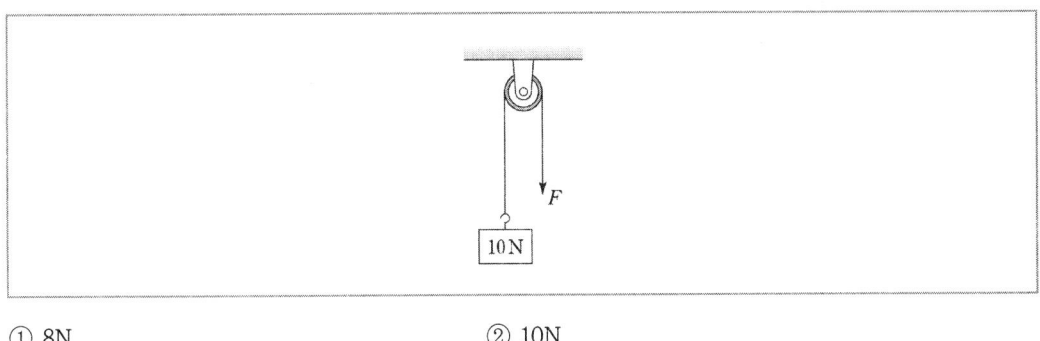

① 8N

② 10N

③ 12N

④ 16N

5 전기회로에서 전류가 흐를 때, 전류에 대한 설명으로 옳지 않은 것은?

① 전하의 흐름을 전류라고 한다.

② 전류의 단위는 V(볼트)를 사용한다.

③ 전류의 방향은 전자의 이동방향과 반대이다.

④ 전류는 전지의 (+)극에서 (−)극으로 흐른다.

6 그림과 같이 5Ω과 10Ω의 저항을 직렬로 연결할 때 합성 저항은?

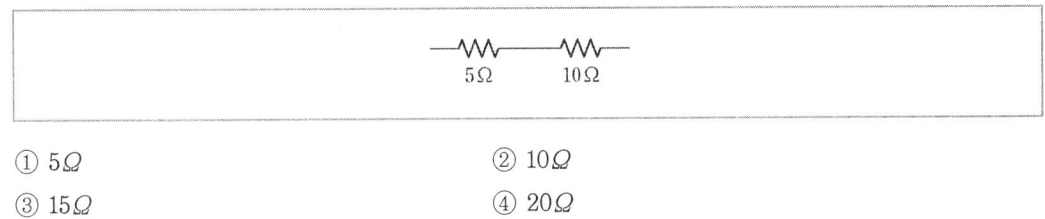

① 5Ω

② 10Ω

③ 15Ω

④ 20Ω

■■■ 정답 및 해설

4 물체를 연직 방향으로 들어 올릴 때 하는 일은 '중력'에 대하여 일을 한 것으로 물체를 천천히 일정한 속력으로 들어 올리는데 든 힘. 결국 이것은 물체의 무게와 같다.

5 ② 전류의 단위는 A(암페어)를 사용한다.

6 직렬의 합성 저항은 두 저항의 합이다.

답 4.② 5.② 6.③

7 물질과 그 상태를 옳게 짝지은 것은?

① 서리 – 액체

② 안개 – 고체

③ 우박 – 기체

④ 수증기 – 기체

8 다음에서 아이스크림이 녹는 현상에 해당하는 과정은?

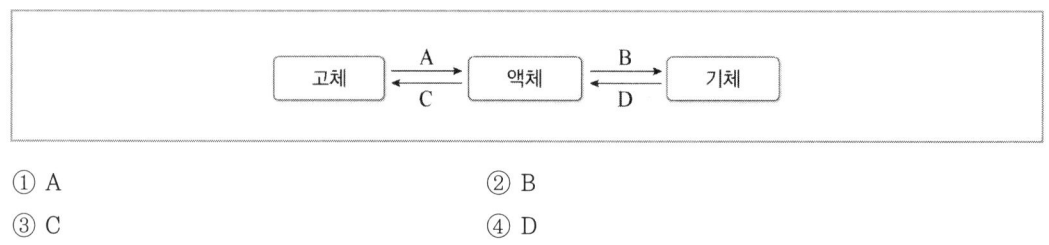

① A

② B

③ C

④ D

9 다음은 기체의 분자운동에 대한 설명이다. (가)와 (나)에 들어갈 것으로 알맞은 것은?

기체의 압력이 일정할 때, 온도가 ⎡(가)⎤질수록 분자운동이 활발하여 부피는 ⎡(나)⎤ 한다.

	(가)	(나)		(가)	(나)
①	낮아	감소	②	낮아	증가
③	높아	감소	④	높아	증가

10 같은 불꽃색을 나타내는 물질로 짝지어진 것은?

① 염화구리 – 염화칼슘
② 질산바륨 – 질산칼륨
③ 질산칼륨 – 염화스트론튬
④ 염화나트륨 – 질산나트륨

11 다음에 설명하는 ⑺, ⑷에 해당하는 물질은?

⑺ 한 가지 물질로 이루어진 것
⑷ 두 가지 이상의 순 물질이 섞여있는 것

	⑺	⑷		⑺	⑷
①	금	증류수	②	증류수	공기
③	흙탕물	구리	④	소금물	흙탕물

12 그림과 같이 소금물을 이용하여 좋은 볍씨를 골라낼 때 활용하는 물질의 특성은?

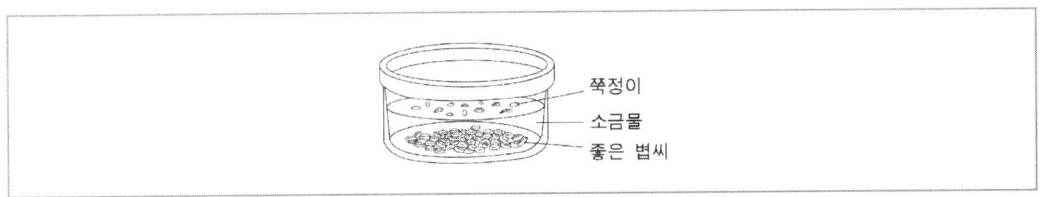

쭉정이
소금물
좋은 볍씨

① 밀도의 차이
② 끓는점의 차이
③ 녹는점의 차이
④ 용해도의 차이

13 다음 설명에 해당하는 것은?

> • 세포생명 활동의 중심이다.
> • 유전물질이 존재하는 장소이다.
> • 동물과 식물의 세포에 공통으로 들어있다.

① 핵   ② 액포

③ 세포벽   ④ 엽록체

14 다음은 엽록체에서 일어나는 광합성 과정을 나타낸 것이다. ( ) 안에 들어갈 물질은?

$$(\quad) + 물 \xrightarrow{\text{빛에너지}} 포도당 + 산소$$

① 수소   ② 질소

③ 암모니아   ④ 이산화탄소

15 그림에서 3대 영양소가 최종 분해되며 대부분의 영양소가 흡수되는 곳은?

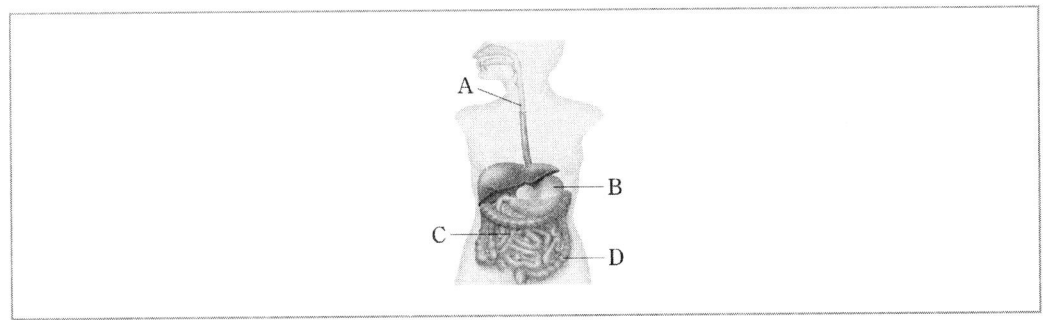

① A − 식도
② B − 위
③ C − 소장
④ D − 대장

16 심한 운동을 하는 동안 호흡이 빨라지는 이유로 가장 옳은 것은?

① 체온을 빨리 떨어뜨리기 위해
② 혈액순환을 느리게 하기 위해
③ 운동에 필요한 에너지의 생성을 줄이기 위해
④ 에너지 생성에 필요한 산소를 빨리 공급하기 위해

17 다음 설명에 해당하는 호르몬은?

> • 이자에서 분비된다.
> • 혈당량을 감소시킨다.
> • 분비량이 부족하면 당뇨병에 걸린다.

① 인슐린　　　　　　　　　　② 티록신
③ 아드레날린　　　　　　　　④ 에스트로젠(에스트로겐)

18 다음과 같은 특징을 갖는 뇌는?

> • 뇌 중 가장 많은 용량을 차지한다.
> • 기억, 판단, 추리, 창조 등의 정신활동을 담당한다.

① 간뇌　　　　　　　　　　　② 대뇌
③ 소뇌　　　　　　　　　　　④ 중뇌

▬▬ 정답 및 해설

17 ② **티록신** : 갑상선에서 분비되는 호르몬으로 아이오딘을 다량 함유하고 있다. 체내의 물질대사에 관여한다.
　　③ **아드레날린** : 부신수질에서 분비되는 호르몬이다.
　　④ **에스트로젠(에스트로겐)** : 영성의 난소 안에 있는 여포와 황체에서 주로 분비되고, 태반에서도 분비되기 때문에 여성호르몬으로 잘 알려져 있다.

18 **대뇌** : 전체 뇌 무게의 80% 이상을 차지하는 가장 큰 부분으로서 좌우 두 개의 반구로 이루어져 있으며 고도의 정신적 기능을 담당한다.

🅐 17.① 18.②

19 다음 설명에 해당하는 것은?

> • 몸을 구성하는 하나의 세포가 둘로 나누어지는 현상이다.
> • 다세포 생물의 경우, 분열결과로 상처가 아물거나 생장하게 된다.

① 핵 분열
② 염색체 분리
③ 체세포 분열
④ 생식세포 분열

20 강의 하류에서 유속이 느려져 운반된 물질이 퇴적된 지형은?

① U자곡
② V자곡
③ 삼각주
④ 석회동굴

21 그림은 지구 내부의 층상구조를 나타낸 것이다. 액체 상태인 외핵에 해당하는 것은?

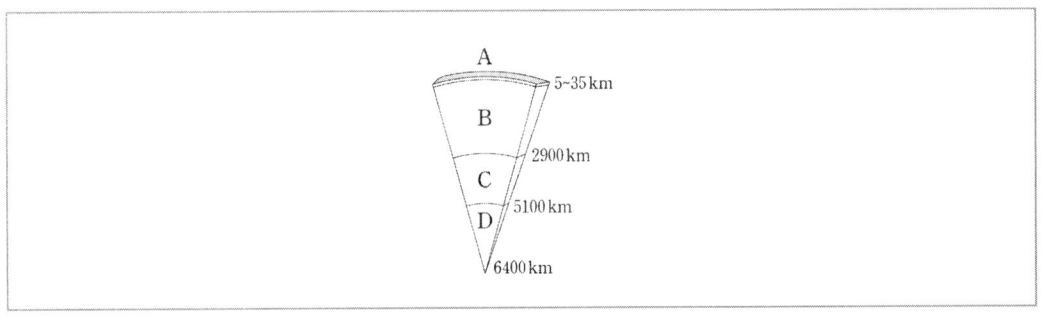

① A
② B
③ C
④ D

━━━ 정답 및 해설

19 체세포 분열 과정에서 분열되는 세포를 '모세포', 분열 결과 새로 생겨난 세포를 '딸세포'라 한다. 딸세포는 모세포와 같은 수의 염색체를 가지고 있다.

20 삼각주 : 강이 바다로 들어가는 어귀에, 강물이 운반해 온 모래나 흙이 쌓여 이루어진 편평한 지형. 델타라고도 한다. 모양은 여러 가지가 있지만, 삼각형 지형이 만들어지는 근본 이유는 삼각주 지역에서 퇴적되는 막대한 양의 토사 때문에 물의 흐름이 반복적으로 꺾이고 우회하기 때문이다.

21 ① 지각 ② 맨틀 ④ 내핵

답 19.③ 20.③ 21.③

22 다음과 같은 특징을 가진 행성은?

> • 크기와 질량은 지구와 비슷하다.
> • 약 95 기압의 두꺼운 이산화탄소 대기로 둘러싸여 있다.
> • 표면온도가 약 500℃로 매우 높고, 흔히 '샛별'이라고도 부른다.

① 금성   ② 목성

③ 토성   ④ 천왕성

23 천체의 크기가 큰 것부터 순서 대로 바르게 배열한 것은?

① 지구 − 우리은하 − 태양   ② 태양 − 지구 − 우리은하

③ 우리은하 − 태양 − 지구   ④ 우리은하 − 지구 − 태양

24 대기권의 구조 중 가장 아랫부분으로 기상현상이 일어나는 곳은?

① 열권   ② 대류권

③ 성충권   ④ 중간권

▶▶ 정답 및 해설

22 금성은 태양으로부터 두 번째에 위치한 행성으로 지구에서 볼 때 태양, 달 다음으로 세 번째로 밝은 천체로 '샛별'이라고도 부른다. 금성의 표면은 황산으로 이루어진 짙은 구름으로 덮여 있으며 금성 표면은 아주 뜨겁고 건조하여 금성에는 액체 상태의 물은 없다.

23 우리은하는 태양계가 포함된 은하로 가장 큰 천체이다.

24 대류권은 지표면과 접해 있는 층으로 우리 생활과 밀접한 관련이 있다. 대기권의 90%에 해당하는 대기가 대류권에 속해 있으며, 대류권에서 기상 현상이 일어나는 이유는 대기가 대류현상에 의해 상승할 때 공기 속에 포함된 수증기가 응결되어 구름이 형성되기 때문이다.

정답 22.① 23.③ 24.②

25 다음에서 설명하는 해류는?

> • 저위도에서 고위도로 이동한다.
> • 우리나라 동해안을 따라 북상한다.

① 동한난류   ② 리만해류

③ 북한한류   ④ 황해난류

25 동한 난류는 한국 동해안을 따라 북상하는 해류로서, 10°C 이상의 고온과 34.4‰ 이상의 고염 특성을 나타낸다.

답 25.①

중졸검정고시
기출문제 정복하기

· PART Ⅲ ·

2014년 제1회
중졸검정고시

국어
수학
영어
사회
과학

1 밑줄 친 문장 성분 중, 주성분이 <u>아닌</u> 것은?

① <u>어머나</u>, 키가 많이 자랐구나.
② 우리 언니는 새 <u>옷을</u> 입었다.
③ <u>나는</u> 도서관에서 책을 읽었다.
④ 작년 겨울에는 눈이 많이 <u>내렸다</u>.

━━▶ 정답 및 해설

1 ① 독립어
②③④ 주성분
※ 국어의 문장 성분
  ㉠ 주성분 : 문장의 기본 의미를 결정하며 문장의 골격을 이루는데 꼭 필요한 성분
  • 주어 : 문장의 주체가 되는 성분으로 서술어의 설명 대상(누가, 무엇이)
  • 서술어 : 주어의 동작이나 작용, 상태 등을 설명(어찌하다, 어떠하다, 무엇이다)
  • 목적어 : 서술어의 동작이나 대상이 되는 성분(누구를, 무엇을)
  • 보어 : 불완전한 서술어를 보충해주는 성분으로 '되다', '아니다' 앞에 오는 '누가', '무엇이'에 해당하는 말
  ㉡ 부속성분 : 주로 주성분을 꾸며주는 성분(생략이 가능함)
  • 관형어 : 주로 사물, 사람과 같이 대상을 나타내는 말 앞에서 이를 꾸며주는 성분(어떠한, 무슨, 누구의, 무엇의)
  • 부사 : 주로 서술어를 꾸며 그 의미를 더욱 자세하게 설명해주는 성분으로 다른 부사어, 관형어, 문장 전체를 꾸미기도 함(어떻게, 어디서, 어찌)
  ㉢ 독립어 : 문장에서 다른 성분과 관계없이 독립적으로 쓰이는 성분(부름, 감탄, 응답, 느낌)

답 1.①

2 다음 ( ) 안에 들어갈 공통된 말로 알맞은 것은?

> ( )는 어느 한 시기에 사람들에 의해 널리 쓰이는 말로, 일정한 시간이 지나면 대부분 사라진다.
> ( )는 대체로 그 시대상을 반영하여 '시대의 거울'이라고 한다. 예를 들어, '얼짱', '몸짱'은 외모를 중시하는 사회의 모습을 보여주고 있다.

① 전문어　　　　　　　　　② 고유어
③ 지시어　　　　　　　　　④ 유행어

3 다음에서 설명하는 언어의 특성은?

> 언어는 시간의 흐름에 따라 의미가 변하기도 한다. '어리다'라는 말은 원래 '어리석다'는 뜻이었지만, 세월이 흐르면서 '나이가 적다'는 뜻으로 변했다.

① 규칙성　　　　　　　　　② 역사성
③ 자의성　　　　　　　　　④ 창조성

4 자음 동화가 나타나는 단어가 아닌 것은?

① 국물　　　　　　　　　　② 국화
③ 먹는　　　　　　　　　　④ 닫는

■■■ 정답 및 해설

2 ① 전문어 : 각 전문분야에서 특별한 의미로 쓰이는 말로 해당 특정직업과 관계있는 사람들이 주로 사용한다.
　② 고유어 : 우리의 감정이 담긴 토박이말로 부드럽고 정감 넘치는 표현에 효과적이다.
　③ 지시어 : 앞에 나온 대상을 가리키며 앞에 나온 내용이 간결해지고 글이 자연스럽게 연결되는 효과를 얻을 수 있다.

3 ① 규칙성 : 모든 언어에는 일정한 문법이 있음
　③ 자의성 : 언어의 형식과 의미가 가지는 관계가 필연적이지 않음
　④ 창조성 : 한정된 음운이나, 규칙 등으로 무한한 수의 말을 만들어 냄

4 ② 두 음운이 합쳐져서 하나의 음운이 되는 것을 음운의 축약이라 하며, 국화[구콰]는 ㄱ, ㄷ, ㅂ, ㅈ이 자음 ㅎ을 만나서 거센소리인 ㅋ, ㅌ, ㅍ, ㅊ으로 변하는 자음 축약이다.
　※ 자음 동화 … 어떤 자음이 함께 쓰일 때 발음을 쉽게 하기 위해서 서로 닮은 소리로 나는 것

정답 2.④ 3.② 4.②

5 밑줄 친 부분의 예로 알맞은 것은?

> 품사를 분류하는 첫 번째 기준은 형태의 변화 여부이다. 단어들 중에는 문장에서 쓰일 때 형태가 변하는 것이 있고, <u>형태가 변하지 않는 것</u>이 있다.

① 오늘 하루는 지루하고 참 <u>길었다</u>.
② 나는 달콤한 <u>사과</u>를 무척 좋아한다.
③ 파란 가을 하늘은 <u>높고</u> 매우 푸르다.
④ 나는 학교에 가고 내 동생은 유치원에 <u>간다</u>.

[6 ~ 8] 다음 글을 읽고 물음에 답하시오.

(가) 벚꽃 지는 걸 보니
　　　㉠<u>푸른 솔이 좋아.</u>
　　　푸른 솔 좋아하다 보니
　　　벚꽃마저 좋아.

　　　　　　　　　　　　　　　　　　　　　　－ 김지하, 「새봄」 －

(나) 우리가 눈발이라면
　　　ⓐ<u>허공</u>에서 쭈빗쭈빗 흩날리는
　　　ⓑ<u>진눈깨비</u>는 되지 말자.
　　　세상이 ⓒ<u>바람</u> 불고 춥고 어둡다 해도
　　　사람이 사는 마을
　　　가장 낮은 곳으로
　　　따뜻한 ㉡<u>함박눈</u>이 되어 내리자.
　　　우리가 눈발이라면
　　　잠 못 든 이의 창문가에서는

5 '사과'의 경우 단어 형태를 바꾸게 되면 그 뜻이 변하거나 사라진다.
　① 길었다→길었구나, 길었지만, 길어서 등
　③ 높고→높은, 높아서, 높으니 등
　④ 간다→가니, 가지만, 가는 등
　※ **단어 형태의 변화에 따른 품사 분류**
　　㉠ 불변어 : 문장에서 사용할 때 형태가 변하지 않는 단어
　　㉡ 가변어 : 문장에서 사용할 때 형태가 변하는 단어

　　　　　　　　　　　　　　　　　　　　　　　　　　　　　답 5.②

ⓓ <u>편지</u>가 되고
그이의 깊고 붉은 상처 위에 돋는
새살이 되자.

– 안도현, 「우리가 눈발이라면」 –

6 ㉠에 쓰인 심상과 <u>다른</u> 것은?

① 뻐꾹뻐꾹 울어 주면
② 노오란 배추꽃 이랑을
③ 뜰에는 반짝이는 금모래 빛
④ 흰 돛단배가 곱게 밀려서 오면

7 ⓐ~ⓓ 중, ㉡과 함축적 의미가 비슷한 것은?

① ⓐ   ② ⓑ
③ ⓒ   ④ ⓓ

8 (나)의 화자에 대한 설명으로 가장 적절한 것은?

① 어린 시절을 동경한다.
② 돈과 명예를 중요시한다.
③ 절대적인 고독을 추구한다.
④ 소외된 사람을 따뜻하게 바라본다.

▧▶ 정답 및 해설

6 ① 청각적 심상
②③④ 시각적 심상

7 ④ '함박눈'은 '편지', '새살'과 같이 사람들에게 기쁨과 희망, 위로가 되는 긍정적인 의미를 지닌다.

8 ④ 이 시는 어려운 이웃에게 위로가 되는 삶을 살고 싶은 마음을 담고 있으며 함축적인 시어의 대조를 통해 그 의미를 강조하고 있다.

답 6.① 7.④ 8.④

[9~10] 다음 글을 읽고 물음에 답하시오.

시커먼 열차 속에서 꾸역꾸역 사람들이 밀려 나왔다. 꽤 많은 손님이 쏟아져 내리는 것이었다. 만도의 두 눈은 곧장 이리저리 굴렸다. 그러나 아들의 모습은 쉽사리 눈에 띄지가 않았다. 저쪽 출입구로 밀려가는 사람들의 물결 속에 두 개의 지팡이를 짚고 절룩거리면서 걸어 나가는 상이군인이 있었으나, 만도는 그 사람에게 주의가 가지는 않았다. 기차에서 내릴 사람은 모두 내렸는가 보다. 이제 미처 차에 오르지 못한 사람들이 플랫폼을 이리저리 서성거리고 있을 뿐 인 것이다. 그놈이 거짓으로 편지를 띄웠을 리는 없는 건데…… . 만도는 자꾸 가슴이 떨렸다. 이상한 일인데…… 하고 있을 때였다. 분명히 뒤에서,

"아부지!"

부르는 소리가 들렸다. 만도는 깜짝 놀라며 얼른 뒤를 돌아보았다. 그 순간 만도의 두 눈은 무섭도록 크게 떠지고, 입은 딱 벌어졌다. 틀림없는 아들이었으나, 옛날과 같은 진수가 아니었다. 양쪽 겨드랑이에 지팡이를 끼고 서 있는데, 스쳐가는 바람결에 한쪽 바짓가랑이가 펄럭거리는 것이 아닌가. ㉠만도는 눈앞이 노오래지는 것을 어쩌지 못했다.

(중략)

손에 매달린 고등어가 곧장 달랑달랑 춤을 춘다. 너무 급하게 들이부어서 그런지 만도의 뱃속에서는 우글우글 술이 끓고, 다리가 휘청거린다. 콧구멍으로 더운 숨을 훅훅 내뿜어본다. 정신이 아른하다. 좋다.

"진수야!"

"예."

"니 우짜다가 그래 됐노?"

"전쟁하다가 이래 안 됐십니꾜. 수류탄 쪼가리에 맞았심더."

– 하근찬, 「수난 시대」 –

9 윗글에 드러난 시대적 상황으로 가장 적절한 것은?

① 전쟁으로 인해 다친 사람들이 있었다.

② 신분제의 동요로 사회가 혼란스러워졌다.

③ 경제 개발의 결과로 도시 빈민이 늘어났다.

④ 산업화가 급속하게 진행되어 도시가 번창하였다.

━━▶ 정답 및 해설

9 하근찬, 〈수난 이대〉
　㉠ 갈래 : 단편 소설, 전후 소설, 가족사 소설
　㉡ 성격 : 해학적, 사실적, 향토적
　㉢ 배경 : 일제 강점기 시대, 6·25전후 경상도의 작은 마을
　㉣ 시점 : 작가관찰자 시점(전지적 작가 시점과 1인칭 주인공 시점이 혼합)
　㉤ 주제 : 민족적 비극과 극복의지, 역사적 시련을 극복하는 삶의 의지

답 9.①

10 ㉠의 이유로 가장 적절한 것은?

① 진수를 만나지 못해서
② 갑작스런 편지를 받아서
③ 진수의 한쪽 다리가 없어서
④ 들고 있던 고등어가 무거워서

11 밑줄 친 단어 중, 접사가 사용되지 <u>않은</u> 것은?

① 철수는 <u>책가방</u>을 새로 샀다.
② 영희는 <u>덧버선</u>을 신고 있다.
③ 그 사람은 <u>맨손</u>으로 성공했다.
④ 시골에 계신 할머니께서 <u>햇밤</u>을 보내 주셨다.

[12 ~ 13] 다음 글을 읽고 물음에 답하시오.

어머니는 내가 집에서 책만 읽는 것을 싫어하셨다. 그래서 방과 후 골목길에 아이들이 모일 때쯤이면 어머니는 대문 앞 계단에 작은 방석을 깔고 나를 거기에 앉히셨다. 아이들이 노는 것을 구경이라도 하라는 뜻이었다. 딱히 놀이 기구가 없던 그때 친구들은 대부분 술래잡기, 사방치기, 공기놀이, 고무줄 등을 하고 놀았지만, 나는 공기놀이 외에는 어떤 놀이에도 참여할 수 없었다. 하지만 골목 안 친구들은 나를 위해 꼭 무언가 역할을 만들어 주었다. 고무줄이나 달리기를 하면 내게 심판을 시키거나 신발주머니와 책가방을 맡겼다. 뿐인가? 술래잡기를 할 때에는 한곳에 앉아 있는 내가 답답할까 봐, 미리 내게 어디에 숨을지를 말해 주고 숨는 친구도 있었다. 우리 집은 골목 안에서 중앙이 아니라 구석 쪽이었지만 내가 앉아 있는 계단 앞이 친구들의 놀이 무대였다. 놀이에 참여하지 못해도 나는 전혀 소외감이나 박탈감을 느끼지 않았다. 아니, 지금 생각하면 내가 소외감을 느낄까 봐 친구들이 배려를 해 준 것이었다. 그 골목길에서의 일이다. 초등학교 1

━━ 정답 및 해설

10 ③ 양쪽 겨드랑이에 지팡이를 끼고, 바람결에 한쪽 바짓가랑이가 펄럭인다는 것에서 진수가 다리를 잃었음을 추측할 수 있으며 이에 대한 만도의 충격을 나타낸 것이다.

11 책가방→책(어근) + 가방(어근), '책'과 '가방'은 모두 실질적 의미를 나타내는 '어근'으로 구성된 '합성어'이다.
② 덧버선→덧(접두사) + 버선(어근),
③ 맨손→맨(접두사) + 손(어근)
④ 햇밤→햇(접두사) + 밤(어근)
※ 접사 … 형태소를 분석했을 때, 실질적인 의미는 없으면서 실질 형태소의 앞이나 뒤에 붙어 그 의미를 제한해 주거나 품사를 바꿔 주는 말

답 10.③ 11.①

학년 때였던 것 같다. 하루는 우리 반이 좀 일찍 끝나서 나는 혼자 집 앞에 앉아 있었다. 그런데 그때 마침 깨엿 장수가 골목길을 지나고 있었다. 그 아저씨는 가위만 절렁이며 내 앞을 지나더니 다시 돌아와 내게 깨엿 두 개를 내밀었다. 순간 그 아저씨와 내 눈이 마주쳤다. 아저씨는 아무 말도 하지 않고 아주 잠깐 미소를 지어 보이며 말했다.

"괜찮아."

무엇이 괜찮다는 것인지는 몰랐다. 돈 없이 깨엿을 공짜로 받아도 괜찮다는 것인지, 아니면 목발을 짚고 살아도 괜찮다는 것인지……. 하지만 그건 중요하지 않다. 중요한 건 내가 그날 마음을 정했다는 것이다. 이 세상은 그런대로 살만한 곳이라고. 좋은 사람들이 있고, 선의와 사랑이 있고, '괜찮아.'라는 말처럼 용서와 너그러움이 있는 곳이라고 믿기 시작했다는 것이다.

— 장영희, 「괜찮아」 —

12 윗글에서 '나'를 위해 친구들이 배려해 준 것이 <u>아닌</u> 것은?

① 대문 앞 계단에 작은 방석을 깔아 주었다.
② 놀이를 할 때 꼭 무언가 역할을 만들어 주었다.
③ 골목 구석 쪽에 있던 '나'의 집 계단 앞을 놀이 무대로 삼았다.
④ 술래잡기를 할 때 미리 내게 자신이 어디에 숨을지를 말해 주었다.

13 윗글에서 글쓴이가 말하고자 하는 바에 대한 감상으로 적절하지 <u>않은</u> 것은?

① 혼자 사는 게 더 편해.
② 작은 말 한마디에도 용기를 얻을 수 있어.
③ 좋은 사람들이 있어서 이 세상은 살 만해.
④ 어려움이 있어도 선의와 사랑이 있다면 극복할 수 있어.

━━ 정답 및 해설

12 ① 방석을 깔아 준 것은 친구들이 아닌 어머니가 한 것이다.

13 장영희, 〈괜찮아〉
ⓐ 갈래 : 수필
ⓑ 성격 : 체험적, 정서적, 교훈적, 회고적
ⓒ 제재 : '괜찮아'라는 말
ⓓ 주제
• 말 한마디의 힘과 중요성
• 다른 사람에 대한 배려와 격려의 소중함
ⓔ 특징
• 일상적인 언어
• 자신의 체험과 생각을 고백
• 체험을 통해 얻은 삶에 대한 성찰
• 몇 개의 일화를 통해 배려와 이해의 소중함을 전달

답 12.① 13.①

[14~17] 다음 글을 읽고 물음에 답하시오.

〈앞부분의 줄거리〉

어느 날, 북해 용왕은 우연히 병이 들었는데 토끼의 간이 특효약임을 안다. 용왕은 별주부(자라)를 보내 토끼를 잡아오라고 한다. 별주부는 토끼를 꼬드겨 용궁으로 데려간다. 용왕은 토끼의 배를 갈라 간을 꺼내라고 명령한다.

토끼는 절망감에 빠져들었다. 그러다가 다시 생각하되, '옛말에 이르기를 ┌──── ⑦ ────┐고 하였으니, 어찌 죽기만 생각하고 살아날 방책을 헤아리지 아니하리오?' 하더니 문득 한 묘한 꾀를 생각해 냈다.

(중략)

잔치를 마친 후, 용왕이 곁에 선 신하에게 명하여 토끼를 모셔다가 편히 쉬도록 하였다. 토끼가 따라 들어가 보니 영롱한 빛을 발하는 병풍과 진주로 엮은 주렴이 사방에 드리워져 있었고, 저녁 식사를 받고 보니 인간 세상에서는 듣지도 보지도 못하던 진수성찬이었다.

[A] ┌ 그러나 토끼는 마치 바늘방석에 앉은 듯 불안하기만 했다. '내 비록 잠시 속임수로 용왕을 속였지만, 여기에
   └ 오래 머무를 수는 없겠지.' 하는 생각에 밤새 잠을 이루지 못하고, 이튿날 용왕을 뵙고 아뢰었다.

"용왕님의 병환이 심상치 않은 지 이미 오래 되었습니다. 하루라도 빨리 육지에 나가 간을 가져오고자 하오니, 바라옵건대 저의 작은 정성을 굽어 살피옵소서."

용왕은 크게 기뻐하며 즉시 별주부를 불러들였다.

"그대는 수고를 아끼지 말고, 다시 토 선생과 함께 인간 세상에 나갔다 오라."하니, 별주부는 하는 수 없이 머리를 조아려 명을 받들었다. 용왕은 다시 토끼에게 당부하기를 "그대는 속히 다녀오라."하고 진주 이백 개를 주며 말하였다.

"이것이 비록 변변치 않으나 과인의 정성을 표하기 위해 우선 주노라."

토끼가 공손히 받은 후 용왕에게 하직하고 나오니, 수궁의 모든 신하들이 대궐 문 밖에까지 나와 전송하였다. 그러나 자가사리만은 그 자리에 나오지 아니하였다. 그리하여 토끼는 다시 별주부의 등에 올라앉아 너른 바닷물을 건너 육지에 이르렀다. 별주부가 토끼를 내려놓으니, 토끼는 기쁨에 겨워 노래하되, "이는 진실로 ⓐ그물을 벗어난 ⓑ새요, ⓒ함정에서 도망나온 ⓓ범이로다. 만일, 나의 묘한 꾀가 아니었더라면, 어찌 고향 산천을 다시 볼 수 있었으리오?"하며 사방으로 팔짝팔짝 뛰놀았다.

별주부가 토끼의 이런 모습을 보고 말하였다.

"우리가 갈 길이 바쁘니, 그대는 속히 돌아갈 일을 생각하라."

토끼가 큰 소리로 웃으며,

"미련한 자라야, 뱃속에 든 간을 어이 들이고 낼 수 있겠느냐? 이는 잠시 나의 묘한 꾀로 미련하고 어리석은 너희 용왕과 수국 신하들을 속인 말이로다. 또, 너희 용왕이 병든 것이 나와 무슨 관계가 있다는 말이냐?"

– 지은이 모름, 「토끼전」 –

14 ㉠에 들어갈 속담으로 가장 적절한 것은?

① 빈 수레가 요란하다.
② 발 없는 말이 천 리 간다.
③ 금강산 구경도 먹은 후에야 한다.
④ 호랑이굴에 들어가도 정신만 차리면 산다.

15 [A]에 나타난 토끼의 심리로 가장 적절한 것은?

① 여유롭다   ② 자랑스럽다
③ 홀가분하다   ④ 조마조마하다

16 ⓐ~ⓓ 중, '토끼'를 가리키는 것으로 바르게 짝지은 것은?

① ⓐⓑ   ② ⓐⓒ
③ ⓑⓓ   ④ ⓒⓓ

17 윗글의 등장인물에 대한 설명으로 적절하지 않은 것은?

① 토끼는 별주부를 미련하다고 생각한다.
② 토끼는 용궁에서의 생활을 그리워한다.
③ 별주부는 토끼를 용궁으로 데려가려 한다.
④ 토끼는 육지에 도착하자 별주부에게 속마음을 말하고 있다.

▶▶▶ 정답 및 해설

14 ④ 제아무리 무섭고 어려운 일을 당하더라도 마음을 굳게 다잡고 정신을 모으면 헤쳐나갈 길이 생긴다는 뜻

15 ④ '바늘방석에 앉은 듯 불안하기만 했다'를 통해 토끼의 심정이 조마조마하고 불안함을 알 수 있다.

16 ③ '그물', '함정'은 용궁을 나타낸다.

17 ② 토끼의 속마음을 통해 용궁에서의 생활을 그리워하지 않는다는 것을 알 수 있다.

답 14.④ 15.④ 16.③ 17.②

[18 ~ 19] 다음 글을 읽고 물음에 답하시오.

냉장고가 없던 시절에는 음식 보관이 어려웠기 때문에, 남은 음식을 이웃과 나누어 먹었다. [㉠] 냉장고가 생기면서 이웃과 나누어 먹던 풍습이 사라졌다. 냉장고에 넣어 두면 일주일이고 한 달이고 천천히 우리 가족만 먹는 것이 가능해졌기 때문이다. 그래서 냉장고는 자꾸만 커져간다. 이러한 현상은 자원이 풍부한 나라뿐만 아니라 남태평양이나 아프리카의 가난한 나라에서도 일어나고 있다. 물고기를 잡아 시장에 내다 팔고 남은 것을 이웃과 정답게 나누어 먹던 소박한 모습이, 저마다 자기 것을 냉장고에 쌓아 두고 나누어 먹지 않는 삭막한 모습으로 변하고 있는 것이다.

18 ㉠에 들어갈 접속어로 적절한 것은?

① 비록   ② 그런데
③ 왜냐하면   ④ 예를 들어

19 냉장고에 대한 글쓴이의 태도로 가장 적절한 것은?

① 비판적   ② 긍정적
③ 예찬적   ④ 환상적

[20 ~ 22] 다음 글을 읽고 물음에 답하시오.

(가) S# 93. 병원 병실/ 밤

경숙 : 아무것도 모르는 애를 멋대로 굴려 가면서…… 하지만 그만둘 수가 없었어. 그럼 난 살 수가 없을 거 같았거든. (눈물을 떨구며) 애가 기억하더라고. 옛날에 동물원에서 잃어버렸던 걸…… 기억나지, 당신도? 사실은 말야, 그때 내가 초원이를 버렸던 거야. 사람들 틈에서 손을 놓았지. 도저히 키울 자신이 없었거든…… 그러니까 저 살자고 애를 버렸던 엄마가 이제 또 제가 살려고 애를 그렇게 한평생 못 살게 군거야.

희근 : 당신 그때 스물일곱이었어.

18 ② ㉠의 앞뒤에 상반된 내용이 나오는 것으로 보아 전환 관계의 역접 접속어가 나오는 것이 가장 자연스럽다.

19 ① 냉장고가 생기며 이웃과 음식을 나누어 먹던 모습이 사라져 삭막한 모습으로 변하고 있다하였으므로 글쓴이는 냉장고를 부정적이고 비판적인 시선으로 보고 있다.

⊜ 18.② 19.①

경숙 : 지금은 아니야. 담임선생님이 그랬어. 애가 힘들어도 힘들단 소리를 안 한대. 내가 늘 그랬거든. 초원
　　　이 힘들어, 안 힘들어? 안 힘들지? 힘들지 않지? 좋지? 좋아하지? 십오 년을 그렇게 애를 다그쳤어.
　　　그래서 이젠 힘들다, 하기 싫단 말을 아예 못 해. 어떡하지? 우리 초원이 불쌍해서……. 어쩜 초원이
　　　는 엄마가 자길 또 내버릴까봐 그렇게 열심히, 힘들단 소리도 못 하고 지금껏 산 거 아닐까, 여보?
　　　어떡하지? 그럼 나 정말 지옥 갈 거야, 그렇지?

(나) S# 112. 운동장/ 낮

초원 : 초원이 완주했어요. 사십이쩜일구오 천천히 뛰었어요!
정욱 : (눈물이 그렁그렁) 그래 인마. 잘했어! 최고야!
　　　　　　　　　　　　　　　　(중략)
순간적으로 멈칫하는 초원의 얼굴. 그렇게 영원히 카메라를 바라볼 것 같더니, 돌연, 마법이 풀리듯 천천히
근육들이 움직이며 입꼬리가 올라가는 순간, 찰칵ㅡ! 정지 화면으로 잡힌 초원의 얼굴. 그것은 완벽한 스마일.
천천히 줌인1)되는 초원의 웃는 얼굴. (디졸브)

　　　　　　　　　　　　　　　　　　　　　　　　　　ㅡ 정윤철, 송예진, 윤진호, 「말아톤」 ㅡ

1) 줌인 : 영화 촬영 기법의 하나. 카메라의 위치를 고정시킨 채 줌 렌즈의 초점 거리를 변화시켜 촬영물에 접근하여 가는
　　것처럼 보이도록 촬영한다.

20 위와 같은 글의 특징을 〈보기〉에서 고른 것은?

〈보기〉
　㉠ 막과 장으로 구성된다.
　㉡ 무대 상연을 목적으로 한다.
　㉢ 대사와 지시문을 통해 사건이 전개된다.
　㉣ 촬영과 편집을 위한 특수 용어가 사용된다.

① ㉠㉡　　　　　　　　　　　　　② ㉠㉢
③ ㉡㉣　　　　　　　　　　　　　④ ㉢㉣

21 (가)에서 알 수 있는 내용으로 알맞은 것은?

① 경숙은 초원이 원하는 대로 해주었다.

② 초원이는 힘들다는 소리를 잘하는 편이다.

③ 경숙은 자신의 행동에 대해 후회하고 있다.

④ 경숙은 초원이를 키우는 데 어려움이 없었다.

22 (나)에서 느낄 수 있는 분위기로 가장 적절한 것은?

① 불안감   ② 행복감

③ 우울함   ④ 고요함

[23 ~ 24] 다음 글을 읽고 물음에 답하시오.

(가) 세계에서 가장 오래된 목판 인쇄물 "무구정광대다라니경" 두루마리. 석가탑 사리함 안 비단보에 싸여 있던 그 두루마리는 한지로 만들어졌다.

(나) '한지(韓紙)'는 한국 고유의 종이를 이르는 말이다. 조히(종이), 조선종이, 창호지, 문종이, 참종이, 닥종이 등으로 불렸던 우리 종이가 한지로 불리기 시작한 것은 20세기 초·중반 서양 종이인 '양지(洋紙)'가 들어와 널리 알려지기 시작하면서부터였다.

(다) 한지를 창호지로 쓰면 문을 닫아도 바람이 잘 통하고 습기를 잘 흡수해서 습도 조절의 역할까지 한다. 흔히 한지를 '살아 있는 종이'라고 하는 이유도 여기에 있다. 반면 양지는 바람이 잘 통하지 않고 습기에 대한 친화력도 한지에 비해 약하다. 한지가 살아 숨 쉬는 종이라면, 양지는 뻣뻣하게 굳어 있는 종이라고 할 것이다.

(라) 한지의 질을 향상시킨 조상들의 비법은 여기에 그치지 않는다. 한지 제조의 마무리 작업인 '도침(搗砧)'이 바로 그것이다. 도침이란 종이 표면을 매끄럽게 하기 위해 풀칠한 종이를 여러 장씩 겹쳐 놓고 방아로 골고루 내리치는 과정을 말한다.

23 윗글의 내용과 일치하는 것은?

① '양지'는 우리나라 고유의 종이를 이르는 말이다.
② 한지의 질을 향상시킨 조상들의 비법으로 '도침'이 있다.
③ "무구정광대다라니경" 두루마리는 비단으로 만들어졌다.
④ 우리 종이가 '한지'로 불리기 시작한 것은 고려 시대부터이다.

24 (개) ~ (래) 중, 다음과 같은 설명 방법이 쓰인 것은?

> 음성은 소리이기 때문에 청각에 의존한다. 또한, 소리이기 때문에 말하고 듣는 그 순간 그 장소에만 존재하고 곧바로 사라진다. 반면에 문자는 기록이기 때문에 시각(視覺)에 의존하고, 오랜 기간 동안 보존이 가능(可能)하며, 그 기록을 가지고 다른 곳으로 이동할 수도 있다.

① (개)   ② (내)
③ (대)   ④ (래)

25 밑줄 친 ㉠ ~ ㉣ 중, 통일성을 깨뜨리는 문장은?

> 텔레비전은 활용만 잘하면 인간 생활에 매우 유용한 매체이다. ㉠텔레비전은 대화 상대가 필요한 현대인에게 좋은 친구가 될 수 있다. ㉡텔레비전은 복잡한 일상 속에서 지친 현대인이 휴식을 취할 수 있도록 도와주는 오락 수단이 되기도 한다. ㉢텔레비전이라는 유사 환경에 중독되어 실제와 가상 현실을 식별하는 능력을 잃을 수도 있다. ㉣텔레비전은 세상을 살아가는 데 필요한 정보를 얻는 창구이기도 하다. 이와 같이 텔레비전은 인간에게 좋은 친구도 될 수 있고, 휴식을 취할 수 있게 해 주며, 필요한 정보를 얻는 데 도움을 준다.

① ㉠   ② ㉡
③ ㉢   ④ ㉣

━━ 정답 및 해설

23 ① '양지'는 서양 종이를 이르는 말이다.
③ "무구정광대다라니경" 두루마리는 한지로 만들어졌다.
④ 우리 종이가 '한지'로 불리기 시작한 것은 20세기 초·중반부터이다.

24 ③ 제시된 지문은 둘 이상의 대상을 견주어 차이점을 중심으로 설명하는 대조의 방법이 사용되었으므로 한지와 양지의 차이점을 중심으로 설명하고 있는 (대)와 같은 설명 방법이라 할 수 있다.

25 ③ ㉠㉡㉣은 텔레비전의 유용성을 나타내고 있지만 ㉢은 텔레비전의 부정적인 면을 나타내고 있으므로 통일성을 해친다.

답 23.② 24.③ 25.③

1 $a = -3$일 때, 식 $2a + 1$의 값은?

① -5 ② -3

③ 3 ④ 5

2 $24 = 2^3 \times 3$일 때, 24의 약수가 아닌 것은?

① 2^2 ② 2×3

③ 2×3^2 ④ $2^3 \times 3$

3 〈보기〉에서 정수는 모두 몇 개인가?

〈보기〉
$-\dfrac{3}{5}$, 0, +1.2, 5, -7, $\dfrac{1}{4}$

① 2개   ② 3개

③ 4개   ④ 5개

━━━ 정답 및 해설

1 $2a+1$에서 a는 -3이므로 이를 대입하면
$(2 \cdot -3) + 1 = -6 + 1$
$\qquad\qquad = -5$

2 두 수를 곱해서 24가 나오는 두 수를 24의 약수라 한다.
따라서 $1 \times 24 = 24$, $2 \times 12 = 24$, $3 \times 8 = 24$, $4 \times 6 = 24$
1, 2, 3, 4, 6, 8, 12, 24가 24의 약수이다.

3 ② 보기에서 정수는 0, 5, -7 총 3개이다.
※ 정수…자연수와 0, 그리고 0보다 작은 수를 포함한 수를 정수라고 한다. 즉 정수는 양의 정수, 0, 음의 정수를 모두 말할 때 사용하는 말이다. 분수로 정리 후 완전히 약분을 하였을 때 분모가 1이 되는 모든 수를 정수라 하며 이때 분자, 분모 모두 정수여야 한다.

🅐 1.① 2.③ 3.②

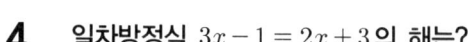

4 일차방정식 $3x - 1 = 2x + 3$의 해는?

① $x = -1$ ② $x = 1$

③ $x = 2$ ④ $x = 4$

5 좌표평면에서 제2사분면에 있는 점의 좌표는?

① $(3, 5)$ ② $(3, -5)$

③ $(-3, 5)$ ④ $(-3, -5)$

6 다음은 조선 시대 왕의 즉위 당시의 나이를 조사하여 나타낸 히스토그램이다. 즉위 당시의 나이가 40세 이상인 왕의 수는?

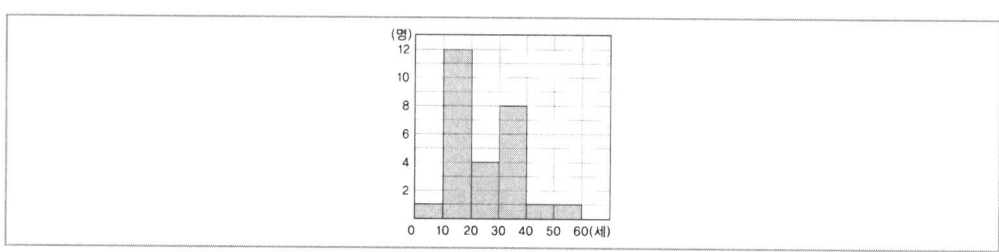

① 2명   ② 10명

③ 13명   ④ 17명

━━ 상납 및 해설

4 $3x - 1 = 2x + 3$을 정리하면 $3x - 2x = 3 + 1$ $\therefore x = 4$

5

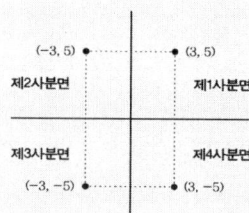

6

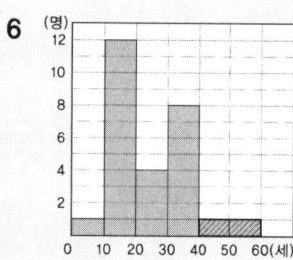

답 4.④ 5.③ 6.①

7 원 O에서 $\angle \mathrm{AOB} = 30^\circ$, $\overset{\frown}{\mathrm{AB}} = 4\,\mathrm{cm}$, $\overset{\frown}{\mathrm{CD}} = 16\,\mathrm{cm}$일 때, $\angle x$의 크기는?

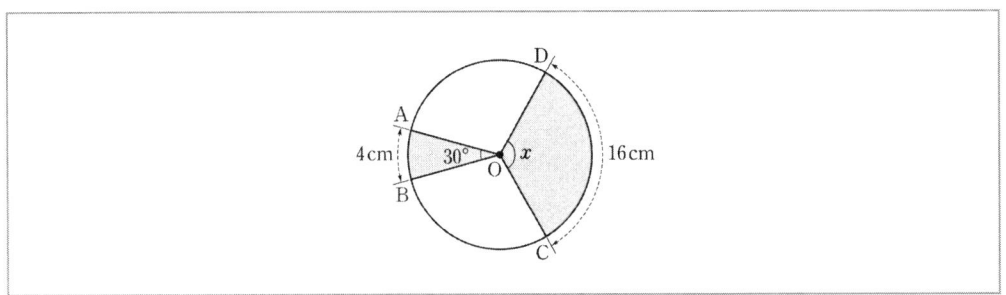

① 110° ② 120°

③ 130° ④ 140°

8 미지수가 2개인 일차방정식은?

① $y = 2$ ② $2x - 3 = 0$

③ $x - 3y = 4$ ④ $y = 2x^2 + 1$

9 일차부등식 $2x < -x + 9$의 해 중에서 자연수의 개수는?

① 1개 ② 2개

③ 3개 ④ 4개

━━━ 정답 및 해설

7 원주각의 크기와 호의 길이는 정비례하므로
$30 : 4 = x : 16$
$4x = 16 \times 30$
따라서 $x = 120^\circ$

8 ①② 미지수가 1개인 일차방정식
④ 2차 방정식

9 $2x < -x + 9$를 정리하면
$2x + x < 9$이므로, $3x < 9$ 즉, $x < 3$이다.
따라서 조건을 만족시키는 x는 1, 2이다.

답 7.② 8.③ 9.②

10 일차함수 $y = 2x + 1$의 그래프와 평행한 것은?

① $y = -2x$

② $y = -\dfrac{1}{2}x$

③ $y = \dfrac{1}{2}x$

④ $y = 2x$

11 차림표를 보고 식사와 음료를 한 가지씩 동시에 주문할 때, 선택할 수 있는 모든 경우의 수는?

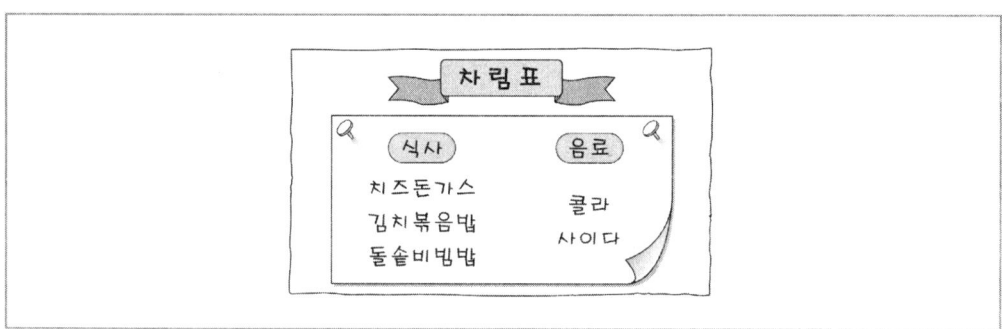

① 5가지

② 6가지

③ 7가지

④ 8가지

12 평면도형에 대한 설명 중 옳지 않은 것은?

① 정사각형은 평행사변형이다.

② 이등변삼각형의 두 밑각의 크기는 같다.

③ 세 변의 길이가 같은 삼각형은 정삼각형이다.

④ 네 변의 길이가 같은 사각형은 직사각형이다.

━━ 정답 및 해설

10 두 일차함수 그래프가 평행하려면 기울기는 같고, y절편은 달라야 한다. 즉, $y = ax + b$와 $y = cx + d$에서 $a = c$이고 $b \neq d$이면 평행한다. 따라서 ④가 된다.

11 식사의 종류 3가지×음료의 종류 2가지=총 6가지 경우의 수가 나온다.

12 ④ 네 변의 길이가 같은 사각형은 정사각형이다.

답 10.④ 11.② 12.④

13 길이가 같은 빨대 9개로 그림과 같은 모양의 정삼각형을 만들었다. 이 때, 작은 정삼각형과 큰 정삼각형의 닮음비는? (단, 빨대의 굵기는 무시한다.)

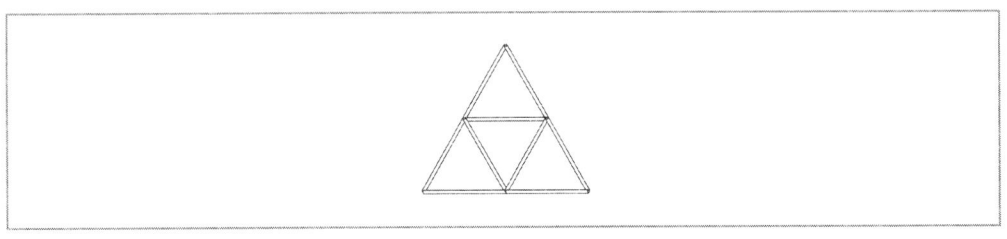

① $1:2$　　　　　　　　② $1:3$

③ $1:5$　　　　　　　　④ $1:9$

14 $\sqrt{7} < x < \sqrt{10}$ 을 만족하는 자연수 x의 값은?

① 2　　　　　　　　② 3

③ 4　　　　　　　　④ 5

15 다항식 $x^2 - x - 6$을 인수분해하면?

① $(x-1)(x-6)$　　　　　　② $(x+1)(x-6)$

③ $(x-2)(x-3)$　　　　　　④ $(x+2)(x-3)$

■■■ 정답 및 해설

13

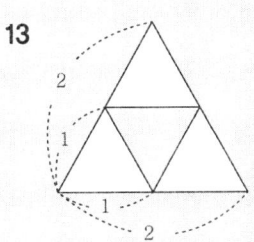

14 $2^2 = 4$, $3^2 = 9$, $4^2 = 16$이므로

$\sqrt{7}$ 은 2와 3 사이의 수, $\sqrt{10}$ 은 3과 4 사이의 수가 된다.

따라서 이를 만족하는 자연수 x 는 3이 된다.

15 ① $(x-1)(x-6) = x^2 - 6x - x + 6 = x^2 - 7x + 6$

② $(x+1)(x-6) = x^2 - 6x + x - 6 = x^2 - 5x - 6$

③ $(x-2)(x-3) = x^2 - 3x - 2x + 6 = x^2 - 5x + 6$

답 13.① 14.② 15.④

16 이차방정식 $x^2 + kx - 2 = 0$의 한 근이 1일 때, 상수 k의 값은?

① -1 ② 0

③ 1 ④ 2

17 이차함수 $y = -(x-1)^2$의 그래프에 대한 설명으로 옳은 것은?

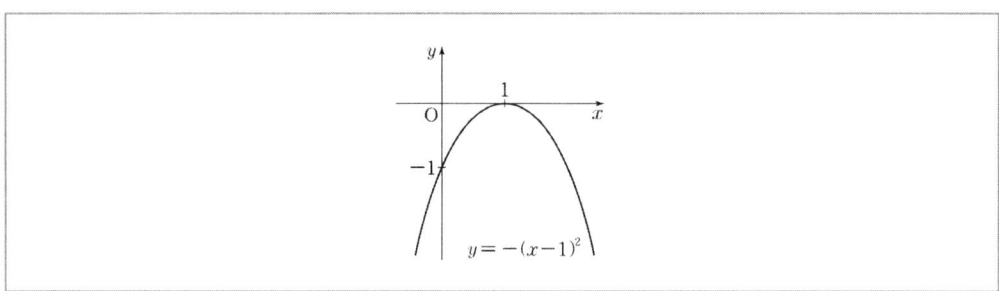

① 최댓값이 0이다.

② 아래로 볼록하다.

③ 점 $(2, -2)$를 지난다.

④ 꼭짓점의 좌표는 $(0, 1)$이다.

16 $x^2 + kx - 2 = 0$의 한 근이 1이므로 이를 대입하면
$1^2 + k - 2 = 0$ $\therefore k = 1$

17 ② 위로 볼록하다.
③ 점 $(0, -1)$과 $(1, 0)$을 지난다.
④ 꼭짓점의 좌표는 $(1, 0)$이다.

🖪 16.③ 17.①

18 가로의 길이가 8cm이고, 넓이가 48cm^2인 직사각형 ABCD에서 대각선 BD의 길이는?

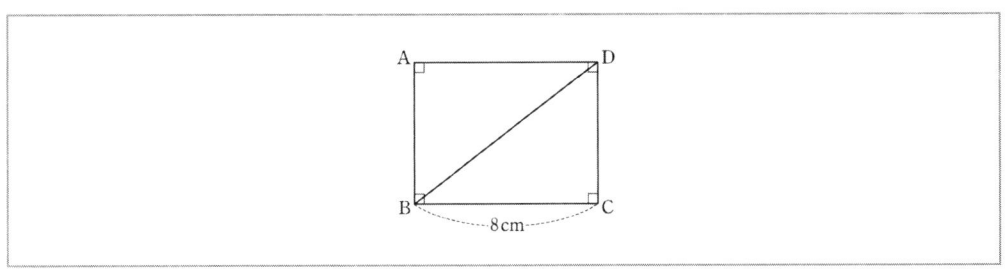

① 10cm

② 11cm

③ 12cm

④ 13cm

19 원 O에서 호 AB에 대한 중심각의 크기가 $80°$일 때, 호 AB에 대한 원주각 $\angle x$의 크기는?

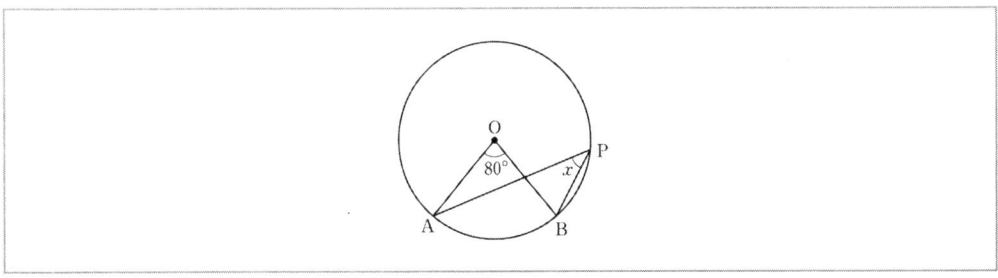

① $30°$

② $35°$

③ $40°$

④ $45°$

■■■ 정답 및 해설

18 직사각형의 넓이가 $48cm^2$이므로 직사각형 세로의 길이는 6이 된다.
따라서 대각선의 길이 l은
$$l = \sqrt{8^2 + 6^2} = \sqrt{100} \quad \therefore l = 10$$
※ 직사각형의 대각선 길이

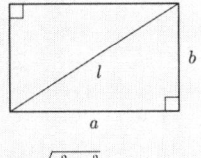

$$l = \sqrt{a^2 + b^2}$$

19 한 원에서 한 호에 대한 원주각의 크기는 그 호에 대한 중심각의 크기의 $\frac{1}{2}$이다. 따라서 원주각 $\angle x$의 크기는 40°가 된다.

답 18.① 19.③

20 그림과 같이 원 O에서 두 현 AB, CD가 한 점 P에서 만날 때, 선분 PB의 길이 x는?

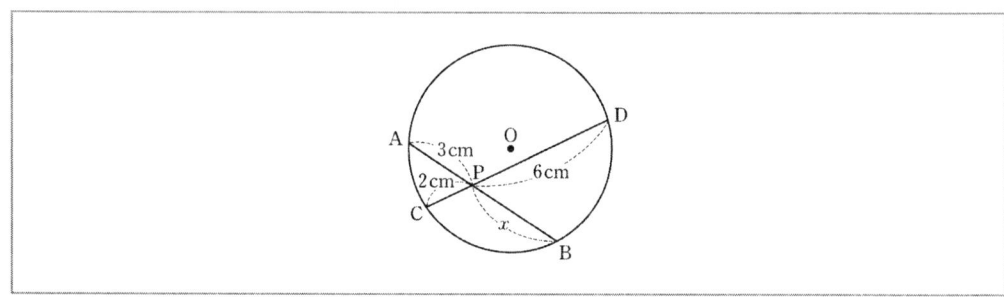

① 4cm

② 5cm

③ 6cm

④ 7cm

20 현의 성질에 의해 $3x = 2 \times 6$ ∴ $x = 4$

답 20.①

1 다음 단어들을 모두 포함할 수 있는 것은?

head, shoulder, foot, leg

① body
② food
③ flower
④ country

2 두 단어의 의미 관계가 나머지 셋과 <u>다른</u> 것은?

① low – high
② big – large
③ slow – fast
④ easy – difficult

■■■ 정답 및 해설

1 head 머리, 고개 shoulder 어깨 foot 발 leg 다리
① 몸, 신체
② 음식
③ 꽃
④ 국가, 나라

2 ① 낮은 – 높은
② 큰 – 많은
③ 느린 – 빠른
④ 쉬운 – 어려운

답 1.① 2.②

3 빈칸에 공통으로 들어갈 알맞은 말은?

> • Don't be afraid _____ the dog.
>
> • The sky is full _____ stars.

① at   ② of

③ in   ④ by

4 다음에서 'I'의 직업으로 알맞은 것은?

> Hi. My name is Ann Brown. I work in a hospital. I look after sick people with doctors.

① nurse   ② pilot

③ farmer   ④ writer

■■▶ 정답 및 해설

3 be afraid of ～을 두려워하다　be full of ～로 가득 차 있다
「• 개를 무서워 하지마.
　• 하늘에 별이 가득하다.」

4 ① 간호사
　② 비행사
　③ 농부
　④ 작가
「안녕하세요. 제 이름은 Ann Brown입니다. 저는 병원에서 일하고 있습니다.
　저는 의사와 함께 아픈 사람들을 돌보고 있습니다.」

🅐 3.② 4.①

5 다음에서 언급된 오늘 밤의 날씨는?

> Hello. This is the weather report for today. It will be cloudy this afternoon, and it will rain tonight.

①

②

③

④

6 A에 대한 B의 응답으로 적절하지 <u>않은</u> 것은?

① A : How much is it?

　 B : It's fifteen dollars.

② A : What day is it today?

　 B : You're welcome.

③ A : Where are you from?

　 B : I'm from Japan.

④ A : What is your favorite sport?

　 B : I like soccer.

▬▬▶ 정답 및 해설

5 「안녕하세요. 오늘의 일기 예보입니다. 오늘 오후에 차차 흐려져 저녁에는 비가 올 것 입니다.」

6 ① A : 얼마에요?

　 B : 15달러에요.

② A : 오늘 무슨 요일입니까?

　 B : 천만에요.

③ A : 어디서 오셨어요?

　 B : 일본에서 왔습니다.

④ A : 좋아하는 운동이 뭐에요?

　 B : 전 축구를 좋아해요.

🏅 5.② 6.②

7 다음 대화가 이루어지는 장소는?

> A : May I help you?
> B : I'm looking for a blouse.
> A : How about this white one?
> B : It looks good! I'll take it.

① 병원　　　　　　　　② 식당
③ 은행　　　　　　　　④ 옷가게

8 다음 대화에서 밑줄 친 말의 의도로 가장 알맞은 것은?

> A : Can you help me with my homework?
> B : No problem. What is it?

① 거절　　　　　　　　② 승낙
③ 조언　　　　　　　　④ 비난

9 다음 대화의 상황으로 가장 알맞은 것은?

> A : Let's go to the concert tomorrow.
> B : Great. What time shall we meet?
> A : How about at seven?
> B : Okay. See you then.

① 안부 묻기   ② 물건 사기
③ 약속 정하기   ④ 길 안내하기

10 다음 대화의 빈칸에 들어갈 가장 알맞은 말은?

> A : _____ often do you visit your grandparents?
> B : Once a month.

① How   ② Who
③ Why   ④ What

▬▬ 정답 및 해설

9 「A : 내일 공연 보러 가자.
　　B : 좋아. 몇 시에 만날까?
　　A : 7시 어때?
　　B : 좋아. 그때보자.」

10 how often 몇 번, 얼마만큼 자주
　「A : 얼마나 자주 조부모님을 찾아뵙나요?
　　B : 한 달에 한번이요.」

📌 9.③ 10.①

11 다음 대화에서 두 사람의 관계로 가장 알맞은 것은?

> A : Can I play a computer game, Mom?
> B : Did you finish your homework?
> A : No, but I can do it later.
> B : You have to finish your homework first, son.

① 아들 – 엄마   ② 학생 – 교사
③ 시민 – 경찰관   ④ 환자 – 의사

12 다음 대화의 내용과 관련 있는 표지판은?

> A : Excuse me, sir. You shouldn't ride a bike here.
> B : I'm sorry. I didn't know that.

①    ②

③    ④

정답 및 해설

11 「A : 엄마, 컴퓨터게임 해도 되나요?
　　 B : 숙제 다 했니?
　　 A : 아뇨, 하지만 이따가 할 수 있어요.
　　 B : 아들아, 숙제를 마무리하는 것이 먼저란다.」

12 「A : 죄송합니다만 손님, 여기서 자전거를 탈 수 없습니다.
　　 B : 죄송합니다. 제가 몰랐어요.」

答 11.① 12.③

13 다음 대화에서 A가 찾고 있는 위치는?

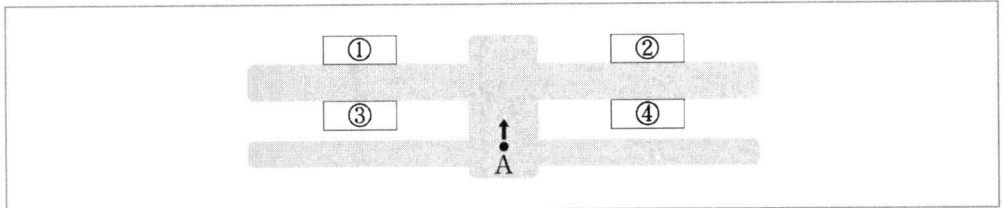

A : Excuse me, but I'm looking for a bookstore.
B : Go straight for one block and turn right. It's on your right. You can't miss it.

14 다음 대화의 빈칸에 들어갈 가장 알맞은 표현은?

A : What does your father look like?
B : _____.

① He lives in Seoul

② He likes to play tennis

③ He is looking at pictures

④ He is tall and handsome

■■■ 정답 및 해설

13 「A : 실례합니다만, 서점을 찾고 있는데요.
B : 한 블록 직진하신 후 우회전하세요. 그것은 오른쪽에 있습니다. 찾기 아주 쉬워요.」

14 ① 그는 서울에 살아요.
② 그는 테니스를 좋아한다.
③ 그는 사진을 보고 있다.
「A : 당신의 아버지는 어떻게 생기셨나요?
B : 아버지는 키가 크고 잘 생겼어요.」

답 13.④ 14.④

15 다음 대화의 빈칸에 들어갈 가장 알맞은 표현은?

> A : May I speak to Jane, please?
>
> B : _____. Can I take a message?
>
> A : Yes. Please tell her Minho called.

① No, thank you   ② This is she speaking

③ Sorry, but she is out   ④ You have the wrong number

16 다음 대화의 주제로 가장 알맞은 것은?

> A : What do you do in your free time?
>
> B : I dance. I love dancing. How about you?
>
> A : I like listening to music.

① hobby   ② weather

③ school sports   ④ favorite food

━━ 정답 및 해설

15 ① 아뇨, 됐어요.
② 저입니다.
④ 잘못 거셨어요.
「A : 제인과 통화할 수 있을까요?
 B : 죄송하지만 그녀는 자리를 비웠어요. 메시지를 전해드릴까요?
 A : 네. 민호라고 그녀에게 전해주세요.」

16 ① 취미
② 날씨
③ 운동회
④ 좋아하는 음식
「A : 당신은 여유시간에 무얼 하나요?
 B : 춤을 춰요. 나는 춤을 정말 좋아해요. 당신은요?
 A : 음악 듣는 것을 좋아해요.」

답 15.③ 16.①

17 그림 속 Mary의 행동을 알맞게 표현한 것은?

① Mary is cutting flowers.

② Mary is watering flowers.

③ Mary is drawing flowers.

④ Mary is picking up flowers.

18 다음 글에 나타난 'I'의 심경으로 가장 알맞은 것은?

I'm from America. I'm not good at Korean, so I can't understand it well. It makes me feel terrible.

① 답답함   ② 당당함

③ 만족함   ④ 신기함

━━ 정답 및 해설

17 ① 메리는 꽃을 자르고 있다.
② 메리는 꽃에 물을 주고 있다.
③ 메리는 꽃을 그리고 있다.
④ 메리는 꽃을 따고 있다.

18 good at ~을 잘하는
「나는 미국에서 왔습니다. 나는 한국말을 잘 하지 못하기 때문에 명확하게 이해할 수 없습니다. 그것은 나를 형편없
는 것처럼 느끼게 합니다.」

답 17.② 18.①

19 다음 초대장에 언급되지 <u>않은</u> 것은?

Invitation

To Minho,

　Can you come to my birthday party?

　＊ Where : My house

　＊ When : August 6th, 5 p.m.

From Yumi

---

① 파티 목적　　　　　　　　② 파티 장소

③ 참석 인원　　　　　　　　④ 초대한 사람

20 다음 글의 빈칸에 들어갈 가장 알맞은 말은?

In Korea we have four _____. Spring begins in March. It is warm. In summer it is hot. It is cool in fall. In winter it is cold and snowy.

---

① cities　　　　　　　　② houses

③ seasons　　　　　　　④ holidays

19 「초대장
민호에게
내 생일 파티에 와줄래?
• 어디에서 : 우리 집
• 언제 : 8월 6일, 오후 5시
유미가」

20 ① 도시들
② 주택들
④ 휴일들
「한국에는 <u>사계절</u>이 있습니다. 봄은 3월에 시작됩니다. 봄은 따뜻합니다. 여름은 덥습니다. 가을은 시원합니다. 겨울은 춥고 눈이 옵니다.」

답 19.③　20.③

21 다음 글의 빈칸에 들어갈 가장 알맞은 말은?

Water is getting dirtier. Dirty water makes animals and plants sick. So let's keep water _____.

① heavy   ② weak
③ thick   ④ clean

22 다음 글의 제목으로 알맞은 것은?

There are four in my family. my mother, my father, my sister, and me. My father is an engineer and my mother is an artist. My sister is a high school student.

① My School   ② My Family
③ My Teacher   ④ My Friend

▨▨▨ 정답 및 해설

21 ① 무거운, 육중한
② 약한, 힘이 없는
③ 두꺼운, 두툼한
「물은 더러워지고 있다. 더러운 물은 동물과 식물을 병들게 한다. 따라서 물을 깨끗하게 유지해야 한다.」

22 ① 나의 학교
② 나의 가족
③ 나의 선생님
④ 나의 친구
「우리 가족은 4명이다. 내 어머니, 내 아버지, 내 동생, 그리고 나. 아버지는 엔지니어이고 어머니는 예술가이다. 동생은 고등학교 학생이다.」

⑤ 21.④ 22.②

23 다음 글을 쓴 목적으로 가장 알맞은 것은?

> Dear Mr. Park,
> Hello. I'm a middle school student. I love cooking. I want to be a cook, but my parents want me to be a scientist. What should I do? I need your advice.

① 축제 홍보　　　　　　　　② 학교 소개
③ 조언 요청　　　　　　　　④ 요리법 묻기

24 다음 글의 주제로 알맞은 것은?

> What do you do for your health? You should eat breakfast and exercise regularly. And you should get enough sleep every night.

① 효율적인 공부 방법　　　　② 바람직한 여가 활동
③ 이상적인 친구 관계　　　　④ 건강을 위한 생활 습관

정답 및 해설

23 「친애하는 미스터 박에게,
안녕하세요. 저는 중학교 학생입니다. 저는 요리를 사랑합니다. 저는 요리사가 되고 싶지만 부모님은 과학자가 되길 바라세요. 저는 어떻게 해야 하죠? 당신의 조언이 필요합니다.」

24 「당신은 당신의 건강을 위해 무엇을 합니까? 당신은 아침 식사를 먹고 정기적으로 운동해야합니다. 그리고 당신은 매일 밤 충분한 수면을 취해야 합니다.」

답 23.③ 24.④

25 다음 이메일의 내용과 일치하지 않는 것은?

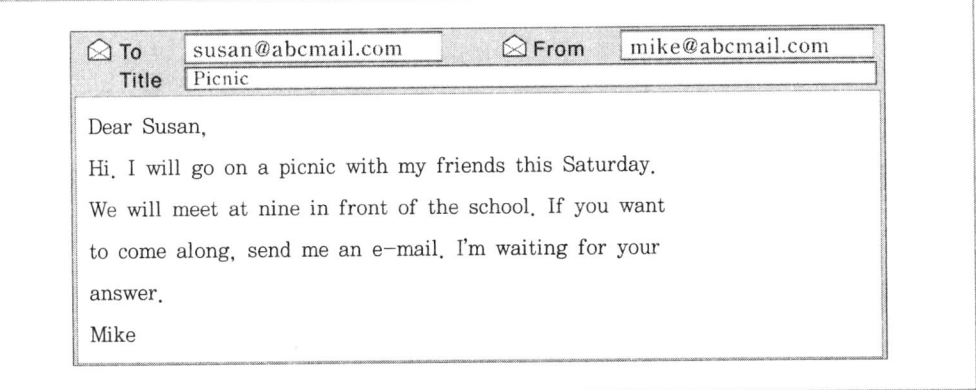

① Susan이 Mike에게 보낸 이메일이다.
② Mike는 이번 주 토요일에 소풍을 갈 예정이다.
③ Mike는 친구들과 학교 앞에서 만날 계획이다.
④ Mike는 Susan의 답장을 기다리고 있다.

25 ① Mike가 Susan에게 보낸 이메일이다.
「Susan에게
안녕. 나는 이번 주 토요일 친구들과 함께 소풍을 갈 거야.
우리는 학교 앞에서 9시에 만날 거야. 너도 같이 가고 싶다면 나에게 메일을 보내줘. 나는 너의 대답을 기다리고 있
을게.
Mike가」

답 25.①

1 다음 ( )에 공통으로 들어갈 단어는?

> • 울릉도에서는 ( )(로)으로 인해 우데기를 설치하였다.
> • 태백 산지에서는 스키장 등 ( )(을)를 활용한 관광산업이 발달하였다.

① 눈   ② 바람
③ 안개   ④ 서리

■■ 정답 및 해설

1 눈이 많은 지역의 주민 생활
　㉠ 눈이 많은 지역의 주민 생활
　• 폭설 피해 : 가옥이나 건물의 파손, 교통과 통신 마비
　• 생활양식 : 독특한 가옥 구조 발달→지붕의 경사가 심한 가옥, 울릉도의 방설벽(우데기) 등
　㉡ 눈을 활용한 생활 모습
　• 관광 자원으로 활용 : 지역 축제 개최(일본 삿포로의 눈 축제, 우리나라 태백산과 대관령의 눈꽃 축제 등),
　　겨울철 휴양 및 관광 시설 개방(스키장)
　• 동계스포츠 경기 장소로 활용 : 동계 올림픽 및 국제 대회 개최(알프스 산지, 로키 산지 등)
　• 용수 공급 및 수력 발전에 이용 : 생활 및 산업 용수로 이용, 수력 발전으로 전력 생산(스위스와 이탈리아의
　　알프스 산지)

답 1.①

2 다음 그래프가 나타내는 기후는?

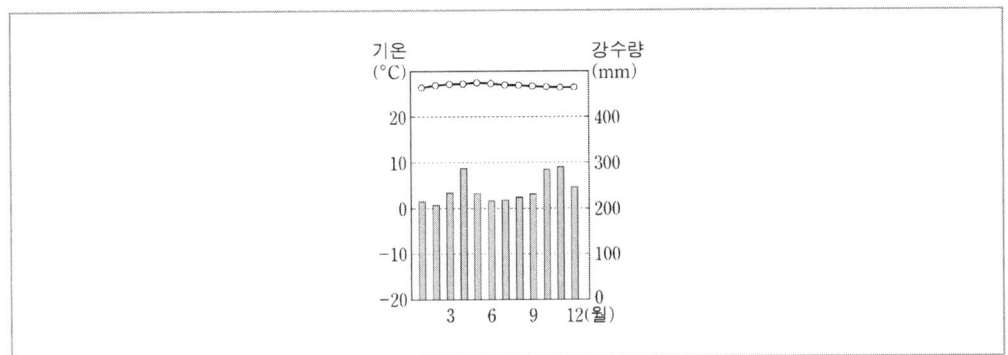

① 건조 기후   ② 냉대 기후

③ 열대 기후   ④ 온대 기후

3 다음에서 설명하는 지형은?

- 하천과 바다가 만나는 곳에 형성된다.
- 나일강, 메콩강, 낙동강 등의 하구에 발달한다.
- 하천의 퇴적 작용에 의해 형성된 충적 평야이다.

① V 자곡   ② 삼각주

③ 피오르   ④ 화구호

▬▬ 정답 및 해설

2 열대 기후…1년 내내 기온이 높고 강수량이 많아 후덥지근한 날씨가 지속된다.

3 ① 유수의 침식에 의한 지형으로 강의 상류에서 볼 수 있다.
③ 빙하의 침식으로 만들어진 골짜기에 빙하가 없어진 후 바닷물이 들어와 생긴 좁고 긴 만이다.
④ 화산의 분화구에 물이 괸 호수를 말한다.

🅐 2.③ 3.②

4 다음 설명에 해당하는 공업 지역은?

• 우리나라 대표적인 중화학 공업 지역   • 부산, 울산, 포항 등을 중심으로 발달

① 호남 공업 지역   ② 수도권 공업 지역
③ 태백산 공업 지역   ④ 남동임해 공업 지역

5 다음에서 설명하는 섬은?

• 화산섬으로 우리나라 영토의 가장 동쪽에 위치한다. • 동도·서도 두 개의 큰 섬과 여러 개의 작은 섬들로 이루어져 있다.

① 독도   ② 거제도
③ 연평도   ④ 강화도

6 다음 정책이 해결하고자 하는 사회 문제는?

• 출산 축하금 지원   • 다자녀 가정 지원

① 환경오염   ② 교통 혼잡
③ 주택 부족   ④ 출산율 감소

■■■ 정답 및 해설

4 남동임해 공업 지역…1970년대 정부의 중화학 공업 육성 정책으로 출발했으며 특히 항구가 발달해 있어 원료의 수입과 제품 수출에 유리한 적환지 지향 공업이 발달했다. 포항과 광양의 제철, 울산의 조선·석유·화학·자동차, 창원의 기계, 거제의 조선 등 우리나라 최대의 중화학 공업 지역을 이루고 있으며 각종 공업이 집중되어 있는 집적 지향 공업 지역이기도 하다.

5 ② 경상남도 남해안에 있는 섬으로 우리나라에서 제주도 다음으로 큰 섬이다.
③ 인천에서 서북쪽으로 122km 떨어진 서해 최북단에 위치한 섬이다.
④ 인천광역시의 북서부 황해에 있는 섬으로 우리나라에서 네 번째로 큰 섬이다.

6 ④ 출산율 감소로 정부는 양육비를 지원하거나 세 자녀 이상의 자녀를 두고 있는 가정에 보육료를 지급하고 주택우선분양권, 전기세 감액, 연말정산시 추가공제 등을 지원하는 다자녀 혜택과 난임부부 지원 사업 등을 펼치고 있다.

답 4.④ 5.① 6.④

7 지도와 같이 국제적 이동을 하는 자원은?

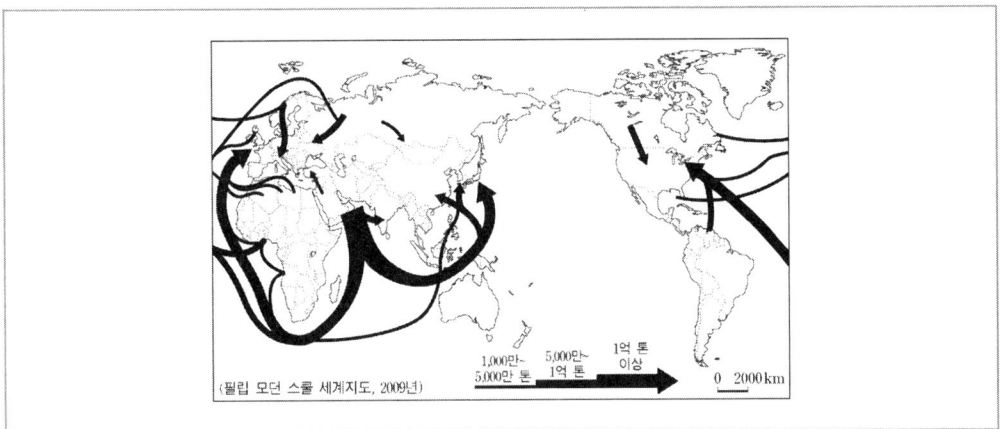

(필립 모던 스쿨 세계지도, 2009년)

1,000만~ 5,000만 톤   5,000만~ 1억 톤   1억 톤 이상   0   2000 km

① 쌀   ② 구리
③ 석유   ④ 옥수수

8 다음에서 설명하는 농업 형태는?

> 해발 고도가 높은 고원에서 서늘한 여름철 기후를 이용한 농업으로, 대관령 등지에서는 교통의 발달로 성장하게 되었다.

① 수목 농업   ② 고랭지 농업
③ 플랜테이션   ④ 오아시스 농업

━━━ 정답 및 해설

7 ③ 석유는 국제적 이동이 매우 활발하다는 특징이 있으며 서남아시아의 페르시아 만 연안 지역이 대표적인 유전지대로 사우디아라비아는 세계 최대의 석유 생산·수출국으로 우리나라와 미국, 일본, 독일 등이 세계적인 수입국이다.

8 ① 산지와 구릉이 많고 평야가 적은 지형적인 배경과 여름이 덥고 건조하며 겨울이 따뜻하고 비가 많이 오는 기후적 배경에 따라 남부유럽에서 발달한 농업 형태이다.
   ③ 주로 아시아, 아프리카, 남아메리카에서 행해졌던 농업방식으로 17~18세기 열강의 침략 과정에서 생겨난 농업 형태로 대규모의 시장을 위해 단일작물을 재배하는 거대한 농업을 말한다.
   ④ 건조 기후의 사막 지역에서 오아시스, 지하수, 외래하천 등의 물을 이용해서 집약적으로 이뤄지는 농업이다.

정 7.③ 8.②

9 시민 단체에 대한 설명으로 옳은 것은?

① 설립 목적은 정권 획득이다.
② 정부 정책을 결정하고 집행한다.
③ 이윤 추구만을 목적으로 재화나 서비스를 생산한다.
④ 공익을 실현하기 위해 시민이 자발적으로 조직한다.

10 다음에서 설명하는 정치 형태는?

> 고대 아테네에서는 시민권을 가진 모든 성인 남성이 민회에 참석하여 공동체의 중요한 일을 토의하여 결정하였다.

① 군주 정치   ② 독재 정치
③ 민주 정치   ④ 전제 정치

━━ 정답 및 해설

9 ① 정부의 정책 비판, 여론 형성, 대안 제시, 국제적 연대 등을 통한 공공이익 창출을 목적으로 한다.
② 행정부에 대한 설명으로 시민단체는 다양한 사회 문제에 관한 정보를 선별하여 구성원이나 시민들에게 제공함으로써 관심이나 지지를 획득하는 역할을 한다.
③ 기업에 대한 설명으로 시민단체는 영리를 추구하지 않는 비영리조직이다.

10 ① 군주가 나라의 모든 일을 지배하는 정치 제도로, 왕이 나라를 다스리고 나라의 주인이 되어 왕정(王政)이라고도 한다.
② 민주적인 절차를 부정하고 통치자의 독단으로 행하는 정치형태를 말한다.
④ 국민의 정치참여와 자유권이 없고 지배자가 국가의 모든 권력을 장악하여 초월적·강권적으로 지배하는 것을 말한다.

답 9.④ 10.③

11 두 사람이 문화를 이해하는 태도는?

① 문화 국수주의   ② 문화 사대주의
③ 문화 상대주의   ④ 자문화 중심주의

12 다음 밑줄 친 내용을 가리키는 개념은?

> 1920년 인도의 늑대 굴에서 두 소녀가 발견되었다. 이들은 처음에 늑대처럼 행동하여 일반인들과 <u>의 사소통이 불가능했지만, 사람들과 함께 지내며 교육을 받은 결과 인간사회에 적응하였다.</u>

① 다원화   ② 세계화
③ 사회화   ④ 산업화

━━ 정답 및 해설

11 문화사대주의 … 다른 사회권의 문화가 자신이 속한 문화보다 우월하다고 믿고 무비판적으로 그것을 동경하거나 숭상하며, 자신의 문화에 대해서는 업신여기고 낮게 평가하는 태도나 주의를 말한다.

12 사회화
　㉠ 사회화의 특징
　• 행동양식, 규범 등 문화를 학습
　• 각자 독특한 자아를 형성
　• 문화를 전달, 사회가 질서 있게 발전
　㉡ 사회화 기관
　• 1차적 사회화 기관 : 자연 발생적으로 형성, 비형식적·인격적 집단(가정, 또래 집단)
　• 2차적 사회화 기관 : 특정한 목적을 가지고 형성, 형식적·공식적 집단(학교, 회사, 대중 매체 등)

답 11.② 12.③

13 다음에서 설명하는 사회 규범은?

> • 정의 실현을 목적으로 한다.
> • 위반할 경우 국가에 의한 강제적인 처벌이 따른다.

① 법
② 관습
③ 도덕
④ 예절

14 다음의 역할을 담당하는 기관은?

> 구체적 사건에 법을 적용하여 분쟁을 해결하는 기관으로, 재판을 통하여 억울한 사람을 돕고 국민의 자유와 권리를 보호한다.

① 감사원
② 사법부
③ 입법부
④ 행정부

15 시장의 수요량과 공급량이 표와 같이 변동할 때, 균형가격은?

가격(원)	수요량(개)	공급량(개)
30,000	20	10
40,000	15	15
50,000	10	20

① 30,000원
② 40,000원
③ 50,000원
④ 120,000원

━━━ 정답 및 해설

13 ② 한 사회 내에서 그 성원에게 일반적으로 널리 인정된 질서나 전통적으로 세워진 사회적인 규칙을 말한다.
③ 인간이 따라야 할 도리나 인간으로서 반드시 행해야 할 보편적인 규범을 말하며 개인의 양심적인 판단에 따르는 자율적인 규범을 말한다.
④ 사람들 사이에 굳어진 습관적인 규범으로 지키지 않으면 상대방에게 불쾌감을 주게 되고 사회적으로 비난 받는다.

14 ① 국가 및 법률이 정한 단체의 회계 검사와 행정 기관 및 공무원의 부정·부패를 감시 한다.
③ 법을 제정하는 기관으로 우리나라에서는 국회를 말한다.
④ 입법부에서 만들어진 법을 근거로 해서 국정을 이끌어나가는 기관을 말한다.

15 ② 균형가격은 수요량과 공급량이 일치하는 선에서 성립하는 가격이다.

답 13.① 14.② 15.②

16 다음에서 설명하는 경제 용어는?

어떤 것을 선택함으로써 포기해야 하는 것들의 가치 중 가장 큰 것

① 이윤   ② 공공재
③ 자유재   ④ 기회비용

17 다음 유물을 사용한 신석기 시대의 생활 모습은?

〈빗살무늬토기〉

① 농경 시작   ② 한자 사용
③ 거푸집 이용   ④ 금속 화폐 제조

━━ 정답 및 해설

16 ① 재화의 판매수입에서 회계학적 비용을 뺀 금액
  ② 생산 비용이 많이 들고 사용에 대한 비용을 청구할 대상이 명확하지 않으며, 대가를 치르지 않고 사용하는 사람을 제재할 수 없기 때문에 이윤을 추구하는 기업에게 맡겨 둘 경우 시장에 공급되지 않으므로 정부에 의해 생산되어 국민들에게 공급되는 재화
  ③ 경제적 가치는 있지만 공급이 무한정으로 많아서 거래의 대상이 되지 못하는 재화

17 신석기 시대의 생활
  ㉠ 시기 : 기원전 8000년경
  ㉡ 식 : 농경(밭농사) 시작→신석기 혁명
  ㉢ 의 : 가락바퀴, 뼈바늘→옷, 그물 제작
  ㉣ 주 : 움집(원형, 중앙에 화덕), 강가, 바닷가에 위치
  ㉤ 토기 : 덧무늬 토기, 빗살무늬 토기
  ㉥ 사회 : 정착생활, 씨족 부족사회

답 16.④ 17.①

18 다음에서 설명하는 신라의 왕은?

- 대가야 통합
- 한강 유역 차지
- 4개의 순수비 건립

---

① 내물왕　　　　　　　② 의자왕

③ 장수왕　　　　　　　④ 진흥왕

19 고려 태조 왕건이 다음 정책을 추진한 목적은?

왕위에 오른 뒤 혼인 정책을 추진하여 많은 부인을 맞았다. 부인들의 출신지는 전국에 고루 펴져 있었다.

---

① 발해 유민 흡수　　　　② 조세 제도 개편

③ 지방 호족 포섭　　　　④ 신진 사대부 등용

■■■■ 정답 및 해설

18 진흥왕의 업적
　㉠ 순수비 건립
　㉡ 화랑도 정비
　㉢ 한강 유역 장악
　㉣ 국사 편찬

19 호족 포섭 정책
　㉠ 회유책
　• 혼인정책 : 유력 호족들의 딸들과 혼인함으로써 자신의 세력으로 삼음
　• 사성정책 : 유력 호족들에게 왕씨 성을 하사하여 왕실편으로 포섭
　㉡ 견제책
　• 사심관제도 : 중앙 고관을 자기 고향의 사심관으로 임명
　• 기인제도 : 지방 향리의 자제를 인질로 삼아 중앙에 머무르게 하여 견제

답 18.④　19.③

20 다음에서 설명하는 광해군의 외교 정책은?

> 명이 쇠퇴하고 후금이 성장하던 시기에, 명과 후금 사이에서 신중한 외교 정책을 펼쳤다. 이를 통해 전쟁은 피하고 실리를 추구하고자 하였다.

① 남진 정책　　　　　　　② 사대 외교
③ 중립 외교　　　　　　　④ 친명배금 정책

21 다음에서 설명하는 정치 세력은?

> • 향촌에서 서원과 향약을 통해 세력을 확대함.
> • 선조 때 동인과 서인으로 나뉘어 붕당 정치를 시작함.

① 사림　　　　　　　　　② 무신
③ 진골　　　　　　　　　④ 6두품

▰▰▰ 정답 및 해설

20 ① 고구려가 도읍을 국내성에서 평양성으로 옮기고 삼국 항쟁의 주도권 장악에 유리한 한강 유역으로의 진출하며 백제 · 신라를 상대로 취한 일련의 정책을 말한다.
② 세력이 강하고 큰 나라는 받들어 섬기고 이웃나라와는 대등한 입장에서 사귀어 국가의 안정을 도모한다는 조선의 외교방침이다.
④ 친명배금정책은 조선 인조 때 명나라를 중시하고 청나라를 멸시한 정책으로 이에 청은 두 차례의 호란을 일으킨다.

21 사림 세력
　㉠ 사림의 등장
　• 길재의 학통을 이어받아 지방에서 학문과 교육에 힘씀
　• 사림의 주장 : 도덕과 의리 중시, 왕도 정치, 향약 중시
　㉡ 성종 때부터 정계 진출
　• 15세기 말 성종 때 김종직과 더불어 중앙 정계에 진출
　• 역할 : 주로 언론 기관으로 진출하면서 정책 비판 → 훈구 세력과 대립
　㉢ 사화의 발생
　• 원인 : 중앙 정계로 진출한 사림과 훈구 세력의 대립
　• 성격 : 훈구 세력에 의한 사림 세력의 탄압
　• 결과 : 연산군 이후 무오사화를 시작으로 네 차례 발생
　－무오사화 · 갑자사화 : 연산군 때 훈구 세력이 사림 세력 공격
　－기묘사화 : 중종 때 조광조의 유교적 이상 정치 실패
　－을사사화 : 명종 때 외척 간(대윤과 소윤)의 대립

🗒 20.③ 21.①

22 다음에서 설명하는 것은?

> • 양인 1인당 군포 2필 징수로 농민에게 큰 부담
> • 영조 때 군포를 1필로 줄여줌으로써 농민 생활 향상

① 공납 ② 환곡
③ 균역법 ④ 영정법

23 다음에서 설명하는 근대적 개혁은?

> • 과거제 폐지
> • 신분제 폐지
> • 과부의 재가 허용

① 갑오개혁 ② 임오군란
③ 을사조약 ④ 시무 28조

━━ 정답 및 해설

22 ① 지방의 토산물을 현물로 내는 세금제도로 가호마다 토산물을 부과하였으나 공물 생산량이 감소하고 생산지가 변화하면서 다른 곳에서 구입해 납부하는 폐단이 발생하였다.
② 흉년이나 춘궁기에 곡식을 빈민에게 대여하고 추수기에 이를 환수하던 진휼제도를 말한다. 환곡이 필요하지 않은 농민에게도 강제로 곡식을 빌려주거나, 환곡에다가 모래나 겨를 섞어서 양을 불리는 등의 폐단이 발생하였다.
④ 조선 후기 토지1결당 4두로 고정해서 세금을 내는 전세 징수법이다.

23 갑오개혁 … 갑오개혁(갑오경장)은 1894년(고종 31) 7월부터 1896년 2월까지 약 19개월간 추진되었던 일련의 개혁운동으로 우리나라 최초의 근대적 개혁이다. 대표적으로 신분계급의 타파, 노비제도 폐지, 조혼 금지, 부녀자 재가 허용 등이 있다. 하지만 국민들의 반발에 부딪혀 소기의 성과를 거두지 못했는데, 당위성은 충분했지만 오랜 세월 굳어진 관습을 벗어내기란 역부족이었기 때문이다.

🅐 22.③ 23.①

24 자료와 관련 있는 역사적 사실은?

① 국채 보상 운동　　　　② 문맹 퇴치 운동
③ 물산 장려 운동　　　　④ 민족 유일당 운동

25 다음에서 설명하는 인물은?

| • 이토 히로부미 처단 | • 「동양 평화론」 저술 |

① 나석주　　　　　　　② 안중근
③ 오기호　　　　　　　④ 이재명

24 ① 1907년부터 1908년 사이에 나라의 부채를 국민들이 모금하여 갚기 위해 전개되었던 운동
　　③ 1920년대에 일제의 경제적 수탈정책에 항거하여 벌였던 범국민적 민족경제 자립실천운동으로 우리 상품의 소비를 장려하여 민족자본을 지원 · 육성하고자 한 운동
　　④ 1920년대 후반 만주와 중국지역에 분립되어 있던 독립운동단체들을 중심으로 추진된 독립운동 단체들의 통합운동

25 ① 동양 척식 주식회사 투탄 의거
　　③ 오적 암살단 조직
　　④ 이완용을 칼로 찔러 부상

🅐 24.② 25.②

1 다음 중 전기를 띠는 두 물체 사이에 작용하는 힘은?

① 부력   ② 마찰력

③ 전기력   ④ 탄성력

2 그림과 같이 마찰이 없는 수평면 위에서 한 물체에 두 힘이 반대 방향으로 작용할 때, 두 힘의 합력의 크기는?

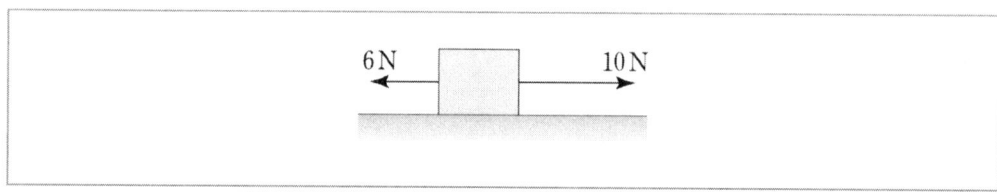

① 4N   ② 6N

③ 10N   ④ 16N

◾◾◾ 정답 및 해설

1 ① 물체가 물속에서 물에 뜨려는 힘
② 두 물체가 접촉하면서 상대 운동을 하는 경우 두 물체의 접촉면을 따라 그 운동을 저지하는 방향으로 작용하는 저항력
④ 외부의 힘에 의해 변형된 물체가 그 외부의 힘이 없어지면 그에 대항하여 본래의 형태로 돌아가려는 힘

2 ① 두 힘이 반대 방향으로 작용하므로 합력의 크기는 큰 힘에서 작은 힘의 크기를 뺀 값이 되고 방향은 큰 힘과 같은 방향이 된다.

🅐 1.③ 2.①

3 그림과 같이 빛이 공기 중에서 물로 입사할 때 굴절각은?

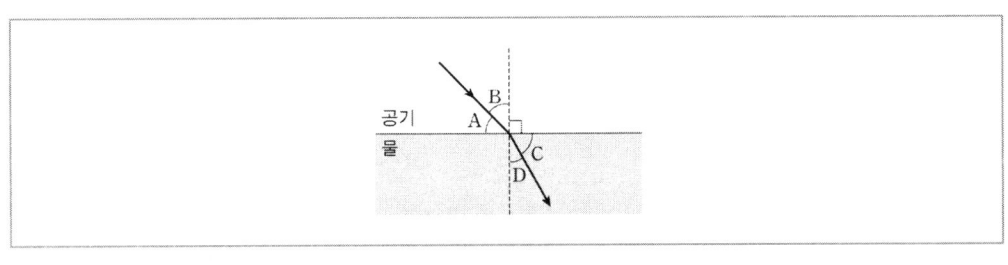

① A   ② B

③ C   ④ D

4 그림의 전기 회로에서 전류계에 흐르는 전류의 세기는? (단, 도선과 전지 내부의 저항은 무시한다.)

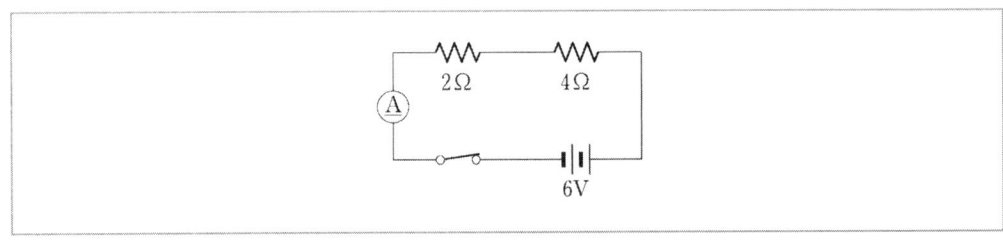

① 1A   ② 2A

③ 3A   ④ 4A

▬▬ 정답 및 해설

3 ④ 굴절각은 경계면에 수직인 선과 굴절 광선이 이루는 각을 말한다.

4 ① 도선에 흐르는 전류의 세기는 전압에 비례하고 저항에 반비례하므로 $I = \dfrac{V}{R} = \dfrac{6}{6} = 1$

(직렬연결이므로 전체 저항은 각 저항의 합과 같음)

답 3.④ 4.①

5 무게가 40N인 물체를 일정한 속력으로 3m 높이 까지 들어 올렸을 때, 한 일의 양은?

① 40J

② 80J

③ 120J

④ 160J

6 지레의 원리를 이용한 것을 〈보기〉에서 고른 것은?

〈보기〉
㉠ 가위 　　　　　　　　　　　　　　　 ㉡ 계단
㉢ 핀셋 　　　　　　　　　　　　　　　 ㉣ 도르래

① ㉠㉢

② ㉠㉣

③ ㉡㉢

④ ㉡㉣

7 다음에 해당하는 물질의 상태 변화는?

- 옷장 속의 나프탈렌이 점점 줄어든다.
- 공기 중에서 드라이아이스의 크기가 줄어든다.

① 기화

② 액화

③ 융해

④ 승화

■■■ 정답 및 해설

5 ③ 물체를 들어올리기 위해서는 물체의 무게만큼의 힘이 필요하다.
일(W) = 무게(w)×높이(h)　→무게(w) = $9.8N$×질량
따라서 일의 양은 40×3=120J

6 지레의 종류
㉠ 1종 지레 : 힘을 적게 들이고 편하게 일을 할 수 있음(가위, 장도리, 시소 등)
㉡ 2종 지레 : 힘을 적게 들이고 편하게 일을 할 수 있음(병따개, 커터, 손수레 등)
㉢ 3종 지레 : 힘에서는 손해를 보지만, 거리에서 이득(핀셋, 젓가락, 낚싯대 등)

7 승화는 고체가 액체를 거치지 않고 바로 기체가 되거나, 기체가 액체를 거치지 않고 바로 고체로 되는 상태변화를 말한다.
① 액체가 기체로 변화하는 현상
② 기체가 액체로 변화하는 현상
③ 고체가 액체가 되는 상태변화

정답 5.③ 6.① 7.④

8 다음에서 설명하는 기체 법칙은?

> 일정한 압력에서 온도가 높아지면 기체의 부피는 기체의 종류에 관계없이 일정한 비율로 증가한다.

① 관성의 법칙
② 샤를의 법칙
③ 질량 보존의 법칙
④ 일정 성분비의 법칙

9 원소 기호와 이름을 바르게 짝지은 것은?

① F – 철
② He – 수소
③ Cl – 탄소
④ Ca – 칼슘

10 분자 모형을 그림과 같이 나타낼 수 있는 분자식은?

① HCl
② H_2O
③ NH_3
④ CH_4

■■■ 정답 및 해설

8 ① 외부에서 힘이 가해지지 않는 한 모든 물체는 자기의 상태를 그대로 유지하려고 하는 것을 말한다.
③ 화학 반응이 일어날 때 반응하는 물질의 총 질량과 반응 후 물질의 총 질량은 서로 같다는 것을 말한다.
④ 화합물을 구성하는 각 성분원소의 질량비는 항상 일정하다는 법칙을 말한다.

9 ① Fe – 철(F – 불소)
② H – 수소(He – 헬륨)
③ C – 탄소(Cl – 염소)

10 ① HCl→H-1개, Cl-1개
② H_2O→H-2개, O-1개
④ CH_4→C-1개, H-4개

🔒 8.② 9.④ 10.③

11 그래프에서 온도 변화에 따른 용해도 차가 가장 큰 것은?

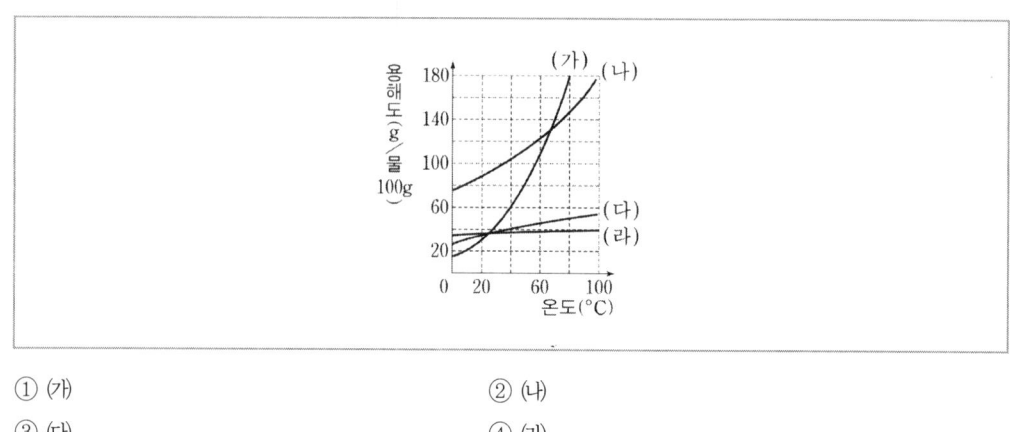

① (가)   ② (나)

③ (다)   ④ (라)

12 각 성분 물질의 끓는점 차이를 이용하여 액체 혼합물을 분리할 수 있는 실험 장치로 가장 적절한 것은?

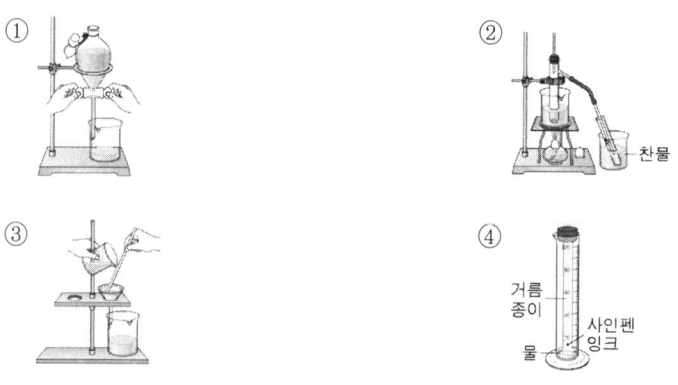

■■▶ 정답 및 해설

11 ① 온도변화에 따른 용해도 차가 가장 큰 것은 그래프의 기울기가 가장 급한 것을 찾으면 된다. (가)(나)(다)(라)의 순으로 온도에 따른 용해도의 차가 크다.

12 ② 분별 증류 방법으로 서로 잘 섞이는 액체 혼합물을 가열시켜 끓는점 차이를 이용하여 분리하는 방법
① 분별깔때기 : 서로 섞이지 않는 액체 혼합물의 분리 방법(밀도차이를 이용한 혼합물의 분리)
③ 여과법 : 어떤 용매에 잘 녹는 고체와 녹지 않는 고체의 혼합물을 용매에 녹인 후, 거름 장치로 걸러서 분리 (용해도 차이를 이용한 혼합물의 분리)
④ 크로마토그래피 : 혼합물을 이루고 있는 각 성분을 어떤 물질에 스며들게 하여 퍼져 나가는 속도 차이를 이용한 방법

🅐 11.① 12.②

162 중졸검정고시 기출문제 정복하기

13 다음에서 설명하는 소화 기관은?

> • 근육이 발달된 주머니 모양이다.
> • 염산이 분비되어 음식물 속의 세균을 죽인다.

① 위　　　　　　　　　　　② 식도
③ 소장　　　　　　　　　　④ 대장

14 그림은 식물 뿌리의 단면을 나타낸 것이다. 표면적을 넓혀 물과 무기 양분을 효율적으로 흡수하기 위한 것은?

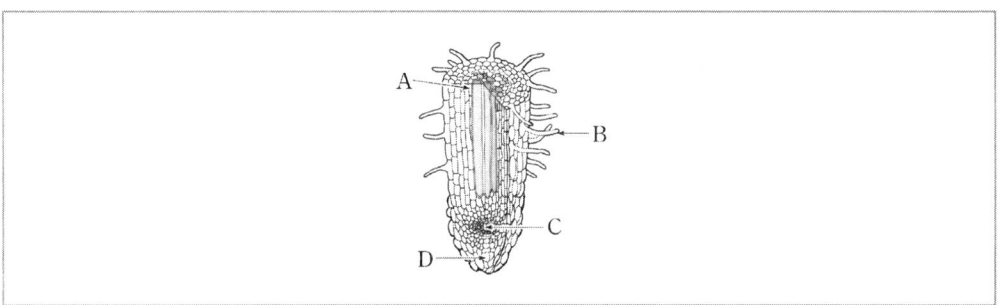

① A - 체관　　　　　　　　② B - 뿌리털
③ C - 생장점　　　　　　　④ D - 뿌리골무

━━━ 정답 및 해설

13 ② 입안에 잘게 부서진 음식물을 소화기관으로 보내는 일을 담당한다.
　　③ 연동운동을 통해 음식물을 소화를 더 잘하게 도와주고, 장액을 통해 소화 작용을 한다.
　　④ 소장에서 대장으로 온 음식물의 수분 또는 단백질 등의 영양분을 흡수하는 역할을 한다.

14 • A→체관 : 광합성을 통해 만들어진 양분이 이동하는 통로
　　• B→뿌리털 : 물과 무기염류를 식물체 안으로 빨아들이는 표피세포의 변형체
　　• C→생장점 : 뿌리 끝에 있는 세포분열이 일어나는 곳
　　• D→뿌리골무 : 생장점을 보호하는 곳

정 13.① 14.②

15 다음에서 설명하는 사람의 감각은?

> • 기체 상태의 화학 물질에 의해 자극이 된다.
> • 감각 중 가장 예민하며, 같은 자극에 대해 쉽게 피로해진다.

① 후각   ② 청각

③ 시각   ④ 피부 감각

16 다음에서 설명하는 세포 소기관은?

> • 식물 세포에서 관찰된다.
> • 빛에너지를 이용하여 광합성을 한다.

① 핵   ② 엽록체

③ 세포벽   ④ 미토콘드리아

■■■ 정답 및 해설

15 사람의 감각 기관…자극을 받아들이는 눈, 코, 귀, 혀, 피부 등의 기관
  ㉠ 눈 : 물체를 봄(빛 감지, 시각).
  ㉡ 코 : 냄새를 맡음(기체 상태의 화학 물질 감지, 후각)
  ㉢ 혀 : 맛을 느낌(액체 상태의 화학 물질 감지, 미각)
  ㉣ 귀 : 소리를 들음(음파 감지, 청각), 몸의 기울기와 회전을 느낌(균형 감각)
  ㉤ 피부 : 차가움, 따뜻함, 압력, 아픔 등을 느낌(피부 감각)

16 ① 생명활동의 중심, 유전물질이 들어 있음
  ③ 식물 세포에만 있으며, 세포 바깥쪽을 둘러싼 단단한 물질
  ④ 세포 호흡을 통해 에너지 생성

ⓐ 15.① 16.②

17 다음은 무조건 반사 중 '무릎 반사'에 대한 자극 전달 경로를 나타낸 것이다. (   ) 안에 알 맞은 것은?

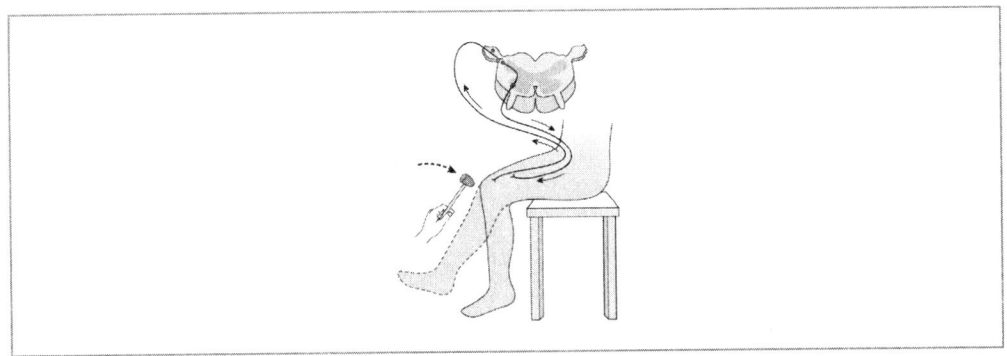

자극→감각 신경→(   )→운동 신경→반응

① 간뇌   ② 소뇌
③ 척수   ④ 중간뇌

━━ 정답 및 해설

17 자극의 전달과 반응 경로
   ⓐ 의식적인 반응의 자극 전달 경로 : 자극→감각 기관→감각 신경(척수)→대뇌(척수)→운동 신경→운동 기관→반응
   ⓑ 무의식적인 반응의 자극 전달 경로 : 자극→감각 기관→감각 신경→반사 중추(척수, 중간뇌, 연수)→운동 신경→운동 기관→반응
   ※ 무조건 반사 ··· 자극에 대하여 대뇌와 관계없이 무의식적으로 일어나는 반응
     ⓐ 척수 반사 : 무릎 반사, 팔꿈치 반사, 배변, 배뇨 등
     ⓑ 중간뇌 반사 : 자세 유지, 동공 반사 등
     ⓒ 연수 반사 : 구토, 재채기, 딸꾹질, 침 분비 등

🔑 17.③

18 그림에서 온몸의 조직 세포에 산소와 영양소를 공급하고, 이산화탄소와 노폐물을 받아 오기 위한 혈액 순환 경로는?

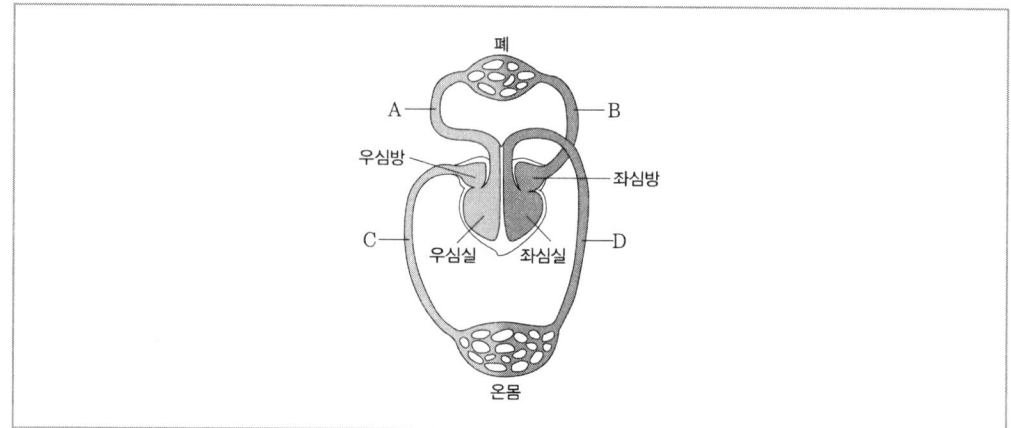

① 우심실→A→폐→B→좌심방
② 좌심방→B→폐→A→우심실
③ 우심방→C→온몸→D→좌심실
④ 좌심실→D→온몸→C→우심방

▬▶ 정답 및 해설

18 ④ 체순환 … 심장의 좌심실에서 대동맥으로 나간 혈액이 온몸을 돌고 대정맥을 통해 우심방으로 돌아오는 순환으로, 이때 혈액은 조직 세포에 영양소와 산소를 공급하고 세포에서 생긴 이산화탄소와 노폐물을 받는다.

※ 혈액의 순환 … 체순환 혈액이 동물 체내를 일정한 방향으로 이동하는 것을 혈액 순환이라고 하는데, 혈액 순환에는 체순환과 폐순환이 있다.

　　㉠ 체순환 : 좌심실로부터 대동맥을 따라 나간 혈액이 온몸의 각 조직을 돌고 대정맥을 거쳐 우심방으로 돌아오는 경로로, 대순환이라고도 한다.
　　　좌심방(동맥혈) → 대동맥 → 동맥 → 온몸의 모세혈관 → 정맥 → 대정맥 → 우심방(정맥혈)

　　㉡ 폐순환 : 우심실에서 출발한 혈액이 폐동맥, 폐포의 모세혈관, 폐정맥, 좌심방을 거쳐 좌심실로 흐르는 과정이다. 폐순환을 통해 폐에서 산소와 이산화탄소의 교환이 이루어진다.
　　　우심방(정맥혈) → 우심실 → 폐동맥 → 폐의 모세혈관(산소와 이산화탄소의 교환) → 폐정맥 → 좌심방(동맥혈)

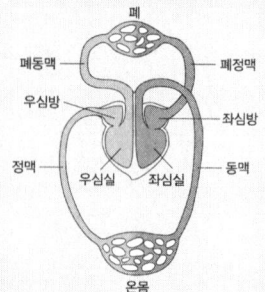

답 18.④

19 다음에서 설명하는 것은?

> • 생식 기관에서 생식 세포를 만드는 세포 분열이다.
> • 분열 결과, 염색체 수가 반으로 줄어든다.

① 세포 복제   ② 세포 융합
③ 체세포 분열   ④ 생식 세포 분열

20 다음에서 설명하는 천체는?

> • 뒤쪽에서 오는 별빛을 가려서 어둡게 보인다.
> • 대표적인 예로 말머리 성운이 있다.

① 반사 성운   ② 발광 성운
③ 암흑 성운   ④ 행성상 성운

21 다음에서 설명하는 암석은?

> • 마그마가 지표에서 굳어져 만들어진 암석이다.
> • 세주노에서 흔히 볼 수 있는 어누운 암석이다.

① 사암   ② 역암
③ 석회암   ④ 현무암

━━━ 정답 및 해설

19 생식 세포 분열(감수 분열) … 생물이 자손을 만드는 과정을 생식이라 하며, 생식을 위해 동물의 정자와 난자, 식물의 꽃가루, 난세포와 같은 생식 세포를 만드는 분열로 체세포 분열과는 다르게 생식 세포를 형성할 때 염색체수를 반으로 줄여야 한다.

20 ① 주변의 별빛을 반사하는 과정에서 파랗게 빛나는 성운을 말한다.
② 성운 내의 별들의 빛을 받아 성운이 빨간빛으로 빛나는 성운을 말한다.
④ 항성이 소멸할 때 적색거성 이후 바깥 가스층이 남은 것으로서 수명이 다한 별들이 폭발하면서 생성된다.

21 ① 알갱이의 크기가 진흙보다 더 큰 모래로 이루어진 암석으로 촉감이 약간 거칠고, 층리가 거의 없다.
② 모래보다 알갱이가 더 굵은 자갈로 이루어진 암석으로 굵은 자갈이 분명하게 보인다.
③ 물속에 사는 동물의 뼈나 조개, 소라의 껍데기 등이 쌓여서 만들어진 암석이다.

⑭ 19.④ 20.③ 21.④

22 그림은 지질 구조 단면을 나타낸 것이다. A ~ D를 부정합이 만들어지는 순서대로 바르게 배열한 것은?

A   B

C   D

① B→A→C→D   ② B→C→A→D
③ C→A→D→B   ④ C→D→A→B

23 다음 중 태양의 표면에서 관측되며, 주변보다 온도가 낮아서 어둡게 보이는 것은?

① 흑점   ② 홍염
③ 코로나   ④ 플레어

━━ 정답 및 해설

22 ② 부정합은 퇴적→습곡·융기→침식·침강→퇴적의 과정을 거친다.

23 ② 태양 표면에서 고온의 가스 불기둥이나 불꽃이나 고리 모양으로 솟아오르는 현상을 말한다.
　　③ 태양이나 다른 천구체의 빛나는 플라스마 대기를 말한다.
　　④ 광구면에서 일시적으로 일어나는 폭발현상으로, 흑점수가 많아지는 때 강하게 나타난다.

답 22.② 23.①

24 지구 대기권의 구조 중, 오존층이 있어서 태양으로부터 오는 자외선을 흡수하는 구간은?

① 열권　　　　　　　　　　　② 대류권
③ 성층권　　　　　　　　　　④ 중간권

25 다음에서 설명하는 현상은?

- 해수면이 주기적으로 높아지고 낮아지는 현상이다.
- 달과 태양인력 때문에 발생한다.

① 맨틀 대류　　　　　　　　　② 조석 현상
③ 대기의 순환　　　　　　　　④ 지구 온난화

■■■ 정답 및 해설

24 대기권 각 층의 특징
　㉠ 대류권 : 지표면~높이 약 10km까지의 구간
　• 대기권에 있는 전체 공기의 70~80%가 집중
　• 높이 올라갈수록 기온이 낮아지며 공기의 대류현상으로 인해 기상현상이 활발하게 일어남
　㉡ 성층권 : 높이 약 10~50km까지의 구간
　• 성층권내에 오존이 분포하며 오존층이 지구로 들어오는 자외선을 흡수해서 높이 올라갈수록 기온이 높아짐
　• 공기층이 안정하여 비행기의 항로로 이용됨
　㉢ 중간권 : 높이 약 50~80km까지의 구간
　• 높이 올라갈수록 기온이 낮아지며 중간권의 위쪽은 대기권 중 가장 낮은 기온이 나타남
　• 유성이 관측되며 대류현상은 있지만 기상현상은 일어나지 않음
　㉣ 열권 : 높이 약 80~1000km까지의 구간
　• 높이 올라갈수록 기온이 높아지며 극지방의 상공에서 오로라가 발생
　• 전파를 흡수하거나 반사하는 전리층이 있으며 공기가 희박해 기온차가 심함

25 ① 맨틀이 대류작용을 한다는 것으로, 밀도 차에 따라 맨틀물질이 상하·수평방향으로 이동하는 것을 말한다.
　③ 지구를 감싸고 있는 대기의 순환운동을 말한다.
　④ 지구 표면의 평균온도가 상승하는 현상을 말한다.

답 24.③ 25.②

중졸검정고시
기출문제 정복하기

• PART Ⅳ •

2014년 제2회
중졸검정고시

국어
수학
영어
사회
과학

1 밑줄 친 단어와 품사가 같은 것은?

> 친구가 책을 <u>읽었다</u>.

① 바닷물이 <u>파랗다</u>.
② 아기의 손이 <u>작다</u>.
③ 조카가 매우 <u>예쁘다</u>.
④ 동생이 밥을 <u>먹는다</u>.

2 다음 내용에 해당하는 말끼리 묶은 것은?

> 다른 나라에서 온 말로, 국어처럼 쓰이는 말을 '외래어'라고 한다.

① 버스, 컴퓨터
② 몸짱, 공주병
③ 미리내, 시나브로
④ 방가방가, 안냐세여

▬▶ 정답 및 해설

1 동사는 사물의 동작이나 작용을 나타내는 품사이다. ①②③은 형용사이다.

2 bus, computer는 외국에서 온 말로 국어처럼 쓰이고 있다. ③은 순우리말이다.

답 1.④ 2.①

3 밑줄 친 부분의 예로 적절하지 <u>않은</u> 것은?

> 관용어란 둘 이상의 낱말이 결합하여 특별한 의미로 사용되는 관습적인 말로, 우리말 중에는 <u>신체와 관련된 관용어</u>가 많다.

① 네가 오기를 <u>목이 빠지게</u> 기다렸다.
② 동생은 올해부터 오락실에 <u>발을 끊었다.</u>
③ 나는 흙장난으로 더러워진 <u>손을 씻었다.</u>
④ 영어를 공부한 지 1년 만에 <u>귀가 뚫렸다.</u>

4 다음에서 설명하는 단어 형성법에 해당하는 것은?

> '넓이'는 '넓-'이라는 어근에 접사 '-이'가 결합되어 형성된 단어이다. 이처럼 어근과 접사가 결합되어 형성된 단어를 '파생어'라고 한다.

① 베개   ② 손발
③ 아침   ④ 하늘

5 다음 중 어법에 맞는 문장은?

① 민수야, 선생님이 오시래.   ② 학생이 다 오지는 않았다.
③ 그것은 결코 우연한 일이다.   ④ 나는 피아노와 노래를 부른다.

■■■▶ 정답 및 해설

3 '손을 씻다'가 관용어로 쓰일 경우 '부정적인 일이나 찜찜한 일에 대하여 관계를 청산하다.'의 의미이며, 보기에 서는 본래의 의미로 쓰였다.
　① 목이 빠지게 : 몹시 안타깝게
　② 발을 끊다 : 오가지 않거나 관계를 끊다.
　④ 귀가 뚫리다 : 말을 알아듣게 되다.

4 베(어근)+개(접미사)
　② 손발(합성어) ③ 아침(단일어) ④ 하늘(단일어)

5 ① 민수야, 선생님께서 오라고 하셔.
　③ 그것은 결코 우연한 일이 아니다.
　④ 나는 피아노를 치고 노래를 부른다.

탑 3.③ 4.① 5.②

6 다음에서 설명하는 음운 변동이 일어나는 단어는?

> **표준 발음법**
> 제17항 받침 'ㄷ, ㅌ'이 조사나 접미사의 모음 'ㅣ'와 결합되는 경우에는 [ㅈ, ㅊ]으로 바꾸어서 뒤 음절 첫소리로 옮겨 발음한다.

① 국민   ② 놓다

③ 견디다   ④ 해돋이

7 다음은 글을 쓰기 위해 작성한 개요표이다. ㉠~㉣ 중, 적절하지 <u>않은</u> 것은?

제목	대중문화를 이끌 팬 클럽 문화
처음	㉠ 팬 클럽 문화가 생겨난 원인
중간	• ㉡ 팬 클럽 문화에 대한 부정적인 인식 – 건전한 비판을 거부하고 경쟁 연예인에게 악성댓글로 피해를 줌. – 기획사들이 팬 클럽을 상업적으로 이용함. • 팬 클럽 문화의 긍정적인 모습 – ㉢ 세대 간에 갈등을 일으킴. – 사람들에게 다양한 대중문화를 소개함. – 연예인과 함께 봉사 활동, 기부 문화를 확산함.
끝	㉣ 팬 클럽 문화가 나아갈 길

① ㉠   ② ㉡

③ ㉢   ④ ㉣

━━ 정답 및 해설

6 구개음화에 대한 설명이다. 해돋이[해도지]
   ① 국민[궁민] ② 놓다[노타] ③ 견디다[견디다]

7 세대 간의 갈등은 팬 클럽 문화의 부정적인 모습이므로 '팬 클럽 문화의 긍정적인 모습'에 대한 내용으로 적절하지 않다.

🅐 6.④ 7.③

8 다음에서 건의하는 내용으로 적절한 것은?

> 존경하는 교장 선생님!
>
> 저는 1학년 2반 ○○○입니다. 우리 학생들을 위해 애쓰시는 교장 선생님께 항상 고마움을 느끼고 있습니다.
>
> 요즘 너무 덥습니다. 지난주부터 춘추복을 입어야 하는 기간으로 정해져서 하복을 입고 등교하면 선생님들께서는 지적을 하십니다.
>
> 하복과 춘추복의 혼용 기간을 두신 것은 좋습니다만, 기간도 너무 짧고 그나마도 그 기간이 끝나면 더위를 많이 타는 저 같은 학생들은 의무적으로 춘추복을 입어야만 해서 힘듭니다.
>
> 그러니까 혼용 기간이 아니더라도 계절과 상관없이 자기 체질에 맞게 교복을 입을 수 있게 해 주시든가, 교복혼용 기간을 더 늘려서 하복을 더 오래 입고 다닐 수 있게 허락해 주십시오.
>
> ○○○○년 ○월 ○일
○○중학교 ○○○ 올림

① 새로운 하복 구매 ② 교복의 디자인 변경
③ 교복 혼용 기간 연장 ④ 교복 물려주기 활성화

[9～11] 다음 글을 읽고 물음에 답하시오.

> 내 고장 칠월은
> 청포도가 익어 가는 시절.
>
> 이 마을 전설이 주저리주저리 열리고
> 먼 데 하늘 이 꿈꾸며 알알이 들어와 박혀,
>
>
> 하늘 밑 푸른 바다 가 가슴을 열고
> 흰 돛단배가 곱게 밀려서 오면,
>
> 내가 바라는 손님 은 고달픈 몸으로
> 청포를 입고 찾아온다고 했으니,

8 마지막 문단에 건의하는 내용이 구체적으로 나타나 있다.

답 8.③

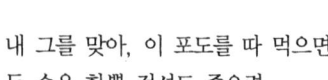

내 그를 맞아, 이 포도를 따 먹으면
두 손은 함뿍 적셔도 좋으련.

아이야, 우리 식탁엔 은쟁반 에
㉠ 하이얀 모시 수건을 마련해 두렴.

– 이육사, 「청포도」 –

9 윗글에 대한 설명으로 적절하지 <u>않은</u> 것은?

① 의태어를 사용하고 있다.
② 계절적 배경이 드러나 있다.
③ 화자의 소망이 드러나 있다.
④ 동일한 시행을 반복하고 있다.

10 [   ] 안의 시어 중, 화자가 기다리는 것은?

① 하늘   ② 바다
③ 손님   ④ 은쟁반

11 ㉠에 쓰인 심상과 같은 것은?

① 깔깔 소리 들리면   ② 붉은 산수유 열매
③ 밥 짓는 냄새 나면   ④ 가을바람은 산들바람

---

12 서구화된 식생활을 바라보는 글쓴이의 태도로 적절한 것은?

> 요즈음 우리네 식탁엔 점차 국물이 사라지고 있다. 걸어가면서 아침을 먹고, 차에 흔들리면서 점심을 먹어야 하는 바쁜 사람들이 많이 생겨서인가? 아니면, 개척 시대 미국 이주민의 생활이 부러워 그것을 흉내 내고 싶어서인가? 즉석요리, 즉석식품이 판을 치고 있는 세상이다.
> 내 아이들도 예외는 아니다. 생선은 굽고, 닭고기는 튀겨야 맛이 있다고 성화인 것만 보아도 그렇다. 나는 그 반대입장에 서서 국물이 있는 것으로 입맛을 챙기려 하니, 아내는 늘 지혜롭게 식탁을 꾸려 갈 수밖에 없다. 기다릴 줄을 모르고, 자기 욕심과 자기주장이 통할 때까지 고집을 피워대는 내 아이들의 모습을 보면서, 혹시 그런 성격이 서구화된 식탁 문화에서 빚어진 것이 아닌가 하는 걱정도 커진다.
>
> – 문형동, 「국물 이야기」 –

① 긍정적　　　　　　　　② 비판적
③ 수용적　　　　　　　　④ 예찬적

13 보조 자료를 활용하여 말할 때의 유의점으로 적절하지 <u>않은</u> 것은?

① 주제에 어긋난 자료를 다양하게 제시한다.
② 듣는 이의 수준을 고려한 자료를 제시한다.
③ 말하고자 하는 목적에 맞는 자료를 이용한다.
④ 내용을 이해하는 데 도움이 되는 자료를 이용한다.

━━ 정답 및 해설

12 국물이 사라지고 있는 식탁에 대해 반대적인 입장에서 서구화된 식생활을 비판하고 있다.

13 주제에 맞는 자료를 다양하게 제시해야 한다.

정답 12.② 13.①

[14 ~ 15] 다음 글을 읽고 물음에 답하시오.

읽기는 '글쓴이와 읽는 이의 생각과 느낌의 만남'이라고 한다. 이 말 속에서 우리는 '어떻게 읽을 것인가'에 대한 대답을 찾아볼 수 있다. 그 답은 바로 글쓴이의 생각을 파악하고 동시에 읽는 이의 생각과 느낌을 적극적으로 활용하는 것이다. 이 말을 좀 더 쉽게 풀어서 설명해 보자.

첫째로, 글을 잘 읽기 위해서는 글쓴이의 생각을 제대로 파악해야 한다. 이를 위해서 우선 글 내용을 정확히 파악해야 한다. 글 속에 담긴 중심 내용과 세부 내용을 구분하고, 이런 내용들이 어떻게 조직되어 있는지를 파악해야 하는 것이다. 다음으로, 글쓴이의 글쓰기 의도나 목적도 파악해야 한다.

[A] 몇 가지 예를 살펴보자. 의학이나 법률, 또는 과학 서적과 같이 정보성이 강한 글은 글 속에 제시된 정보를 정확히 파악하고 해석하면서 읽는 것이 좋다. 설득적 성격이 강한 광고문이나 주장하는 글은 그 속에 담긴 정보와 의도를 파악하고, 이를 비판적으로 받아들여야 한다. 그리고 정서적인 글은 그 안에 담긴 가치와 감동을 느끼며 읽으려고 노력해야 한다.

둘째로, 글을 잘 읽기 위해서는 읽는 이 스스로 자기의 지식과 경험을 되돌아보고, 이를 능동적이고 적극적으로 활용해야 한다. 읽는 이는 글쓴이가 언급하지 않고 남겨 둔 내용까지 추리하고 상상하며 읽어야 한다. 경우에 따라서는 자기 생각으로 글쓴이의 생각을 비판하고 대안도 제시할 수 있어야 한다.

— 최영환, 「읽기란 무엇인가」 —

14 윗글의 내용과 일치하지 <u>않는</u> 것은?

① 읽는 이의 지식과 경험을 활용하면 글을 잘 읽을 수 있다.
② 글을 잘 읽기 위해서는 글의 내용을 정확하게 파악해야 한다.
③ 정서 표현의 글은 가치와 감동을 느끼며 읽으려고 노력한다.
④ 글쓴이가 언급하지 않고 남겨 둔 내용은 추측하거나 상상하지 않는다.

15 [A]에 사용된 주된 내용 전개 방법은?

① 묘사   ② 예시
③ 인과   ④ 정의

▶▶ 정답 및 해설

14 글쓴이가 언급하지 않고 남겨 둔 내용까지 추리하고 상상하며 읽어야 한다.

15 예를 들어 설명하고 있다.
① 묘사 : 어떤 대상이나 사물, 현상 따위를 언어로 서술하거나 그림을 그려서 표현함.
③ 인과 : 원인과 결과.
④ 정의 : 어떤 말이나 사물의 뜻을 명백히 밝혀 규정함.

답 14.④ 15.②

길동이 점점 자라 여덟 살이 되자, 총명하기가 보통이 넘어 하나를 들으면 백 가지를 알 정도였다. 그래서 공(公)은 길동을 더욱 귀여워하면서도 길동의 출생이 천하여, 길동이 '아버지'나 '형' 하고 부를 때마다 즉시 꾸짖어 그렇게 부르지 못하게 하였다. 길동은 열 살이 넘도록 감히 호부호형(呼父呼兄)하지 못하고 종들로부터 천대받는 것을 뼈에 사무치도록 한탄하면서 마음 둘 바를 몰랐다.

어느 가을 9월 보름께가 되자, 달빛이 밝게 비치고 맑은 바람이 쓸쓸하게 불어와 사람의 마음을 울적하게 하였다. 길동은 서당에서 글을 읽다가 문득 책상을 밀치고 탄식하기를, "대장부가 세상에 나서 공맹*을 본받지 못할 바에야 차라리 병법(兵法)이라도 익혀, 대장인(大將印)을 허리춤에 비스듬히 차고 동정서벌하여 나라에 큰 공을 세우고 이름을 오래도록 빛내는 것이 장부의 통쾌한 일이 아니겠는가! 나는 어찌하여 이 한 몸 적막하여, 아버지와 형이 있는데도 아버지를 '아버지'라 부르지 못하고 형을 '형'이라고 부르지 못하니, 심장이 터질지라. 이 어찌 통탄할 일이 아니겠는가!"

하고, 뜰에 내려와 검술을 익히고 있었다.

그때 마침, 공이 또한 달빛을 구경하다가, 길동이 서성거리는 것을 보고 즉시 불러 물었다.

"너는 무슨 흥이 있어서 밤이 깊도록 잠을 자지 않느냐?"

길동이 공경하는 자세로 대답하였다.

"소인(小人)이 마침 달빛을 즐기는 중입니다. 그런데 만물이 생겨날 때부터 오직 사람이 귀한 존재인 줄 아옵니다. 그러나 소인에게는 귀함이 없사오니 어찌 사람이라 하겠습니까?"

공은 그 말의 뜻을 짐작은 했지만, 일부러 책망하며 말하였다.

"너 그게 무슨 말이냐?"

길동이 절하고 말씀드리기를

"소인이 평생 서러워하는 바는, 소인이 대감의 정기(精氣)를 받아 당당한 남자로 태어났고, 또 낳아서 길러 주신 어버이의 은혜를 입었는데도 아버지를 '아버지'라 못 하옵고 형을 '형'이라 못 하오니, 어찌 사람이라 하겠습니까?"

하고, 눈물을 흘리며 적삼을 적셨다.

– 허균, 「홍길동전」 –

* 공맹 : 공자와 맹자, 또는 그들의 학문.

16 윗글에 대한 설명으로 적절한 것은?

① 동물을 의인화한 우화 소설이다.
② 시대의 현실을 반영한 사회 소설이다.
③ 여성을 주인공으로 한 한문 소설이다.
④ 남녀 간의 사랑을 다룬 애정 소설이다.

17 '길동'이 갈등하는 이유로 적절한 것은?

① 출생이 천하여 호부호형하지 못한다.
② 검술 실력이 부족하여 인정받지 못한다.
③ 어머니의 사랑에 보답하지 못하고 있다.
④ 글 읽는 것을 아버지가 허락하지 않는다.

18 윗글에 나타난 시대적 상황이 <u>아닌</u> 것은?

① 신분의 차별이 있었다.
② 문인보다 무인이 대우를 받았다.
③ 종을 거느리고 사는 집이 있었다.
④ 나라에 공을 세우는 것을 가치 있게 여겼다.

━━ 정답 및 해설

16 적서차별하는 시대의 현실을 반영한다.

17 "아버지를 '아버지'라 못 하옵고 형을 '형'이라 못 하오니, 어찌 사람이라 하겠습니까?"에서 잘 나타나있다.

18 공맹을 본받지 못할 바에야 차라리 병법이라도 익히자는 것이지, 문인보다 무인이 대우를 받는 시대적 상황은 아니다.

🖐 16.② 17.① 18.②

[19 ~ 20] 다음 글을 읽고 물음에 답하시오.

어떤 일요일날, 그렇지요, 그것은 유치원 방학(放學)하고 난 그 이튿날이었어요. 그날 어머니는 갑자기 머리가 아프시다고 예배당에를 그만두었습니다. 사랑에서는 아저씨도 어디 나가고 외삼촌도 나가고 집에는 어머니와 나와 단둘이 있었는데, 머리가 아프다고 누워 계시던 어머니가 갑자기 나를 부르시더니,

"옥희야, 너 아빠가 보고 싶니?"

하고 물으십니다.

"응, 우리도 아빠 하나 있으면."

나는 혀를 까불고 어리광을 좀 부려 가면서 대답을 했습니다. 한참 동안을 어머니는 아무 말씀도 아니 하시고 천장만 바라보시더니,

[A] "옥희야, 옥희 아버지는 옥희가 세상에 나오기도 전에 돌아가셨단다. 옥희도 아빠가 없는 건 아니지. 그저 일찍 돌아가셨지. 옥희가 이제 아버지를 새로 또 가지면 세상이 욕을 한단다. 옥희는 아직 철이 없어서 모르지만 세상이 욕을 한단다. 사람들이 욕을 해. '옥희 어머니는 화냥년이다.' 이러고 세상이 욕을 해. '옥희 아버지는 죽었는데 옥희는 아버지가 또 하나 생겼대. 참 망측도 하지.' 이러고 세상이 욕을 한단다. 그리되면 옥희는 언제나 손가락질받고. 옥희는 커도 시집도 훌륭한 데 못 가고, 옥희가 공부를 해서 훌륭하게 돼도, '에, 그까짓 화냥년의 딸.'이라고 남들이 욕을 한단다."

이렇게 어머니는 혼잣말하시듯 드문드문 말씀하셨습니다.

– 주요섭, 「사랑손님과 어머니」 –

19 윗글의 서술자에 대한 설명으로 적절한 것은?

① 외삼촌이 옥희 어머니의 행동을 묘사하고 있다.
② 아저씨가 옥희의 행동을 객관적으로 서술하고 있다.
③ 옥희 어머니가 외삼촌의 과거를 요약하여 전달하고 있다.
④ 옥희인 내가 자신과 자신을 둘러싼 인물들의 말과 행동을 서술하고 있다.

▬▬ 정답 및 해설

19 주요섭의 「사랑손님과 어머니」는 1인칭 관찰자 시점으로 옥희가 주변인물들의 말과 행동을 서술하고 있다.

정답 19.④

20 [A]에 나타난 옥희 어머니의 상황을 〈보기〉에서 고른 것은?

〈 보기〉

㉠ 재혼으로 받게 될 세상의 비판을 걱정하고 있다.
㉡ 재혼이 옥희의 장래에 미칠 영향을 염려하고 있다.
㉢ 재혼을 반대하는 옥희에게 섭섭함을 드러내고 있다.
㉣ 아저씨에게 반감을 가지고 있는 옥희를 나무라고 있다.

① ㉠, ㉡   ② ㉠, ㉢
③ ㉡, ㉣   ④ ㉢, ㉣

[21 ~ 23] 다음 글을 읽고 물음에 답하시오.

(가) 신문은 마땅히 윤 의사를 규탄하는 보도를 하지 않을 수 없게 될 것이다. 그러나 이러한 보도가 사건을 정확히 알리는 보도가 될 수 없다는 것은 분명하다. 윤 의사의 의거 활동은 우선 역사적으로 이해하지 않으면 안 된다. 일본이 한국을 식민지로 삼고 있으며, 식민지 제도라는 것이 인류 역사상 ㉠ 배격돼야 할 옛날의 제도라는 판단이 앞서야 한다.

(나) 윤 의사의 폭탄 ㉡ 투척을 정확히 이해하기 위해서는 이 사건에 이 같은 수많은 사실이 횡적으로 종적으로 얽혀 있다는 점을 우선 알아야 한다. 한 사건을 정확히 보도하는 데 만약 이와 같은 풍부한 지식이 필요하다면, 어떤 의미에서는 주관적 보도라고 하지 않을 수 없다. 정확한 보도를 하기 위해서는 고도의 사회 과학적 소양과 문화적, 철학적 소양이 필요하다.

(다) 신문이 진실을 보도해야 한다는 것은 새삼스러운 설명이 필요 없는 당연한 이야기다. 정확한 보도를 하기 위해서는 문제를 전체적으로 보아야 하고, 역사적으로 새로운 가치의 편에서 보아야 하며, 무엇이 ㉢ 근거이고, 무엇이 조건인가를 명확히 해야 한다고 했다. 또, 훌륭한 의미에서의 주관성을 가져야 한다고 했다. 그런데 이러한 준칙을 강조하는 것은 기자들의 기사 작성 기술이 미숙하기 때문이 아니라, 이해관계에 따라 특정 보도의 내용이 달라지기 때문이다. 자신들에게 유리하도록 기사가 보도되게 하려는 외부 세력이 있으므로 진실 보도는 일반적으로 수난의 길을 걷게 마련이다. 양심적이고자 하는 언론인이 때로 ㉣ 형극의 길과 고독의 길을 걸어야 하는 이유가 여기에 있다.

– 송건호, 「신문과 진실」 –

20 옥희가 아버지를 새로 또 가지면 세상이 욕을 한다는 부분에서 알 수 있다.

답 20.①

21 윗글을 읽는 방법으로 적절하지 <u>않은</u> 것은?

① 사실과 의견을 구별하며 읽는다.

② 의견이 논리적으로 일관성이 있는지 살핀다.

③ 주장에 대한 이유가 타당한지 파악하며 읽는다.

④ 인물 간의 갈등 해결에 초점을 맞추어 읽는다.

22 윗글의 중심 내용으로 가장 적절한 것은?

① 신문의 역사

② 윤 의사 의거의 역사적 진실

③ 신문 보도와 방송 보도의 차이점

④ 진실 보도를 위해 언론이 나아갈 길

23 ㉠ ~ ㉣의 뜻풀이로 옳지 <u>않은</u> 것은?

① ㉠ 배격(排擊) : 남의 사상이나 의견 등을 싫어하여 물리침.

② ㉡ 투척(投擲) : 돌 따위의 물건을 힘껏 멀리 던짐.

③ ㉢ 근거(根據) : 자기의 학설이나 의견을 굳게 내세움.

④ ㉣ 형극(荊棘) : 고난이나 장애 따위를 비유하여 이르는 말.

▬▬ 정답 및 해설

21 윗글은 논설문이다. ④는 소설을 읽는 방법이다.

22 (다)에서 중심 내용이 나타나 있다.

23 근거(根據) : 어떤 일이나 의논, 의견에 그 근본이 됨. 또는 그런 까닭.

답 21.④ 22.④ 23.③

한 무리의 등장인물들이 '오아시스 세탁소 사건 진상 규명하라!'라는 팻말을 들고 나온다. 자신의 몸을 붕대로 감고, 두르고, 목발을 짚는 등 각양각색의 모습으로 세탁소 앞에 죽 나와 선다. 그들 앞에 서는 두 사람, 세탁소의 주인 강태국과 그의 부인 장민숙이다.

장민숙 (남편이 말하기를 기다리다 못해) 애들 아버지예요. 이 오아시스 세탁소 사, (사장이라기 뭐해서) 주인이에요.

강태국 으흠, 저…….

장민숙 (답답하여) 어디 일 저지를 사람으로 보여요?

강태국 (괜한 기침) 어험.

장민숙 (또 기다리다가) 보시면 알겠지만, 법 없이도 살 사람이에요.

강태국 (뭔가 말하려) 함…….

장민숙 (어쩔 수 없다는 듯) 저 오아시스 세탁소만 저 자리에서 30년이에요. 그것도 아버님 대를 이어서 하니까 아버님 대까지 치면 반백 년인데 그게 인간성이 나쁘면 안 되는 거거든요. (가속이 붙어서) 아니, 동네 사람 길을 막고 물어봐도 다 안다니까요. 이 동네에서 이 사람 신세 안 지고 산 사람 없고…….

강태국 (자기도 말하게 하라고 헛기침) 컹컹.

장민숙 (강태국의 이야기를 들은 척 만 척) 평생 딴눈 한 번 안 주고 죽으나 사나 딴 자리로 어디 왼짝 발끝도 한번 안 움직였어요. 어찌나 세탁 일에 일구월심(日久月深)인지 빨래로 박사 준다면 이 사람이 빨래 박사예요. 진짜 빨래 귀신이 따로 없는 게 그냥 옷만 보고도 그 사람을 다 알아 버린다니까요. 정말로 그럴 사람이 진짜 아닌데 그날은 그랬어요. 정말 딴 사람인 줄 알았다니까요, 미친 줄 알았어요. (관객에게)미쳐서 한 일도 책임을 져야 하나요?

- 김정숙, 「오아시스 세탁소 습격 사건」 -

24 위와 같은 희곡의 특성으로 알맞지 <u>않은</u> 것은?

① 영화를 만들기 위하여 쓴 대본이다.

② 대사와 지시문으로 사건이 전개된다.

③ 무대에서 공연하는 것을 목적으로 한다.

④ 시간과 공간, 등장인물의 수에 제한을 받는다.

25 '장민숙'의 심리 상태로 적절한 것은?

① 남편의 건강이 좋지 않아 걱정한다.

② 사람들의 집단행동에 대해 공감한다.

③ 사람들이 남편을 오해해서 답답해한다.

④ 자신의 잘못이 밝혀지는 것을 두려워한다.

▆▆▶ 정답 및 해설

24 영화를 만들기 위하여 쓴 대본은 시나리오이다.

25 사람들이 남편을 오해해서 사람들 앞에서 남편이 어떤 사람인지 설명하고 있다.

답 24.① 25.③

1 $x = 2,\ y = -3$일 때, $-3x + 4y$의 값은?

① -18 ② -15

③ 6 ④ 17

2 36을 소인수분해하면 $2^a \times 3^b$이다. 이때, $a + b$의 값은?

① 2 ② 3

③ 4 ④ 5

3 〈보기〉의 수를 작은 것부터 차례로 나열할 때, 두 번째 수와 네 번째 수의 합은?

〈보기〉
$-7,\quad 5,\quad 0,\quad -3,\quad 4$

① -3 ② 1

③ 2 ④ 3

▶ 정답 및 해설

1 $-3(2) + 4(-3) = -18$

2 $36 = 2^2 \times 3^2$
$a + b = 2 + 2 = 4$

3 $-7,\ -3,\ 0,\ 4,\ 5$
두 번째 수와 네 번째 수를 합하면 $(-3) + 4 = 1$

답 1.① 2.③ 3.②

4 일차방정식 $4x - 3 = 3x + 1$을 풀면?

① $x = 1$　　　　　　　　　② $x = 2$

③ $x = 3$　　　　　　　　　④ $x = 4$

5 한 자루에 200원인 연필 몇 자루와 2000원짜리 필통 1개를 사려고 할 때, 전체의 값이 3200원이 되도록 하려면 사야 할 연필의 개수는?

① 5자루　　　　　　　　　② 6자루

③ 7자루　　　　　　　　　④ 8자루

6 그림은 극장에서 상영 중인 영화의 상영 시간을 조사하여 나타낸 히스토그램이다. 상영 시간이 100분 미만인 영화의 편수는?

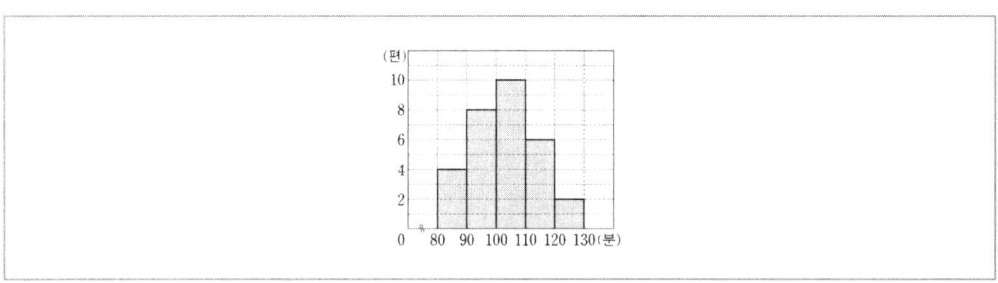

① 10편　　　　　　　　　② 12편

③ 18편　　　　　　　　　④ 22편

➡ 정답 및 해설

4 $4x - 3x = 1 + 3$
　　$\therefore x = 4$

5 $200x + 2000 = 3200$
　　$200x = 1200$
　　$\therefore x = 6$

6 80~90분이 4편이고, 90~100분이 8편이므로 12편이다.

답 4.④ 5.② 6.②

7 원에서 $\angle AOB = 50°$, $\angle COD = 150°$, $\overset{\frown}{AB} = 4\text{cm}$일 때, $\overset{\frown}{CD}$의 길이 x는?

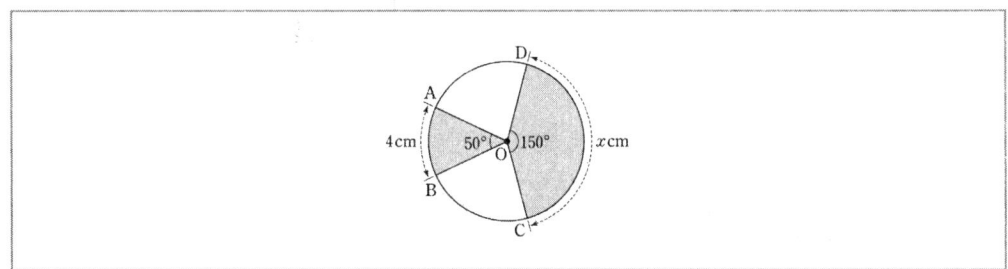

① 6

② 8

③ 10

④ 12

8 $3x^5 \times 4x^2$을 간단히 하면?

① $7x^7$

② $7x^{10}$

③ $12x^7$

④ $12x^{10}$

9 $a < b$일 때, □ 안에 알맞은 부등호의 방향이 나머지 셋과 <u>다른</u> 것은?

① $a+2 \,\square\, b+2$

② $a-3 \,\square\, b-3$

③ $a \times 4 \,\square\, b \times 4$

④ $a \div (-5) \,\square\, b \div (-5)$

■■ 정답 및 해설

7 원주각의 크기와 호의 길이는 정비례하므로
$50 : 150 = 4 : x$
$50x = 600$
$x = 12$

8 $3x^5 \times 4x^2 = 12x^7$

9 $a \div (-5) > b \div (-5)$

답 7.④ 8.③ 9.④

188 중졸검정고시 기출문제 정복하기

10 그림과 같이 상의 3가지와 하의 2가지를 짝 지어 입으려고 한다. 짝 지어 입을 수 있는 경우의 수는 모두 몇 가지인가?

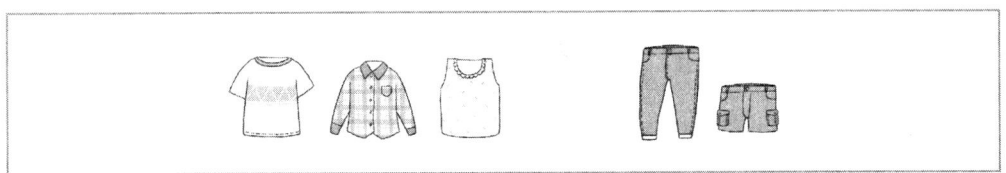

① 5가지　　　　　　　　　　　　② 6가지

③ 7가지　　　　　　　　　　　　④ 8가지

11 그림과 같은 이등변삼각형 ABC에서 ∠ACD=80°일 때, ∠B의 크기 x는? (단, $\overline{CA}=\overline{CB}$)

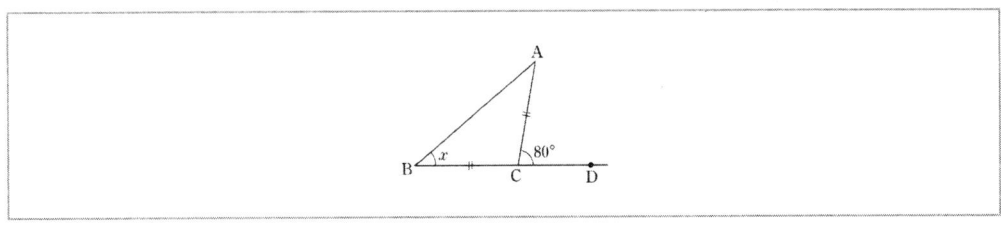

① 30°　　　　　　　　　　　　② 35°

③ 40°　　　　　　　　　　　　④ 45°

정답 및 해설

10 상의의 종류 3가지×하의의 종류 2가지=6가지 경우의 수가 나온다.

11 삼각형의 한 외각의 크기는 이웃하지 않는 두 내각의 합과 같으므로 ∠A+∠B=80°
그리고 ∠A=∠B이므로, $x=40°$

답 10.② 11.③

12 〈보기〉에서 옳은 것만을 모두 고른 것은?

〈보기〉
ㄱ 평행사변형은 정사각형이다.
ㄴ 이등변삼각형은 두 변의 길이가 같다.
ㄷ 삼각형의 세 내각의 크기의 합은 180°이다.
ㄹ 세 각의 크기가 같은 삼각형은 정삼각형이다.

① ㄱ, ㄹ
② ㄴ, ㄷ
③ ㄴ, ㄷ, ㄹ
④ ㄱ, ㄴ, ㄷ, ㄹ

13 그림에서 원 O의 넓이는 $3\pi \text{cm}^2$이고, 원 O와 원 O′의 닮음비가 1 : 2일 때, 원 O′의 넓이는?

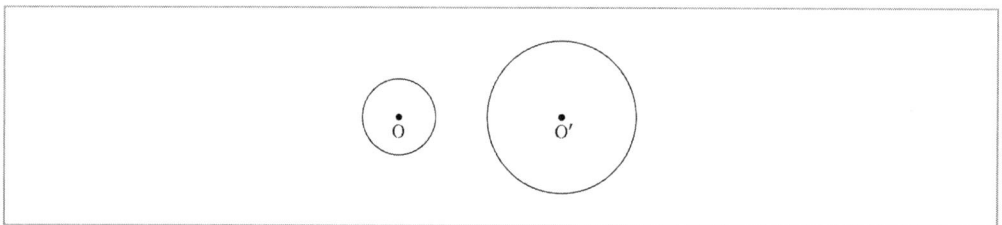

① $6\pi \text{cm}^2$
② $9\pi \text{cm}^2$
③ $12\pi \text{cm}^2$
④ $15\pi \text{cm}^2$

■■▶ 정답 및 해설

12 평행사변형은 마주 보는 두 쌍의 변이 서로 평행인 사각형이다.

13 원 닮음비가 1 : 2일 때, 원 넓이비는 1 : 4이다.
　　O′의 넓이를 x라 할 때, 1 : 4 = 3 : x
　　∴ $x = 12$

답 12.③ 13.③

14 그림과 같은 정사각형 모양의 타일 넓이가 $8\,\text{cm}^2$일 때, 이 타일의 한 변의 길이는?

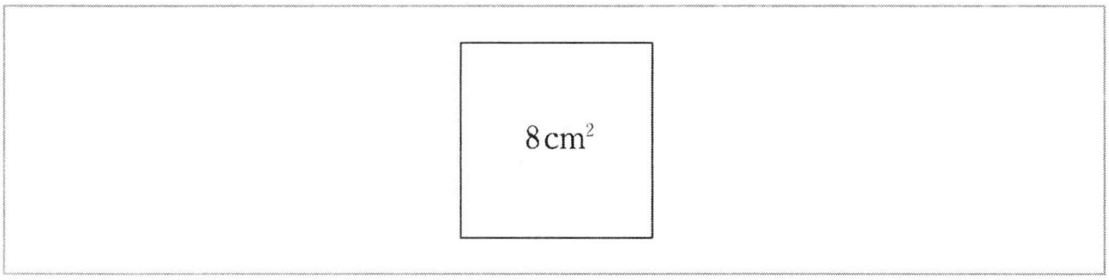

$$8\,\text{cm}^2$$

① $\sqrt{3}\,\text{cm}$　　　　　② $2\sqrt{2}\,\text{cm}$

③ $2\sqrt{3}\,\text{cm}$　　　　　④ $3\sqrt{2}\,\text{cm}$

15 $x^2 + 2x - 8$을 인수분해하면?

① $(x-2)(x+4)$　　　　② $(x-2)(x-4)$

③ $(x+2)(x-4)$　　　　④ $(x+2)(x+4)$

16 이차방정식 $(x+1)(x-3) = 0$의 두 근을 m, n이라 할 때, $m^2 + n^2$의 값은?

① 2　　　　　　② 4

③ 8　　　　　　④ 10

■■▶ 정답 및 해설

14 정사각형 넓이=한 변 길이의 제곱
한 변 길이를 x라 할 때, $x^2 = 8$
∴ $x = 2\sqrt{2}$

15 $x^2 + 2x - 8 = (x-2)(x+4)$

16 $m = -1$, $n = 3$
$m^2 + n^2 = 1 + 9 = 10$

답 14.② 15.① 16.④

17 이차함수 $y = x^2$의 그래프를 x축의 방향으로 2만큼, y축의 방향으로 −1만큼 평행이동한 그래프가 그림과 같을 때, 이 이차함수의 식은?

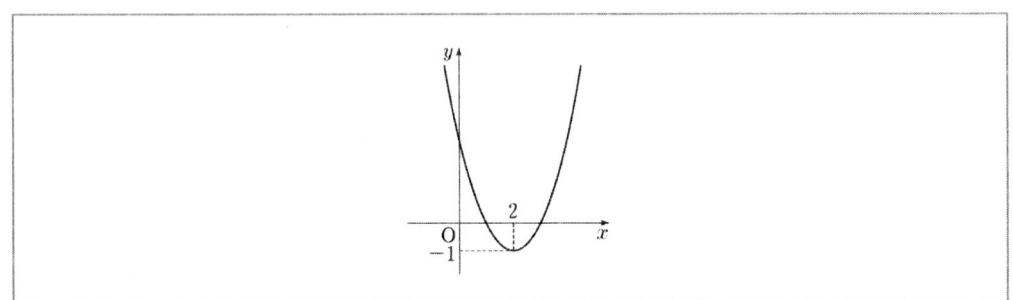

① $y = (x-2)^2 - 1$ ② $y = (x-2)^2 + 2$

③ $y = (x+2)^2 - 2$ ④ $y = (x+2)^2 - 1$

18 그림에서 $x + y$의 값은?

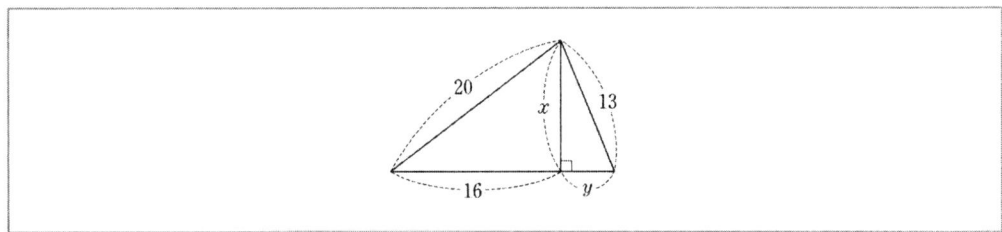

① 14   ② 15

③ 16   ④ 17

■■▶ 정답 및 해설

17 이차함수 $y = ax^2$을 x축 방향으로 p만큼, y축 방향으로 q만큼 평행이동하면
$y = a(x-p)^2 + q$가 된다.

18 $20^2 = 16(16+y)$, $x^2 = 16y$, $13^2 = y(y+16)$
$16y = 144$ 이므로 $x^2 = 144$
∴ $x = 12$
$169 = y^2 + 16y$ 이므로 $y^2 = 25$
∴ $y = 5$
∴ $x + y = 17$

🅐 17.① 18.④

19 그림과 같이 원의 두 현 AB, CD가 원 내부의 점 P에서 만날 때, 선분 PC의 길이 x는? (단, $\overline{PC} = \overline{PD}$)

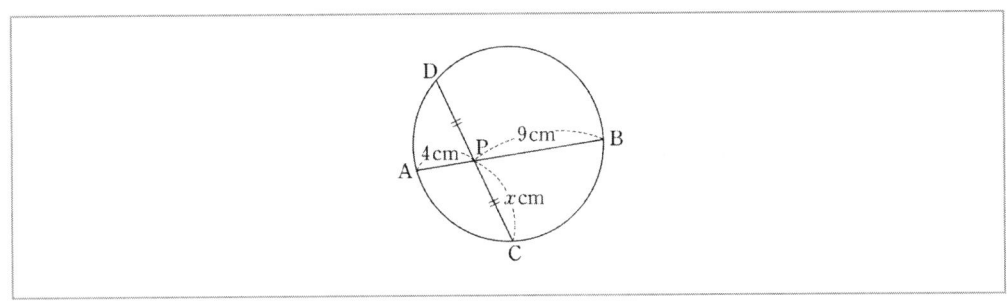

① 6

② 7

③ 8

④ 9

20 ∠C=90°인 직각삼각형 ABC에서 tanB의 값은?

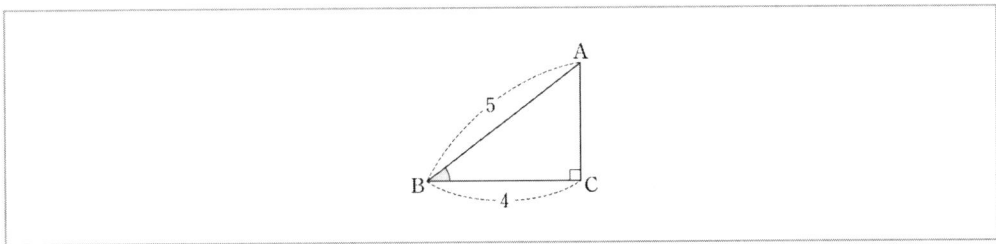

① $\dfrac{3}{5}$

② $\dfrac{3}{4}$

③ $\dfrac{4}{5}$

④ 1

━━━ 정답 및 해설

19 현의 성질에 의해 $x^2 = 9 \times 4 = 36$

$\therefore x = 6$

20 $\tan B = \dfrac{\overline{AC}}{\overline{BC}}$

피타고라스 정리에 따라서 $\overline{AC}^2 + 4^2 = 5^2$

$\overline{AC} = 3$이므로 $\tan B = \dfrac{3}{4}$

답 19.① 20.②

1 다음 단어들을 모두 포괄할 수 있는 것은?

red blue black yellow

① job
② color
③ sport
④ animal

2 두 단어의 관계가 나머지 셋과 다른 것은?

① clean – dirty
② old – young
③ tall – short
④ wise – smart

3 빈칸에 공통으로 들어갈 말로 알맞은 것은?

• Thank you _____ your help.
• Regular exercise will be good _____ your health.

① of
② in
③ on
④ for

▶ 정답 및 해설

1 ① 직업 ② 색깔 ③ 운동 ④ 동물

2 ① 깨끗한 – 더러운
② 늙은 – 젊은
③ (키가) 큰 – 작은
④ 현명한 – 똑똑한

3 「• 당신의 도움에 감사드립니다.
• 규칙적인 운동은 당신의 건강에 좋을 것입니다.」

답 1.② 2.④ 3.④

4 각 도시의 날씨에 대한 설명으로 옳지 <u>않은</u> 것은?

Seoul	Paris	Madrid	New York

① It's cloudy in Seoul.　　② It's rainy in Paris.

③ It's rainy in Madrid.　　④ It's snowy in New York.

5 대화에 나타난 B의 심정으로 가장 알맞은 것은?

> A : You look happy. What happened?
> B : I won the first prize in the contest.

① 기쁨　　　　　　　② 두려움

③ 우울함　　　　　　④ 속상함

6 대화가 자연스럽지 <u>않은</u> 것은?

① A : How are you doing?

　　 B : I'm pretty good.

② A : What day is it today?

　　 B : It's Monday.

③ A : What time shall we meet?

　　 B : At the bus stop.

④ A : Why are you late for school?

　　 B : Because I missed the bus.

7 대화가 이루어지는 장소로 가장 알맞은 것은?

A : May I take your order?

B : Yes, I'd like one chicken sandwich.

A : For here or to go?

B : To go, please.

① 은행　　　　　　　　　 ② 식당

③ 경찰서　　　　　　　　 ④ 세탁소

---

6 ① A : 잘 지내니?

　　 B : 응. 나는 잘 지내.

② A : 오늘 무슨 요일이지?

　　 B : 월요일이야

③ A : 우리 몇 시에 만나?

　　 B : 버스 정류장에서.

④ A : 너 학교에 왜 늦었니?

　　 B : 왜냐하면, 버스를 놓쳤거든

7 「A : 주문 도와드릴까요?

B : 네, 치킨 샌드위치 하나요.

A : 여기서 드시나요, 아니면 포장이신가요?

B : 포장해주세요.」

답 6.③ 7.②

8 대화에서 밑줄 친 말의 의도로 가장 알맞은 것은?

> A : Can you join us?
>
> B : <u>I'm sorry, I can't</u>. I'm busy.

① 칭찬   ② 명령

③ 제안   ④ 거절

9 대화에서 두 사람의 관계로 가장 알맞은 것은?

> A : May I help you, sir?
>
> B : I'd like to send this letter and I need ten stamps.
>
> A : Okay. Here you are.

① 교통 경찰 – 시민

② 우체국 직원 – 고객

③ 버스 기사 – 승객

④ 도서관 사서 – 학생

10 다음에서 설명하는 동작을 잘 나타낸 그림은?

Stand up. Put your hands on the table.

①

②

③

④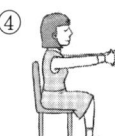

11 대화의 빈칸에 알맞은 것은?

A : _____?
B : It usually takes 20 minutes.

① What time is it
② How old are you
③ What's your hobby
④ How long does it take

12 대화의 빈칸에 들어갈 말로 가장 알맞은 것은?

> A : Where did you go last weekend?
> B : I _____ to the zoo with my family.

① go

② goes

③ went

④ will go

13 두 문장을 한 문장으로 연결할 때 빈칸에 알맞은 것은?

> • There is a dog.
> • The dog is drinking water.
> ⇒ There is a dog _____ is drinking water.

① how

② when

③ what

④ which

12 'Go'의 과거형인 'Went'가 정답이다.
「A : 지난 주말에 어딜 갔었어?
B : 난 가족들과 동물원에 갔었어.」

13 문장과 문장을 이어주는 관계사 문제이다. Dog가 선행사로 쓰이고 있고 뒤에 나오는 is drinking water가
dog를 꾸며주므로 두 문장을 잇는 which가 정답이 된다.
「• 저기에 개가 있다.
• 개는 물을 마시고 있다.
→ 저기에 물을 마시고 있는 개가 있다.」

정답 12.③ 13.④

14 다음 상황을 적절하게 표현한 것은?

① She is reading a book.
② She is playing football.
③ She is taking a shower.
④ She is painting a picture.

15 B의 응답으로 적절하지 <u>않은</u> 것은?

A : Hello. May I speak to Tony?
B : _____

① Yes, this is he.
② Sorry, he's not in.
③ Can I leave a message?
④ Speaking. Who's calling?

▶▶ 정답 및 해설

14 ① 그녀는 책을 읽고 있다.
② 그녀는 축구를 하고 있다.
③ 그녀는 샤워중이다.
④ 그녀는 그림을 그리고 있다.

15 ① 네. 저에요.
② 죄송하지만 그는 지금 부재중이에요.
③ 메시지를 남길 수 있나요?
④ 네. 누구세요?
「A : 여보세요. 토니랑 통화할 수 있나요?
B : _____ 」

답 14.④ 15.③

16 밑줄 친 부분과 관계 깊은 우리말 속담은?

> A : There's a proverb, "Two heads are better than one."
> B : What does that mean?
> A : It means that working together makes things easier.

① 백지장도 맞들면 낫다.
② 소 잃고 외양간 고친다.
③ 쥐구멍에도 볕 들 날 있다.
④ 낫 놓고 기역자도 모른다.

17 다음 안내판에서 알 수 없는 것은?

> Pine Art Museum
> Opening Hours   − 09 : 00~18 : 00
> Ticket   − $ 10
> Nearest Station − Pine Station
> ☎ 000) 123 − 4567

① 휴관일   ② 입장료
③ 전화번호   ④ 개방 시간

18 글의 주제로 알맞은 것은?

> Sports are important for your health and mind. Playing sports can make your body strong. Also, you can learn how to work with other people by playing team sports.

① 음식의 유래 ② 운동의 중요성
③ 키 크는 음식 ④ 달리기의 종류

19 빈칸에 들어갈 말로 알맞은 것은?

> Get up early, _____ you'll be late for class.
> (일찍 일어나라, 그렇지 않으면 수업에 늦을 거야.)

① or ② if
③ so ④ and

20 글의 흐름으로 보아, 주어진 문장이 들어가기에 가장 알맞은 곳은?

> So she saved money for them.

> (①) She wanted to help poor people. (②) With that money, she opened schools to teach them. (③) She also opened hospitals to take care of them. (④)

▶▶▶ 정답 및 해설

18 「운동은 당신의 건강과 정신을 위해 중요하다. 운동을 하는 것은 당신의 몸을 튼튼하게 만들 수 있다. 또한, 당신은 단체 운동을 함으로써 어떻게 다른 사람과 일하는지 배울 수 있다.」

19 '그렇지 않으면'이라는 뜻을 가진 'or'가 정답이다.

20 「그녀는 불쌍한 사람들을 돕길 원했다. 그래서 그들을 위해 저금을 했다. 그 돈으로, 그녀는 그들을 가르치기 위한 학교를 열었다. 그녀는 또한 그들을 돌볼 병원도 열었다.」

답 18.② 19.① 20.②

21 빈칸에 가장 알맞은 것은?

> Tourism brings money into a country. And it provides jobs for many people. _____,
> tourism isn't always good. It can damage natural areas and local cultures.
>
>   * tourism : 관광사업

① Therefore   ② In short

③ For example   ④ However

22 빈칸에 가장 알맞은 것은?

> I'll tell you the _____ for this place. First, you must clean your room. Second, you
> must not eat food in the room. Are there any questions?

① rules   ② trees

③ games   ④ reasons

▨▨▶ 정답 및 해설

21 앞 문맥에서는 관광의 좋은 점과 뒤에서는 나쁜 점이 나오므로 대조의 접속사인 ④번이 정답이다.
   ① 그러므로
   ② 요약하면
   ③ 예를 들면
   「관광사업은 나라에 많은 돈을 가져다준다. 그리고 그것은 많은 사람들에게 일자리를 제공한다. 그러나, 관광사업이
   언제나 좋은 것만은 아니다. 관광은 자연적인 공간과 지역의 문화를 손상시킬 수 있다.」

22 ① 규칙
   ② 나무
   ③ 게임
   ④ 이유
   「나는 이곳의 규칙들을 알려주려고 해. 우선, 너는 반드시 방을 깨끗하게 치워야해. 둘째로, 방에서는 음식을 먹어서
   는 안 돼. 질문이 있니?」

                                                 🄰 21.④ 22.①

23 글의 주장으로 가장 알맞은 것은?

> Forests are very important to us. They give us fresh air. We can take a deep breath of fresh air in the forests. So, we should take care of them.

① 숲을 보호하자.
② 물을 아껴 쓰자.
③ 환기를 자주 시키자.
④ 대중교통을 이용하자.

24 글을 읽고 알 수 <u>없는</u> 것은?

> My name is Inho. I'm thirteen. I'm a middle school student. My favorite subject is English. I like playing soccer. There are five people in my family.

① 나이
② 가족 수
③ 살고 있는 도시
④ 좋아하는 운동

23 take care of 돌보다, 처리하다
「숲은 우리에게 매우 중요하다. 숲은 우리에게 신선한 공기를 준다. 우리는 숲에서 신선한 공기를 깊게 들이마실 수 있다. 그래서, 우리는 그들을 돌봐야만 한다.」

24 살고 있는 도시에 대해서는 언급이 되어 있지 않다.
「내 이름은 인호야. 난 13살이고 중학생이야. 내가 제일 좋아하는 과목은 영어야. 난 축구하는 것을 좋아해. 그리고 우리가족은 5명이야.」

답 23.① 24.③

25 글의 목적으로 알맞은 것은?

> I usually start my homework late at night. But I'm not a night person. So I often feel sleepy and tired. What should I do? I need your advice.

① 가입 요청

② 감사 표현

③ 조언 요청

④ 파티 초대

▬▶ 정답 및 해설

25 night person 저녁형 인간(↔ morning person 아침형 인간)　advice 충고, 조언
「저는 종종 숙제를 늦은 밤에 시작하는데요. 그러나 저녁형 인간은 아니에요. 그래서 저는 자주 졸음을 느끼고 피곤해합니다. 어떡해야 할까요? 충고가 필요해요.」

답 25.③

1 다음 설명에 해당하는 지역은?

• 화산 지형, 독특한 풍속 등을 이용한 관광 산업 발달
• 2006년 특별자치도로 출범

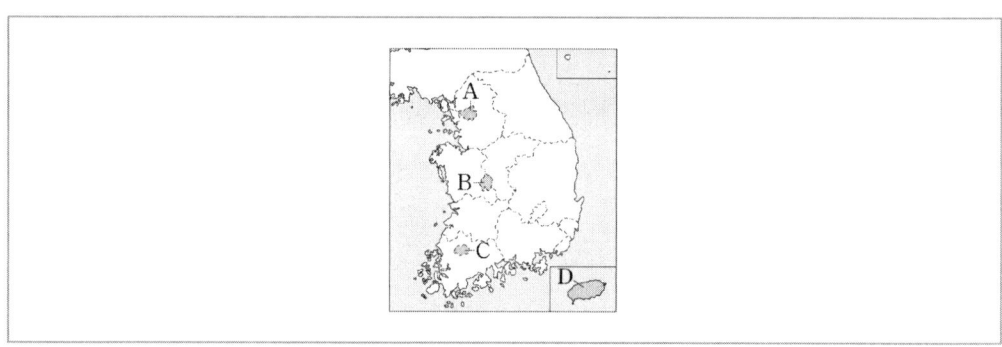

① A
② B
③ C
④ D

2 지도에 대한 설명으로 옳지 <u>않은</u> 것은?

① 지표면의 지리적 현상을 약속된 기호로 나타낸다.
② 방위 표시가 없을 때 지도의 아래쪽을 북쪽으로 한다.
③ 지표의 높낮이는 등고선, 색깔 등을 이용하여 나타낸다.
④ 축척을 이용하여 실제 거리를 일정 비율로 줄여 나타낸다.

━━ 정답 및 해설

1 제주도는 우리나라 서남해 쪽에 있는 가장 큰 화산섬으로 1946년에 전라남도에서 분리되어 도(道)로 승격하였고 2006년에 제주특별자치도 설치 및 국제 자유 도시 조성을 위한 특별법에 의하여 도에서 제주특별자치도로 승격하였다. 목축업, 농업, 임업, 수산업, 관광 사업이 발달하였으며 해녀와 말이 유명하다.

2 방위 표시가 없을 때 지도의 위쪽을 북쪽으로 한다.

🔵 1.④ 2.②

3 다음에서 설명하는 것은?

> • 중심 도시의 주거 · 공업 · 행정 기능의 일부를 분담
> • 서울 주변의 성남, 안산 등이 해당

① 광업도시   ② 위성도시
③ 국제도시   ④ 세계도시

4 ㉠과 ㉡에 들어갈 말을 알맞게 짝 지은 것은?

> (㉠)은 늦봄에서 초여름 사이에 영동 지방에서 태백산맥을 넘어 영서 지방으로 부는 바람이다. 이 바람이 오랫동안 지속되면 영서 지방은 (㉡)의 피해를 입는다.

	㉠	㉡			㉠	㉡
①	편서풍	홍수		②	편서풍	가뭄
③	높새바람	홍수		④	높새바람	가뭄

5 다음에서 설명하는 지형은?

> • 밀물 때는 잠기고 썰물 때는 드러나는 지형
> • 자정 작용을 하며 다양한 염생 식물이 서식

① 갯벌   ② 선상지
③ 화구호   ④ 석회동굴

━━━ 정답 및 해설

3 위성도시는 대도시 주변에 있으면서 대도시 기능의 일부를 분담하여 대도시와 밀접한 관계를 가지고 발달하는 도시를 말한다.

4 • 높새바람은 늦은 봄에서 초여름 사이에 태백산맥을 넘어 서쪽으로 불어내리면서 푄현상을 일으켜 고온 건조하기 때문에 영서 지방은 가뭄의 피해를 입는다.
   • 편서풍 : 남반구와 북반구의 중위도 지역에 나타나는, 일 년 내내 서쪽에서 동쪽으로 부는 바람.

5 갯벌은 밀물과 썰물이 항상 드나들기 때문에 산소가 풍부하고 유기물이 많아서 다양한 종류의 생물이 서식한다.
   ② 선상지 : 강에 의해 운반된 자갈이나 모래가 퇴적되어 만들어진 부채 모양의 지형
   ③ 화구호 : 화산의 분화구에 물이 괸 호수
   ④ 석회동굴 : 석회암 지층 밑에서 물리적인 작용과 화학적 작용에 의하여 이루어진 동굴

답 3.②   4.④   5.①

6 (가)에 들어갈 말로 옳은 것은?

① 세계화 ② 역도시화
③ 이촌 향도 ④ 인구 공동화

7 다음에서 설명하는 식량 자원은?

- 세계 3대 식량 작물 중 하나이다.
- 미국, 캐나다, 오스트레일리아 등이 주요 생산지이다.
- 생산지와 소비지가 달라 국제적 이동량이 많다.

① 밀 ② 귀리
③ 감자 ④ 보리

▶▶ 정답 및 해설

6 ① 세계화 : 세계 여러 나라가 정치, 경제, 사회, 문화, 과학 등 다양한 분야에서 서로 많은 영향을 주고받으면서 교류가 많아지는 현상
② 역도시화 : 도시지역에서 비도시지역으로의 인구이동이 전입자 수를 초과하여 도시가 쇠퇴하는 현상
④ 인구 공동화 : 도심 지역에서 주거 기능의 약화로 상주인구 밀도가 감소하는 현상

7 밀은 세계 3대 식량 작물 중 하나로 생산지와 소비지가 달라 대체적으로 남반구에서 북반구로, 신대륙에서 구대륙으로 이동량이 많다.

답 6.③ 7.①

8 다음에서 설명하는 농업 형태는?

> 선진국의 자본·기술과 저개발국의 노동력을 이용하여 상품 작물을 재배하는 방식이다. 열대 기후 지역을 중심으로 카카오, 커피 등이 주로 재배된다.

① 낙농업   ② 수목 농업
③ 혼합 농업   ④ 플랜테이션 농업

9 사회 불평등을 해결하기 위한 제도를 〈보기〉에서 고른 것은?

〈보기〉

㉠ 호주 제도	㉡ 카스트 제도
㉢ 최저 임금 제도	㉣ 국민 기초 생활 보장 제도

① ㉠㉡   ② ㉠㉢
③ ㉡㉢   ④ ㉢㉣

■■■ 정답 및 해설

8 플랜테이션 농업은 열대우림 지역에서 선진국의 자본과 기술, 현지 주민의 값싸고 풍부한 노동력을 이용하여 커피, 카카오, 사탕수수 등의 작물을 대규모로 재배하는 것을 말하며 이 작물들은 대부분 세계 여러 지역에 수출된다.

9 ㉠ 호주제도 : 가족 관계를 호주(戶主)와 그의 가족으로 구성된 가(家)를 기준으로 정리하는 호적제도
㉡ 카스트 제도 : 인도 특유의 세습적 신분 계급 제도
㉢ 최저 임금 제도 : 일정 금액 이상의 임금을 근로자에게 지불하도록 법적으로 강제하는 제도
㉣ 국민 기초 생활 보장 제도 : 국가가 생활이 어려운 빈곤계층에 최저생계비를 지원하는 제도

답 8.④ 9.④

10 다음 내용을 포함하는 기본권은?

> • 법률에 의한 재판을 받을 권리
> • 국가 기관에 문서로 청원할 권리

① 자유권   ② 참정권
③ 청구권   ④ 평등권

11 ㉠과 ㉡에 들어갈 용어를 알맞게 짝 지은 것은?

> 〈재판의 종류〉
> ㉠ – 금전 거래 등을 둘러싼 개인 간의 분쟁 해결
> ㉡ – 폭행이나 사기와 같은 범죄 사건 판결

          ㉠   ㉡   ㉠   ㉡
① 형사 재판 민사 재판   ② 민사 재판 형사 재판
③ 형사 재판 행정 재판   ④ 민사 재판 행정 재판

━━━ 정답 및 해설

10 ③ **청구권** : 타인에 대하여 일정한 행위(작위 · 부작위)를 요구할 수 있는 권리
　　① **자유권** : 개인이 그 자유로운 영역에 관하여 국가권력의 간섭 또는 침해를 받지 아니할 권리
　　② **참정권** : 국민이 직접 · 간접으로 국정에 참여할 수 있는 권리
　　④ **평등권** : 헌법상 모든 국민이 법 앞에 평등한 권리

11 • **민사 재판** : 사법상의 권리나 법률관계에 관한 법률상의 다툼이 있는 사건과 기타 민사사건에 대하여 법원이 심리하여 법률적으로 판단하는 일
　　• **형사 재판** : 검사에 의한 공소 제기가 있는 경우에, 법원이 범죄를 인정하여 형벌을 과할 것인가 아닌가를 판단하는 일
　　• **행정 재판** : 행정 작용이나 공권력의 행사나 불행사로 국민의 권리나 이익을 침해받은 사람이 행정 기관을 상대로 행정 처분의 무효나 취소를 주장하여 분쟁을 해결하는 일

답 10.③ 11.②

12 국회의 역할을 〈보기〉에서 고른 것은?

〈보기〉

ㄱ 국민의 의사 대변
ㄴ 법률의 제정 및 개정
ㄷ 법률의 해석 및 적용
ㄹ 정책의 수립 및 집행

① ㄱㄴ
② ㄱㄷ
③ ㄴㄷ
④ ㄷㄹ

13 다음 내용과 관계 깊은 정치 참여 주체는?

• 자기 집단의 특수한 이익 실현 추구
• 로비나 집회 등으로 정치과정에 압력 행사

① 법원
② 행정부
③ 이익 집단
④ 헌법 재판소

━━ 정답 및 해설

12 법률의 해석 및 적용, 정책의 수립 및 집행은 행정부의 역할이다.

13 • 법원 : 사법권을 행사하는 국가 기관. 소송 사건에 대하여 법률적 판단을 하는 권한을 가지며, 대법원 · 지방법원 · 가정법원 따위가 있다.
• 행정부 : 국가의 권력작용 가운데 삼권분립에 의해서 입법 · 사법이 아닌 행정작용을 담당하는 국가기관
• 이익집단 : 이해관계가 같은 사람들이 모여 정부 정책에 대한 영향력을 행사하기 위해 결성한 집단
• 헌법 재판소 : 헌법에 관한 분쟁이나 법률의 위헌 여부, 탄핵, 정당의 해산 등에 관한 것을 심판하는 특별 재판소

답 12.① 13.③

14 대화에서 영희가 문화를 바라보는 태도로 알맞은 것은?

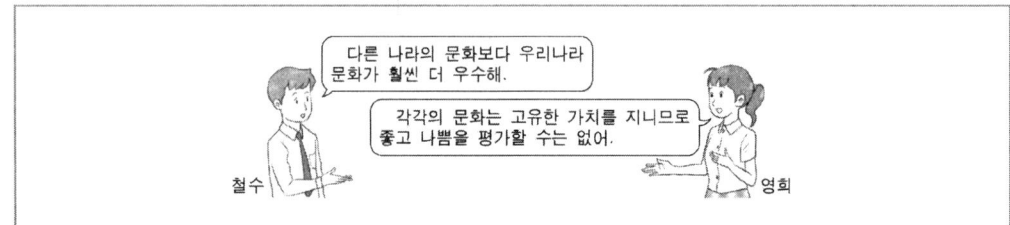

① 문화 사대주의　　　　　　　② 문화 상대주의
③ 문화 제국주의　　　　　　　④ 자문화 중심주의

15 다음에서 설명하는 경제학 개념은?

> 생산 과정을 여러 개의 부문과 공정으로 나누어, 서로 다른 사람들이 특정 부문에서 전문적으로 일하는 노동 형태

① 교환　　　　　　　　　　　② 무역
③ 분업　　　　　　　　　　　④ 분배

14 ① 문화 사대주의 : 자문화를 비하하고 다른 사회의 문화를 맹목적으로 추종하는 태도
　　③ 문화 제국주의 : 서구식 근대화가 매스 미디어와 상품의 수출 등을 통해서 제3세계에 진출해 그 나라의 고유한 전통적 가치를 붕괴시키고 문화적으로 종속되게 만드는 것
　　④ 자문화 중심주의 : 자기문화를 판단기준으로 삼아 타 문화에 대해 일방적으로 판단하는 태도

15 ① 교환 : 어떤 재화나 용역을 다른 사람에게 주고, 그 가격만큼 다른 재화나 용역 또는 화폐를 얻는 일
　　② 무역 : 나라와 나라 사이에 서로 물품을 매매하는 일
　　④ 분배 : 생산 과정에 참여한 개개인이 생산물을 사회적 법칙에 따라서 나누는 일

답 14.② 15.③

16 수요·공급 그래프에서 가격이 P에서 P'로 상승하였을 때의 변화를 알맞게 짝 지은 것은? (단, 다른 조건은 일정함.)

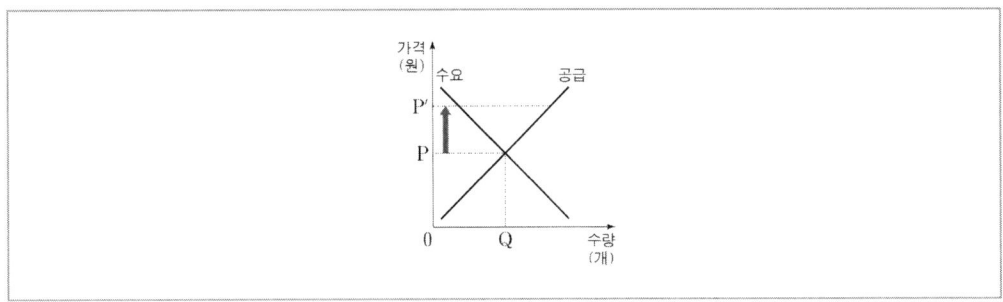

　　수요량　공급량　　　　　　　　　수요량　공급량
① 감소　　증가　　　　　② 증가　　감소
③ 감소　　감소　　　　　④ 증가　　증가

17 다음 도구를 처음 사용한 시대의 생활 모습은?

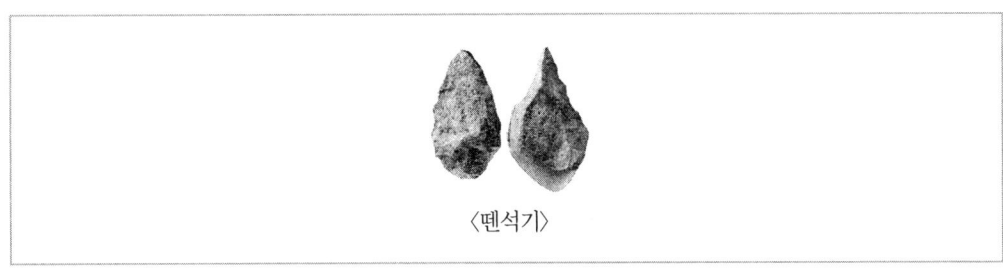

〈뗀석기〉

① 문자 사용　　　　　　　② 농경 생활 시작
③ 반달 돌칼 사용　　　　　④ 수렵과 채집 생활

━━ 정답 및 해설

16 가격이 상승하였을 때 수요량은 감소하고 공급량은 증가한다.

17 구석기 시대 생활 모습
　㉠ 식생활 : 수렵, 채집
　㉡ 의생활 : 나뭇잎, 풀, 가죽으로 옷 만들기
　㉢ 주생활 : 동굴, 바위 아래
　㉣ 도구 사용 : 돌, 나무, 동물의 뼈, 특히 뗀석기 사용
　㉤ 도구의 종류 : 찍개, 긁개, 주먹도끼, 슴베찌르개

답 16.① 17.④

18 문화유산 ㉠과 ㉡이 제작된 시대는?

> 창식이네는 여름 방학을 맞이하여 가족 여행을 다녀왔다. 가장 기억에 남았던 것은 불교의 이상 세계를 표현한 ㉠ 불국사와 비천상 무늬가 아름다운 ㉡ 성덕대왕신종이었다.

① 백제   ② 통일신라
③ 발해   ④ 고려

19 다음 가상 대화와 관계 깊은 백제의 왕은?

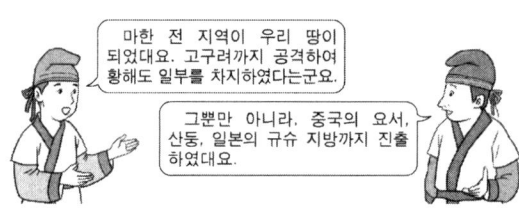

> 마한 전 지역이 우리 땅이 되었대요. 고구려까지 공격하여 황해도 일부를 차지하였다는군요.
>
> 그뿐만 아니라, 중국의 요서, 산둥, 일본의 규슈 지방까지 진출하였대요.

① 성왕   ② 고이왕
③ 의자왕   ④ 근초고왕

■■■ 정답 및 해설

18 ㉠ 불국사는 통일신라 경덕왕 10년(751) 김대성의 발원에 의해 창건된 사찰로, 과거·현재·미래의 부처가 사는 정토, 즉 이상향을 구현하고자 했던 신라인들의 정신세계가 잘 드러나 있는 곳이다.
㉡ 성덕대왕신종은 신라 경덕왕이 아버지인 성덕왕의 공덕을 널리 알리기 위해 종을 만들려 했으나 뜻을 이루지 못하고, 그 뒤를 이어 혜공왕이 771년에 완성하였다.

19 백제의 근초고왕
㉠ 마한정복(369), 고구려 공격으로 고국원왕 전사(371)
㉡ 요서, 산둥, 규슈 진출
㉢ 왕위의 부자상속
㉣ 서기 편찬
㉤ 칠지도를 왜에 하사

답 18.② 19.④

20 다음 내용에 해당하는 고려 시대 문화유산은?

> • 몽골의 침입을 물리치기 위해 만듦.
> • 현재 합천 해인사에 보관되어 있음.

① 팔만대장경
② 용비어천가
③ 직지심체요절
④ 무구정광대다라니경

21 다음 내용에 해당하는 정치 세력은?

> • 성리학을 수용하고 과거를 통해 중앙 관직에 진출
> • 권문세족 비리를 비판하고 고려 사회의 개혁을 추진

① 문벌 귀족
② 지방 호족
③ 신진 사대부
④ 신흥 무인 세력

▣▣▣ 정답 및 해설

20 팔만대장경은 몽골이 고려를 침입하자 부처의 힘으로 몽골군을 물리치기 위해 만든 대장경이다. 오늘날 남아 있는 세계에서 가장 오래된 대장경판으로, 팔만대장경이 보존되어 있는 해인사 장경판전은 유네스코 세계 문화 유산으로 지정되어 그 가치를 인정받고 있다.

21 신진사대부는 고려 말에 등장한 새로운 정치 세력으로 성리학을 수용하고 과거를 통하여 중앙 정치로 진출하였다. 이들은 학문적 교양뿐만 아니라 정치적 실무 능력도 갖춘 학자적 관료로서, 친원적이고 친불교적인 권문세족과 정치적으로 대립하였다.

답 20.① 21.③

22 제시된 주제로 그림을 그리고자 할 때 적절한 것은?

> • 주제 : 임진왜란 당시 국난 극복을 위해 활동하는 모습을 그림으로 표현해 보기

① 강화도에서 항전하는 어재연
② 학익진 전법으로 적을 물리치는 이순신
③ 안시성에서 적과 싸우는 성주와 백성들
④ 살수에서 우중문 부대를 물리치는 을지문덕

23 다음 내용에 해당하는 조약은?

> • 발단 : 일본의 운요호 사건
> • 내용 : 해안 측량권, 치외 법권 인정
> • 의의 : 최초의 근대적 조약이면서 불평등 조약

① 을사조약   ② 한성조약
③ 강화도조약   ④ 제물포조약

정답 및 해설

22 ① 신미양요(1871) ③ 안시성 전투(645) ④ 살수대첩(612)

23 강화도 조약…1876년(고종13) 2월 강화도에서 조선과 일본 사이에 체결된 조약으로 정식명칭은 조일수호조규이며 병자수호조약이라고도 한다. 일본이 운요호 사건을 구실로 통상을 요구하며 조약 체결을 강요하였으며 우리나라 최초의 근대적 조약이었지만, 부산·원산·인천 등 세 항구의 개항과 치외법권, 해안측량권 등을 내어 준 불평등 조약이다.

답 22.② 23.③

24 다음 내용과 관계 깊은 인물은?

- 김구가 조직한 한인 애국단에 가입
- 상하이 훙커우 공원에서 폭탄을 던져 일본군을 응징

---

① 김좌진　　　　　　　　　② 윤봉길
③ 최충헌　　　　　　　　　④ 홍범도

25 다음 내용과 관계 깊은 독립군 부대는?

- 대한민국 임시 정부가 조직
- 연합군과 함께 항일 독립 전쟁 전개
- 미군과 합동으로 국내 침투 작전 계획

---

① 별기군　　　　　　　　　② 별무반
③ 삼별초　　　　　　　　　④ 한국 광복군

■■■ 정답 및 해설

24 윤봉길은 일왕의 생일날 행사장에 폭탄을 던져 일본 상하이파견군 대장 등을 즉사시키는 거사를 치르고 현장에서 체포되어 총살되었다.

25 대한민국 임시 정부의 김구 주석은 중국 곳곳에서 독립 전쟁을 벌이는 독립군을 바탕으로 한국광복군을 조직하였다(1940). 1941년 12월 태평양 전쟁이 일어나자 임시 정부는 일본에 선전 포고를 하고, 중국 각지에서 중국군과 협력하여 일본군과 싸웠으며, 멀리 인도와 미얀마 전선까지 나아가 영국군과 함께 대일 전쟁에 참여하였다. 한국 광복군은 미국 OSS의 특별 훈련을 받으며 국내 상륙 작전을 준비하였으나, 일본의 항복으로 인해 실행하지는 못하였다.

답 24.② 25.④

1 그래프에서 평균 속력은 얼마인가?

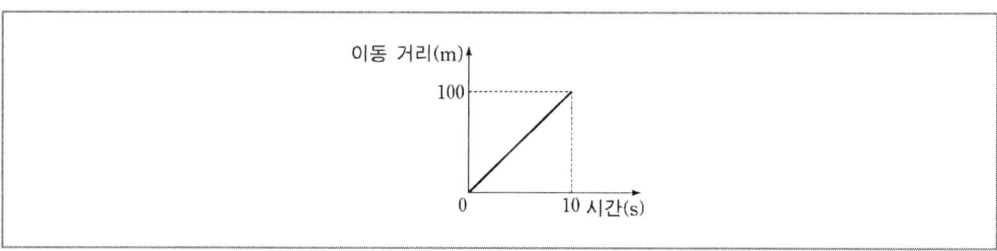

① 2m/s   ② 7m/s

③ 10m/s   ④ 13m/s

2 다음 설명에 해당하는 힘은?

- 전기를 띤 물체 사이에 작용하는 힘이다.
- 인력과 척력이 있다.

① 중력   ② 전기력

③ 마찰력   ④ 탄성력

▬▶ 정답 및 해설

1 평균속력＝이동거리(m)/시간(s)

2 ① 중력 : 지구의 만유인력과 자전에 의한 원심력을 합한 힘
③ 마찰력 : 물체와 접촉면 사이에서 물체의 운동을 방해하는 힘
④ 탄성력 : 외부에서 힘을 가했다가 힘을 없애면 다시 원래 상태로 되돌아가려는 힘

답 1.③ 2.②

3 다음 설명에 해당하는 빛의 성질은?

> • 물체가 거울에 비쳐 보인다.
> • 잔잔한 수면 위에 주위의 풍경이 비쳐 보인다.

① 분해   ② 반사

③ 분산   ④ 합성

4 그림과 같은 파동에서 구간 A를 무엇이라고 하는가?

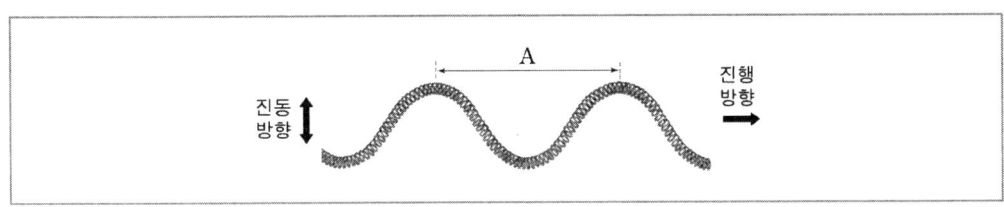

① 골   ② 마루

③ 전파   ④ 파장

━━ 정답 및 해설

3 ① 분해 : 물질이 빛을 흡수하여 두 가지 이상의 성분으로 나누어지는 현상
   ③ 분산 : 빛이 여러 가지 색으로 나누어지는 현상
   ④ 합성 : 두 가지 이상의 단색광이 합쳐져 다른 색으로 보이는 현상

4 • 파장 : 파동이 진행할 때 마루에서 그 다음 마루까지, 또는 골에서 그 다음 골까지의 거리
   • 골 : 변위가 가장 낮은 곳
   • 마루 : 변위가 가장 높은 곳

정답 3.② 4.④

5 그림과 같이 20N의 일정한 힘으로 사람이 물체를 3m 이동시킬 때, 사람이 한 일의 양은?

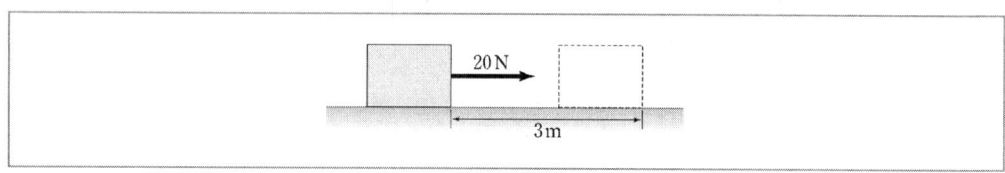

① 40J   ② 50J
③ 60J   ④ 120J

6 다음 설명에 해당하는 것은?

- 단위는 Ω(옴)을 사용한다.
- 전류의 흐름을 방해하는 정도이다.

① 전력   ② 전자
③ 전하   ④ 저항

7 촛농이 흘러내리다 굳는 현상에 해당하는 물질의 상태 변화는?

① 응고   ② 액화
③ 승화   ④ 기화

━━▶ 정답 및 해설

5 일(W) = 힘(F) × 이동거리(S) = 20N × 3m = 60J

6 ① 전력 : 단위시간 동안 전기장치에 공급되는 전기에너지
　 ② 전자 : 음전하를 가지는 질량이 아주 작은 입자
　 ③ 전하 : 물체가 띠고 있는 정전기의 양

7 • 응고 : 액체가 고체로 변하는 현상
　 • 액화 : 기체가 액체로 변하는 현상
　 • 승화 : 고체가 직접 기체 또는 기체가 직접 고체로 변하는 현상
　 • 기화 : 액체가 기체로 변하는 현상

답 5.③ 6.④ 7.①

8 다음 설명에서 A와 B에 들어갈 것으로 알맞은 것은?

> • 압력이 일정할 때 온도가 높아지면 기체의 부피는 (A) 한다.
> • 온도가 일정할 때 압력이 높아지면 기체의 부피는 (B) 한다.

	A	B
①	감소	감소
③	증가	감소

	A	B
②	감소	증가
④	증가	증가

9 〈보기〉에서 순물질을 고른 것은?

〈보기〉
㉠ 구리   ㉡ 공기
㉢ 설탕물   ㉣ 염화 나트륨

① ㉠, ㉢   ② ㉠, ㉣
③ ㉡, ㉢   ④ ㉡, ㉣

10 이산화 탄소(CO_2)의 분자 모형에 해당하는 것은?

①

②

③

④

■■■ 정답 및 해설

8 압력이 일정할 때, 기체의 부피는 온도가 높아지면 증가하고, 온도가 낮아지면 감소한다.
온도가 일정할 때, 기체의 부피는 압력이 증가하면 감소하고, 압력이 감소하면 증가한다.

9 구리와 염화나트륨은 순물질이고, 공기와 설탕물은 혼합물이다.
• **순물질** : 한 가지 물질로만 이루어진 물질
• **혼합물** : 두 가지 이상의 순물질이 본래의 성질을 그대로 지닌 채 섞여있는 물질

10 이산화탄소는 탄소 원자 1개와 산소원자 2개로 이루어져 있다.

답 8.③ 9.② 10.③

11 높은 산에 올라가서 밥을 지었더니 기압이 달라져 쌀이 설익었다. 이 현상과 관계있는 물질의 특성은?

① 녹는점   ② 어는점

③ 끓는점   ④ 용해도

12 그림과 같은 실험 장치로 분리할 수 있는 혼합물은?

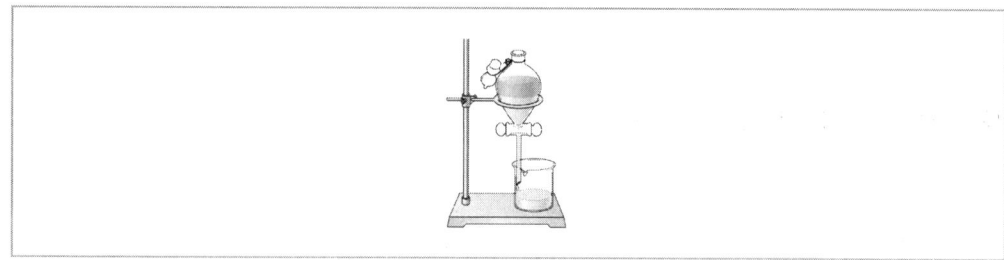

① 물과 석유   ② 소금과 설탕

③ 모래와 스타이로폼   ④ 질산 칼륨과 염화 칼륨

13 식물 세포와 동물 세포에서 공통으로 볼 수 있는 구조로, 유전 정보가 들어 있어 생명 활동을 조절하는 것은?

① 핵   ② 세포막

③ 엽록체   ④ 세포벽

▶▶▶ 정답 및 해설

11 기압이 낮아지면 분자들의 운동이 활발해져 끓는점이 낮아진다. 따라서 기압이 낮은 산위에서 밥을 지으면 설익는다.

12 그림은 분별깔때기를 이용하는 방법이다. 액체가 두 층으로 나뉘게 되면 마개를 연 다음 콕을 열고 아래층의 액체를 분리하고 경계면의 액체는 따로 받아낸 다음 위쪽 입구로 위층의 액체를 분리한다.

13 ① 핵 : 세포 중앙에 위치하며 보통 하나의 세포에 한 개씩 들어있다. 세포에서 일어나는 일을 통제하며 물질 합성, 유전 등 세포 내 생명활동의 중심적인 역할을 수행한다.
② 세포막 : 세포질을 둘러싸고 있는 얇은 막으로 세포가 일정한 모양을 유지하게 하며, 세포안과 밖으로의 물질 출입을 조절하며 보통 인지질과 단백질로 구성된다.
③ 엽록체 : 식물의 세포에 들어있는 세포 소기관으로, 광합성이 이뤄지는 장소이다.
④ 세포벽 : 세포를 외부로부터 보호하고 세포의 모양을 유지하도록 하는 벽이다.

🄰 11.③ 12.① 13.①

14 다음 설명에 해당하는 줄기의 구조는?

> • 관다발의 안쪽에 존재한다.
> • 뿌리에서 흡수한 물이 이동하는 통로이다.

① 체관   ② 물관
③ 표피   ④ 형성층

15 다음 설명에 해당하는 혈액의 구성 성분은?

> • 외부에서 들어온 세균을 잡아먹는다.
> • 모양이 불규칙하며 핵을 가지고 있다.

① 혈장   ② 백혈구
③ 적혈구   ④ 혈소판

➡ 정답 및 해설

14 물관은 물관세포가 세로로 연결되어 있는 관으로 세포와 세포 사이의 격막이 없어져 천공이라는 구멍이 생겨서 효율적으로 물을 이동시킨다.

15 ① 혈장 : 혈액 속의 유형성분인 적혈구·백혈구·혈소판 등을 제외한 액체성분으로 담황색을 띠는 중성의 액체이다.
③ 적혈구 : 붉은색 납작한 원반 모양의 혈액세포로 혈관을 통해 전신조직에 산소를 공급하고 이산화탄소를 제거한다.
④ 혈소판 : 핵이 없으며, 혈액의 응고나 지혈작용에 관여한다.

답 14.② 15.②

16 그림에서 좌우 한 쌍으로 존재하며, 수많은 폐포로 이루어진 호흡 기관은?

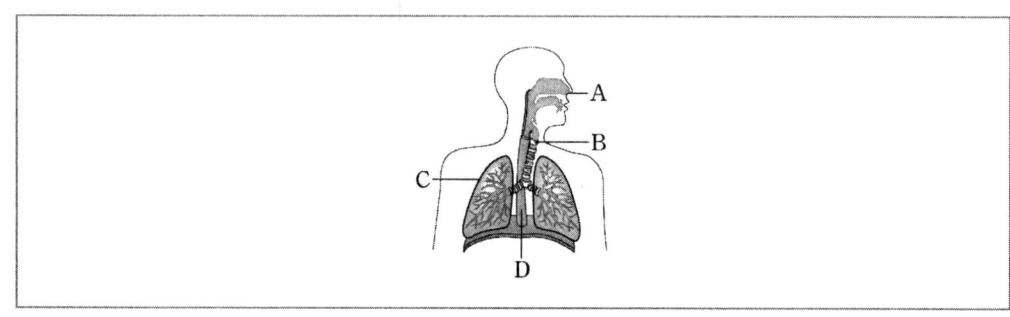

① A

② B

③ C

④ D

17 축구 선수가 공을 보고 차는 행동이 일어나기까지의 자극에 대한 반응 경로에서 ㉠에 알맞은 것은?

자극→감각 신경→(㉠)→운동 신경→반응

① 간

② 대뇌

③ 쓸개

④ 이자

■■■ 정답 및 해설

16 허파는 호흡을 담당하는 필수적인 기관으로 공기의 들숨과 날숨을 통해 산소를 얻고 이산화탄소를 배출하는 기관이다. 가슴우리 안에 위치하며 오른쪽, 왼쪽 허파로 한 쌍을 이룬다.

17 대뇌는 좌우 2개의 반구로 되어 있으며, 표면에 주름이 많이 있다. 여러 가지 자극을 느끼고 그에 따른 적절한 반응을 하도록 명령한다. 기억, 판단, 창조, 추리, 의지 등 정신 활동을 담당한다.

답 16.③ 17.②

18 다음 설명에 해당하는 호르몬은?

> • 분비량이 부족하면 당뇨병에 걸린다.
> • 이자에서 분비되며 혈당량을 감소시킨다.

① 인슐린   ② 티록신
③ 아드레날린   ④ 테스토스테론

19 생식세포 분열에 대한 설명으로 옳은 것은?

① 생물이 생장한다.
② 식물 세포에서만 일어난다.
③ 2개의 세포가 결합하여 1개의 세포가 된다.
④ 생식 기관에서 생식세포가 만들어지는 과정이다.

20 석회암 지대에서 이산화탄소가 녹아 있는 지하수의 작용에 의해 형성되는 지형은?

① 사구   ② 빙퇴석
③ U자곡   ④ 석회 동굴

---

18 ② 티록신 : 갑상선에서 분비되는 호르몬으로 아이오딘을 다량 함유하고 있다. 체내의 물질대사에 관여한다.
    ③ 아드레날린 : 부신수질에서 분비되는 호르몬이다.
    ④ 테스토스테론 : 남성호르몬의 하나이다. 정소의 간질세포로 하수체의 성선자극호르몬의 지배하에 콜레스테롤
      에서 생성되는 스테로이드화합물이다.

19 생식 세포 분열 … 생물이 자손을 만드는 과정을 생식이라 하며, 생식을 위해 동물의 정자와 난자, 식물의 꽃가
    루, 난세포와 같은 생식 세포를 만드는 분열로 체세포 분열과는 다르게 생식 세포를 형성할 때 염색체수를 반
    으로 줄여야 한다.

20 석회 동굴 … 석회암 지대에서 절리면이나 파쇄대를 따라 지하로 스며드는 빗물이나 지하수에 의한 용식작용으
    로 지하에 생긴 다양한 규모와 형태의 동굴

🅐 18.①   19.④   20.④

21 다음 설명에 해당하는 것은?

> • 단단한 암석으로 이루어진 지구의 겉 부분이다.
> • P파와 S파가 모두 통과한다.

① 지각　　　　　　　　　　② 맨틀
③ 외핵　　　　　　　　　　④ 내핵

22 다음의 특징을 갖는 행성은?

> • 고리가 있다.
> • 태양계에서 가장 큰 행성이다.

① 수성　　　　　　　　　　② 금성
③ 화성　　　　　　　　　　④ 목성

━━▶ 정답 및 해설

21 지구는 중심으로부터 내핵과 외핵, 맨틀, 그리고 지각 등 4개 층으로 이뤄져 있다.
　• 지각 : 흙과 암석으로 되어 있는 지구의 가장 바깥쪽 부분. 평균 두께는 35km 가량이며 가볍고 단단한 암석 층이다.
　• 맨틀 : 지각보다 더 무거운 고체 상태의 물질로 이루어져 있고, 지구 내부 부피의 약 80%를 차지한다.
　• 외핵 : 지구 내부 구조에서 맨틀과 내핵 사이에 액체로 되어 있다고 생각되는 핵부를 말한다.
　• 내핵 : 지하 5100km에서 지구 중심까지이다. 고체 상태로 추정되고 있다.

22 ① 수성 : 태양에서 가장 가까우며 대기가 없어 낮과 밤의 일교차가 크다. 운석 구덩이가 많아 달과 비슷하다.
　② 금성 : 지구에서 볼 때 태양, 달 다음으로 세 번째로 밝은 천체로 크기가 지구와 비슷하다. 태양계의 행성 중에서 가장 두꺼운 대기를 가지고 있다. 대기는 주로 이산화탄소로 이루어져 있다.
　③ 화성 : 지구궤도의 바로 바깥쪽을 돌고 있는 행성을 말한다. 표면에는 붉은 색 사막과 양극에 극관이 존재하며 물이 흘렀던 흔적이 있고 거대한 화산이 발견된다.

답 21.① 22.④

23 다음 설명에 해당하는 천체는?

> • 수만 내지 수십만 개의 별들이 구형으로 모여 있다.
> • 온도가 낮은 붉은색 별들이 많다.

① 구상 성단　　　　　　　　② 반사 성운
③ 산개 성단　　　　　　　　④ 암흑 성운

24 대기권의 구조 중 대류 현상으로 기상 현상이 나타나는 곳은?

① 열권　　　　　　　　　　② 중간권
③ 성층권　　　　　　　　　④ 대류권

25 그림에서 차갑고 건조한 겨울철 우리나라 날씨에 영향을 미치는 기단은?

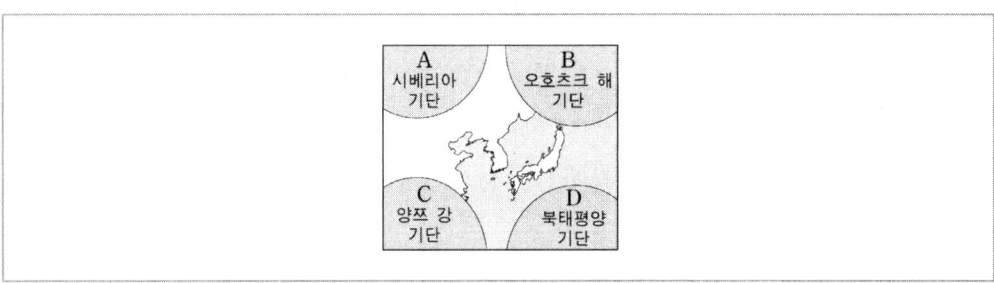

① A　　　　　　　　　　　② B
③ C　　　　　　　　　　　④ D

▬▬▬ 정답 및 해설

23 구상성단은 공 모양으로 별들이 모여 있는 것으로, 수십만 개의 별들이 밀집하여 있고 거의 구 대칭형의 모양을 이루며 은하 중심 근처에서 은하 무리에 이르기까지 분포되어 있다. 구상성단은 은하 생성초기에 생성된 것으로 추정되며 중원소 함량이 적은 늙은 별들로 구성되어 있다.

24 대류권은 일반적으로 지상에서부터 상층 10~12km까지를 말하며 기온이 높이에 따라 감소한다. 대기가 불안정하여 구름, 강수 등 기상에 관한 현상은 거의 다 대류권에서 발생한다.

25 • 시베리아 기단 : 한랭건조하며, 겨울 날씨에 영향 끼친다.
　• 오호츠크해 기단 : 한랭 다습하며, 초여름 날씨에 영향 끼친다.
　• 양쯔강 기단 : 온난건조하며, 봄·가을 날씨에 영향 끼친다.
　• 북태평양 기단 : 고온 다습하며, 여름 날씨에 영향 끼친다.

답 23.① 24.④ 25.①

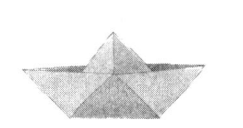

중졸검정고시
기출문제 정복하기

· PART V ·

2015년 제1회
중졸검정고시

국어
수학
영어
사회
과학

1 다음 설명에 해당하는 단어는?

> '밤'이나 '나무'와 같이 하나의 어근으로 이루어진 단어를 '단일어'라고 한다.

① 맨발　　　　　　　　　② 바다
③ 물병　　　　　　　　　④ 알밤

2 다음 단어들의 공통된 특징으로 적절한 것은?

> 우리, 여기, 그것

① 대상의 성질이나 상태를 나타낸다.
② 사람이나 사물의 이름을 나타낸다.
③ 다른 말과의 문법적인 관계를 나타낸다.
④ 사람, 장소, 사물의 이름을 대신하여 나타낸다.

▬▬ 정답 및 해설

1 ② '바다'는 하나의 어근으로 이루어진 단일어이다.
　① 맨(접두사) + 발(어근)→파생어
　③ 물(어근) + 병(어근)→합성어
　④ 알(접두사) + 밤(어근)→파생어

2 '우리, 여기, 그것'은 모두 사람, 장소, 사물의 이름을 대신하여 나타내는 품사인 '대명사'이다.
　① 형용사 ② 명사 ③ 조사

답 1.② 2.④

3 밑줄 친 부분과 문장 성분이 같은 것은?

> 누나가 노래를 부른다.

① 영희의 눈이 정말 예쁘다.
② 나는 친구에게 꽃을 보냈다.
③ 거북이는 토끼보다 훨씬 느리다.
④ 철수가 드디어 고등학생이 되었다.

4 ㉠~㉣ 중 글의 통일성을 깨뜨리는 문장은?

> 텔레비전은 인간 생활에 유용한 매체이다. ㉠텔레비전은 대화 상대가 필요한 현대인에게 좋은 친구가 될 수 있다. ㉡그리고 복잡한 일상 속에서 지친 현대인이 휴식을 취할 수 있도록 도와주는 오락 수단이 되기도 한다. ㉢텔레비전에 중독되면 실제와 가상 현실을 식별하는 능력을 잃을 수도 있다. ㉣텔레비전은 세상을 살아가는 데 필요한 정보를 얻는 창구이기도 하다. 이와 같이 텔레비전은 인간에게 좋은 친구가 될 수 있고, 휴식을 취할 수 있게 해 주며, 필요한 정보를 얻는 데 도움을 준다.

① ㉠   ② ㉡
③ ㉢   ④ ㉣

▨▨▨ 정답 및 해설

3 주격 조사 '가'와 결합하였으며, 서술어 '부른다'의 주체이므로 밑줄 친 부분은 주어이다.
① 주어 ②③ 부사어 ④ 보어

4 제시된 글은 텔레비전의 장점에 대해 이야기하고 있는 글이다. ㉢은 텔레비전 중독에 대한 심각성을 언급하는 문장으로 글의 통일성을 깨뜨리고 있다.

답 3.① 4.③

5 다음과 같은 음운의 변동이 일어나는 단어는?

> 두 음운이 합쳐져서 하나의 음운으로 줄어 소리나는 현상을 '음운의 축약'이라고 한다.

① 굳이   ② 국화
③ 따님   ④ 밥물

[6~8] 다음 시를 읽고 물음에 답하시오.

> 열무 삼십 단을 이고
> 시장에 간 우리 엄마
> 안 오시네, 해는 시든 지 오래
> ㉠나는 찬밥처럼 방에 담겨
> 아무리 천천히 숙제를 해도
> 엄마 안 오시네, 배춧잎 같은 ㉡발소리 타박타박
> 안 들리네, 어둡고 무서워
> 금간 창 틈으로 고요히 빗소리
> 빈 방에 혼자 엎드려 훌쩍거리던
>
> 아주 먼 옛날
> 지금도 내 눈시울을 뜨겁게 하는
> 그 시절, 내 유년의 윗목
>
>   – 기형도, 「엄마 걱정」–

━━ 정답 및 해설

5 ② 국화[구콰] : 'ㄱ'과 'ㅎ'이 합쳐져서 하나의 음운인 'ㅋ'으로 소리 난다.
    ① 굳이[구지] : 구개음화
    ③ 딸+님 → 따님 : 음운의 탈락
    ④ 밥물[밤물] : 비음화

                                                답 5.②

6 윗글에 대한 설명으로 적절하지 않은 것은?

① 혼자 말하는 듯한 어조를 사용하고 있다.

② 자신의 처지를 비유적으로 표현하고 있다.

③ 수미상관의 기법으로 운율을 형성하고 있다.

④ 유사한 구절의 반복으로 의미를 강조하고 있다.

7 ㉠에 나타나는 화자의 정서로 가장 적절한 것은?

① 안도감   ② 뉘우침

③ 기대감   ④ 쓸쓸함

8 ㉡과 동일한 심상이 나타난 것은?

① 향긋한 봄나물

② 새파란 쪽빛 하늘

③ 아가의 보드라운 뺨

④ 뻐꾹뻐꾹 우는 울음

▶▶▶ 정답 및 해설

6 ③ 이 시는 수미상관 구조가 아니다.
※ 수미상관…시가에서 첫 연을 끝 연에 다시 반복하는 문학적 구성법으로, 시의 구조를 안정되게 만들며 운율을 형성하고 의미를 강조하는 효과가 있다.

7 기형도의 「엄마 걱정」은 시장에 간 엄마를 기다리는 화자의 쓸쓸한 마음을 노래한 시이다. 어둡고 무서운 빈방에서 혼자 엄마를 기다리는 화자의 모습을 찬밥에 비유하고 있는 ㉠은 그 쓸쓸함을 잘 나타내는 부분이다.

8 ㉡은 청각적 심상이 드러난다. 보기 중 청각적 심상이 나타난 것은 ④이다.
① 후각 ② 시각 ③ 촉각

답 6.③ 7.④ 8.④

2015년 제1회 중졸검정고시 … 국어 **233**

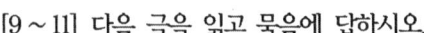

[9~11] 다음 글을 읽고 물음에 답하시오.

길동이 점점 자라 여덟 살이 되자, 총명하기가 보통이 넘어 하나를 들으면 백 가지를 알 정도였다. 그래서 공(公)은 길동을 더욱 귀여워하면서도 길동의 출생이 천하여, 길동이 '아버지'나 '형' 하고 부를 때마다 즉시 꾸짖어 그렇게 부르지 못하게 하였다. 길동은 열 살이 넘도록 감히 호부호형(呼父呼兄)하지 못하고 종들로부터 천대받는 것을 뼈에 사무치도록 한탄하면서 마음 둘 바를 몰랐다.

어느 가을 9월 보름께가 되자, 달빛이 밝게 비치고 맑은 바람이 쓸쓸하게 불어 와 사람의 마음을 울적하게 하였다. 길동은 서당에서 글을 읽다가 문득 책상을 밀치고 탄식하기를,

"대장부가 세상에 나서 공맹(孔孟)을 본받지 못할 바에야, 차라리 병법(兵法)이라도 익혀, 대장인(大將印)을 허리춤에 비스듬히 차고 동정서벌하여 나라에 큰 공을 세우고 이름을 오래도록 빛내는 것이 장부의 통쾌한 일이 아니겠는가! 나는 어찌하여 이 한 몸 적막하여, 아버지와 형이 있는데도 아버지를 '아버지'라 부르지 못하고, 형을 '형'이라고 부르지 못하니, 심장이 터질지라. 이 어찌 통탄할 일이 아니겠는가!"

하고, 뜰에 내려와 검술을 익히고 있었다.

– 허균, 「홍길동전」 –

9 윗글에 대한 설명으로 적절한 것은?

① 동물을 의인화한 우화 소설이다.
② 사회적 문제를 다룬 사회 소설이다.
③ 전원 생활을 소재로 한 농촌 소설이다.
④ 남녀 간의 사랑을 소재로 한 애정 소설이다.

10 윗글에서 알 수 있는 사회·문화적 상황이 아닌 것은?

① 무인보다 문인이 대우를 받았다.
② 종을 거느리고 사는 집이 있었다.
③ 나라에 공을 세우는 것을 가치 있게 생각했다.
④ 아버지가 양반이면 그 자식은 모두 양반이 되었다.

▬▬ 정답 및 해설

9 「홍길동전」의 주제는 '불합리한 제도에 대한 비판과 이상 사회 건설 추구'이다. 즉, 사회적 문제를 다룬 사회 소설이라고 할 수 있다.

10 ④ 길동은 아버지가 양반이지만 어머니의 신분이 천하여 호부호형을 하지 못하고 종들로부터 천대를 받았다.

답 9.② 10.④

11 '길동'이 갈등하는 이유로 적절한 것은?

① 검술 실력이 남들보다 좋지 않아서

② 출생이 천하여 호부호형하지 못해서

③ 어머니와 아버지로부터 사랑을 받지 못해서

④ 아버지가 길동에게 글을 읽지 못하게 하여서

[12 ~ 14] 다음 글을 읽고 물음에 답하시오.

⑺ 21세기는 바다의 시대라고 한다. 이는 바다가 무한한 잠재적 가치를 지니고 있기 때문이다. 바다는 지구 표면적의 71퍼센트를 차지하며 바닷물은 지구상에 있는 물의 98퍼센트에 이른다. 우리는 바다에 대해 얼마나 알고 있을까? 그리고 바다는 우리에게 어떤 혜택을 주고 있을까?

⑻ 바다는 지구 전체의 기후에 큰 영향을 미친다. 바다는 우리가 배출하는 이산화탄소를 흡수하고, 지구를 감싸고 있는 대기와의 상호 작용을 통해 지구 전체의 기후를 일정하게 유지하게 한다.

⑼ 그리고 바다는 다양한 바다 생물에게 서식지를 제공해 주고 있다. 바다에는 육지보다 훨씬 다양한 생물이 살고 있으며 그 수도 엄청나다. 이러한 바다의 막대한 생물 자원은 인류에게는 없어서는 안 될 중요한 자산이다. 예를 들어 최근에 가장 각광을 받고 있는 것이 크릴새우인데, 전 세계 식량 자원이 대부분 1억톤에 그치고 있는 것에 비해, 이 크릴새우는 10~50억 톤이나 된다. 또한 다량의 필수 영양소 및 질병 예방 성분을 함유하고 있어 인류의 미래 식량 자원으로 꼽히고 있다.

⑽ 지금까지 바다가 우리에게 주는 혜택에 대해 알아보았다. 바다는 지구 전체의 기후를 일정하게 유지하고, 다양한 바다 생물에게 서식처를 제공하며, 이러한 바다 생물은 인류에게 없어서는 안 될 중요한 생물 자원이 된다.

12 윗글의 중심 내용으로 가장 적절한 것은?

① 바다는 우리에게 많은 혜택을 준다.

② 바다는 지구의 기후에 큰 영향을 미친다.

③ 바다는 바다 생물에게 서식지를 제공해 준다.

④ 바다는 인류에게 막대한 생물 자원을 제공해 준다.

11 길동의 대사 중 '아버지와 형이 있는데도 아버지를 아버지라 부르지 못하고, 형을 형이라고 부르지 못하니'를 통해 출생이 천하여 호부호형하지 못해서 갈등하고 있는 것을 추측할 수 있다.

12 ⑽의 첫 문장에서 '지금까지 바다가 우리에게 주는 혜택에 대해 알아보았다'고 언급하고 있다. ⑽는 글의 내용을 요약·정리하고 있는 결론 부분이다.

답 11.② 12.①

13 윗글의 문단 간의 관계를 설명한 것으로 적절한 것은?

① (가)는 설명 대상을 제시하고, (나)와 (다)는 대상을 구체적으로 설명한다.

② (가)와 (나)는 문제를 파악하고, (다)와 (라)는 원인을 분석한다.

③ (다)는 (나)의 내용과 반대되는 새로운 사실을 알려준다.

④ (라)는 (가), (나), (다)에서 제시한 각각의 물음에 대해 종합적으로 설명한다.

14 (다)에 사용된 설명 방법은?

① 정의   ② 분류

③ 예시   ④ 과정

━━ 정답 및 해설

13 (가)에서는 글의 소재인 '바다'에 대해 언급하며 우리가 바다에 대해 얼마나 알고 있고, 바다가 우리에게 어떤 혜택을 주고 있는지에 대해 문제를 제기한다. (나)와 (다)에서는 (가)에서 제기한 내용에 대해 설명하고 있다.

14 인류에게 없어서는 안 될 중요한 자산으로서의 바다의 막대한 생물 자원의 예로 크릴새우를 들어 설명하고 있다.

※ 글의 설명 방법

ⓐ **정의** : 어떤 말이나 사물의 뜻을 명백히 밝히는 것

　예 정삼각형은 세 변의 길이가 같고, 세 각의 크기가 같은 삼각형이다.

ⓑ **예시** : 구체적인 예를 들어 설명하는 것

　예 우리나라는 발효 음식이 발달했다. 그 예로 김치와 된장이 있다.

ⓒ **비교·대조** : 어떤 대상을 다른 것과의 공통점(비교)과 차이점(대조)을 들어 설명하는 것

　예 영화는 스크린에서 상연된다는 점에서 무대에서 공연하는 연극과 다르지만, 관객 앞에서 펼쳐지는 점은 서로 같다.

ⓓ **분류** : 유사한 것끼리 묶는 것

　예 향가, 고려 가요, 시조 등은 고전시가에 속한다.

ⓔ **분석** : 얽혀 있거나 복잡한 구조를 개별적인 부분이나 성질로 나누어 체계적으로 설명하는 것

　예 곤충은 머리, 가슴, 배의 세 부분으로 나눌 수 있다.

ⓕ **열거** : 여러 가지 사례들을 나열하는 것

　예 태양계에는 수성, 금성, 지구, 화성, 목성, 토성, 천왕성, 해왕성이 있다.

ⓖ **인과** : 원인과 결과를 관련지어 설명하는 것

　예 나트륨은 수분을 끌어당겨 흡수하는 성질이 있다. 짜게 먹으면 물을 많이 마시게 되는 것도 바로 이 때문이다.

답 13.① 14.③

[15 ~ 18] 다음 글을 읽고 물음에 답하시오.

맹 진사 : (소리를 낮춰) 자, 참봉. 이거 좀 뜯어고쳐! 어서! 쥐도 새도 모르게 감쪽같이 뜯어고치잔 말야.

박 참봉 : 아니, 영감마님 족보를 말씀입니까?

맹 진사 : 족보란 가끔 그런 게야! 그런데 제일 높은 감투가 뭔지 알겠나?

박 참봉 : 그야 상감마마 담엔 영의정입죠.

맹 진사 : 틀림없겠지?

박 참봉 : 틀림없습니다.

맹 진사 : 그럼 6대조는 영의정이다.

박 참봉 : (역시 소리를 낮춰) 그렇게 단번에 뛰어오를 수야 있습니까? 차근차근 질서 정연하게 단계적으로 승차하셔야죠!

맹 진사 : 그렇던가? 그럼…… 포도대장 쪽에서부터 시작을 해 볼까?

박 참봉 : 지당하옵니다. (족보에 적는다.)

맹 진사 : 7대조는? 평안 감사쯤이 어떨까?

박 참봉 : 제일 실속 있는 감투입죠! (신이 나서 적어 넣는다.)

맹 진사 : 8대조는?

박 참봉 : (거침없이) 성균관 대제학! 제가 한자리했으면 하는 감투입죠! (적는다.)

맹 진사 : (약간 불안하여) 영의정은 아직 멀었는가?

박 참봉 : (묵살하고) 9대조는 좌의정…….

맹 진사 : 10대조는?

박 참봉 : (혼잣말로) 이쯤 되면 무방하겠지! 에이, 모르겠다. 영의정 줬다! (족보에 적어 넣고 자신만만해서 보여 준다.) 어떻습니까?

맹 진사 : ㉠호랑이의 날개로군? 헛, 헛……. (한번 훑어보고) 자, 그럼 어서 마저 적어 넣게! 진사 태량의 사위로 판서 김치정의 장남 미언, 미언의 이름을 내 아랫대에 적어 넣는단 말야!

　　　　　　　　　　　　　　　　　　　　　　　　　　　　– 오영진, 「맹 진사 댁 경사」 –

15 위와 같은 희곡에 대한 설명으로 적절하지 않은 것은?

① 시간과 공간의 제약을 받는다.

② 무대에서 상연하는 것을 전제로 한다.

③ 사건은 서술자의 눈을 통해 전개된다.

④ 대사와 지시문을 통해 인물의 성격을 드러낸다.

▬▬ 정답 및 해설

15 ③ 사건은 등장인물의 행동과 대사를 통해 전개된다.

답 15.③

16 윗글의 중심 사건으로 적절한 것은?

① 족보를 고치는 일   ② 벼슬을 사고 파는 일
③ 높은 벼슬에 오르는 일   ④ 미언을 족보에 올리는 일

17 박 참봉에 대한 설명으로 적절한 것은?

① 맹 진사의 앞날을 걱정한다.
② 맹 진사의 가문을 부러워한다.
③ 맹 진사의 말에 비위를 맞춘다.
④ 맹 진사의 희생을 안타까워 한다.

18 맹 진사의 입장에서 ㉠의 의미를 바르게 풀이한 것은?

① 노력해도 안 되는 일이 있다.
② 좋은 일 위에 좋은 일이 더해진다.
③ 위험한 일을 당하여 몹시 당황한다.
④ 타인의 다툼에 제삼자가 이익을 얻는다.

▶ 정답 및 해설

16 맹 진사가 박 참봉을 시켜 족보를 고치고 있다.

17 박 참봉은 처음에 족보를 뜯어고치자는 말을 들었을 때 한 번 되물었을 뿐, 후에는 맹 진사의 말에 비위를 맞추며 족보를 고치고 있다.

18 범에게 날개(호랑이의 날개) … 힘이 세고 사나운 범이 날개까지 돋쳐 하늘을 날게 되었으니 아무것도 무서울 것이 없게 되었다는 뜻으로, 힘이나 능력이 있는 사람이 더욱 힘을 얻게 된 경우를 비유적으로 이르는 말이다.

답 16.① 17.③ 18.②

[19 ~ 21] 다음 글을 읽고 물음에 답하시오.

신문이 진실을 보도해야 한다는 것은 새삼스러운 설명이 필요 없는 당연한 이야기이다. 정확한 보도를 하기 위해서는 문제를 전체적으로 보아야 하고, 역사적으로 새로운 가치의 편에서 봐야 하며, 무엇이 근거이고, 무엇이 조건인가를 명확히 해야 한다고 했다. 그런데 이러한 ㉠준칙을 강조하는 것은 기자들의 기사 작성 기술이 미숙하기 때문이 아니라, 이해관계에 따라 특정 보도의 내용이 달라지기 때문이다. 자신들에게 ㉡유리하도록 기사가 보도되게 하려는 외부 세력이 있으므로 진실 보도는 일반적으로 수난의 길을 걷게 마련이다. 양심적이고자 하는 언론인이 때로 형극[1]의 길과 ㉢고독의 길을 걸어야 하는 이유가 여기에 있다.

신문은 스스로 자신들의 임무가 '사실 보도'라고 말한다. 그 임무를 다하기 위해 신문은 자신들의 이해관계에 따라 진실을 ㉣왜곡하려는 권력과 이익 집단, 그 구속과 억압의 논리로부터 자유로워야 한다.

– 송건호, 「신문과 진실」 –

1) 형극(荊棘) : 나무의 온갖 가시. 고난이나 장애 등을 비유하여 이르는 말.

19 위와 같은 글을 읽는 방법으로 가장 적절한 것은?

① 등장인물의 심리 변화를 파악한다.
② 글쓴이의 의견을 비판 없이 수용한다.
③ 주장에 대한 근거가 타당한지 파악한다.
④ 일어난 사건 중심으로 줄거리를 요약한다.

20 윗글에서 글쓴이가 궁극적으로 말하고자 하는 것은?

① 양심적인 언론인은 기사 작성 기술이 뛰어나야 한다.
② 신문은 이해관계에서 벗어나 진실을 보도해야 한다.
③ 역사적으로 새로운 가치의 편에서 문제를 봐야 한다.
④ 정확한 보도를 위해 근거와 조건을 명확히 해야 한다.

▶ 정답 및 해설

19 제시된 글은 논설문이다. 논설문은 글쓴이의 주장이 타당한지 비판해가면서 읽는다.

20 글쓴이는 신문이 자신들의 이해관계에 따라 진실을 왜곡하려는 권력과 이익 집단, 그 구속과 억압의 논리로부터 자유로워야 하며, 궁극적으로 진실을 보도할 수 있어야 한다고 주장한다.

답 19.③ 20.②

21 ㉠~㉣의 뜻풀이로 옳지 <u>않은</u> 것은?

① ㉠ 준칙 : 실제로 있는 일.

② ㉡ 유리 : 이익이 있음.

③ ㉢ 고독 : 매우 외롭고 쓸쓸함.

④ ㉣ 왜곡 : 사실과 다르게 해석하거나 그릇되게 함.

[22~25] 다음 글을 읽고 물음에 답하시오.

㉠<u>막내의 담임 선생님</u>은 마흔 남짓한 남자 분이신데 무슨 깊은 병환으로 입원을 하셔서 한 두어 달 학교를 쉬시게 되었다. 그렇게 되자 학교에서는 막내의 반 아이들을 이 반 저 반으로 나누어 붙였다. 그러니까 막내의 반은 하루아침에 해체되고 반 아이들은 뿔뿔이 헤어지게 된 것이다.

그런데 배치해 주는 대로 가 보니 ㉡<u>그 반 아이들의 괄시가 말이 아니었다.</u> 그런 괄시를 받을 때마다 옛날의 자기 반이 그리웠다. 선생님을 졸졸 따라 소풍 가던 일, 운동회에서 다른 반 아이들과 당당하게 겨루던 일, 이런저런 자기 반의 아름다운 역사가 안타깝게 명멸1)하는 것이다. 때로는 편찮으신 선생님이 너무 보고 싶어서 길도 잘 모르는 병원도 찾아갔다.

그러는 동안에 아이들은 선생님이 다 나으셔서 오실 때까지 우리 기죽지 말자 하며 서로서로 격려하게 되었고, 이런 기운이 팽배2)해지자 이른바 간부였던 아이들은 자기네의 사명을 깨닫게 되었다. 그래서 몇 아이들이 우리 집에 모였던 것이고, 그 기죽지 않을 방법으로 채택된 것이 야구 대회를 주최하여 우승을 차지하는 것이었다.

연습은 참으로 피나는 것이었다. 배 속에서 쪼르륵거리는 소리가 나도 누구 하나 배고프다는 말을 하지 않았다. 연습이 끝나면 또 작전 계획을 세우고 검토했다. 그러느라면 어느새 하늘에 푸른 별이 떴다.

그리하여 마침내 결승전에 진출했다. ㉢<u>이 반 저 반으로 헤어진 반 아이들은 예선부터 한 사람 빠짐없이 응원에 나섰다.</u> 그 응원의 외침은 차라리 처절한 것이었다. 그러나 열광의 도가니처럼 들끓던 결승전에서 그만 패하고 만 것이다.

㉮ <u>"아빠, 우린 해야 돼. 다음 번엔 우승해야 돼. 선생님이 다 나으실 때까지 우린 누구 하나도 기죽을 수 없어."</u>

막내는 이야기를 마치면서 이렇게 말했다. 나는 아무 말도 하지 못했다. 무슨 망국민의 독립 운동사라도 읽는 것처럼 감동 비슷한 것이 가슴에 꽉 차 오는 것 같았다. 학교라는 데는 단순히 국어, 수학이나 가르치는 데가 아니구나 하는 생각도 들었다.

이튿날 밤 ㉣<u>나는 늦게 돌아오는 막내의 방망이를 미더운 마음으로 소중하게 받아 주었다.</u> 그때도 막내와 그 애의 친구 애들의 초롱초롱한 눈 같은 맑고 푸른 별이 두어 개 하늘에 떠 있었다. 나는 그때처럼 맑고 푸른 별을 일찍이 본 일이 없다.

– 정진권, 「막내의 야구 방망이」 –

1) 명멸 : 나타났다 사라졌다 함.

2) 팽배 : 기세가 매우 거세게 일어남.

■■■ 정답 및 해설

21 ① 준칙 : 준거할 기준이 되는 규칙이나 법칙

답 21.①

22 윗글을 쓴 의도로 적절한 것은?

① 경험을 통해 깨달은 것을 표현하기 위해

② 자신의 의견을 논리적으로 주장하기 위해

③ 사실적 정보를 객관적으로 알려주기 위해

④ 인물의 일생을 기록하여 교훈을 주기 위해

23 막내의 마음으로 적절하지 않은 것은?

① 같은 반 친구들을 격려하는 마음

② 야구 경기에서 우승하고 싶은 마음

③ 옛날의 자기 반을 그리워하는 마음

④ 우승한 야구팀에 들어가고 싶은 마음

24 ㉮를 듣고 '나'가 막내에게 해줄 수 있는 격려의 말로 적절한 것은?

① 실력이 없어서 진 걸 누구 탓을 하겠니?

② 다음에는 우리 가족을 위해 우승하길 바랄게.

③ 선생님이 편찮으신 건 네가 어쩔 수 없는 일이야.

④ 친구들과 노력하면 다음에는 꼭 우승할 수 있을 거야.

25 ㉠~㉣ 중 망국민과 처지가 비슷한 것은?

① ㉠   ② ㉡

③ ㉢   ④ ㉣

━━▶ 정답 및 해설

22 제시된 글은 수필이다. 수필은 일정한 형식을 따르지 않고 인생이나 자연 또는 일상생활에서의 느낌이나 체험을 생각나는 대로 쓴 산문 형식의 글이다.

23 막내와 친구들은 옛날의 자기 반이 그립고 뿔뿔이 헤어진 반 친구들을 격려하는 마음에서 야구 대회를 주최하였고 우승을 하고 싶어 했다.

24 뿔뿔이 헤어진 반 친구들이 다른 반 아이들의 괄시에도 기죽지 않기 위해 반드시 우승을 해야 한다는 막내의 마음을 헤아려, 다음번에는 반드시 우승을 할 수 있을 것이라고 격려의 말을 해주는 것이 적절하다.

25 '망국민'은 망하여 없어진 나라의 백성을 말한다. ㉢'이 반 저 반으로 헤어진 반 아이들'의 처지가 마치 망국민과 비슷하다고 할 수 있다.

답 22.① 23.④ 24.④ 25.③

1 24를 소인수분해하면?

① 4×9

② 2×3^2

③ $2^3 \times 3$

④ $2^2 \times 3 \times 5$

2 $(+2) + (-7)$을 계산하면?

① -5

② -3

③ 5

④ 9

3 일차방정식 $3x - 2 = 4$를 풀면?

① $x = 1$

② $x = 2$

③ $x = 3$

④ $x = 4$

▬▬▶ 정답 및 해설

1 ③ 소인수분해란 자연수를 소수들만의 곱으로 나타내는 것이므로
24를 소인수 분해하면 $2 \times 2 \times 2 \times 3$, 즉 $2^3 \times 3$이 된다.

2 $(+2) + (-7) = 2 - 7 = -5$

3 $3x - 2 = 4$에서 상수항을 이항하면,
$3x = 4 + 2$
$3x = 6$ ∴ $x = 2$

🔁 1.③ 2.① 3.②

4 좌표평면 위의 점 P의 좌표는?

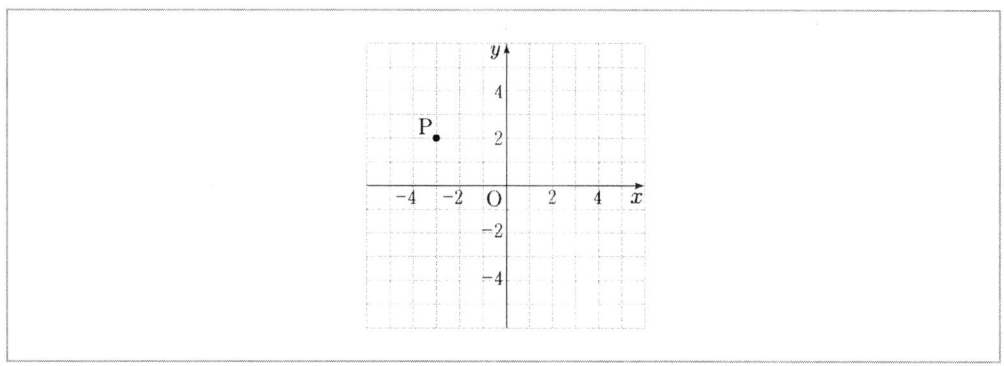

① $P(3,\ 2)$

② $P(-3,\ 2)$

③ $P(-2,\ -3)$

④ $P(2,\ -3)$

4 ② P는 x축으로 -3만큼, y축으로 2만큼 이동한 점이다.

※ **좌표평면** … 두 수직선이 원점 O에서 서로 수직으로 만날때 가로 수직선을 x축, 세로 수직선을 y축이라 하며, 이 두 축을 통틀어 좌표축이라고 한다. 이때 좌표축이 그려진 평면을 좌표평면이라고 하고, 두 좌표축의 교점O를 원점이라고 한다.

답 4.②

5 그림은 방학 동안 학생들이 실시한 봉사 활동 시간을 조사하여 히스토그램으로 나타낸 것이다. 봉사 활동을 15시간 이상 18시간 미만으로 실시한 학생 수는?

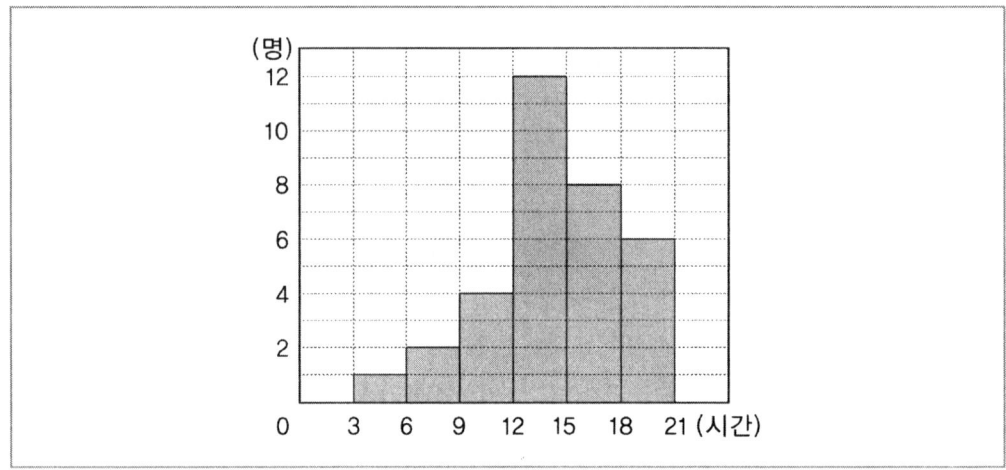

① 4명 ② 6명
③ 8명 ④ 12명

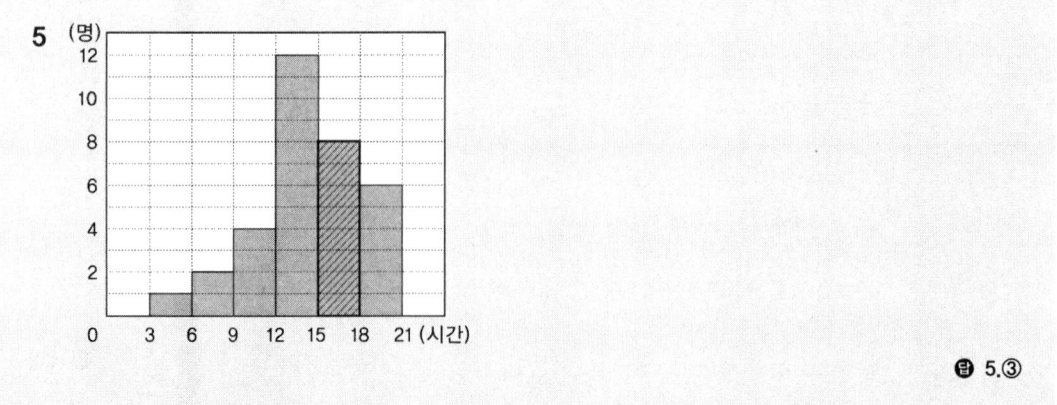

답 5.③

6 그림과 같이 원 O에서 $\angle AOB = 120°$, $\angle COD = 30°$, $\widehat{CD}$의 길이는 일 때, $4cm$의 값은?

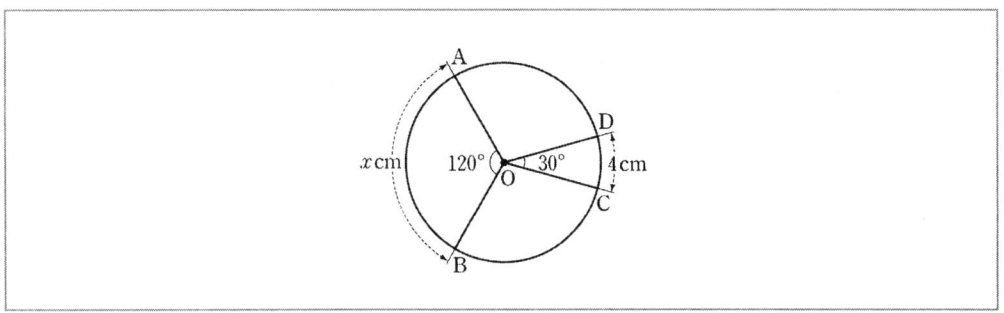

① 16

② 18

③ 20

④ 22

7 $2a \times 5a^2$을 간단히 하면?

① $2a^2$

② $5a^2$

③ $7a^3$

④ $10a^3$

6 ① 부채꼴 호의 길이는 중심각의 크기에 정비례하므로 x의 길이는 16cm가 된다.

7 $2a \times 5a^2 = (2 \times 5)a^{(1+2)} = 10a^3$

※ 지수법칙

㉠ $a^m \times a^n = a^{m+n}$

㉡ $(a^m)^n = a^{mn} = (a^n)^m$

㉢ $(ab)^n = a^n b^n$

㉣ $\left(\dfrac{b}{a}\right)^n = \dfrac{b^n}{a^n}$

정 6.① 7.④

8 연립방정식 $\begin{cases} 3x + 2y = 7 \\ x - 2y = 5 \end{cases}$ 를 풀면?

① $x = 1,\ y = -3$ ② $x = 3,\ y = -1$

③ $x = 3,\ y = 2$ ④ $x = 5,\ y = -1$

9 일차부등식 $x + 2 < 3$의 해를 수직선 위에 나타내면?

8 $3x + 2y = 7$
$\underline{\ )\ x - 2y = 5}$
$4x\quad\ = 12\qquad \therefore x = 3$
이것을 대입해 보면
$3 - 2y = 5\ \ \therefore y = -1$

9 $x + 2 < 3$ 식을 정리하면
$x < 3 - 2,\ x < 1$
$a > 0$이므로 $x < 1$
※ 부등식 $ax > b$의 풀이

  ㉠ $a > 0$일 때 : $x > \dfrac{b}{a}$

  ㉡ $a < 0$일 때 : $x < \dfrac{b}{a}$

  ㉢ $a = 0$일 때
    • b가 0보다 크거나 같으면 해가 없다.
    • $b < 0$이면 해는 모든 실수이다.

답 8.② 9.③

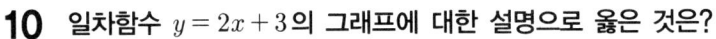

10 일차함수 $y = 2x + 3$의 그래프에 대한 설명으로 옳은 것은?

① 기울기가 3이다.

② y절편이 2이다.

③ 점 $(-1, 1)$을 지난다.

④ 제4사분면을 지난다.

11 빨간 구슬 1개와 파란 구슬 2개가 들어 있는 주머니가 있다. 이 주머니에서 임의로 한 개를 꺼낼 때, 파란 구슬이 나올 확률은?

① $\dfrac{1}{4}$

② $\dfrac{1}{3}$

③ $\dfrac{1}{2}$

④ $\dfrac{2}{3}$

▄▄▄▶ 정답 및 해설

10 ① 기울기는 2이다.

② y절편은 3이다.

④ 제2사분면을 지난다.

11 ④ 총 3개의 구슬 중에 파란 구슬 2개를 뽑을 확률이므로 $\dfrac{2}{3}$가 된다.

🅐 10.③ 11.④

12 그림과 같이 이등변삼각형 ABC에서 꼭지각 A의 이등분선과 밑변 BC와의 교점을 D라 하자. $\overline{BC} = 10cm$일 때, $\overline{BD}$의 길이는?

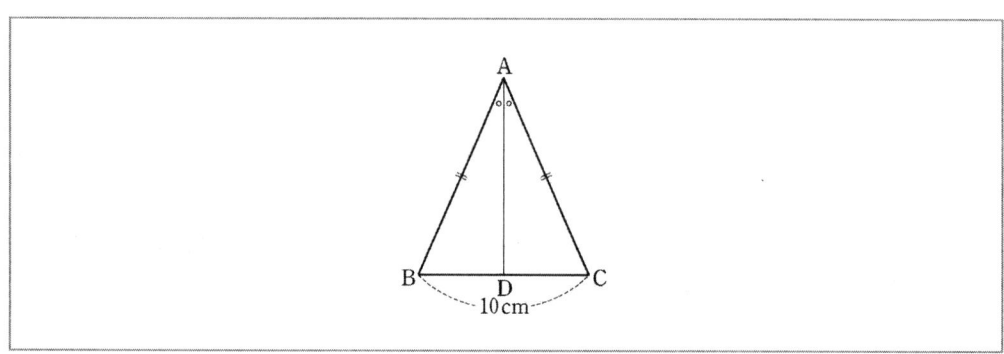

① $5cm$　　　　　　　　　　　② $6cm$

③ $7cm$　　　　　　　　　　　④ $8cm$

13 그림에서 $\square ABCD \backsim \square EFGH$이고, $\overline{BC} = 4cm$, $\overline{FG} = 8cm$이다. $\square ABCD$의 넓이가 $12cm^2$일 때, $\square EFGH$의 넓이는?

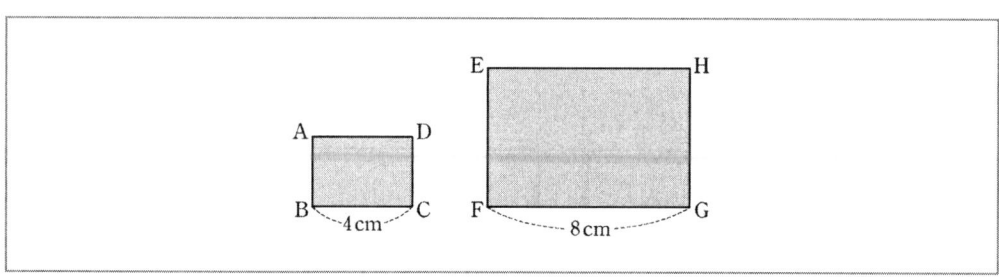

① $16cm^2$　　　　　　　　　　② $24cm^2$

③ $36cm^2$　　　　　　　　　　④ $48cm^2$

▶▶ 정답 및 해설

12 ① $\overline{AD}$는 $\overline{BC}$를 수직이등분하는 선이므로 $\overline{BD}$의 길이는 5cm가 된다.

13 $\square$ABCD의 넓이가 12㎠이므로 $\overline{AB} = 3$
　　$\overline{EF}$를 x라 하면 두 삼각형의 닮음에 의해
　　$3:4 = x:8$　$\therefore x = 6$
　　$\square$EFGH의 넓이는
　　$6 \times 8 = 48$㎠

답 12.① 13.④

14 $\sqrt{12}$ 를 $a\sqrt{b}$ 의 꼴로 나타내면?

① $2\sqrt{2}$
② $2\sqrt{3}$
③ $3\sqrt{2}$
④ $3\sqrt{3}$

15 다항식 $x^2 - 4$를 인수분해하면?

① $(x+2)^2$
② $(x-2)^2$
③ $(x+2)(x-2)$
④ $(x+1)(x-4)$

16 이차방정식 $x^2 - 7x + 10 = 0$을 풀면?

① $x=2$ 또는 $x=5$
② $x=2$ 또는 $x=-5$
③ $x=-2$ 또는 $x=5$
④ $x=-2$ 또는 $x=-5$

■■■ 정답 및 해설

14 $\sqrt{12}$ 는 $\sqrt{2 \times 2 \times 3}$ 이므로
$2\sqrt{3}$ 으로 나타낼 수 있다.

15 $x^2 - 4$는 $x^2 - 2^2$ 이므로 $(x+2)(x-2)$가 된다.
 ※ 곱셈공식
  ㉠ 완전제곱식
   • $(a+b)^2 = a^2 + 2ab + b^2$ →합의 제곱
   • $(a-b)^2 = a^2 - 2ab + b^2$ →차의 제곱
  ㉡ 합과 차의 곱 : $(a+b)(a-b) = a^2 - b^2$
  ㉢ x의 계수가 1인 두 일차식의 곱 : $(ax+b)(cx+d) = acx^2 + (ad+bc)x + bd$

16 $x^2 - 7x + 10 = 0$에서 좌변을 인수분해 하면
$(x-2)(x-5) = 0$이므로 $x=2$ 또는 $x=5$가 된다.

답 14.② 15.③ 16.①

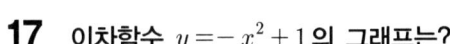

17 이차함수 $y = -x^2 + 1$의 그래프는?

①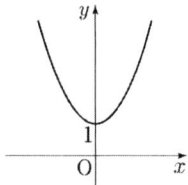

②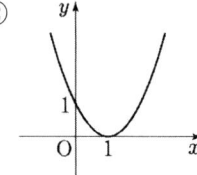

③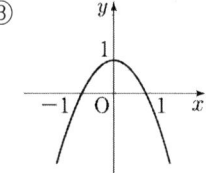

④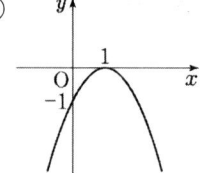

17 ③ 이차함수 $y = -x^2 + 1$은 $y = -x^2$의 그래프를 y축의 방향으로 1만큼 평행이동한 것으로 점 $(0, 1)$을 꼭짓점으로 하는 위로 볼록한 포물선이다.

※ 이차함수 $y = ax^2 + q$의 성질

  ㉠ $a > 0$일 때 아래로 볼록하고, $a < 0$일 때 위로 볼록하다.

  ㉡ 이차함수 $y = ax^2$의 그래프를 y축의 방향으로 q만큼 평행이동한 것과 같다.

  ㉢ 직선 $x = 0$, 즉 y축을 축으로 하고 점 $(0, q)$를 꼭짓점으로 하는 포물선이다.

답 17.③

18 그림과 같이 $\angle B = 90°$이고, $\overline{AB} = 4cm$, $\overline{BC} = 3cm$인 직각삼각형 ABC에서 $\overline{AC}$를 한 변으로 하는 정사각형 $ACDE$의 넓이는?

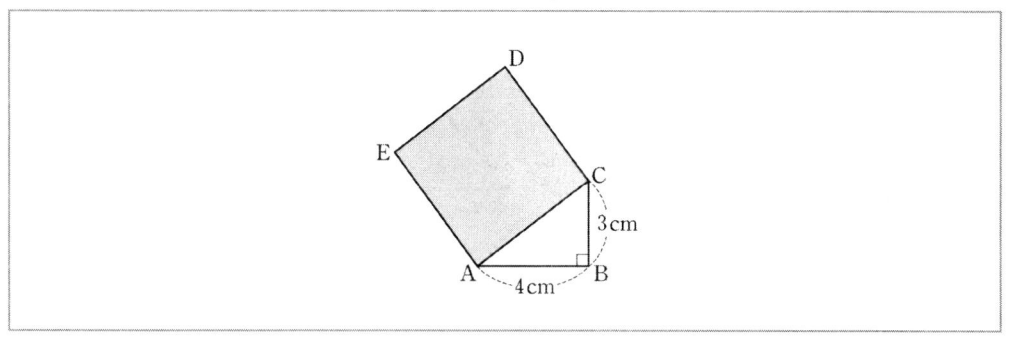

① $12cm^2$

② $16cm^2$

③ $20cm^2$

④ $25cm^2$

18 다음과 같이 빗변의 길이가 c인 직각삼각형에서 $c^2 = a^2 + b^2$이다.

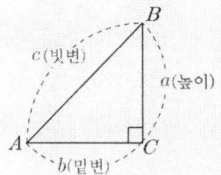

$4^2 + 3^2 = (\overline{AC})^2$이므로 따라서 $\overline{AC}$의 길이는 5cm이다.

□ACDE는 정사각형이라 하였으므로 넓이는

$5 \times 5 = 25㎠$이 된다.

답 18.④

19 그림과 같이 $\angle B = 90°$인 직각삼각형 ABC에서 $\sin A$의 값은?

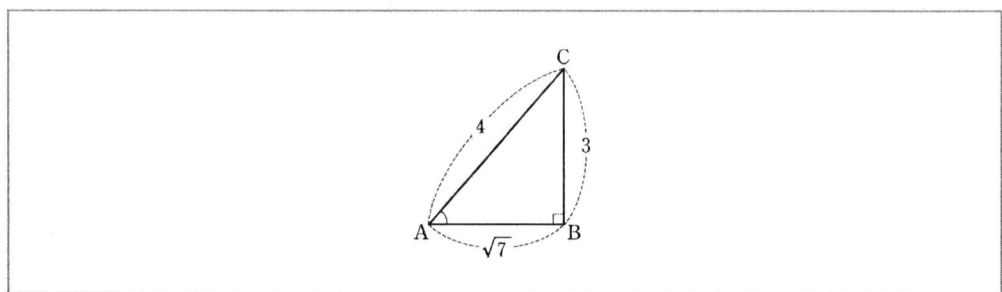

① $\dfrac{\sqrt{7}}{4}$

② $\dfrac{3}{4}$

③ $\dfrac{\sqrt{7}}{3}$

④ $\dfrac{4}{3}$

20 그림과 같이 원 O에서 $\angle AOB = 100°$일 때 $\angle x$의 크기는?

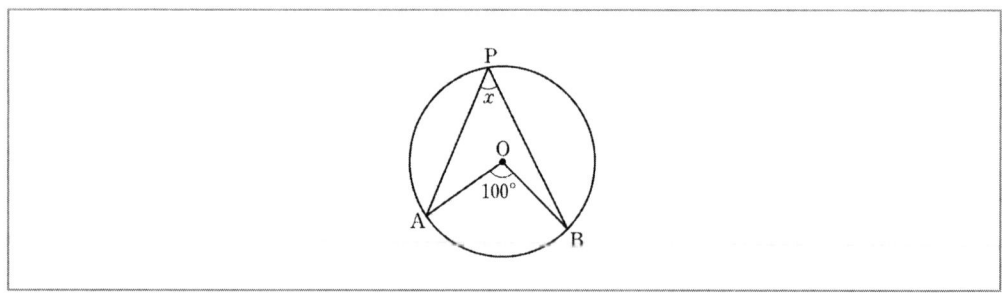

① $40°$

② $50°$

③ $60°$

④ $70°$

■ 정답 및 해설

19 ② $\sin A = \dfrac{높이}{빗변} = \dfrac{a}{c}$ 이므로 $\dfrac{3}{4}$ 이 된다.

※ 삼각비의 종류

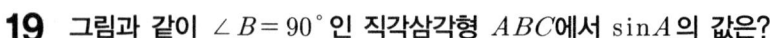

• $\sin A = \dfrac{높이}{빗변} = \dfrac{a}{c}$

• $\cos A = \dfrac{밑변}{빗변} = \dfrac{b}{c}$

• $\tan A = \dfrac{높이}{밑변} = \dfrac{a}{b}$

20 ② 원주각의 크기는 중심각의 절반이므로 $\angle x$의 크기는 $50°$ 가 된다.

답 19.② 20.②

1 다음 단어들을 모두 포함할 수 있는 것은?

farmer teacher artist doctor

① job
③ color
② food
④ month

2 두 단어의 관계가 나머지 셋과 다른 것은?

① rich – poor
③ big – large
② long – short
④ old – young

━━ 정답 및 해설

1 farmer 농부 teacher 선생님 artist 예술가 doctor 의사
　① 직업
　② 음식
　③ 색깔
　④ 달, 월

2 ① 부유한 – 가난한(반의관계)
　② 긴 – 짧은(반의관계)
　③ 큰 – 많은(동의관계)
　④ 늙은 – 젊은(반의관계)

답 1.① 2.③

3 대화의 빈칸에 들어갈 말로 알맞은 것은?

> A : Is this your bag?
>
> B : Yes, it _____.

① am   ② is

③ are   ④ do

4 대화의 빈칸에 들어갈 말로 알맞은 것은?

> Minho: Hi, Yuna. This is my friend, Sally.
>
> Yuna : _____.
>
> Sally : Nice to meet you, too.

① I'm Minho   ② Nice to meet you

③ Fine, thanks   ④ Sorry to hear that

5 대화에서 알 수 있는 서울의 현재 날씨는?

> A : How's the weather in Seoul?
> B : It's sunny now.

①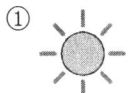

②

③

④

6 대화의 빈칸에 들어갈 말로 알맞은 것은?

> A : Do you have a brother?
> B : Yes, I do.
> A : What's _____ favorite subject?
> B : He likes math.

① her   ② our

③ his   ④ your

━━━ 정답 및 해설

5 「A : 서울의 날씨는 어떤가요?
　　B : 현재 화창합니다.」

6 ③ 빈칸에는 소유격이 와야 한다.
　　「A : 너 동생있니?
　　B : 응, 있어.
　　A : 걔가 가장 좋아하는 과목은 뭐야?
　　B : 그 애는 수학을 좋아해.」

답 5.① 6.③

7 다음 글에서 설명하는 'I'로 알맞은 것은?

> I can fly. But I am not an animal. I can carry people to other places. Who am I?

① 새

② 말

③ 기차

④ 비행기

8 빈칸에 들어갈 말로 알맞은 것은?

> They _____ fishing yesterday.

① go

② went

③ will go

④ are going

9 다음 글에서 'I'가 방과 후에 한 일이 아닌 것은?

> I went to the library after school. I read books and did my homework there.

① 책 읽기

② 숙제하기

③ 영화 보기

④ 도서관 가기

■■■ 정답 및 해설

7 「나는 날 수 있습니다. 하지만 동물은 아니에요. 나는 사람들을 싣고서 다른 지역으로 이동할 수 있습니다. 나는 누구일까요?」

8 ② 과거를 의미하는 단어 yesterday가 있으므로 과거형 동사를 사용해야 한다.
「그들은 어제 낚시하러 갔다.」

9 「나는 하교 후 도서관에 갔다. 나는 책을 읽고 숙제를 했다.」

정답 7.④ 8.② 9.③

10 대화에서 묘사하고 있는 인물로 알맞은 것은?

> A : What does she look like?
>
> B : She has long and curly hair. She's wearing glasses.

①  ②

③  ④

11 대화의 주제로 알맞은 것은?

> A : What kind of club do you want to join?
>
> B : I want to join the tennis club. How about you?
>
> A : I will join the science club.

① 시험 준비　　　　　　② 생일 파티

③ 가족 소개　　　　　　④ 동아리 가입

■■■ 정답 및 해설

10 「A : 그녀는 어떻게 생겼어요?
　　B : 그녀는 긴 곱슬머리에요. 안경을 쓰구 있구요.」

11 「A : 너는 어떤 동아리에 가입하길 원하니?
　　B : 나는 테니스 동아리에 가입하고 싶어. 너는?
　　A : 나는 과학 동아리에 가입할거야.」

답 10.①　11.④

12 대화에서 A가 가려고 하는 장소로 알맞은 것은?

A : Excuse me, but I'm looking for a _____.

B : Go straight one block and turn left.

　It's on your right.

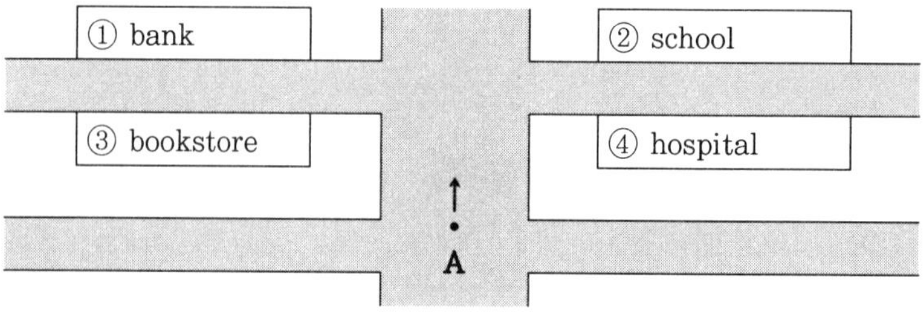

| ① bank | ② school |
| ③ bookstore | ④ hospital |

↑
· A

13 대화의 빈칸에 공통으로 들어갈 말로 알맞은 것은?

A : _____ often do you go to the movies?

B : Once a month.

A : _____ do you usually go there?

B : By bus.

① How　　　　　　　　② What

③ When　　　　　　　　④ Which

14 그림 속 Tom의 행동을 표현한 것으로 알맞은 것은?

① Tom is watching TV.　　② Tom is washing a car.

③ Tom is playing baseball.　　④ Tom is listening to music.

15 다음 글을 쓴 목적으로 알맞은 것은?

Dear Dad,

Thank you for the guitar you gave me on my birthday. I will play it for you someday.

Thank you.

① 감사　　　　　　　　② 초대

③ 조언　　　　　　　　④ 권유

▨▨▨ 정답 및 해설

14 ① 톰은 텔레비전을 보고 있다.
　　② 톰은 세차를 하고 있다.
　　③ 톰은 야구를 하고 있다.
　　④ 톰은 음악을 듣고 있다.

15 ① 아버지께 감사하는 마음을 표현하는 편지글이다.
　　「아버지께,
　　　제 생일에 기타 선물해주셔서 감사합니다. 언젠가 아버지를 위해서 연주할거에요. 감사합니다.」

답 14.② 15.①

16 메모에서 엄마가 부탁한 일이 아닌 것은?

> **Things to do :**
> * Water the flowers.
> * Clean your room.
> * Feed the dog.
>   From Mom

① 꽃 물주기   ② 방 청소하기
③ 개 먹이주기   ④ 동생 돌보기

17 글쓴이의 심경으로 가장 알맞은 것은?

> My family went camping. We sang songs together and saw many stars in the sky. It was a wonderful night. I was very happy.

① 슬픔   ② 외로움
③ 당황함   ④ 행복함

18 다음 글의 제목으로 알맞은 것은?

I have a cute dog. Her name is Pipi. She is two years old. She has big eyes and long ears. She looks like a rabbit.

---

① My Dad   ② My Pet

③ My Dream   ④ My School

19 빈칸에 공통으로 들어갈 말로 알맞은 것은?

• I am good _____ cooking.

• I go to bed 10 o᾽clock.

---

① of   ② up

③ at   ④ to

■▶ 정답 및 해설

18 ① 나의 아빠
② 나의 애완동물
③ 나의 꿈
④ 나의 학교
「나는 귀여운 강아지가 있습니다. 그녀의 이름은 Pipi에요. 그녀는 두살이에요. 그녀는 큰 눈과 긴 귀를 갖고 있어요. 그녀는 마치 토끼같아 보여요.」

19 be good at ~에 능숙하다
③ 시각, 시점 등을 나타낼 때는 전치사 at을 쓴다.
「• 나는 요리를 잘한다.
• 나는 10시에 자러간다.」

답 18.② 19.③

20 주어진 말에 이어질 대화의 순서로 알맞은 것은?

> Are you ready to order?

> (A) To go.
> (B) Yes. Two hamburgers, please.
> (C) For here or to go?

① (A) − (B) − (C)　　　　② (B) − (C) − (A)
③ (C) − (B) − (A)　　　　④ (C) − (A) − (B)

21 다음 안내 방송을 들을 수 있는 장소로 알맞은 것은?

> Welcome to Kim's Fruit Store! Apples and oranges are 30% off today. Enjoy your shopping!

① 도서관　　　　② 박물관
③ 수영장　　　　④ 과일가게

22 다음 글의 주제로 알맞은 것은?

> We have four seasons in Korea. Spring begins in March. It is warm. In summer it is hot. It is cool in fall. In winter it is cold and snowy.

① 한국의 공휴일　　　　② 한국의 대도시
③ 한국의 사계절　　　　④ 한국의 전통문화

▬▬▶ 정답 및 해설

20 「주문하시겠어요?
　　(B) 네, 햄버거 두개 주세요.
　　(C) 여기서 드시나요 아니면 가지고 가시나요?
　　(A) 가져갈게요.」

21 「킴스 과일가게에 오신것을 환영합니다. 오늘 사과와 오렌지를 30% 할인합니다. 즐거운 쇼핑되십시오!」

22 「우리 한국에는 4계절이 있어. 봄은 3월에 시작해. 따뜻하지. 여름은 무척 더워. 가을은 시원하지. 겨울은 춥고 눈이 와.」

답 20.② 21.④ 22.③

23 표지판이 의미하는 것으로 알맞은 것은?

① Do not swim.

② Do not smoke.

③ Do not ride a bike.

④ Do not take pictures.

24 다음 상황에서 David에게 할 수 있는 말로 알맞은 것은?

> Your friend, David, asks you to help him. But you can't help him because you are very busy now. What would you say to him?

① I think so.

② I'm sorry, but I can't.

③ You're right.

④ Thank you very much.

25 다음 글 바로 뒤에 이어질 내용으로 가장 알맞은 것은?

> Many people like climbing mountains these days. But sometimes climbing can be dangerous. Here are some tips for a safe climbing.

① 산과 바다의 차이점   ② 다양한 스포츠 활동
③ 취미 활동의 필요성   ④ 안전한 등산을 위한 조언

━━ 정답 및 해설

25 「오늘날 많은 사람들이 등산하는 것을 좋아한다. 하지만 때때로 등산은 위험하다. 여기 안전한 등산을 위한 몇가지 조언이 있다.」

답 25.④

1 다음 설명에 해당하는 것은?

> • 지구의 표면에 그은 가상의 가로선
> • 적도를 기준으로 하여 남북을 각각 90°로 나눈 선

① 경선　　　　　　　　　　② 위선
③ 날짜 변경선　　　　　　　④ 본초 자오선

2 그림에 등장하는 인물이 사는 지역의 기후는?

> 기온이 낮아 농사를 짓기 어렵기 때문에 주로 고기잡이나 순록 유목을 하며 살아요.

① 열대 기후　　　　　　　　② 건조 기후
③ 온대 기후　　　　　　　　④ 한 대 기후

▬▬ 정답 및 해설

1 ① 지구의 남극과 북극을 연결하는 지표상의 가상선으로 경도를 표시할 때 사용된다.
　③ 지구상에서 날짜를 변경하기 위해 편의상 만들어 놓은 경계선
　④ 세계 표준시의 기준으로 본초자오선을 기준으로 경도 15°당 동쪽은 1시간씩 빨라지고 서쪽은 1시간씩 느려진다.

2 한대 기후의 생활 모습
　㉠ 이동을 할 때는 썰매나 스키를 이용한다.
　㉡ 기온이 낮아 농사를 짓기 어려워 유목(순록)이나 고기잡이를 한다.
　㉢ 추운 날씨 때문에 동물 가죽 등으로 된 옷을 입는다.
　㉣ 펭귄, 바다표범, 물고기 등을 잡아서 날 것으로 먹는다.
　㉤ 이누이트 족은 이글루(얼음집)을 지어 생활한다.

🅐 1.② 2.④

3 다음 설명에 해당하는 것은?

> 지각이나 맨틀의 움직임과 같은 지구 내부의 힘에 의해 형성되는 지형이다.

① 범람원   ② 삼각주

③ 선상지   ④ 용암 대지

4 다음 표어와 관계 깊은 것은?

> • 자녀에게 줄 최고의 선물은 형제입니다.
> • 아빠! 혼자는 싫어요. 엄마! 저도 동생을 갖고 싶어요.

① 저출산   ② 성비 불균형

③ 일자리 부족   ④ 노인 인구 감소

3 지형형성작용

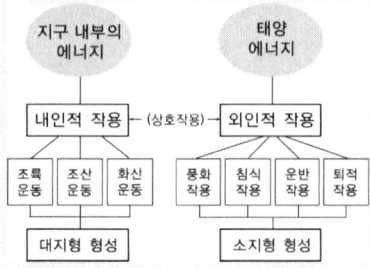

4 ① 형제나 동생을 요구하는 표어이므로 저출산과 가장 관계가 깊다.

답 3.④ 4.①

5 ㈎에 해당하는 자원으로 옳은 것을 모두 고른 것은?

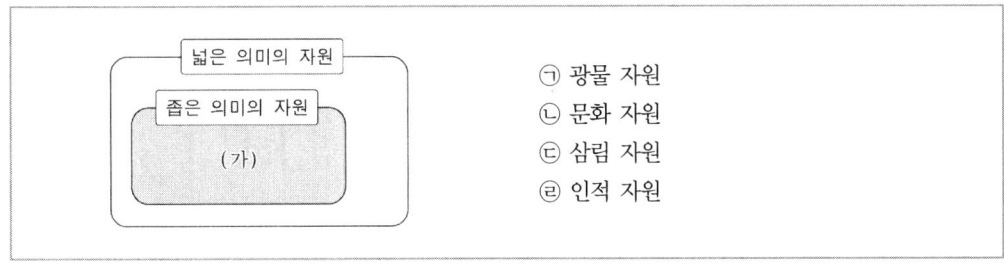

넓은 의미의 자원
좁은 의미의 자원
(가)

㉠ 광물 자원
㉡ 문화 자원
㉢ 삼림 자원
㉣ 인적 자원

① ㉠, ㉡
② ㉠, ㉢
③ ㉡, ㉣
④ ㉢, ㉣

6 다음과 같은 도시 문제가 나타나는 근본적인 원인은?

• 주택 부족
• 대기 오염
• 쓰레기 문제
• 교통 혼잡 및 체증

① 귀농
② 고령화
③ 정보화
④ 인구 집중

▶▶▶ 정답 및 해설

5 ㉡㉣ 넓은 의미의 자원이다.
　※ 자원의 의미
　　㉠ 좁은 의미의 자원 : 천연 자원
　　㉡ 넓은 의미의 자원 : 천연 자원 + 인적 자원 + 문화적 자원

6 ④ 제시된 문제들은 모두 도시에 비정상적으로 인구가 밀집되어 나타나는 인구 집중 현상에서 발생하는 것이다.

정답 5.② 6.④

7 다음 기사와 관련된 대책이 아닌 것은?

2014년 11월 ○○일   △△신문

한-중 FTA 체결 값싼 농산물 몰려와

① 농업 시설의 자동화
② 첨단 농업 기술의 개발
③ 노동 집약적 농업으로의 전환
④ 품종 개량을 통한 농업 경쟁력 강화

8 지도에 표시된 (가) 지대에 대한 설명으로 옳지 않은 것은?

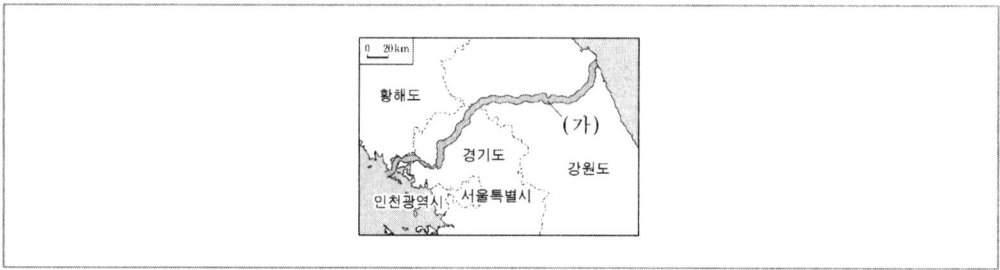

① 민간인의 출입이 자유롭지 않다.
② 1980년대에 처음으로 설정되었다.
③ 남한과 북한을 구분하는 경계가 된다.
④ 천연기념물 등 다양한 생물이 서식하고 있다.

━━ 정답 및 해설

7 ③ FTA의 체결로 가격 경쟁력이 위협받기 때문에 농가의 경쟁력 강화를 위한 대책이 마련되어야 한다. 하지만 노동 집약적 농업은 인건비의 문제와 생산성의 문제로 경쟁력을 더욱 악화시킬 수 있다.

8 ② 제시된 선은 휴전선으로 6 · 25전쟁이 1953년 7월 27일 22시에 휴전됨으로써 생긴 군사분계선이다.

🅐 7.③ 8.②

9 다음 설명에 해당하는 사회 집단은?

> 두 사람 이상이 소속감을 가지고 지속적으로 상호작용을 한다.

① 버스 승객　　　　　　　　② 학교 동아리
③ 축구장 관중　　　　　　　　④ 전시회 관람객

10 다음 중 문화에 해당하는 사례로 적절하지 않은 것은?

① 졸릴 때 하품을 한다.　　　　② 음식을 젓가락으로 먹는다.
③ 사람을 만날 때 악수로 인사한다.　　④ 일요일에는 친구들과 영화관에 간다.

11 다음에서 설명하고 있는 법은?

> • 인간다운 생활을 보장하기 위한 법
> • 노동법, 경제법, 국민연금법 등을 포함
> • 사회적 약자나 경제적 약자의 권리를 보호하기 위한 법

① 민법　　　　　　　　　　② 형법
③ 사회법　　　　　　　　　④ 행정법

▶▶▶ 정답 및 해설

9 ② 사회 조직은 특정한 목적을 달성하기 위해 의도적으로 만들어져 구성원들의 지위와 역할을 체계화하고 공식적인 규범과 절차에 따라 운영되는 사회 집단을 말하는데 학교나 기업, 정부 등이 이에 속한다. 또한 사회 조직은 다시 공식 조직과 비공식 조직으로 나눌 수 있는데, 공식 조직은 공식적인 규범과 절차에 따라 운영되는 학교, 정부, 기업 등을 말하고, 비공식 조직은 공식 조직 내에서 개인적인 취미나 관심에 따라 만들어진 조직을 말한다. 즉 회사 사람들이 마음이 맞는 몇 사람이 모여 만든 자전거 동호회나 학교 친구들끼리 만드는 동아리 등이 비공식 조직에 해당한다.

10 ① 생리적인 현상을 말한다.

11 ① 일반인의 사적 생활관계인 재산관계와 가족관계를 규율하는 법
② 어떠한 행위가 범죄로 처벌되고, 그 처분의 정도·종류를 규정한 법규
④ 국가 행정권의 조직과 작용 및 그 작용에 의하여 발생한 공권력에 의하여 국민의 권리가 침해된 때에 그 권리구제의 내용과 방법에 대하여 규정하고 있는 법
※ 법의 영역
　㉠ 사법 : 민법, 상법
　㉡ 공법 : 헌법, 행정법, 형법, 민사 소송법, 형사 소송법
　㉢ 사회법 : 노동법, 경제법, 사회 보장법

정 9.② 10.① 11.③

12 다음 설명에 해당하는 정치의 주체는?

> • 국민의 지지를 바탕으로 한 정권 획득이 목적이다.
> • 여론을 기반으로 선거 공약을 제시하고 정책에 반영한다.

① 언론　　　　　　　　　　② 정당
③ 시민 단체　　　　　　　　④ 이익 집단

13 다음 제도가 추구하는 공통적인 목적은?

> • 심급 제도　　　　　　• 사법부 독립
> • 증거 재판주의　　　　• 공개 재판주의

① 공정한 재판　　　　　　② 행정부 견제
③ 재판의 신속성　　　　　④ 사법 비용 절감

12 ① 국민의 의사 및 다양한 정보를 정부에 전달하는 역할을 하고 정책의 해설과 비판을 국민들에게 제공한다.
　　③ 국가기관 감시 및 비판, 시민 참여 및 정책을 마련하는 역할을 하며 사회문제 해결을 그 목표로 한다.
　　④ 집단 이익의 조직적 표출을 통해 정치과정에 압력을 행사하는 역할 등을 하며 특수한 이익의 실현을 그 목적으로 한다.

13 공정한 재판을 위한 제도
　　㉠ 공개 재판주의 : 재판을 공개적으로 진행하여 공정한 재판을 도모함
　　㉡ 국선변호인 제도 : 경제적 빈곤층에 대하여 국가가 변호사을 선임하여 줌으로써 충분한 자기 주장이 가능토록 함
　　㉢ 심급 제도 : 동일 사건에 대하여 3차에 걸쳐 재판을 진행 시킬 수 있도록 하므로써 공정한 재판진행
　　㉣ 증거 재판 제도 : 법관이 판결시 법과 증거 등에 따라 재판하도록함
　　㉤ 불구속 재판 원칙주의 : 원칙적으로 불구속 상태에서 재판을 받도록 함

답 12.② 13.①

14 다음 설명에 해당하는 민주정치의 기본 원리는?

> 국민의 자유와 권리를 보장하기 위하여 헌법을 제정하고, 모든 국가 기관과 국민은 헌법에 따라야 한다는 원리이다.

① 국민 주권의 원리　　　　　② 국민 자치의 원리
③ 입헌주의의 원리　　　　　④ 권력 분립의 원리

15 ㉠에 해당하는 경제 용어는?

> (㉠)은/는 제한된 소득 내에서 최대의 만족을 얻기 위해, 지출한 비용보다 얻는 편익이 크도록 하는 가계의 경제 활동을 의미한다.

① 기회비용　　　　　　② 균형 가격
③ 합리적 소비　　　　　④ 소비자 주권

16 수요에 대한 설명으로 옳은 것은?

① 상품이 거래되는 공간　　　② 시장에서 형성되는 가격
③ 상품 생산에 필요한 원료　　④ 상품을 사고자 하는 욕구

━━━ 정답 및 해설

14 ① 국가 의사를 최종적으로 결정할 수 있는 최고 권력인 주권이 국민에게 있음
　　② 주권을 가진 국민이 스스로 국가를 다스려야 한다는 원리
　　④ 국가 권력을 서로 독립된 기관이 맡도록 하여 국가 기관 상호 간의 견제와 균형을 통해 권력의 집중과 남용을 방지하여 국민의 자유와 권리를 보장

15 ① 어떤 것을 선택함으로써 포기하는 가치 중에서 가장 큰 것
　　② 경쟁시장에서 어떤 상품의 가격이 그 상품의 수요와 공급의 일치점에서 결정되는 가격
　　④ 시장경제에서 상품과 서비스의 소비자가 궁극적으로 지속적인 생산과 생산에서의 변화를 결정한다는 개념

16 ① 시장
　　② 시장가격
　　③ 생산원료

답 14.③　15.③　16.④

17 다음 유물이 만들어진 시대의 특징은?

〈비파형 동검〉

① 계급 발생　　　　　　② 농경 시작
③ 불교 수용　　　　　　④ 도자기 제작

18 다음 설명에 해당하는 나라는?

> 대조영이 고구려 유민과 말갈족을 이끌고 동모산 근처에서 건국하였으며, 9세기 선왕 때에 '해동성국'이라는 호칭을 듣게 되었다.

① 동예　　　　　　　　② 발해
③ 마한　　　　　　　　④ 부여

19 다음 중 고려 광종이 실시한 정책은?

① 집현전 설치　　　　　② 과거제 실시
③ 후삼국 통일　　　　　④ 천리 장성 축조

▶ 정답 및 해설

17 ① 비파형 동검은 청동기 시기의 유물로 생산력이 증가하여 잉여 생산물의 개인소유에 따른 빈부의 차와 계급이 발생하였다.

18 ① 한반도 북부 동해안 지역에 있던 부족 국가
③ 한반도 중부 이남 지역에 분포한 삼한(三韓) 중의 하나
④ 만주 길림시 일대를 중심으로 하던 부족 국가

19 ① 조선 세종대왕의 업적
③ 고려 태조 왕건의 업적
④ 고려 덕종의 업적

답 17.① 18.② 19.②

20 다음 설명에 해당하는 역사서는?

> 태조부터 철종까지 25대 472년 동안의 역사를 연월일 순서에 따라 기록한 책이다. 방대한 분량과 서술의 객관성을 인정받아 1997년 유네스코 기록 유산으로 지정되었다.

① 고려사   ② 삼국사기
③ 삼국유사   ④ 조선왕조실록

21 삼국의 형세가 지도와 같았던 시기의 고구려 왕은?

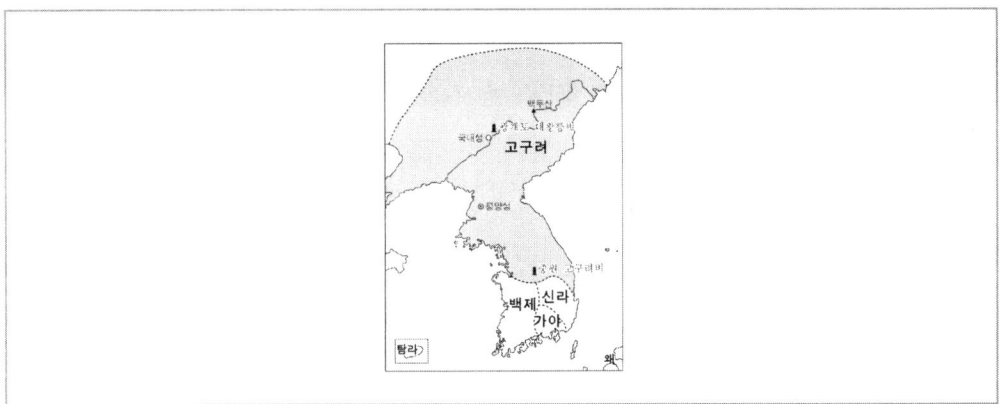

① 고이왕   ② 내물왕
③ 장수왕   ④ 진흥왕

▬▬▬ 정답 및 해설

20 ① 조선 초기 김종서, 정인지 등이 세종의 교지를 받아 만든 고려 시대의 역사책
    ② 고려 인종 23년(1145)에 편찬된, 우리나라에서 현존하는 가장 오래된 역사책
    ③ 조선 전기에 간행된 고려 후기 일연(一然)의 역사서

21 ③ 지도는 5세기 고구려 전성기를 보여주고 있다.

🅐 20.④ 21.③

22 다음 비석을 세운 배경으로 적절하지 않은 것은?

> "서양 오랑캐가 침입하는데, 싸우지 않으면 화친하자는 것이고, 화친을 주장하는 것은 나라를 파는 것이다."
>
> – 척화비–

① 정묘호란　　　　　　　　　② 병인양요
③ 신미양요　　　　　　　　　④ 오페르트 도굴 사건

23 다음 설명에 해당하는 단체는?

> 서재필을 비롯한 개혁 인사들이 조직하였으며, 우리나라 최초의 근대적 민중 집회인 만민 공동회를 열었다.

① 신민회　　　　　　　　　② 의열단
③ 황국 협회　　　　　　　　④ 독립 협회

22 ① 병인양요와 신미양요를 겪은 후 서양 세력을 배척하는 기운이 더욱 높아지게 되었고 흥선대원군은 전국 각지에 척화비를 세우고 서양 세력과 교류하지 않겠다는 결의를 다지게 하였다.

23 ① 1907년에 국내에서 결성된 항일 비밀결사
② 1919년 11월 만주 지린성에서 조직된 항일 무력독립운동 단체
③ 대한제국 시절 개화파의 독립협회에 대항하기 위해 1898년 조직된 어용단체

답 22.① 23.④

274　중졸검정고시 기출문제 정복하기

24 다음 설명에 해당하는 사건은?

> • 배경 : 2 · 8 독립 선언, 민족 자결 주의
> • 주요 사건 : 유관순의 순국, 화성 제암리 학살 등
> • 영향 : 대한민국 임시 정부 수립, 중국의 5 · 4 운동 등

① 3 · 1 운동 ② 동학 농민 운동
③ 위정 척사 운동 ④ 항일 의병 운동

25 (가)에 들어갈 내용은?

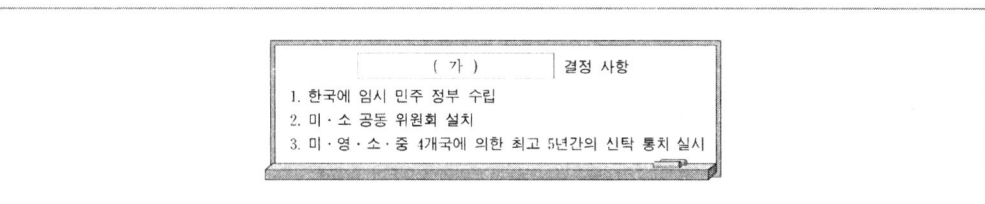

① 카이로 회담 ② 포츠담 회담
③ 모스크바 3국 외상 회의 ④ 7 · 4 남북 공동 성명

■■▶ 정답 및 해설

24 ② 1894년(고종 31) 전라도 고부의 동학접주 전봉준(全琫準) 등을 지도자로 동학교도와 농민들이 합세하여 일으킨 농민운동
③ 보수적인 유생 주도의 반외세, 반침략 민족운동
④ 일본에 항거하는 의병운동으로 동학농민운동에서 시작하여 일본의 국권 침탈에 반대하여 을미, 을사, 정미 의병으로 이어졌고 이후 항일 무장 독립 운동 세력의 근간이 됨

25 ① 1943년 이집트 카이로에서 열린 회담에서 미국의 루즈벨트, 영국의 처칠, 중국의 장제스는 제2차 세계대전에서 일본의 무조건 항복을 위해 싸울 것을 천명하면서, 적당한 시기에 한국을 독립시키겠다고 약속하였다.
② 제2차 세계 대전 종결 직전(1945년 7월 26일) 연합국인 미국 · 영국 · 소련의 수뇌부가 독일 포츠담에 모여 개최한 회담으로 독일에 대한 처리 문제와 패망이 확실한 일제에 대한 처리가 주된 내용이었다. 특히 이 회의에서 일본의 무조건 항복과 한국의 독립을 담은 포츠담 선언이 발표되었다.
④ 1972년 7월 4일 대한민국과 북한 당국이 국토분단 이후 최초로 통일과 관련하여 합의 발표한 공동 성명이다.

❸ 24.① 25.③

과학 2015년 제1회 중졸검정고시

1 두 힘의 크기가 같을 때 합력의 크기가 가장 큰 것은?

① ②

③ ④

2 그림과 같이 레이저 빛을 비추었을 때 입사각의 크기는?

법선
레이저 빛
60°
거울

① 40° ② 60°
③ 80° ④ 100°

▶ 정답 및 해설

1 ① 두 힘이 이루는 각이 작을수록 합력이 커진다.
※ 나란하지 않게 작용하는 두 힘의 합성

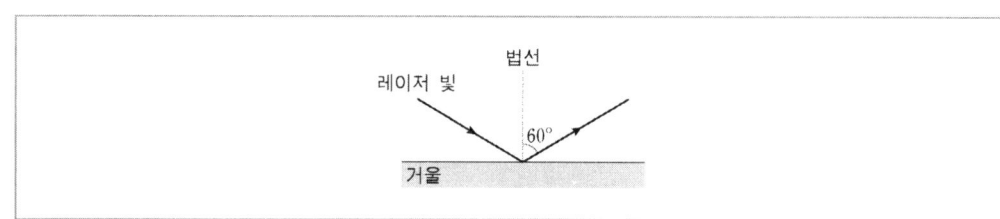

| F_1에서 F_2와 평행하게 | F_2에서 F_1과 평행하게 | 평행사변형의 대각선(F) |
| 선을 긋는다. | 선을 긋는다. | 을 화살표로 나타낸다. |

2 ② 입사각과 반사각의 크기는 항상 같다는 반사의 법칙에 따라 입사각의 크기는 60°가 된다.

답 1.① 2.②

3 그림은 접촉한 두 물체 A, B가 열평형을 이룰 때까지의 온도 변화를 시간에 따라 나타낸 것이다. 열평형 온도는?

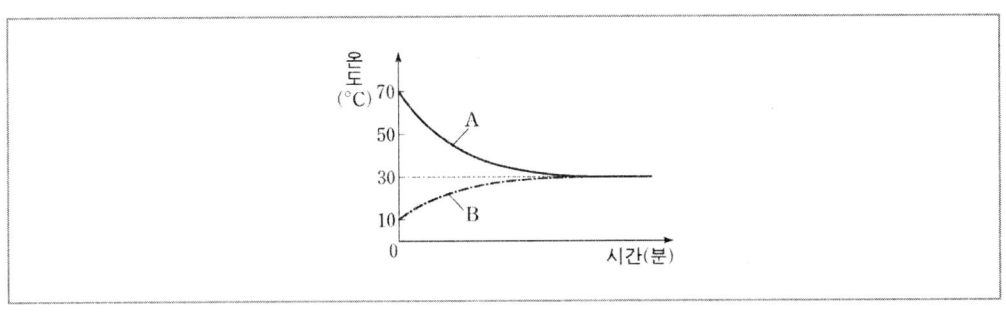

① 10℃ ② 30℃
③ 50℃ ④ 70℃

3 ② 열평형이란 높은 온도의 물체와 낮은 온도의 물체가 접촉한 후 시간이 지나면 두 물체의 온도가 같아져서 더 이상 열의 이동이 일어나지 않게 되는 상태를 말한다.

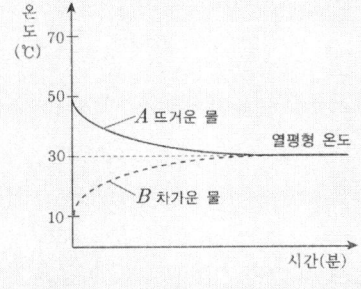

답 3.②

4 그림에서 3Ω의 저항에 9V의 전압이 걸릴 경우 회로에 흐르는 전류의 세기는?

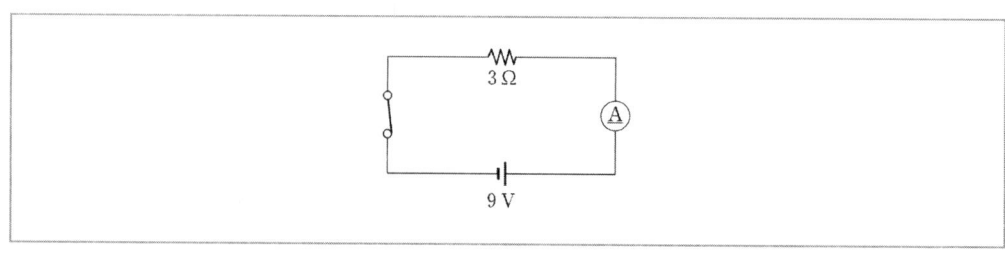

① 1 A   ② 3 A

③ 5 A   ④ 7 A

5 그림과 같이 공이 떨어지는 동안, 공의 운동 에너지와 위치 에너지에 대한 설명으로 옳은 것은? (단, 공기 저항은 무시한다.)

① 운동 에너지는 증가한다.

② 위치 에너지는 증가한다.

③ 운동 에너지는 변하지 않는다.

④ 위치 에너지는 변하지 않는다.

▶ 정답 및 해설

4 전체 전압 $V = IR$이므로
$9V = I \times 3Ω$ ∴ $I = 3A$

5 ① 물체가 낙하할 때에는 위치에너지가 운동에너지로 바뀌며 감소한 위치에너지는 증가한 운동에너지와 같다.

🅐 4.②   5.①

6 그림은 어떤 물체가 운동한 것을 나타낸 시간-속력 그래프이다. 이 물체가 0~5초 동안 이동한 거리는?

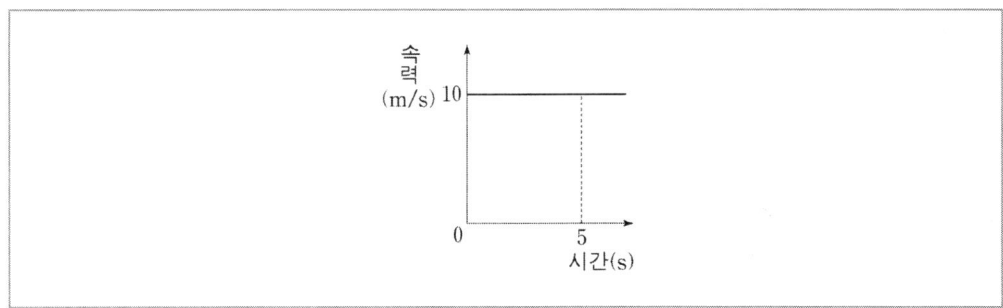

① 10m　　　　　　　　　② 25m
③ 50m　　　　　　　　　④ 100m

7 다음 설명에 해당하는 현상은?

- 물질을 이루고 있는 분자들이 스스로 움직여서 다른 기체나 액체 속으로 퍼져 나가는 현상이다.
- 꽃향기가 공기 중에서 퍼져 나간다.

① 끓음　　　　　　　　　② 액화
③ 응고　　　　　　　　　④ 확산

━━━ 정답 및 해설

6 ③ 이 그래프에서 빗금친 사각형의 넓이는 속력이 10m/s인 등속 직선 운동을 5초 동안 계속했을 때 출발점으로부터 이동한 거리를 의미한다.
이동거리 = 속력 × 시간 = 10 × 5 = 50m

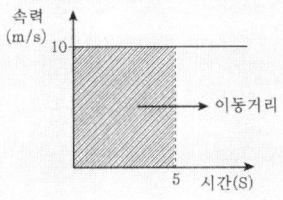

7 ① 액체의 표면과 내부에서 기화가 일어나는 현상
② 기체가 액체로 상태가 변하는 현상
③ 액체가 고체로 상태가 변하는 현상

🅐 6.③ 7.④

8 나트륨 원자(Na)가 전자 1개를 잃었을 때 형성되는 나트륨 이온을 옳게 나타낸 것은?

① Na^{2-}　　　　　　　　　② Na^+

③ Na^{2+}　　　　　　　　　④ Na^{3+}

9 분자 모형을 그림과 같이 나타낼 수 있는 분자식은?

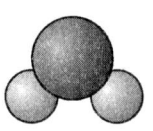

① H_2　　　　　　　　　② N_2

③ O_2　　　　　　　　　④ H_2O

8 나트륨 이온의 형성 과정

※ 양이온과 음이온의 형성
ㄱ 양이온 : 원자가 전자를 잃어서 (+)전하를 띠게 된 입자
• 원소 기호의 오른쪽 위에 잃은 전자의 수와 +기호를 표시한다(숫자 1은 생략).
• 원소 이름 뒤에는 '~이온'을 붙인다.
ㄴ 음이온 : 원자가 전자를 얻어서 (−)전하를 띠게 된 입자
• 원소 기호 오른쪽 위에 얻은 전자의 수와 −기호를 표시한다(숫자 1은 생략).
• 원소 이름 뒤에 '~화 이온'을 붙인다(단, 원소 이름이 '~소'로 끝나면 '소'를 빼고 '~화' 이온을 붙임).

9 ①②③

④

답 8.② 9.④

10 물에 녹아 수용액 상태에서 전류가 흐르는 물질을 전해질이라고 한다. 다음 중 전해질은?

① 녹말   ② 설탕
③ 소금   ④ 포도당

11 그림은 어떤 물질이 액체에서 기체로 변하는 과정을 모형으로 나타낸 것이다. 이 과정에서 나타나는 현상으로 옳은 것은?

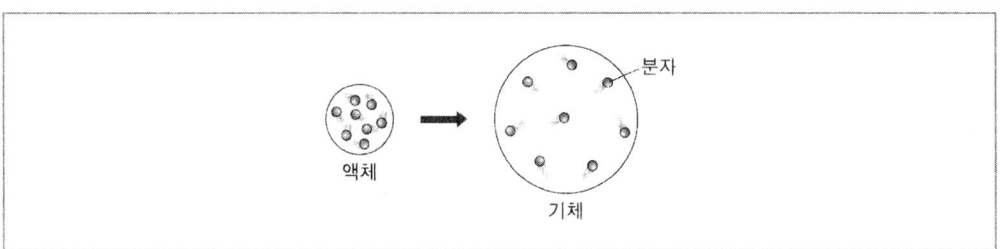

① 부피가 줄어든다.   ② 질량이 늘어난다.
③ 분자 운동이 느려진다.   ④ 분자 사이의 거리가 멀어진다.

━━ 정답 및 해설

10 전해질과 비전해질
ㄱ 전해질 : 소금, 비타민 c, 황산구리, 염화수소, 암모니아 등
ㄴ 비전해질 : 포도당, 설탕, 녹말, 증류수, 에탄올, 순수한 물 등

11 물질의 상태에 따른 분자 운동 모형

상태	고체	액체	기체
분자 모형			
분자 배열	매우 규칙적	고체보다 불규칙적	매우 불규칙적
분자 사이의 거리	매우 가깝다	비교적 가깝다	매우 멀다
분자 사이의 인력	매우 강하다	고체보다 약하다	거의 작용하지 않는다
분자 운동	제자리에서 진동 운동	비교적 자유로운 운동	매우 자유롭고 활발하게 운동

답 10.③ 11.④

12 염화 이온(Cl^-)과 만나 흰색의 앙금을 생성하는 이온은?

① 은 이온(Ag^+) 　　　　② 칼륨 이온(K^+)

③ 리튬 이온(Li^+) 　　　　④ 마그네슘 이온(Mg^{2+})

13 그림은 양파 표피 세포를 나타낸 것이다. 동물 세포에는 없고 식물 세포에서만 관찰되는 A의 명칭은?

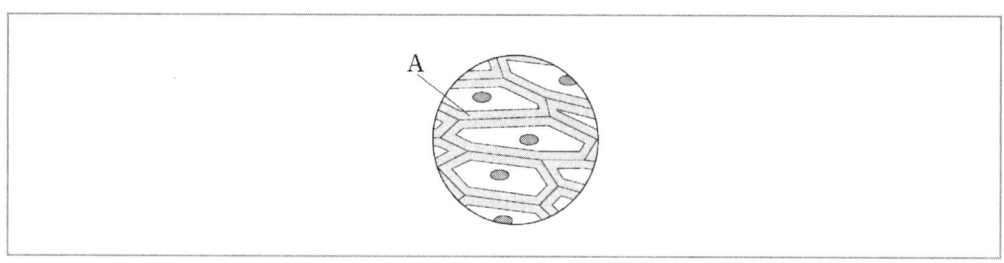

① 핵 　　　　② 세포벽

③ 세포질 　　　　④ 미토콘드리아

12 ① 염화 이온(Cl^-)과 은 이온(Ag^+)이 만나서 흰색 앙금인 염화은($AgCl$)이 생성된다.

　㉠ 전체 화학 반응식 : $NaCl + AgNO_3 \rightarrow NaNO_3 + AgCl \downarrow$ (흰색 앙금)

　㉡ 알짜 이온 반응식 : $Ag^+ + Cl^- \rightarrow AgCl \downarrow$

　※ 앙금 생성 반응 … 서로 다른 물질의 수용액을 섞었을 때, 양이온과 음이온이 반응하여 물에 녹지 않는 앙금을 생성하는 것을 말한다.

13 ② 세포벽은 세포막의 겉을 둘러싸며, 식물세포의 모양을 유지하고, 세포 내부를 보호해준다.

답 12.① 13.②

14 다음 설명에 해당하는 혈액의 구성 성분은?

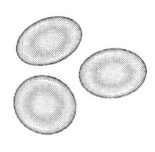

- 오목한 원반 모양이다.
- 산소 운반 작용을 한다.

① 혈장 ② 백혈구
③ 적혈구 ④ 혈소판

15 그림은 식물 뿌리의 단면을 나타낸 것이다. 세포 분열이 일어나 뿌리를 길게 자라게 하는 것은?

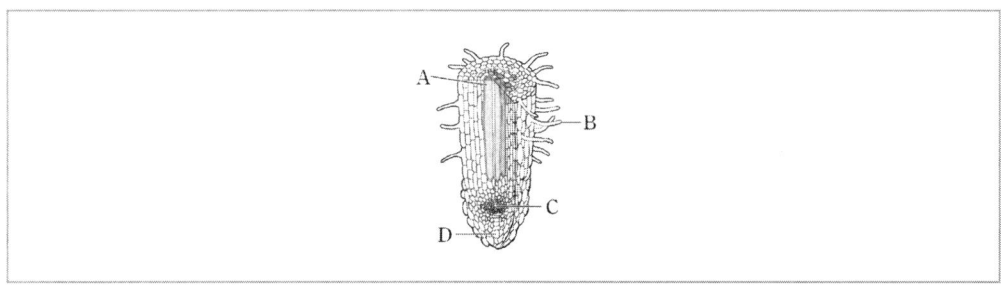

① A(물관) ② B(뿌리털)
③ C(생장점) ④ D(뿌리골무)

▨▧▨ 정답 및 해설

14 ① 혈액을 구성하는 액체 성분으로, 단백질을 비롯하여 다종 다양한 유기물이나 무기물이 녹아 있는 용매 역할을 한다.
② 혈액세포의 한 종류로 면역체계를 구성하며 감염성 질환 및 외부물질에 대한 방어기능을 수행한다.
④ 말초 혈액 내에 존재하는 유형 성분인 혈구의 일종으로 혈액 응고에 중요한 역할을 하는 고형 성분의 하나이다.

15 뿌리, 줄기의 구조와 기능
㉠ **뿌리골무** : 생장점을 싸서 보호
㉡ **생장점** : 세포 분열이 왕성, 뿌리의 길이 생장
㉢ **뿌리털** : 한 개의 표피 세포가 변형된 것으로 물과 무기 양분을 흡수
㉣ **물관** : 물과 무기 양분이 지나는 통로
㉤ **체관** : 잎에서 만들어진 유기 양분이 운반되는 통로

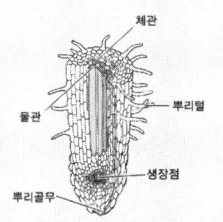

답 14.③ 15.③

16 다음 설명에 해당하는 것은?

> • 내분비샘에서 분비된다.
> • 인슐린, 티록신, 아드레날린 등이 있다.

① 뉴런　　　　　　　　　② 대뇌
③ 척수　　　　　　　　　④ 호르몬

17 그림은 사람의 배설 기관을 나타낸 것이다. A의 명칭은?

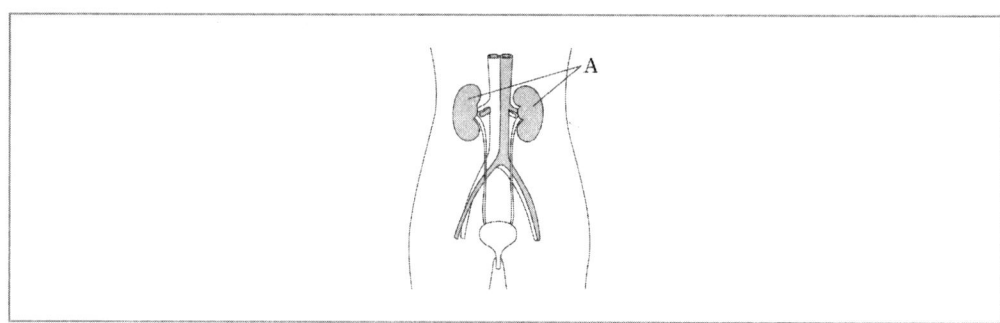

① 대장　　　　　　　　　② 방광
③ 콩팥　　　　　　　　　④ 수뇨관

16 ④ 호르몬은 내분비샘에서 생성되며 적은 양으로 우리 몸의 여러 생리 작용을 조절하는 화학물질이다.
　※ 호르몬의 특성
　　㉠ 내분비샘에서 합성되어 혈액으로 분비된다.
　　㉡ 미량으로 물질대사를 조절한다.
　　㉢ 과다증과 결핍증이 있다.
　　㉣ 신경계보다 작용이 느리고 작용범위가 광범위하다
　　㉤ 호르몬마다 작용하는 기관(표적기관)이 다르다.

17 배설 기관의 종류
　㉠ 콩팥 : 혈액 속의 노폐물을 걸러내어 오줌의 형태로 내보내는 배설기관이다.
　㉡ 오줌관(수뇨관) : 콩팥에서 만들어진 오줌이 방광으로 이동하는 통로이다.
　㉢ 방광 : 오줌관 끝에 연결되어 있으며, 오줌을 저장하는 주머니이다.
　㉣ 요도 : 방광에 모인 오줌이 몸 밖으로 배설되는 통로

答 16.④　17.③

18 다음 설명에 해당하는 것은?

- 암수의 생식 세포가 결합하지 않고 자손을 만드는 방법이다.
- 분열법, 출아법, 포자 생식 등이 있다.

① 광합성   ② 세포 호흡

③ 유성 생식   ④ 무성 생식

19 다음 설명에 해당하는 기관은?

- 수정란이 착상하는 곳이다.
- 임신 후 태아가 자라는 곳이다.

① 요도   ② 자궁

③ 정소   ④ 전립샘

▶ 정답 및 해설

18 ④ 무성 생식은 생식 세포 없이 자손을 만드는 생식 방법으로 분열법, 출아법, 영양 생식, 포자 생식이 이에 해당한다. 번식이 빨라 짧은 시간 내에 많은 수의 자손을 만들 수도 있으나, 유전적 다양성이 부족하여 급격한 환경 변화에 잘 적응하지 못하는 단점이 있다.

19 ① 요도는 방광에 모인 소변이 배출되는 관으로 남성의 경우 여성과 달리 정액이 배출되는 정액의 통로로도 사용된다.
③ 수컷의 생식세포인 정자를 만드는 기관으로 포유동물의 경우에는 고환이라고도 한다.
④ 남성 생식 기관의 요도가 시작되는 부위를 둥글게 둘러싸는 장기를 말한다.

📌 18.④   19.②

20 그림은 지구 내부의 층상 구조를 나타낸 것이다. 지구 전체에서 가장 많은 부피를 차지하는 것은?

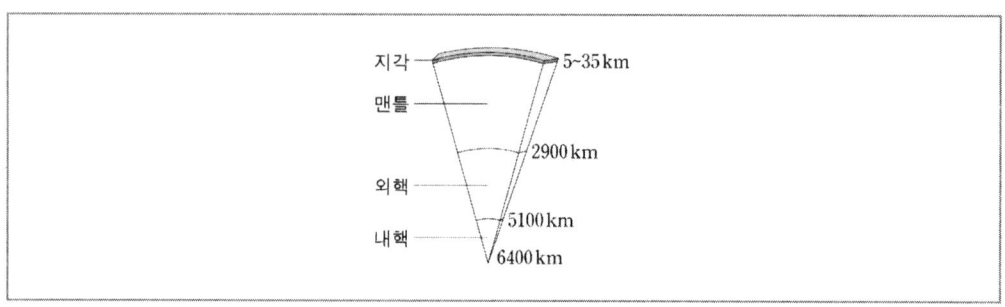

① 지각   ② 맨틀
③ 외핵   ④ 내핵

20 지구 내부 구조

구분		깊이	상태	특징	물리량
지각	대륙지각	지표~약 35km	고체	• 두께 : 대륙지각 > 해양지각 • 밀도 : 대륙지각 < 해양지각	감소
	해양지각	지표~약 5km			온도·압력·밀도
맨틀		모호면~약 2900km	고체	• 유동성이 있는 고체 • 지구 전체 부피의 약 80% 차지	
외핵		약 2900~5100km	액체	s파가 통과하지 못함	
내핵		약 5100km~지구중심	고체	온도, 압력, 밀도가 가장 큼	증가

답 20.②

21 그림은 우리나라 주변의 해류를 나타낸 것이다. 해류 A~D 중 한류에 해당하는 것은?

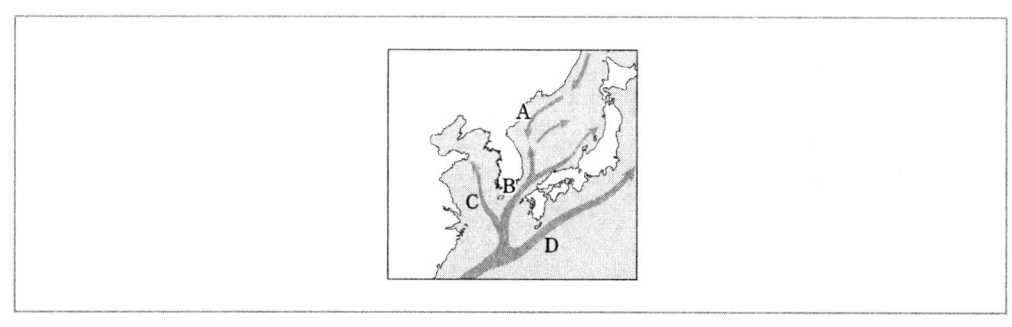

① A   ② B

③ C   ④ D

━━━ 정답 및 해설

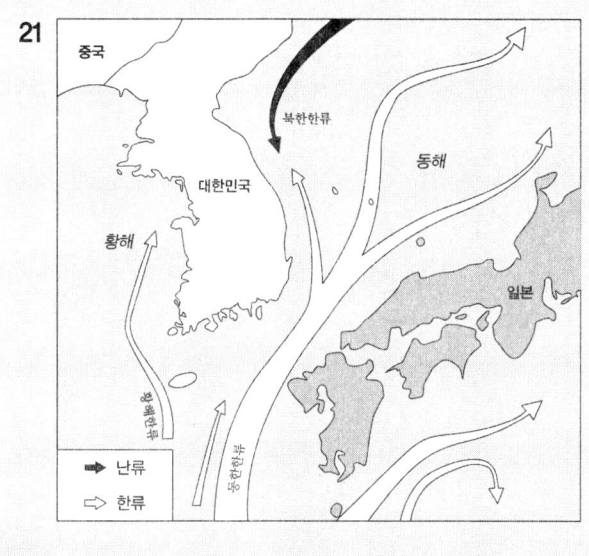

답 21.①

22 다음과 같은 현상이 관측되는 천체는?

• 흑점	• 홍염	• 쌀알무늬

① 달   ② 금성

③ 태양   ④ 소행성

23 그림은 우리 은하의 옆모습을 나타낸 것이다. A~D 중 태양의 위치는?

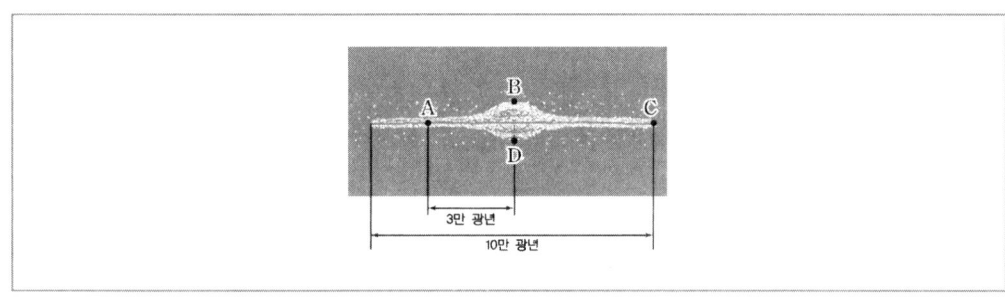

① A   ② B

③ C   ④ D

▶▶▶ 정답 및 해설

22 • 흑점 : 주변의 온도보다 상대적으로 낮아서 어두워보이는 현상이다.
  • 홍염 : 태양 표면에서 가스의 일부가 폭발할 때 생기는 불기둥이다.
  • 쌀알무늬 : 태양내부의 대류현상으로 나타나는 쌀알 모양의 무늬이다.

23 우리 은하의 구조

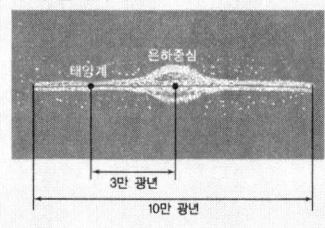

답 22.③ 23.①

24 건습구 습도표에서 습구 온도가 12℃, 건구 온도가 13℃일 때 상대 습도는?

습구 온도(℃)	건구와 습구의 온도차(℃)		
	1	2	3
12	88	79	70
13	90	80	71

① 70%   ② 71%
③ 79%   ④ 88%

25 그림은 기온에 따른 포화 수증기량을 나타낸 것이다. A~D 중 이슬점이 가장 높은 지점은?

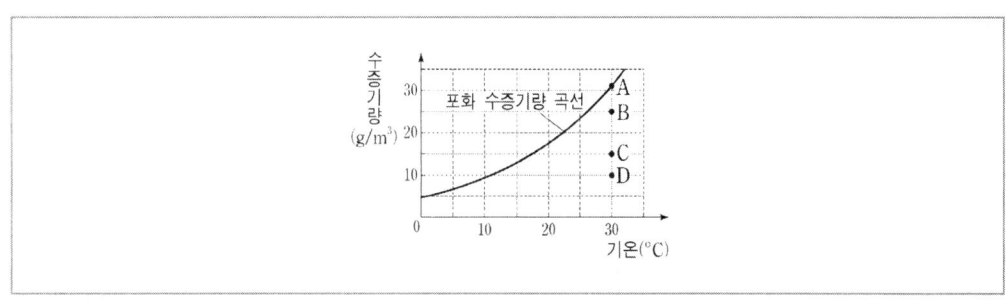

① A   ② B
③ C   ④ D

━━━ 정답 및 해설

24 습도표 읽는 법 … 건습구 습도계로 측정한 습구 온도와 건구와 습구의 온도차가 만나는 곳의 숫자가 습도이다. 습구온도가 건구와 습구의 온도차와 만나는 값이 상대습도이다.

25 ① 각각의 이슬점을 구해보면 A(30℃) >B(25℃) >C(17.5℃) >D(10℃) 으로 A가 가장 높다.
※ 이슬점 온도 … 일정한 압력하에서 공기가 포화될 때까지 냉각된 온도, 즉 일정 압력하에서 수증기가 응결되기 시작하는 온도를 말한다. 이슬점 온도가 높을수록 공기 중의 수증기량은 많게 된다.

답 24.④ 25.①

중졸검정고시
기출문제 정복하기

· PART VI ·

2015년 제2회
중졸검정고시

국어
수학
영어
사회
과학

1 〈보기〉에 해당하는 말하기의 유형은?

> 〈보기〉
> 하늬바람은 서쪽에서 부는 바람을 의미한다고 합니다. 제 이름은 이하늬! 저는 바람처럼 빠르게 달리고 싶은 꿈을 가지고 있습니다. 전 홍두깨 선생님의 지도 아래 육상부에서 운동을 하고 있는데요, 운동하다 먹는 삶은 달걀을 무척 좋아하고 된장찌개를 잘 끓이는, 건강한 열네 살 소녀입니다.

① 소개하기　　　　　　　　　② 충고하기
③ 토론하기　　　　　　　　　④ 협상하기

2 다음에서 설명하는 음운 변동에 해당하는 단어는?

> 표준 발음법
> 제17항 받침 'ㄷ, ㅌ(ㄾ)'이 조사나 접미사의 모음 'ㅣ'와 결합되는 경우에는, [ㅈ, ㅊ]으로 바꾸어서 뒤 음절 첫 소리로 옮겨 발음한다.

① 국물　　　　　　　　　　　② 신라
③ 눈동자　　　　　　　　　　④ 해돋이

━━━ 정답 및 해설

1 〈보기〉는 자기소개를 하고 있는 글이다.

2 표준 발음법 제17항 구개음화에 대한 설명이다. 해돋이가 [해도지]로 발음되는 것은 구개음화 현상이다.
  ① 국물[궁물] : 비음화
  ② 신라[실라] : 유음화
  ④ 눈동자[눈똥자] : 경음화

답 1.① 2.④

3 다음 밑줄 친 단어들의 공통점으로 적절한 것은?

① 이름을 나타내는 말

② 움직임을 나타내는 말

③ 상태나 성질을 나타내는 말

④ 수량이나 순서를 나타내는 말

4 밑줄 친 부분이 관용어로 쓰이지 않은 것은?

① 그는 작년부터 오락실에 발을 끊었다.

② 동생은 운동을 하다가 허리를 다쳤다.

③ 할아버지의 글 읽는 모습이 눈에 밟혔다.

④ 그녀는 네가 오기를 목이 빠지게 기다렸다.

5 주어와 서술어의 관계가 두 번 이상 나타난 것은?

① 꽃이 매우 예쁘다.

② 나는 중학생이 되었다.

③ 여름은 덥고 겨울은 춥다.

④ 학생들은 선생님을 좋아한다.

━━ 정답 및 해설

3 밑줄 친 단어들은 움직임을 나타내는 말인 '동사'이다.
　① 명사 ③ 형용사 ④ 수사

4 ② 허리를 다쳤다는 그 의미 그대로 쓰였다.
　① 발을 끊다 : 오가지 않거나 관계를 끊다.
　③ 눈에 밟히다 : 잊히지 않고 자꾸 눈에 떠오르다.
　④ 목이 빠지게 기다리다 : 몹시 안타깝게 기다리다.

5 ③ '여름은 덥다'와 '그리고 겨울은 춥다'의 두 문장이 하나로 이어진 겹문장이다.

답 3.② 4.② 5.③

6 다음 글에서 설명하는 언어의 특성은?

> 과거에 '즈믄'이라는 말은 '천(千)'을 뜻하는 고유어였다. 그러나 '천(千)'이라는 한자어가 들어오면서 점차 덜 쓰이게 되고, 현재에는 거의 쓰이지 않는 말이 되었다. 이와 같이 언어도 시간의 흐름에 따라 변화를 겪게 된다.

① 언어의 규칙성   ② 언어의 불변성

③ 언어의 역사성   ④ 언어의 창조성

7 다음에서 건의하는 내용으로 가장 적절한 것은?

> ▷ ○○○구청 소리함
>
> 안녕하세요? 저는 ○○중학교에 다니는 ○○○라고 합니다. 얼마 전 학교 앞에서 등굣길에 차와 부딪힐 뻔한 적이 있습니다. 이 문제를 해결해 주실 수 있는 분이 구청장님이라는 생각이 들어 구청장님께 말씀드립니다.
>
> 우선, 우리 학교 근처 불법 주차 차량에 대한 조치를 취해 주시기 바랍니다. 학교 정문 앞 인도가 매우 좁은데 차들이 인도까지 올라와 있으니 학생들은 자연히 위험한 차도로 다닐 수밖에 없습니다.
>
> 그리고 인도와 차도 사이에 안전봉과 도로에 과속 방지 턱을 설치해 주셨으면 좋겠습니다. 지난번 친구 학교 앞에 가 보니 예쁜 안전봉과 과속 방지 턱이 설치되어 있어서 참으로 부러웠습니다.
>
> 구청장님, 제 글을 끝까지 읽어 주셔서 고맙습니다. 구청장님은 이 문제를 충분히 해결해 주실 능력이 있는 분 같습니다. 고맙습니다.

① 학교 앞 유흥업소 철거   ② 학교 앞 교통사고 피해 보상

③ 학교 앞 교통안전 문제 해결   ④ 학교 앞 공사장 소음 문제 해결

▶▶▶ 정답 및 해설

6 언어의 특성
- ㉠ 자의성 : 언어의 의미와 기호 사이에는 절대적이거나 필연적인 관계가 없음
- ㉡ 규칙성 : 인간이 사용하는 언어에는 일정한 규칙이 있음
- ㉢ 사회성 : 언어는 그 언어를 사용하는 사람들 사이의 약속임
- ㉣ 역사성 : 언어는 시간의 흐름에 따라 끊임없이 생성 · 성장 · 변화함
- ㉤ 창조성 : 인간은 상황에 따라 무한하게 많은 새말을 만들어 냄

7 글쓴이는 학교 앞에서 등굣길에 차와 부딪힐 뻔했던 경험을 이야기 하면서 학교 앞 교통안전 문제를 해결해 줄 것을 구청장님에게 건의하고 있다.

답 6.③ 7.③

8 다음은 글을 쓰기 위해 작성한 개요표이다. ㉠~㉣ 중에서 적절하지 않은 것은?

제목	대중문화를 이끌 팬클럽 문화
처음	• 팬클럽 문화의 정의
중간	• 팬클럽 문화의 긍정적인 모습 – ㉠ 세대 차이를 느끼게 함. – ㉡ 연예인과 함께 봉사 활동을 하고, 기부 문화를 확산시킴. • 팬클럽 문화의 부정적인 모습 – ㉢ 기획사들이 팬클럽을 상업적으로 이용함. – ㉣ 건전한 비판을 거부하고, 경쟁 연예인에게 악성 댓글로 피해를 줌.
끝	• 팬클럽 문화의 역할과 나아갈 길

① ㉠

② ㉡

③ ㉢

④ ㉣

■■■ 정답 및 해설

8 ① 세대 차이를 느끼게 하는 것은 긍정적인 모습으로 보기 어렵다.

답 8.①

[9~11] 다음 글을 읽고 물음에 답하시오.

나는 나룻배
당신은 행인.

당신은 흙발로 나를 ㉠짓밟습니다.
나는 당신을 안고 물을 ㉡건너갑니다.
나는 당신을 ㉢안으면 깊으나 옅으나 급한 여울이나 건너갑니다.

만일 당신이 아니 오시면 나는 바람을 쐬고 눈비를 맞으며 밤에서 낮까지 당신을 기다리고 있습니다.
당신은 물만 건너면 나를 돌아보지도 않고 가십니다그려.
그러나 당신이 언제든지 오실 줄만은 알아요.
나는 당신을 ㉣기다리면서 날마다 날마다 낡아 갑니다.

나는 나룻배
당신은 행인.

– 한용운, 「나룻배와 행인」 –

---

9 위 시에 대한 설명으로 가장 적절한 것은?

① 7 · 5조 운율을 형성하고 있다.
② 동일한 시어를 반복하고 있다.
③ 후각적 심상을 사용하고 있다.
④ 의태어, 의성어가 나타나고 있다.

10 ㉠~㉣ 중에서 행위의 주체가 다른 것은?

① ㉠   ② ㉡
③ ㉢   ④ ㉣

▶ 정답 및 해설

9 ② 종결어미 '–ㅂ니다'의 반복, 수미상관 구조 등 동일한 시어를 반복하고 있다.

10 ㉠의 주체는 '당신', ㉡㉢㉣의 주체는 '나'이다.

답 9.② 10.①

11 나는 나룻배 와 같은 표현 방법을 사용한 것은?

① 내 마음은 호수요

② 자세히 보아야 예쁘다

③ 죽어도 아니 눈물 흘리오리다

④ 오늘 하루 하늘을 우러르고 싶다

[12 ~ 14] 다음 글을 읽고 물음에 답하시오.

토끼가 다시 여쭈었다.

"제가 비록 간을 들이고 낼 수 있으나, 그 또한 정해진 때가 있사옵니다. 매달 초하루부터 보름까지는 뱃속에 넣어 해와 달의 정기를 받아 천지의 기운을 온전히 간직하고, 보름부터 그믐까지는 배에서 꺼내 옥처럼 깨끗한 계곡물에 씻어 소나무와 대나무가 우거진 깨끗한 바위틈에 아무도 모르게 감추어 둔답니다. 그렇기에 제 간을 두고 세상 사람들이 모두 영약이라고 하는 것이지요. 별주부를 만난 때는 곧 오월 하순이었습니다. 만일 별주부가 용왕님의 병환이 이렇듯 위급함을 미리 말하였더라면 며칠 기다렸다 간을 가져왔을 것이니, 이는 모두 미련한 별주부의 탓이로소이다."

대개 수궁은 육지의 사정에 밝지 못한 까닭에 용왕은 토끼의 말을 묵묵히 듣고 있다가 속으로 헤아리되,

'만일 저 말과 같을진대, 배를 갈라 간이 없으면 애써 잡은 토끼만 죽일 따름이요, 다시 누구에게 간을 얻을 수 있으리오? 차라리 살살 달래어 육지에 나가 간을 가져오게 함이 옳도다.'

하고, 좌우에 명하여 토끼의 결박을 풀고 자리를 마련해 편히 앉도록 하였다. 토끼가 자리에 앉아 황공함을 이기지 못하거늘, 용왕이 가로되,

"㉠토 선생은 과인의 무례함을 너무 탓하지 마시게."

하고, 옥으로 만든 술잔에 귀한 술을 가득 부어 권하며 재삼 위로하니, 토끼가 공손히 받아 마신 후 황송함을 아뢰었다.

그때, 한 신하가 문득 앞으로 나와 아뢰었다.

"신이 듣자오니 토끼는 본디 ㉡간사한 짐승이라 하옵니다.

바라옵건대 토끼의 간사한 말을 곧이듣지 마시고 바삐 간을 내어 옥체를 보중하옵소서."

모두 바라보니, 간언[1]을 잘하는 자가사리였다. 하지만 토끼의 말을 곧이듣게 된 용왕은 기꺼워하지 않으며 말하였다.

"토 선생은 산중의 ㉢점잖은 선비인데, 어찌 거짓말로 과인을 속이겠는가? 경은 부질없는 말을 내지 말고 물러가 있으라."

결국 자가사리가 분함을 못 이기고 하릴없이[2] 물러났다.

정답 및 해설

11 '나는 나룻배'에 사용된 표현 방법은 은유법이다. 은유법은 원관념과 비유되는 보조관념을 같은 것으로 보아 'A(원관념)는 B(보조관념)다'의 형태로 나타난다.

답 11.①

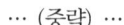

··· (중략) ···

이때, 별주부는 토끼가 간 곳을 바라보며 길게 탄식하여 가로되,

"충성이 부족한 탓에 간특한 토끼에게 속아 빈손으로 돌아가게 되었으니 무슨 면목으로 우리 용왕과 신하들을 대하리오? 차라리 이곳에서 죽는 것만 같지 못하도다."

하고 토끼에게 속은 사연을 적어 바위에 붙이고, 머리를 바위에 부딪쳐 죽었다.

별주부가 떠난 뒤 소식이 없자 용왕은 거북을 보내어 자세한 사정을 알아 오라 분부하였다. 거북이 즉시 물가에 이르러 살펴보니, 바위 위에 글이 붙어 있고, 곁에 별주부의 시체가 있었다.

거북이 돌아와 용왕에게 아뢰니, 용왕이 별주부를 불쌍히 여겨 후하게 장사를 지내 주었다. 그 후, 여러 신하들은 산중의 하찮은 토끼가 ⓔ 수궁의 군신을 속인 죄를 묻기 위해서 토끼를 잡아들여야 한다며 용왕에게 상소를 올렸다.

– 작자 미상, 「토끼전」 –

1) 간언 : 웃어른이나 임금에게 옳지 못하거나 잘못된 일을 고치도록 하는 말.

2) 하릴없이 : 달리 어떻게 할 도리가 없이.

12 윗글에 대한 설명으로 가장 적절한 것은?

① 서술자가 자신의 경험을 쓴 글이다.

② 비현실적인 배경이 나타나는 글이다.

③ 위인의 삶과 업적에 대해 쓴 글이다.

④ 문학 작품을 해석하고 평가한 글이다.

13 윗글의 등장인물에 대한 설명으로 적절하지 않은 것은?

① 별주부는 임무를 완수한다.

② 토끼는 위기 대처 능력이 있다.

③ 자가사리는 의사 표현이 분명하다.

④ 용왕은 육지의 사정에 밝지 못하다.

▶▶ 정답 및 해설

12 제시된 글의 배경은 용궁이다. 용궁은 전설에서 바닷속에 있다고 하는 용왕의 궁전으로 비현실적인 배경이 나타나는 글이다.

13 ① 별주부는 임무를 완수하지 못한 것을 탄식하며 머리를 바위에 부딪쳐 죽는다.

답 12.② 13.①

14 ⑦~ⓔ 중에서 가리키는 대상이 다른 것은?

① ⑦
② ⑤
③ ⑤
④ ⑤

[15 ~ 17] 다음 글을 읽고 물음에 답하시오.

---

⑦S# 93. 병원 병실/ ⓒ밤

경숙 : 아무것도 모르는 애를 멋대로 굴려 가면서…… . 하지만 그만 둘 수가 없었어. 그럼 난 살 수가 없을 거
　　 같았거든. ⓒ(눈물을 떨구며) 애가 기억하더라고. 옛날에 동물원에서 잃어버렸던 걸…… . 기억나지, 당
　　 신도? 사실은 말야, 그때 내가 초원이를 버렸던 거야. 사람들 틈에서 손을 놓았지. 도저히 키울 자신이
　　 없었거든…… . 그러니까 저 살자고 애를 버렸던 엄마가 이제 또 제가 살려고 애를 그렇게 한 평생 못 살
　　 게 군 거야.

희근 : ⓔ당신 그때 스물일곱이었어.

경숙 : 지금은 아니야. 담임 선생님이 그랬어. 애가 힘들어도 힘들단 소리를 안 한대. 내가 늘 그랬거든. 초
　　 원이 힘들어, 안 힘들어? 안 힘들지? 힘들지 않지? 좋지? 좋아하지? 십오 년을 그렇게 애를 다그쳤
　　 어. 그래서 이젠 힘들다, 하기 싫단 말을 아예 못 해. 어떡하지? 우리 초원이 불쌍해서…… . 어쩜 초
　　 원이는 엄마가 자길 또 내버릴까 봐 그렇게 열심히, 힘들단 소리도 못하고 지금껏 산 거 아닐까, 여
　　 보? 어떡하지? 그럼 나 정말 지옥 갈 거야, 그렇지?

－ 정윤철 · 윤진호 · 송예진, 「말아톤」 －

---

15 위와 같은 글에 대한 설명으로 가장 적절한 것은?

① 영화의 대본이다.
② 막과 장으로 구성된다.
③ 무대 상연을 목적으로 한다.
④ 법적인 효력이 발생하는 공문서이다.

➤➤ 정답 및 해설

14 ⓔ 수중의 군신은 바다의 용왕과 자라 등을 가리킨다. ⑦ⓒⓒ이 가리키는 것은 토끼이다.

15 제시된 글은 시나리오로 영화의 대본이다.
　　②③ 연극의 대본인 희곡에 대한 설명이다.

🅐 14.④ 15.①

16 윗글에서 알 수 있는 내용으로 가장 적절한 것은?

① 경숙은 초원을 다그친 적이 없다.
② 경숙은 초원을 키울 자신이 없었다.
③ 초원은 엄마를 잃어버린 기억이 없다.
④ 초원은 힘들다는 소리를 잘하는 편이다.

17 ㉠~㉣에 대한 설명으로 적절하지 않은 것은?

① ㉠ : 장면 번호   ② ㉡ : 시간적 배경
③ ㉢ : 해설   ④ ㉣ : 대사

[18 ~ 19] 다음 글을 읽고 물음에 답하시오.

어머니는 내가 집에서 책만 읽는 것을 싫어하셨다. 그래서 방과 후 골목길에 아이들이 모일 때쯤이면 어머니는 대문 앞 계단에 작은 방석을 깔고 나를 거기에 앉히셨다. 아이들이 노는 것을 구경이라도 하라는 뜻이었다.

딱히 놀이 기구가 없던 그때 친구들은 대부분 술래잡기, 사방치기, 공기놀이, 고무줄놀이 등을 하고 놀았지만 나는 공기놀이 외에는 어떤 놀이에도 참여할 수 없었다. 하지만 골목 안 친구들은 나를 위해 꼭 무언가 역할을 만들어 주었다. 고무줄놀이나 달리기를 하면 내게 심판을 시키거나 신발주머니와 책가방을 맡겼다. 그뿐인가. 술래잡기를 할 때는 한곳에 앉아 있는 내가 답답할까 봐, 미리 내게 어디에 숨을 지를 말해 주고 숨는 친구도 있었다.

우리 집은 골목 안에서 중앙이 아니라 구석 쪽이었지만 내가 앉아 있는 계단 앞이 친구들의 놀이 무대였다. 놀이에 참여하지 못해도 나는 전혀 소외감이나 박탈감을 느끼지 않았다. 아니, 지금 생각하면 내가 소외감을 느낄까 봐 친구들이 배려를 해 준 것이었다.

그 골목길에서의 일이다. 초등학교 1학년 때였던 것 같다. 하루는 우리 반이 좀 일찍 끝나서 나는 혼자 집 앞에 앉아있었다. 그런데 그때 마침 깨엿 장수가 골목길을 지나고 있었다. 그 아저씨는 가위만 쩔렁이며 내 앞을 지나더니 다시 돌아와 내게 깨엿 두 개를 내밀었다. 순간 그 아저씨와 내 눈이 마주쳤다. 아저씨는 아무 말도 하지 않고 아주 잠깐 미소를 지어 보이며 말했다. "괜찮아." 무엇이 괜찮다는 것인지는 몰랐다. 돈 없이 깨엿을 공짜로 받아도 괜찮다는 것인지, 아니면 목발을 짚고 살아도 괜찮다는 것인지…… 하지만 그건 중요하지 않다. 중요한 건 내가 그날 마음을 정했다는 것이다. ㉠이 세상은 그런대로 살 만한 곳이라고. 좋은 사람들이 있고, 착한 마음과 사랑이 있고, '괜찮아'라는 말처럼 용서와 너그러움이 있는 곳이라고 믿기 시작했다는 것이다.

– 장영희, 「괜찮아」 –

18 윗글의 내용과 일치하는 것은?

① 나의 집은 골목 안에서 중심이 되는 곳에 있었다.
② 친구들은 놀 때마다 나를 끼워주는 것을 귀찮아했다.
③ 집에서 책만 읽는 나의 모습을 어머니는 좋아하셨다.
④ 깨엿 장수의 말은 나에게 세상에 대한 믿음을 주었다.

19 ㉠처럼 느낄 수 있는 이유로 가장 적절한 것은?

① 경제적 지원을 받았기 때문에
② 구체적인 직업이 생겼기 때문에
③ 상대로부터 배려를 받았기 때문에
④ 모든 것을 내 마음대로 할 수 있었기 때문에

━━ 정답 및 해설

18 ① 나의 집은 골목 안에서 중앙이 아니라 구석 쪽이었다.
② 친구들은 나를 위해 꼭 무언가 역할을 만들어 주었다.
③ 어머니는 내가 집에서 책만 읽는 것을 싫어하셨다.

19 글의 주인공 나는 친구들, 깨엿 장수 등에게 배려를 받음으로써 몸은 불편하지만 이 세상은 그런대로 살 만한 곳이라고 느낄 수 있었다.

답 18.④ 19.③

[20 ~ 22] 다음 글을 읽고 물음에 답하시오.

[A] 지구는 오랫동안 사람들에게 놀이터 구실을 해 주었습니다. 그러나 우리의 신 나는 놀이터였던 지구는 몸살을 앓다가 중병에 걸린 환자가 되어 버렸습니다. (㉠) 우리가 마음대로 자연을 훼손하며 짓이겨 놓았기 때문입니다. 우리는 어떻게든 우리 힘으로 이 지구를 살려야 합니다. 지구가 치유되어 병상에서 일어나게 하려면 우리가 어떤 정신을 지녀야 할지 함께 생각해 보아야 합니다.

우선 되살림 정신이 필요합니다. '되살림'이란 '되돌림'과 '지나치지 않음'을 말합니다. 세상에는 불필요하게 버려지거나 낭비되는 것이 아주 많습니다. 가진 것이 없어 고통받는 사람도 많습니다. 내게는 필요 없게 된 것이 다른 사람에게는 필요한 것일 수도 있다는 사실을 알아야 합니다.

둘째, 그물 짜기 정신이 필요합니다. '그물 짜기'란 씨줄과 날줄이 빼곡하게 엮인 것처럼 지구 상에 있는 모든 존재가 서로 긴밀하게 연결된 것을 말합니다. 이 그물 짜기 정신을 살릴 때 우리 모두가 한데 어우러져 조화롭게 살아갈 수 있습니다.

셋째, 나눔 정신이 필요합니다. '나눔'이란 이웃과 사회를 위해 내가 가진 것을 내놓는 일을 말합니다. 내가 가진 것 중에서 작은 것 하나라도 내놓는 것, 우리의 생활 속에서 쉽게 할 수 있는 나눔의 방법을 실천하는 것만으로도 우리는 나눔의 삶을 살아 갈 수 있습니다.

우리가 이 세 가지 정신을 얼마만큼 실천하는지에 따라, 우리의 지구는 좋게도 나쁘게도 바뀔 수 있습니다.

– 김희진, 「이제는 환경입니다」 –

20 [A]에 대한 설명으로 가장 적절한 것은?

① 문제를 제기한다.
② 전문가의 말을 인용한다.
③ 해결 방안을 구체적으로 제시한다.
④ 개인적인 경험을 생생하게 묘사한다.

21 ㉠에 들어갈 가장 알맞은 접속어는?

① 그러나　　　　② 그리고
③ 따라서　　　　④ 왜냐하면

■■■ 정답 및 해설

20 우리가 마음대로 자연을 훼손하며 짓이겨 놓았기 때문에 지구가 병들었다는 사실을 지적하면서, 지구를 치유하기 위해서 어떤 정신을 지녀야 할지에 대해 문제를 제기하고 있다.

21 뒷문장이 앞문장의 원인이다. 따라서 앞뒤의 문장을 인과관계로 연결해 주는 '왜냐하면'이 들어가는 것이 적절하다.

답 20.① 21.④

22 윗글에서 세 가지 정신 에 해당하지 않는 것은?

① 나눔 정신 ② 겨루기 정신

③ 되살림 정신 ④ 그물 짜기 정신

[23 ~ 25] 다음 글을 읽고 물음에 답하시오.

읽기는 '글쓴이와 읽는 이의 생각과 느낌의 만남'이라고 한다. 이 말 속에서 우리는 '어떻게 읽을 것인가'에 대한 대답을 찾아볼 수 있다. 그 답은 바로 글쓴이의 생각을 파악하고 동시에 읽는 이의 생각과 느낌을 적극적으로 활용하는 것이다. 이 말을 좀 더 쉽게 풀어서 설명해 보자.

첫째로, 글을 잘 읽기 위해서는 글쓴이의 생각을 제대로 파악해야 한다. 이를 위해서 우선 글 내용을 정확히 파악해야 한다. 글 속에 담긴 중심 내용과 세부 내용을 구분하고, 이런 내용들이 어떻게 조직되어 있는지를 파악해야 하는 것이다. 다음으로, 글쓴이의 글쓰기 의도나 목적도 파악해야 한다.

[A] 몇 가지 예를 살펴보자. 의학이나 법률, 또는 과학 서적과 같이 정보성이 강한 글은 글 속에 제시된 정보를 정확히 파악하고 해석하면서 읽는 것이 좋다. 설득적 성격이 강한 광고문이나 주장하는 글은 그 속에 담긴 정보와 의도를 파악하고, 이를 비판적으로 받아들여야 한다. 그리고 정서적인 글은 그 안에 담긴 가치와 감동을 느끼며 읽으려고 노력해야 한다.

둘째로, 글을 잘 읽기 위해서는 읽는 이 스스로 자기의 지식과 경험을 되돌아보고, 이를 능동적이고 적극적으로 활용해야 한다. 읽는 이는 글쓴이가 언급하지 않고 남겨 둔 내용까지 추리하고 상상하며 읽어야 한다. 경우에 따라서는 자기 생각으로 글쓴이의 생각을 비판하고 대안도 제시할 수 있어야 한다.

– 최영환, 「읽기란 무엇인가」 –

23 위와 같은 글을 읽을 때 유의할 점으로 가장 적절한 것은?

① 감동적인 경험에 공감하며 읽는다.

② 갈등의 해결과정을 파악하며 읽는다.

③ 시적표현과 운율의 효과를 살려 읽는다.

④ 글의 목적과 중심 내용을 파악하며 읽는다.

24 윗글의 내용과 일치하지 않는 것은?

① 글쓴이의 생각을 제대로 파악하며 읽어야 한다.

② 어떤 경우에도 글쓴이의 생각을 비판해서는 안 된다.

③ 읽기는 글쓴이와 읽는 이의 생각과 느낌의 만남이다.

④ 글을 잘 읽기 위해서는 자신의 지식과 경험을 활용해야 한다.

25 [A]에 사용된 주된 내용 전개 방법은?

① 묘사   ② 서사

③ 예시   ④ 정의

22 글의 마지막에서 '경우에 따라서는 자기 생각으로 글쓴이의 생각을 비판하고 대안도 제시할 수 있어야 한다'고 언급하고 있다.

25 [A]에서는 글쓴이의 의도나 목적을 파악하면서 읽기에 대한 예를 들어 설명하며 내용을 전개하고 있다.

※ 글의 설명 방법

　　㉠ 정의 : 어떤 말이나 사물의 뜻을 명백히 밝히는 것

　　㉡ 예시 : 구체적인 예를 들어 설명하는 것

　　㉢ 비교 · 대조 : 어떤 대상을 다른 것과의 공통점(비교)과 차이점(대조)을 들어 설명하는 것

　　㉣ 분류 : 유사한 것끼리 묶는 것

　　㉤ 분석 : 얽혀 있거나 복잡한 구조를 개별적인 부분이나 성질로 나누어 체계적으로 설명하는 것

　　㉥ 열거 : 여러 가지 사례들을 나열하는 것

　　㉦ 인과 : 원인과 결과를 관련지어 설명하는 것

답 24.② 25.③

1 $(-9)+(+5)$를 계산하면?

① -4　　　　　　　② -1

③ 2　　　　　　　　④ 4

2 72를 소인수분해하면 $2^a \times 3^2$이다. 이때 a의 값은?

① 2　　　　　　　　② 3

③ 4　　　　　　　　④ 5

3 해가 $x=1$인 일차방정식은?

① $x+1=3$　　　　　② $x-1=1$

③ $2x+1=0$　　　　　④ $2x-1=1$

━━ 정답 및 해설

1 $(-9)+(+5)$를 정리하면
$-9+5=-4$

2 72를 소인수분해하면
$2\times2\times2\times3\times3$이므로
$2^3\times3^2$

3 ①② $x=2$

③ $x=-\dfrac{1}{2}$

📗 1.① 2.② 3.④

4 좌표평면 위의 점 $P(-3, -2)$와 같은 사분면에 있는 점은?

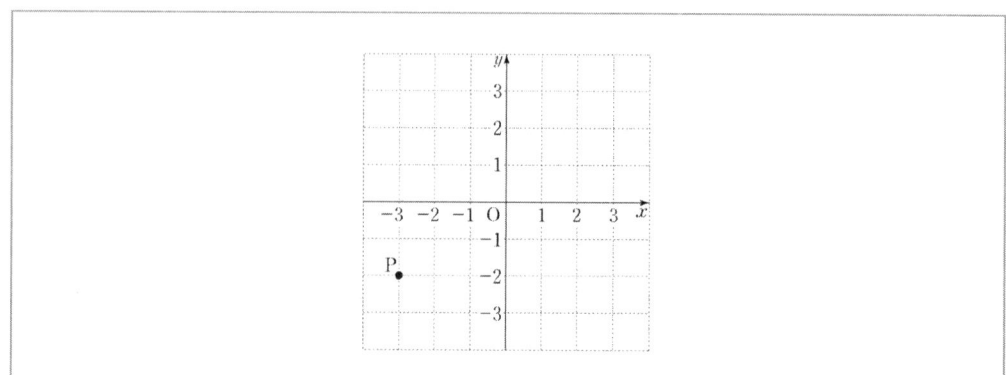

① $A(2, 1)$

② $B(-1, 3)$

③ $C(-1, -3)$

④ $D(1, -2)$

5 어느 학급의 수학 성적에 대한 도수분포표이다. 수학 성적이 70점 미만인 학생 수는?

수학 성적(점)	학생 수(명)
50이상 ~ 60미만	3
60이상 ~ 70미만	6
70이상 ~ 80미만	10
80이상 ~ 90미만	7
90이상 ~ 100미만	4
합계	30

① 3명

② 9명

③ 19명

④ 21명

▰▰ 정답 및 해설

4

5 ② 수학 성적이 70점 미만인 학생은 50~60구간 3명, 60~70구간 6명으로 총 9명이다.

🅐 4.③ 5.②

6 그림과 같이 원 O에서 $\angle AOB = \angle BOC$, $\overset{\frown}{AB} = 6cm$일 때, x의 값은? (단, $\overset{\frown}{AC} = xcm$)

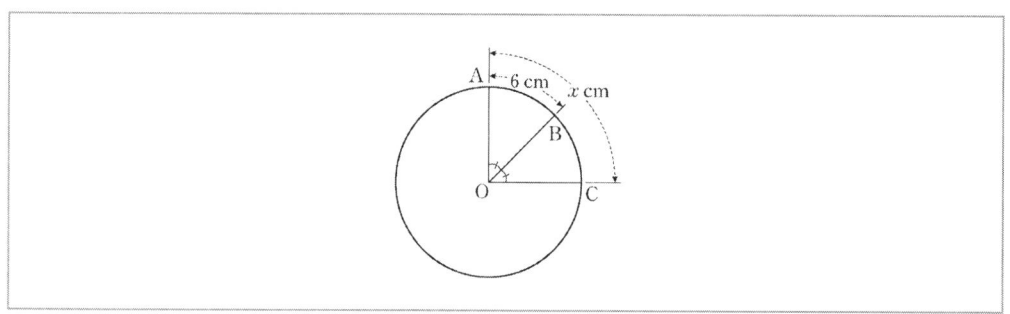

① 8

② 10

③ 12

④ 14

7 식을 계산한 결과가 $3a^4$인 것은?

① $3a^2 \times a$

② $3a \times a^3$

③ $a^2 \times 3a^3$

④ $a^3 \times 3a^3$

8 연립방정식 $\begin{cases} 2x - y = 3 \\ 3x + y = 7 \end{cases}$의 해가 $x = a$, $y = b$일 때, $a + b$의 값은?

① 3

② 4

③ 5

④ 6

▶ 정답 및 해설

6 ③ 중심각의 크기가 같은 두 부채꼴은 합동이기 때문에 $\overset{\frown}{BC}$의 길이 역시 6cm가 된다.
따라서 x의 값은 12cm이다.

7 ① $3a^3$
③ $3a^5$
④ $3a^6$

8 $\quad 2x - y = 3$
$\underline{+) \; 3x + y = 7}$
$\quad 5x \quad\;\; = 10 \qquad \therefore x = 2$
이것을 대입해 보면 $y = 1$
$\therefore a + b = 2 + 1 = 3$

❸ 6.③ 7.② 8.①

9 $a < b$일 때, 다음 중 옳은 것은?

① $a + 3 > b + 3$ ② $a - 4 < b - 4$

③ $a \times (-5) < b \times (-5)$ ④ $a \div 6 > b \div 6$

10 두 점 $(-1, 0)$, $(0, 2)$를 지나는 직선을 그래프로 하는 일차함수의 식은?

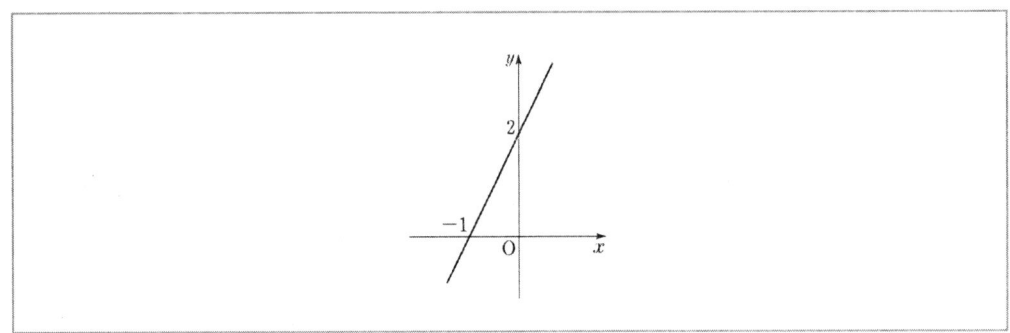

① $y = -2x - 1$ ② $y = -2x + 2$

③ $y = 2x - 1$ ④ $y = 2x + 2$

▰▰▰ 정답 및 해설

9 부등식의 성질

㉠ 부등식의 양변에 같은 수를 더하거나 양변에 같은 수를 빼어도 부등호의 방향은 바뀌지 않는다.

$a < b$일 때, $a + c < b + c$, $a - c < b - c$

㉡ 부등식의 양변에 같은 양수를 곱하거나 양변을 같은 양수로 나누어도 부등호의 방향은 바뀌지 않는다.

$a < b$, $c > 0$ 일 때, $ac < bc$, $\dfrac{a}{c} < \dfrac{b}{c}$

㉢ 부등식의 양변에 같은 음수를 곱하거나 양변을 같은 음수로 나누면 부등호의 방향은 바뀐다.

$a < b$, $c < 0$ 일 때, $ac > bc$, $\dfrac{a}{c} > \dfrac{b}{c}$

10 ④ 기울기가 a이고 y절편이 b인 일차함수 $y = ax + b$로 표현되므로

(x_1, y_1), (x_2, y_2)를 지날 때 기울기 $a = \dfrac{(y_2 - y_1)}{(x_2 - x_1)}$ 이므로

$a = \dfrac{2 - 0}{0 - (-1)} = 2$이므로

$y = ax + b$에 (x_1, y_1), (x_2, y_2) 둘 중 하나를 대입하여 b를 구한다.

🅐 9.②   10.④

11 4개의 자음 ㄴ, ㄹ, ㅁ, ㅇ과 2개의 모음 ㅏ, ㅜ 중에서 자음 한 개와 모음 한 개를 짝 지어 글자를 만들려고 한다. 만들 수 있는 글자는 모두 몇 가지인가?

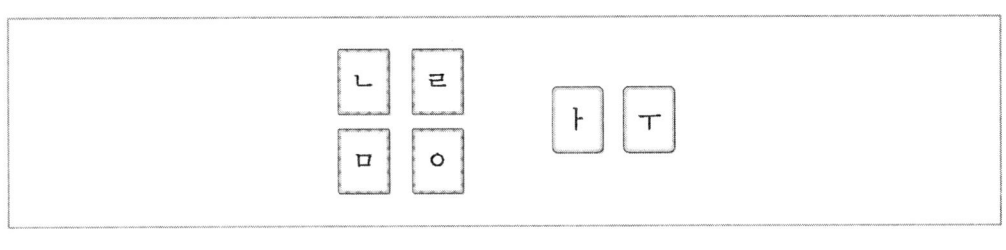

① 6가지   ② 8가지

③ 10가지   ④ 12가지

12 그림과 같이 직사각형 $ABCD$에서 점 O는 두 대각선의 교점이고 $\overline{AC}=12cm$일 때, x의 값은? (단, $\overline{AO}=xcm$)

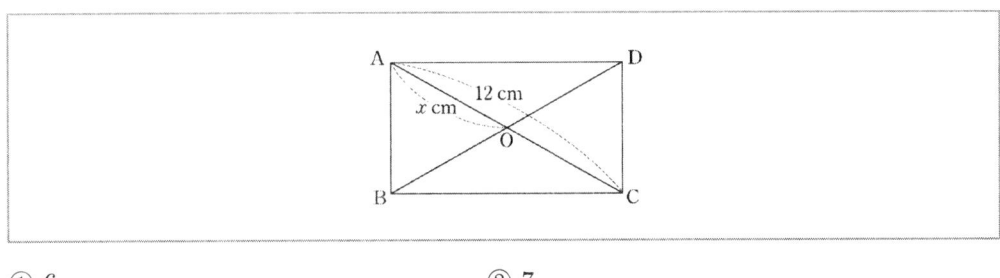

① 6   ② 7

③ 8   ④ 9

━━━ 정답 및 해설

11 ② 두 사건 A, B가 동시에 일어나는 경우이므로 곱의 법칙을 이용한다.
따라서 $4 \times 2 = 8$(가지)

12 ① ㅁABCD가 직사각형이면 두 대각선의 길이가 같고 서로 이등분하기 때문에 x의 길이는 12cm을 이등분한 6cm이 된다.

답 11.② 12.①

13 그림에서 □$ABCD$∽□$EFGH$이고, $\overline{AB}=1cm$, $\overline{EF}=2cm$이다. □$ABCD$의 넓이가 $3cm^2$일 때, □$EFGH$의 넓이는?

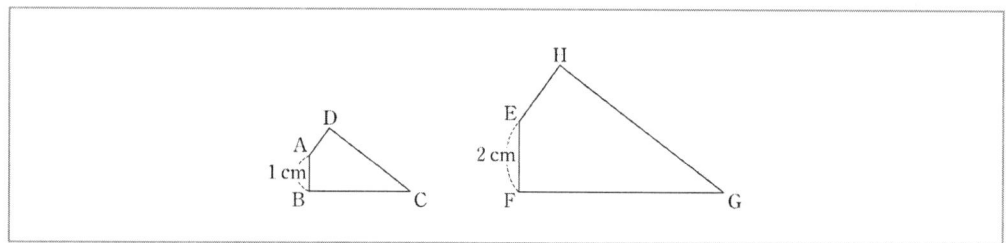

① $6cm^2$

② $9cm^2$

③ $12cm^2$

④ $15cm^2$

14 $3\sqrt{2}$ 를 $\sqrt{a}$ 꼴로 나타내면?

① $\sqrt{8}$

② $\sqrt{12}$

③ $\sqrt{15}$

④ $\sqrt{18}$

13 ③ 닮은 도형의 넓이의 비는 닮음비의 제곱과 같다.
즉, 닮음비가 $m:n$이면 넓이의 비는 $m^2:n^2$이다.
□ABCD와 □EFGH의 닮음비는
$\overline{AB}:\overline{EF}=1:2$
넓이의 비는 닮음비의 제곱과 같으므로 $1^2:2^2$145
따라서 □ABCD의 넓이가 3이므로
□$ABCD$:□$EFGH$= 3:□$EFGH$=1:4
□$EFGH$=$12cm^2$

14 $3\sqrt{2}$는 $\sqrt{3\times3\times2}$로 나타낼 수 있으므로 $\sqrt{18}$이 된다.

🅐 13.③ 14.④

15 직사각형 모양 엽서의 넓이는 $x^2 + 5x + 6$이고, 가로의 길이는 $x + 2$이다. 이 엽서의 세로의 길이는?

$x+2$

① $x + 1$ ② $x + 2$

③ $x + 3$ ④ $x + 4$

16 이차방정식 $x^2 + 3x - 10 = 0$의 두 해를 m, n이라 할 때, $m + n$의 값은?

① -3 ② -1

③ 1 ④ 3

15 ③ 직사각형의 넓이는 가로×세로이므로
세로의 길이는 $x^2 + 5x + 6$을 인수분해하면 구할 수 있다.
따라서 세로의 길이는 $(x + 3)$이 된다.

16 ① 이차방정식 $ax^2 + bx + c = 0$의 두 해가 m, n이면 $m + n = -\dfrac{b}{a}$이므로

$x^2 + 3x - 10 = 0$에서 $m + n = -\dfrac{3}{1} = -3$이 된다.

답 15.③ 16.①

17 이차함수 $y = -(x+2)^2 + 3$의 그래프에 대한 설명으로 옳은 것은?

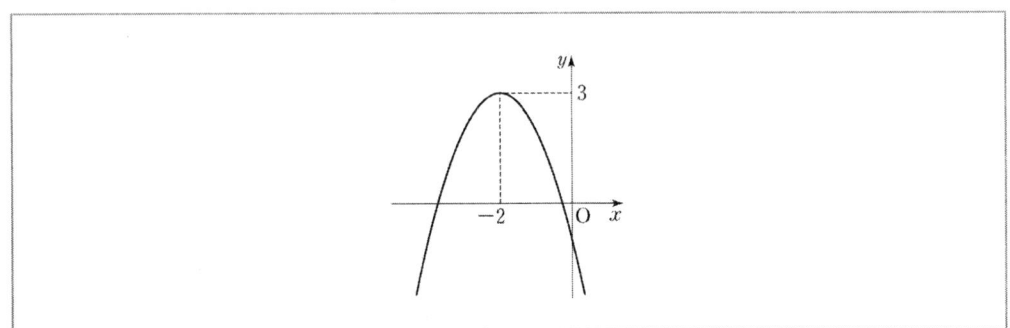

① 아래로 볼록하다.
② 점 $(0, 1)$을 지난다.
③ 제1사분면을 지난다.
④ 꼭짓점의 좌표는 $(-2, 3)$이다.

17 ① 위로 볼록하다.
② 점 $(0, -1)$을 지난다.
③ 제2사분면, 제3사분면, 제4사분면을 지난다.

18 다음과 같이 빗변의 길이가 c인 직각삼각형에서 $c^2 = a^2 + b^2$이다.

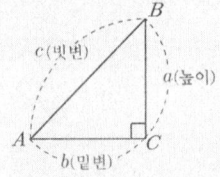

따라서 $\overline{AC} = 5\,\text{cm}$이 된다.
$2^2 + x^2 = 5^2$이므로 $x^2 = 21$ $\therefore x = \sqrt{21}$

답 17.④

18 그림과 같이 사각형 $ABCD$에서 $\angle B = \angle D = 90°$ 이고, $\overline{AB} = 3cm$, $\overline{BC} = 4cm$, $\overline{DA} = 2cm$ 일 때, x의 값은? (단, $\overline{CD} = xcm$)

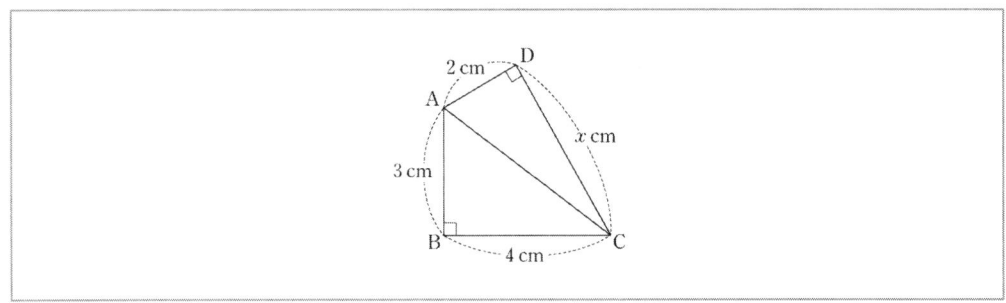

① $\sqrt{19}$ ② $\sqrt{21}$
③ $\sqrt{23}$ ④ $\sqrt{26}$

■■ 정답 및 해설

18 다음과 같이 빗변의 길이가 c인 직각삼각형에서 $c^2 = a^2 + b^2$ 이다.

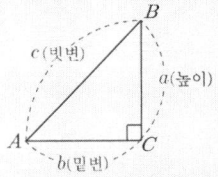

따라서 $\overline{AC} = 5cm$이 된다.
$2^2 + x^2 = 5^2$ 이므로 $x^2 = 21$ $\therefore x = \sqrt{21}$

답 18.②

19 그림과 같이 ∠C＝90°인 직각삼각형 ABC에서 cos B의 값은?

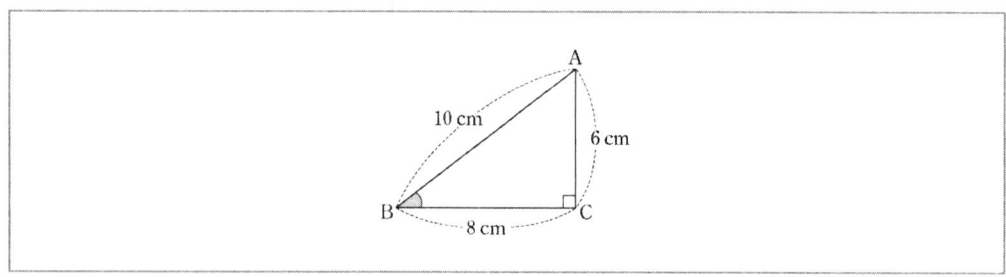

① $\dfrac{3}{5}$ ② $\dfrac{3}{4}$

③ $\dfrac{4}{5}$ ④ $\dfrac{5}{3}$

20 그림과 같이 원 O에서 현 AB와 현 CD가 만나는 교점이 P이고, $\overline{AP}=2cm$, $\overline{CP}=\overline{PD}=4cm$일 때, x의 값은? (단, $\overline{PB}=x\,cm$)

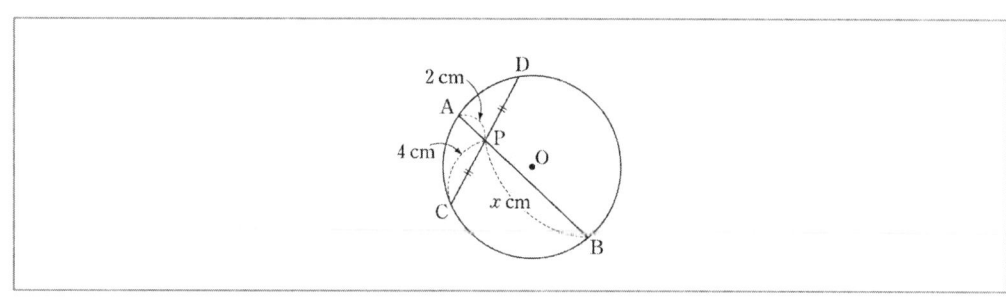

① 5   ② 6
③ 7   ④ 8

▬▬ 정답 및 해설

19 $\cos B = \dfrac{\text{밑변}}{\text{빗변}} = \dfrac{8}{10} = \dfrac{4}{5}$

20 ④ 원의 두 현이 한 점에서 만난다면 이 교점에서 현에 이르는 거리를 곱한 값은 서로 같다.
즉, $\overline{PA}\times\overline{PB}=\overline{PC}\times\overline{PD}$이므로
$2\times x=4\times 4$ ∴ $x=8$

🅐 19.③ 20.④

1 다음 단어들을 모두 포함할 수 있는 것은?

> tennis soccer baseball basketball

① colors   ② sports

③ shapes   ④ flowers

2 두 단어의 의미 관계가 나머지 셋과 다른 것은?

① buy - sell   ② push - pull

③ start - begin   ④ open - close

3 대화의 빈칸에 들어갈 말로 알맞은 것은?

> A : _____ he play the violin?
>
> B : No, he doesn't.

① Is   ② Are

③ Do   ④ Does

■■■ 정답 및 해설

1 ② 테니스, 축구, 야구, 농구는 모두 운동을 나타낸다.
　① 색깔 ② 운동 ③ 모양 ④ 꽃

2 ① 사다 - 팔다(반의관계)
　② 누르다 - 당기다(반의관계)
　③ 시작하다 - 시작하다(유의관계)
　④ 열다 - 닫다(반의관계)

3 ④ he/she/it과 같은 3인칭 단수에는 do가 아닌 does를 써야한다.
　「A : 그는 바이올린을 연주하니?
　 B : 아니, 하지 않아.」

　　　　　　　　　　　　　　　　　　　　　　 정답 1.② 2.③ 3.④

4 대화의 빈칸에 들어갈 말로 알맞은 것은?

> A : Are you going to visit your grandparents?
> B : Yes, I _____ them next month.

① visits   ② visited
③ visiting   ④ will visit

5 그림으로 보아 빈칸에 들어갈 말로 알맞은 것은?

There are three books _____ the table.

① on   ② to
③ under   ④ behind

■■■ 정답 및 해설

4 ④ next month라는 단어를 미루어 보아 할 방문할 예정이라는 의미를 나타내는 will visit이 가장 적합하다.
「A : 너 조부모님 뵈러 갈 예정이니?
 B : 응, 난 다음 달에 갈 거야.」

5 ① ~위에
② ~로, ~쪽으로
③ ~밑에
④ ~뒤에

🅐 4.④ 5.①

6 대화의 빈칸에 들어갈 말로 알맞지 않은 것은?

> A : I think doing homework is good for me.
> B : _____. It helps me study harder.

① I think so, too　　　　② You are right

③ I agree with you　　　④ I'm sorry, but I can't

7 대화에서 밑줄 친 말의 의도로 알맞은 것은?

> A : May I use your pencil?
> B : <u>Sure, Go ahead.</u>

① 거절하기　　　　　② 축하하기

③ 승낙하기　　　　　④ 칭찬하기

8 대화의 빈칸에 들어갈 말로 알맞은 것은?

> A : _____ shall we meet?
> B : Let's meet at the library.

① Who　　　　　② Why

③ What　　　　　④ Where

━━ 정답 및 해설

6 ④ 동의의 의미가 아닌 거절의 의미이므로 알맞지 않다.
　「A : 숙제를 하는 것은 나한테 좋다고 생각해.
　 B : 동감해. 숙제를 하는 건 내가 더 열심히 공부하게 도와주거든.」

7 「A : 내가 네 연필을 써도 될까?
　 B : 물론이지. 쓰도록 해.」

8 ① 누구 ② 왜 ③ 무엇을 ④ 어디서
　「A : 어디서 만날까?
　 B : 도서관에서 만나자.」

🅐 6.④　7.③　8.④

9 다음 대화 직후 A가 할 일로 가장 알맞은 것은?

> A : You look busy. May I help you?
> B : Yes, please. Can you carry these boxes for me?
> A : Sure! No problem.

① 방 청소하기　　　　　　② 책 빌려 주기
③ 상자 운반하기　　　　　　④ 영화 보러 가기

10 대화에 나타난 B의 심정으로 가장 알맞은 것은?

> A : What's wrong? You look upset.
> B : My brother broke my new camera, but he didn't say, "I'm sorry." I can't stand it.

① angry　　　　　　　　② happy
③ scared　　　　　　　　④ hopeful

9 「A : 너 바빠 보인다. 뭐 도와줄까?
　　B : 응. 저 박스들을 옮겨줄 수 있겠니?
　　A : 물론이지! 문제 없어.」

10 stand it 참다, 견디다
　　「A : 무슨 일이야? 너 화나 보여.
　　B : 내 남동생이 새 카메라를 망가뜨렸는데 걔가 미안하다고 말하지 않았어. 난 참을 수가 없어.」

답 9.③　10.①

11 밑줄 친 'It'이 공통으로 가리키는 것은?

It is the Korean alphabet. It was made by King Sejong. It has 24 letters. It is known as a scientific and beautiful writing system.

① 한글
② 한복
③ 판소리
④ 태권도

12 글의 목적으로 알맞은 것은?

Dear Kevin,

I'm going to have a birthday party.

Please come to my house at 6 p.m. on Sunday, July 15.

See you then!

Jiwon

① 감사
② 초대
③ 항의
④ 거절

11 scientific 과학적인, 체계적인 be known as~ ~로 유명하다, 알려져 있다
「이것은 한국인의 문자입니다. 이것은 세종대왕이 만들었습니다. 이것은 24글자로 되어있습니다. 이것은 과학적이며 아름다운 문자 체계로 유명합니다.」

12 「케빈에게,
내 생일파티가 있을 예정이야.
7월 15일 일요일 6시까지 우리집으로 와주길 바래.
그때 보자!
지원이가」

답 11.① 12.②

13 대화가 일어나는 장소로 알맞은 것은?

> A : Can you show me your ticket, please?
> B : Here it is. Can I take pictures in this art museum?
> A : No, you can't. It hurts the paintings.

① 세탁소　　　　　　　② 문구점
③ 경찰서　　　　　　　④ 미술관

14 대화의 주제로 알맞은 것은?

> A : What is your goal for this year?
> B : I will get up early every morning. How about you?
> A : I want to learn how to swim.

① 가족 소개　　　　　　② 교우 관계
③ 올해 목표　　　　　　④ 여행 계획

■■■ 정답 및 해설

13 art museum 미술관　hurt 다치게 하다
「A : 표를 보여주시겠어요?
B : 여기요. 이 미술관에서 사진을 찍을 수 있나요?
A : 아니요, 찍을 수 없습니다. 그림을 훼손하거든요.」

14 「A : 이번년도 너의 목표는 뭐야?
B : 난 매일 아침 일찍 일어날거야. 너는?
A : 난 수영하는 방법을 배우고 싶어.」

답 13.④　14.③

15 다음 대화의 상황으로 가장 알맞은 것은?

A : Excuse me, where is the post office?

B : Go straight for two blocks. It's on your right.

A : Thank you.

---

① 사과하기   ② 물건 사기

③ 길 묻고 답하기   ④ 인물 묘사하기

16 글쓴이가 주장하는 내용으로 가장 알맞은 것은?

Here are some easy ways to save energy. Turn off the lights you're not using. Turn off the water while brushing your teeth. Walk short distances instead of driving your car.

---

① 양치질을 자주하자.

② 에너지를 절약하자.

③ 교통 법규를 지키자.

④ 자원봉사에 참여하자.

17 다음 기차표를 보고 알 수 없는 것은?

```
                                    K-rail

From              To
Seoul ▶           Busan
Date: 8/15/2015
Time: 11:00 a.m.
```

① 요금   ② 출발역

③ 도착역   ④ 출발일시

18 글의 흐름으로 보아 빈칸에 들어갈 말로 알맞은 것은?

We can do many useful things with cell phones, like making phone calls or listening to music._____, if we are not careful when using cell phones in public places, they can cause problems.

* cell phone : 휴대전화

① However   ② At first

③ In short   ④ For example

━━━ 정답 및 해설

17 ① 요금에 대한 언급은 나와있지 않다.
「출발 : 서울   도착 : 부산
날짜 : 2015년 8월 15일
시간 : 오전 11시」

18 useful 유용한, 쓸모 있는   careful 주의를 기울이는, 신경을 쓰는   public place 공공 장소   cause (문제를) 야기하다, 일으키다.
「우리는 핸드폰으로 전화를 걸거나 음악을 듣는 등의 유용한 것들을 많이 할 수 있다. 그러나, 우리가 공공장소에서 핸드폰을 사용할 때 주의를 기울이지 않는다면, 그것은 문제를 야기할 수 있다.」
① 그러나
② 처음에는
③ 요약하자면
④ 예를 들어

답 17.① 18.①

19 Jack에 관한 내용으로 일치하지 않는 것은?

> Jack was very interested in computers. He started making computer programs at the age of thirteen. He spent a lot of time making computer programs. Finally, he built a successful computer company.

① 컴퓨터에 관심이 많았다.
② 13세에 컴퓨터 프로그램을 만들기 시작했다.
③ 컴퓨터 프로그램을 만드는데 많은 시간을 썼다.
④ 컴퓨터 회사를 만드는데 실패했다.

20 빈칸에 공통으로 들어갈 말로 알맞은 것은?

> • I go to school _____ bus.
> • I will finish my report _____7 o'clock.

① of   ② by
③ out   ④ from

■■■◆ 정답 및 해설

19 be interested in~ ~에 흥미를 가지다 spend a lot of time ~ing ~하는데 시간을 많이 보내다 successful 훌륭한, 성공적인 finally 마침내
「잭은 컴퓨터에 매우 관심이 많았다. 그는 13살 때, 컴퓨터 프로그램 만들기 시작했다. 그는 프로그램 만들기에 많은 시간을 쏟았다. 마침내, 그는 훌륭한 컴퓨터 회사를 세울 수 있었다.」

20 ② 빈 칸에는 수단을 뜻하고 '~까지'라는 의미를 지닌 by가 적절하다.
「•나는 학교에 버스를 타고 간다.
•나는 7시까지 보고서를 끝낼 것이다.」

답 19.④ 20.②

21 다음 규칙에 제시되지 않은 것은?

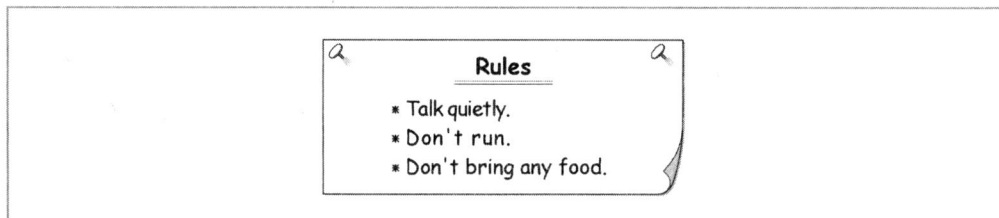

Rules
* Talk quietly.
* Don't run.
* Don't bring any food.

① 뛰지 않기　　　　　　　② 반납일 지키기
③ 조용히 이야기하기　　　④ 음식 가져오지 않기

22 글의 흐름으로 보아 어울리지 않는 문장은?

Yesterday was Parents' Day. ① My sister and I wanted to make our parents happy. ② My sister cleaned the living room. ③ A new student moved to my class. ④ I washed the dishes. We did our best!

정답 및 해설

21 「규칙들
　*조용히 얘기하기.
　*뛰지 않기.
　*음식 가져오지 않기.」

22 living room 거실　wash the dish 설거지 하다
「어제는 어버이날이었다. ① 내 여동생과 나는 우리 부모님을 행복하게 만들고 싶었다. ② 내 여동생은 거실을 청소했다. ③ 새로운 학생이 우리반으로 전학왔다. ④ 나는 설거지를 하였다. 우리는 최선을 다했다!」

달 21.② 22.③

23 표의 내용으로 보아 빈칸에 들어갈 말로 알맞은 것은?

Fruit	Price(each)
Peach	500 won
Apple	1,000 won

A peach is _____ than an apple.

① cheap
② cheaper
③ expensive
④ more expensive

24 주어진 말에 이어질 대화의 순서로 알맞은 것은?

Jenny, what's the matter?

(A) My mom is sick.

(B) Thanks. I hope so, too.

(C) That's too bad. I hope she gets well soon.

① (A) — (C) — (B)
② (B) — (A) — (C)
③ (B) — (C) — (A)
④ (C) — (B) — (A)

■■▶ 정답 및 해설

23 ② 복숭아가 사과보다 개당 가격이 저렴하므로 빈칸에는 '싼' 의미인 'cheap'을 써야 한다. 그러나 비교 구문에서 사과보다 저렴하다고 말해야 하므로 비교급인 'cheaper'가 답이 된다.

과일	가격 (개 당)
복숭아	500원
사과	1000원

24 「제니, 무슨 일이니?
 (A) 우리 엄마가 편찮으셔.
 (C) 정말 안됐다. 얼른 괜찮아지시길 빌게
 (B) 고마워. 나도 그러길 바라.」

답 23.② 24.①

25 글의 제목으로 가장 알맞은 것은?

> My family and I went to Jeju-do last summer. We stayed there for five days. We hiked to the top of Mt. Halla and enjoyed its natural beauty. We had a great time! I want to go there again someday.

① My Family Members
② Tips for Making Plans
③ The Importance of Friends
④ My Family's Summer Trip

▓▓▶ 정답 및 해설

25 stay 머물다 hike 등산하다 natural beauty 자연경관
　① 우리 가족 구성원
　② 계획 짜기를 위한 팁
　③ 친구의 중요성
　④ 우리 가족의 여름 여행
「우리 가족과 나는 지난 여름에 제주도에 갔었다. 우리는 거기서 5일 동안 머물렀다. 우리는 한라산 정상도 오르고 그곳의 자연경관을 즐겼다. 정말 행복한 시간을 보냈다! 언젠간 다시 한번 가고 싶다.」

답 25.④

1 다음과 같은 생활 모습을 볼 수 있는 대표적인 기후 지역은?

> • 오아시스 농업과 유목이 발달함.
> • 낙타를 이용하여 사막을 이동하며 상업 활동을 함.

① 건조기후   ② 온대기후

③ 냉대기후   ④ 한 대기후

2 다음 설명에 해당하는 자원은?

> • 화학 공업의 원료로 이용됨.
> • 자동차와 비행기 등의 연료로 이용됨.
> • 주요 생산지와 소비지가 달라서 국제적 이동량이 많음.

① 구리   ② 석유

③ 주석   ④ 철광석

▶▶▶ 정답 및 해설

1 건조 기후의 특징
  ㉠ 건조지역 : 사막과 초원 분포
  ㉡ 사막 : 사하라(아프리카), 고비(아시아), 그레이트 빅토리아(호주), 칼라하리(아프리카), 룹알할리(아라비아 반도)
  ㉢ 강수량보다 증발량이 많기 때문에 건조한 환경에 맞는 생활양식 발달
  ㉣ 유목, 오아시스 농업, 관개 농업(지하수 이용), 대상(오아시스와 오아시스를 이음→낙타사용), 흙을 이용한 집, 옷을 겹쳐입거나 온몸을 가리는 긴 옷(일교차가 큼)

2 ② 석유는 다른 화석 연료보다 지리적으로 편재되어 있어 국제적 이동이 매우 활발하며 에너지 지원으로 이용될 뿐만 아니라 화학 공업을 비롯한 산업의 많은 분야에 이용되어 에너지 소비구조에서 큰 비중을 차지하고 있다.

☝ 1.① 2.②

3 다음에서 설명하는 섬은?

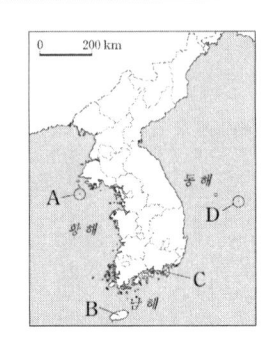

- 천연기념물 336호로 지정된 곳
- 우리나라에서 해가 가장 먼저 뜨는 지역
- 동도·서도 두 개의 큰 섬과 여러 개의 작은 섬들로 구성

① A   ② B
③ C   ④ D

4 다음 내용과 관련 되는 자연재해는?

〈학교에서의 ○○ 대피 행동 요령〉
- 책상 밑에 들어가 몸을 웅크린다.
- 넘어지는 선반이나 책장으로부터 멀리 피하여 몸을 보호한다.
- 선생님의 지시에 따라 행동하고 침착하게 운동장으로 대피한다.

① 가뭄   ② 폭염
③ 지진   ④ 황사

▬▬▬ 정답 및 해설

3 ④ 독도에 대한 설명이다.

4 ① 오랫동안 비가 오지 않아 땅이 말라, 갈라져서 농작물이 큰 피해를 입게 되는 자연재해
    ② 매우 높은 온도와 강한 햇빛으로 식물이 시들거나 사람한테 피해를 주는 자연재해
    ④ 바람에 의하여 하늘 높이 불어 올라간 미세한 모래먼지가 대기 중에 퍼져서 하늘을 덮었다가 서서히 떨어져
      피해를 주는 자연재해

                                                 답 3.④ 4.③

5 다음 내용과 가장 관련 있는 사회 문제는?

> • 노령 연금 지급
> • 실버타운 건설
> • 노인 여가 활동 지원
> • 노년층 재취업 훈련

① 고령화   ② 남녀 차별
③ 성비 불균형   ④ 도시 인구 집중

6 다음 설명에 해당하는 지역은?

> 도시의 무질서한 팽창을 막고, 녹지 공간을 확보하기 위하여 설정한 지역으로 그린벨트(green belt)라고도 함.

① 도심   ② 부도심
③ 위성 도시   ④ 개발 제한 구역

━━▶ 정답 및 해설

5 ① 제시된 내용들은 모두 노인들과 관련된 사회 정책이므로 고령화와 관련 있다고 봐야 한다.

6 ① 도시 활동에서 거점이 되는 중심가를 말한다. 교통이 편리하고 고층건물들이 밀집해 있으며 지가와 접근성이 가장 높다.
② 대도시의 주변에서 도심의 기능을 분화 담당하는 지구로서 중심 지역에서 조금 떨어진 교통의 요지에 형성된다.
③ 대도시 외곽에 있는 중소도시로서 대도시권에 있으면서 중심도시 기능의 일부를 분담하는 도시를 말한다.

답 5.① 6.④

7 다음에서 설명하는 지형은?

- 조류에 의해 운반된 모래나 점토가 쌓여 생긴 곳
- 바다 오염을 막아 주는 정화 기능을 하며, 각종 어패류 채취나 염전으로 이용

① 분지　　　　　　　　　　② 갯벌
③ 선상지　　　　　　　　　　④ 범람원

8 다음 내용에 해당되는 지역은?

- 우리나라 최대의 중화학 공업 지역
- 제철(포항·광양), 자동차(울산), 석유화학(울산·여수), 조선(울산·거제) 공업 등 발달

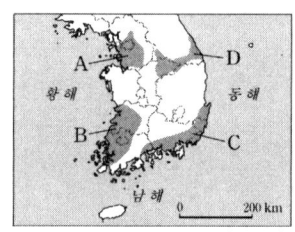

① A　　　　　　　　　　② B
③ C　　　　　　　　　　④ D

9 다음 내용에 해당하는 것은?

> • 가장 기초적인 사회화 기관
> • 태어나서 처음으로 사회화가 이루어지는 곳
> • 언어, 예절 등 기본적인 사회적 행동을 배우는 곳

① 가정　　　　　　　　　　② 직장
③ 학교　　　　　　　　　　④ 대중 매체

10 (가)와 (나)에 들어갈 용어를 알맞게 짝 지은 것은?

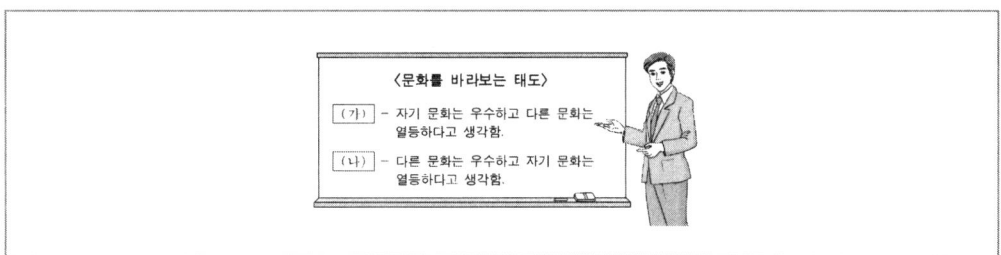

	(가)	(나)
①	자문화 중심주의	문화 상대주의
②	자문화 중심주의	문화 사대주의
③	문화 사대주의	자문화 중심주의
④	문화 사대주의	문화 상대주의

▬▬ 정답 및 해설

9 사회화 기관
　㉠ 1차적 사회화 기관 : 자연적으로 형성, 비형식적·인격적인 만남
　• 가정 : 인간이 태어나서 처음으로 접하게 되는 사회화 기관
　• 또래집단 : 놀이를 통해 규칙 및 질서 등을 학습함
　㉡ 2차적 사회화 기관 : 특정 목적을 가지고 인위적으로 형성, 형식적·공식적인 만남
　• 학교 : 공식적·지속적·체계적인 사회화 기관
　• 직장 : 직장 내에서 요구하는 새로운 지식과 행동양식, 규범을 학습
　• 대중매체 : 현대사회에서 영향력이 가장 큰 사회화 기관

10 문화를 이해하는 태도
　㉠ 자문화 중심주의 : 자기 민족의 경험이나 전통에 비추어 다른 사회의 문화를 바라보는 문화 인식 태도
　㉡ 문화 사대주의 : 다른 사회의 문화를 우수한 것으로 믿고 동경하거나 추종하면서 자기문화를 낮게 평가하는 태도
　㉢ 문화 상대주의 : 문화의 상대성을 인정하면서 한 사회의 문화를 그 사회가 처한 특수한 환경과 역사적 맥락 속에서 객관적으로 이해하고 평가하려는 태도

답 9.① 10.②

11 다음에서 설명하고 있는 법은?

> • 모든 법률의 토대가 되는 최상위의 법
> • 국민의 권리와 의무 및 국가의 통치 조직과 운영 권리 등을 규정한 법

① 헌법   ② 상법
③ 형법   ④ 민법

12 다음 내용에 해당하는 것은?

> • 민주주의 선거 4대원칙 중 하나임
> • 한 사람이 한 표씩을 행사할 수 있으며, 그 표의 가치는 같음

① 제한 선거   ② 평등 선거
③ 직접 선거   ④ 비밀 선거

13 민주 정치의 기본 원리로 적절하지 않은 것은?

① 국민 주권의 원리   ② 국민 자치의 원리
③ 전제 정치의 원리   ④ 권력 분립의 원리

▰▰▰ 정답 및 해설

11 법의 분류 … 개인간의 사적 생활관계를 규율하는 사법에는 민법과 상법이 있고, 개인과 국가나 국가 기관 상호 간의 관계를 규율하는 공법에는 헌법, 형법, 행정법, 소송법이 있으며 사적 영역에 국가가 개입하여 사회적 약자나 경제적 약자를 보호하기 위한 법인 사회법에는 노동법, 경제법, 사회보장법 등이 있다.

12 민주선거의 4대 원칙
 ㉠ 보통선거 : 일정 연령 이상의 국민에게 누구나 선거권을 부여(↔제한선거)
 ㉡ 평등선거 : 투표 가치를 동등하게 하여 표의 가치에 차등을 두지 않음(↔차등선거)
 ㉢ 직접선거 : 유권자 자신이 직접 대표자를 뽑음(↔간접선거)
 ㉣ 비밀선거 : 누가 누구에게 투표를 했는지는 알 수 없음(↔공개선거)

13 민주정치의 기본원리
 ㉠ 국민 주권의 원리 : 국가의 의사를 최종적으로 결정할 수 있는 최고권력인 주권이 국민에게 있다는 것
 ㉡ 국민 자치의 원리 : 주권을 가진 국민이 국가를 다스려야 함
 ㉢ 입헌주의의 원리 : 국민의 기본권과 민주적인 국가 운영의 원리가 규정된 헌법에 따라 국가 권력이 행사 된다는 것
 ㉣ 권력 분립의 원리 : 권력을 입법, 행정, 사법으로 나눈 것

 답 11.① 12.② 13.③

14 다음 내용과 관계 깊은 기본권은?

> • 국민의 다른 기본권을 보장하기 위한 기본권
> • 국가에 일정한 행위를 요구할 수 있는 권리

① 자유권   ② 참정권
③ 청구권   ④ 평등권

15 다음 내용에 해당하는 것은?

> 재화란 인간의 필요와 욕구를 충족시켜 주는 것 중에서 구체적인 형태가 있는 물건을 의미한다.

① 교사의 수업   ② 의사의 진료
③ 가수의 공연   ④ 학생의 교복

16 시장에서의 균형 가격은 수요량과 공급량이 일치하는 지점에서 결정된다. 다음 그래프에서 균형 가격은? (단, 다른 조건은 일정함.)

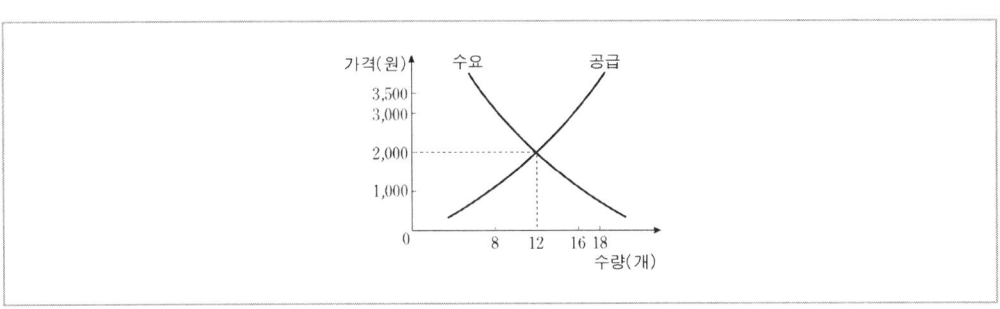

① 1,000원   ② 2,000원
③ 3,000원   ④ 3,500원

━━▶ 정답 및 해설

14 ① 자유권은 가장 역사가 오래된 핵심적인 기본권으로 천부인권적·포괄적·근대적·소극적 권리이다.
　② 참정권은 정치에 참여할 수 있는 권리를 말하며 실정권적·열거적·현대적·적극적 권리이다.
　④ 평등권은 불합리한 차별을 받지 않을 권리를 말한다.

15 ①②③ 모두 구체적인 형태는 없지만 인간의 욕구를 충족시켜주는 행위인 서비스(용역)에 해당한다.

16 ② 균형가격은 공급과 수요가 일치하는 점에서 결정된다. 따라서 2000원이 된다.

　　　　　　　　　　　　　　　　　　　　　　　　　　　　　🅐 14.③　15.④　16.②

17 ㈎에 해당하는 나라는?

> ㈎ 에서는 백성들에게 금하는 법 8조가 있었다. 사람을 죽인 자는 즉시 죽이고, 남에게 상처를 입힌 자는 곡식으로 갚는다. 도둑질한 자는 그 집의 노비로 삼는다.

① 가야
② 동예
③ 옥저
④ 고조선

18 다음 내용에 해당하는 왕은?

> 〈4세기 백제의 발전〉
> • 마한 전 지역을 정복함
> • 고구려를 공격하여 황해도 지역 일부를 차지함
> • 중국의 요서 지방과 일본의 규슈 지방에 진출함

① 내물왕
② 법흥왕
③ 근초고왕
④ 소수림왕

━━ 정답 및 해설

17 고조선의 8조법
1. 사람을 죽인자는 즉시 사형에 처한다.
2. 남에게 상처입힌 자는 곡물로 배상한다.
3. 도둑질한 자는 데려다 종으로 삼는다(면할려면 50만 전의 돈을 내야 한다).
4. 소도(성스러운 구역)를 훼손한 자는 가두어 둔다.
5. 예의를 지키지 않는 자는 군에 보낸다.
6. 근면하지 않은 자는 공공작업에 나가 일을 시킨다.
7. 음란한 짓을 하는 자는 태형에 처한다.
8. 사기를 치는 자는 훈방 시킨다.

18 ③ 제시된 것은 백제의 전성기 시절 근초고왕의 업적에 관한 내용이다.

🅐 17.④ 18.③

19 고려 공민왕이 실시한 정책을 모두 고른 것은?

| ㉠ 경복궁 중건 | ㉡ 훈민정음 창제 |
| ㉢ 친원 세력 숙청 | ㉣ 몽골 풍속 금지 |

① ㉠, ㉡　　　　　　　　② ㉠, ㉣

③ ㉡, ㉢　　　　　　　　④ ㉢, ㉣

20 다음 유물들이 만들어진 나라는?

〈불국사 다보탑〉	〈석굴암 본존 불상〉	〈성덕 대왕 신종〉

① 발해　　　　　　　　② 백제

③ 고구려　　　　　　　④ 통일 신라

━━ 정답 및 해설

19 ㉠ 흥선대원군의 정책
　　㉡ 세종대왕의 업적

20 • 불국사 다보탑 : 불국사 대웅전 앞뜰 동쪽에, 서쪽의 3층석탑과 대응하여 위치하고 있는 4층탑으로 통일 신라
　　경덕왕 시대에 만들어졌다.
　　• 석굴암 본존 불상 : 신라 석굴암 내에 있는 불상으로 신라 석불 가운데 최고의 걸작품으로 꼽힌다.
　　• 성덕 대왕 신종 : 통일 신라 경덕왕 시대에 만들어진 한국 최대의 종

🖺 19.④ 20.④

21 다음과 같은 정책들을 실시한 조선의 왕은?

• 탕평책 실시	• 규장각 설치
• 장용영 설치	• 수원 화성 건설

① 광종　　　　　　　　② 정조
③ 장수왕　　　　　　　④ 진흥왕

22 조선 시대의 최고 교육 기관은?

① 경당　　　　　　　　② 태학
③ 성균관　　　　　　　④ 주자감

23 다음 내용에 해당하는 사건은?

• 신식 군대인 별기군과의 차별에 구식 군인들이 불만을 가짐.
• 구식 군인들이 일본 공사관을 습격함.
• 조선과 일본이 제물포 조약을 체결함.

① 갑신정변　　　　　　② 을미사변
③ 병인양요　　　　　　④ 임오군란

▶▶ 정답 및 해설

21 정조의 정책
　㉠ 적극적인 탕평책의 추진 : 탕평과 청산, 남인 중용, 능력 중시, 관료 정치의 강화
　㉡ 왕권강화책 : 장용영 설치, 규장각 설치, 초계문신제 시행, 수원 화성 축조, 수령 권한 확대, 대전통편 편찬
　㉢ 경제의 발달 : 신해통공, 저수지 축조, 실학 중시
　㉣ 문화의 발달 : 활자 주조 및 활발한 편찬 사업

22 ①② 고구려의 교육 기관
　④ 발해의 교육 기관

23 ① 1884년(고종 21) 급진개화파가 개화사상을 바탕으로 조선의 자주독립과 근대화를 목표로 일으킨 정변
　② 1895년(고종 32) 일본 자객들이 경복궁을 습격하여 명성황후를 시해하고 일본세력 강화를 획책한 정변
　③ 1866년(고종 3) 흥선대원군의 천주교 탄압에 대한 보복으로 프랑스군이 침입한 사건

　　　　　　　　　　　　　　　　　　　　답 21.② 22.③ 23.④

24 다음 내용에 해당하는 인물은?

- 김구가 조직한 한인 애국단 소속
- 상하이 훙커우 공원에서 일본군에 폭탄 투척

① 김옥균   ② 서재필

③ 윤봉길   ④ 전명운

25 다음 내용에 해당하는 사건은?

1690년 이승만 정부가 3·15 부정 선거를 저지르자 학생과 시민들이 이에 저항하여 대규모 시위를 일으켰고, 그 결과 이승만 정부가 붕괴되었다.

① 4·19 혁명   ② 6·25 전쟁

③ 6월 민주 항쟁   ④ 5·18 민주화 운동

▬▬ 정답 및 해설

24 ③ 김구가 상하이에서 조직한 한인 애국단(1931)은 도쿄에서 일본 국왕의 행렬에 폭탄을 던진 이봉창, 상하이 훙커우 공원 전승 기념식장에서 폭탄을 던져 일본군 장성과 고관들을 처단한 윤봉길이 단원이었다.

25 ② 1950년 6월 25일 북한 공산군이 북위 38° 선 이남을 침공함으로써 일어난 한국에서의 전쟁
③ 1987년 6월 10일부터 6월 29일까지 대한민국 전국에서 일어난 반독재, 민주화 시위
④ 군부 독재의 연장을 저지하려는 시민들의 민주화 운동

🅐 24.③ 25.①

1 다음 설명에 해당하는 것은?

> • 접촉면에서 물체의 미끄러짐을 방해하는 힘이다.
> • 바닥에 고무가 붙어 있는 아기 양말은 미끄러짐을 방지한다.

① 수력   ② 풍력

③ 마찰력   ④ 원자력

2 물이 들어 있는 유리컵에 넣은 젓가락이 꺾여 보이는 현상과 관련된 빛의 성질은?

① 굴절   ② 분산

③ 합성   ④ 흡수

▶ 정답 및 해설

1 ③ 마찰력은 작용하는 힘의 방향과는 상관없이 물체의 운동을 방해하는 힘으로 회전하는 기계들에서 마찰을 줄이기 위해 윤활유를 넣거나 베어링을 사용하는 것, 달리는 자동차의 바퀴를 멈추게 하는 브레이크 등은 모두 마찰력의 성질을 활용한 것이다.

2 ① 빛의 굴절은 파동이 속도 변화에 의해 진행 방향을 바꾸는 현상이다. 파동이 서로 다른 매질을 비스듬히 지날 때 쉽게 관측된다.

답 1.③ 2.①

3 그림과 같이 뜨거운 금속 추를 찬물 속에 넣었을 때, 찬물이 얻은 열량이 200kcal이었다. 이때 뜨거운 금속 추가 잃은 열량은? (단, 열의 외부 출입은 없다.)

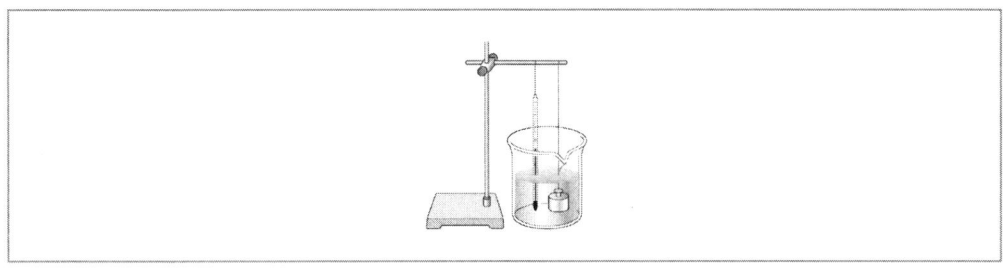

① 100kcal   ② 150kcal

③ 200kcal   ④ 250kcal

4 그림과 같이 지레를 이용하여 무거운 물체를 일정한 속력으로 들어 올릴 때, A~D 중 누르는 힘이 가장 작은 지점은?

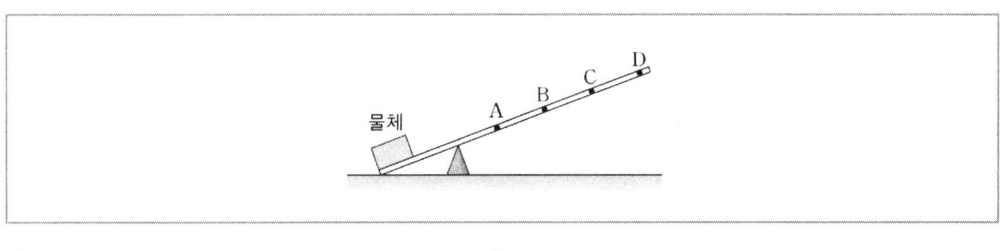

① A   ② B

③ C   ④ D

▶▶▶ 정답 및 해설

3 ③ 금속추가 잃은 열량과 물이 얻은 열량은 같다.

4 ④ 받침점으로부터 먼 곳일수록 작은 힘으로도 하중을 움직일 수 있으므로 받침점으로부터 가장 멀리 있는 D가 된다.

답 3.③ 4.④

5 그림과 같이 3 V의 전원에 연결된 전류계에 1 A의 전류가 흐를 때 저항 R의 값은? (단, 전선의 저항은 무시한다.)

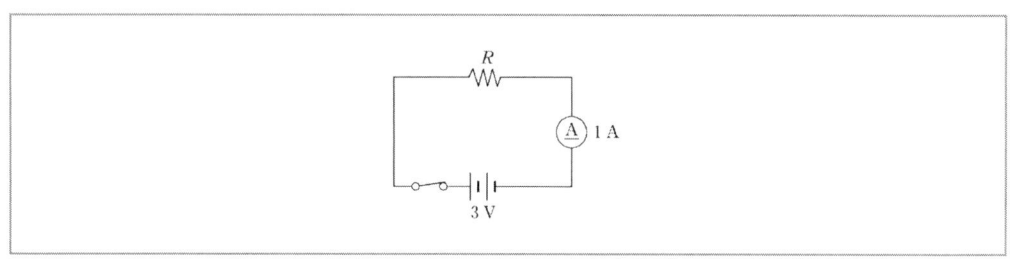

① 3 Ω

② 5 Ω

③ 7 Ω

④ 9 Ω

6 그림은 A에서 출발한 진자가 D까지 가는 동안의 운동 경로를 나타낸 것이다. 속력이 가장 빠른 곳은? (단, 공기 저항과 마찰은 무시한다.)

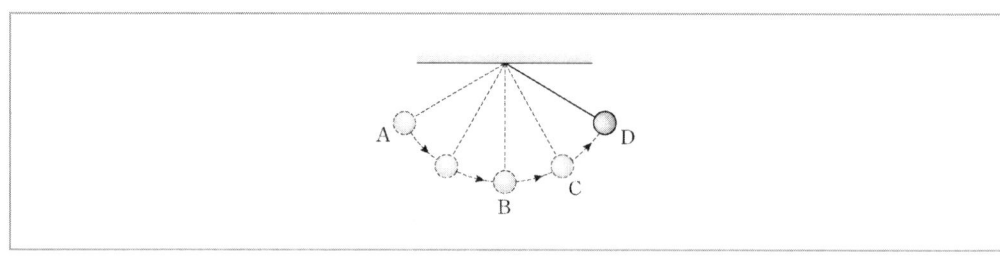

① A

② B

③ C

④ D

──────────

■■■ 정답 및 해설

5 $V = IR$이므로
$3V = 1 \times R$ ∴ $R = 3$

6 ② 전자 운동은 실에 매달린 추가 일정한 경로를 반복해서 왕복하는 운동으로 속력이 최대인 곳은 진동의 중심 B부분이고 양 끝점 A, D는 속력이 0이다.

탭 5.① 6.②

7 그림과 같이 일정한 온도에서 기체 A에 가해지는 압력을 2배로 증가시킬 때 기체 A의 부피 변화는? (단, 기체의 출입은 없다.)

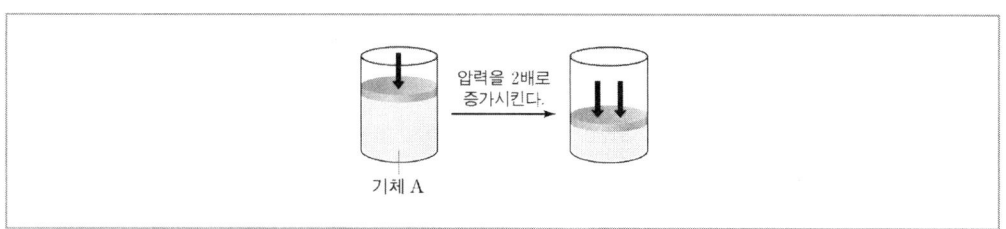

기체 A

① 변화 없다. ② 반으로 줄어든다.
③ 2배로 늘어난다. ④ 5배로 늘어난다.

8 다음 설명에 해당하는 분자 운동은?

• 액체 표면에서 분자들이 기체로 되는 현상이다.
• 물에 젖은 빨래가 마른다.

① 융해 ② 응결
③ 응고 ④ 증발

9 수소(H_2) 분자 모형에 해당하는 것은?

①   ②
③  ④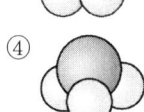

▬▬▬ 정답 및 해설

7 ② 기체의 부피와 압력은 서로 반비례하므로 압력을 2배로 증가시키면 부피는 2배로 감소한다.

8 ① 고체가 열을 받아 액체로 변하는 현상이다.
   ② 수증기가 열을 잃어 분자의 운동이 느려지면서 물이 되는 현상으로 액화의 일종이다.
   ③ 물질이 액체상태에서 고체상태로 변하는 현상이다.

9 수소 원자가 2개 결합한 형태여야 한다.

🅰 7.② 8.④ 9.②

10 다음 중 불꽃 반응에서 염화나트륨과 같은 불꽃색을 나타내는 것은?

① 질산구리   ② 질산리튬

③ 질산칼륨   ④ 질산나트륨

11 다음 설명에서 이용되는 물질의 특성은?

> • 물과 에탄올의 혼합물을 가열하여 분리한다.
> • 원유를 분별 증류하여 휘발유, 등유, 경유 등으로 분리한다.

① 부피   ② 질량

③ 끓는점   ④ 용해도

12 다음 중 원자가 이온이 되었을 때, 전자를 가장 많이 잃은 이온은?

① H^+ ② K^+

③ Mg^{2+} ④ Al^{3+}

13 다음 중 DNA가 들어 있어 세포의 생명 활동을 조절하는 세포 내 소기관은?

① 핵   ② 액포

③ 세포막   ④ 세포벽

━━━ 정답 및 해설

10 ① 청록색 ② 빨간색 ③ 보라색 ④ 노란색

11 ③ 물과 에탄올 혼합물을 가열하면 끓는점이 낮은 에탄올이 먼저 끓어 나오고, 끓는점이 높은 물은 나중에 끓어 나온다. 이렇듯 분별 증류를 이용하여 원유를 분리하면 끓는점이 낮은 물질일수록 위쪽에서 분리된다.

12 ④ 원소 기호의 오른쪽 위에 잃은 전자의 수를 보면 3개로 가장 많다.

13 ② 액포는 성숙한 식물세포에서 잘 관찰되며 물, 당류, 색소, 노폐물 등을 포함하고 있다. 세포 내의 수분 함량을 조절해 세포의 삼투압과 형태 유지에 기여한다.
③ 세포막은 세포를 둘러싸고 있는 얇은 막으로 단백질과 인지질로 구성되어 있다.
④ 세포벽은 동물세포에는 없으며 세포를 보호하고 형태를 유지한다.

🅐 10.④ 11.③ 12.④ 13.①

14 다음 설명에 해당하는 작용은?

> • 식물체 내의 물이 잎의 기공을 통해 수증기로 빠져나가는 현상이다.
> • 햇빛과 바람이 강할 때 활발하게 일어난다.

① 면역 작용   ② 식균 작용
③ 응고 작용   ④ 증산 작용

15 다음 설명에 해당하는 주영양소는?

> • 1g당 열량이 가장 높은 에너지원이다.
> • 버터와 기름에 많이 들어 있다.

① 물   ② 지방
③ 비타민   ④ 무기 염류

16 그림은 사람의 세포 호흡에서 발생한 물이 오줌이 되는 과정이다. 배설 기관 A는?

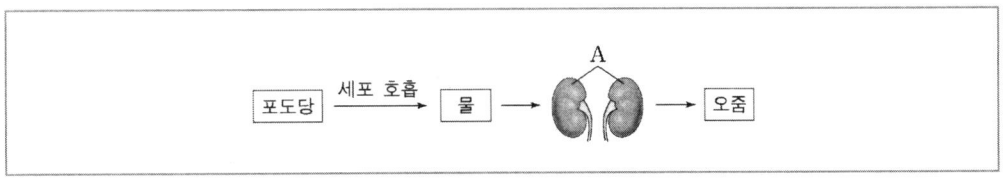

① 위   ② 심장
③ 콩팥   ④ 뇌하수체

➡ 정답 및 해설

14 ④ 뿌리에서 흡수된 물은 줄기의 물관부를 통해 잎으로 간다. 잎으로 이동한 물은 기체 상태로 되어 기공을 통해 식물체 밖으로 빠져나가는데 이러한 현상을 바로 증산작용이라고 한다. 증산작용은 햇빛이 강할수록, 습도가 낮을수록, 바람이 세게 불수록, 온도가 높을수록, 식물체 내의 수분량이 많을수록 더 잘 일어나게 된다.

15 ② 지방은 1g당 9kcal를 내는 에너지원으로서 인체 내 20%를 차지하는 생명체의 중요성분으로 지용성 비타민 및 필수 지방산의 공급원이며 체온조절과 신체기관의 보호작용도 한다. 섭취된 과잉의 지방은 일부 당질의 식사와 식사 사이의 혈당 조절을 위하여 글리코겐으로 저장되는 것을 제외하고는 중성지방으로 전환되어 주로 피하, 복강, 근육 등에 저장된다.

16 ③ A는 콩팥으로 혈액 속의 노폐물을 걸러 내어 오줌의 형태로 내보내 주는 배설 기관이다.

답 14.④ 15.② 16.③

17 그림은 밝은 곳과 어두운 곳에서의 눈의 모습이다. 밝은 곳에서 어두운 곳으로 갔을 때 동공의 변화는?

장소	눈의 모습
밝은 곳	동공
어두운 곳	동공

① 커진다.   ② 작아진다.

③ 사라진다.   ④ 변화 없다.

18 다음 설명에 해당하는 여성의 생리적 변화는?

> 약 한 달에 한 번씩 두껍게 발달한 자궁 내막이 허물어져 혈액과 함께 몸 밖으로 배출된다.

① 임신   ② 월경

③ 착상   ④ 출산

19 지구 상에 존재하는 물 중 가장 많은 부피를 차지하는 것은?

① 강물   ② 바닷물

③ 지하수   ④ 호수의 물

▶ 정답 및 해설

17 ① 동공은 홍채의 중심에 위치한 원모양의 빈 공간으로 이 곳을 통해 빛이 들어온다. 밝은 곳에서는 적은 빛으로도 사물을 판단하기 쉬우므로 홍채가 확장하여 동공이 수축하고 어두운 곳으로 가면 동공이 확장한다.

18 ① 수정란이 자궁에 착상되어 태아로 자라는 과정이다.
③ 수정을 마친 수정란이 세포분열을 하면서 수란관을 따라 내려와 자궁벽에 파묻히는 것을 말하며 이때부터 임신이 되었다고 한다.
④ 태아는 수정 후 약 266일이 지나면 자궁이 수축하여 태어나게 되며 이를 출산이라 한다.

19 ② 지구상의 물은 해수가 97.2%, 육지의 물은 2.8%, 공기 중의 물은 0.01%이다. 육지의 물 중에서는 76.8%가 빙하이고, 지하수가 22.1%, 강과 호수가 1.1%를 차지한다.

답 17.①   18.②   19.②

20 다음 설명에 해당하는 내분비샘은?

• 남성 호르몬인 테스토스테론을 분비한다. • 생식 세포 분열이 일어나 정자를 만든다.

① 난소   ② 부신
③ 이자   ④ 정소

21 다음에 해당하는 천체는?

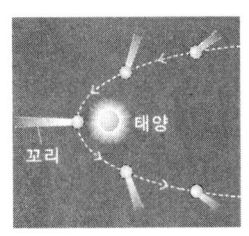

• 그림처럼 타원이나 포물선 궤도를 따라 돌며, 태양에 가까울수록 꼬리가 길어진다.
• 여러 성분의 얼음과 먼지들로 이루어져 있다.

① 달   ② 위성
③ 은하   ④ 혜성

━━━ 정답 및 해설

20 ④ 정소에서는 테스토스테론이 분비되어 2차 성징이 발현되며 정자를 형성한다.
  ※ 사람의 호르몬의 종류와 기능

내분비샘	호르몬	주요기능
뇌하수체	생장호르몬	생장 및 대사 기능 촉진
	갑상샘 자극 호르몬	타이로신 분비 촉진
	생식샘 자극 호르몬	성호르몬 분비 촉진
	항이뇨 호르몬	세뇨관에서 수분의 재흡수 촉진
갑상샘	타이로신	물질대사 촉진, 체온 유지
이자	인슐린	혈당량 감소
	글루카곤	혈당량 증가
부신	아드레날린	혈당량 증가, 혈압 상승, 심장박동 촉진
정소	테스토스테론	2차 성징 발현, 정자 형성
난소	에스트로겐	2차 성징 발현, 난자 형성

21 ④ 혜성은 포물선이나 긴 타원 궤도로 태양 주위를 공전하는 얼음과 먼지로 이루어진 작은 천체이다. 태양 부근에서 태양풍에 의해 태양 반대쪽으로 꼬리가 생기며 태양에 가까워질수록 꼬리가 길어진다.

🔑 20.④ 21.④

22 다음 설명에 해당하는 것은?

> • 지각 내부의 급격한 변화로 땅이 흔들리는 현상이다.
> • 판과 판의 경계에서 주로 발생한다.

① 지진   ② 오로라
③ 우각호   ④ 태양풍

23 다음 중 스스로 빛을 내지 못하고 주위의 별빛을 반사하여 밝게 보이는 천체는?

① 구상 성단   ② 반사 성운
③ 산개 성단   ④ 암흑 성운

▬▬▶ 정답 및 해설

22 ② 태양에서 방출된 대전입자(플라스마)의 일부가 지구 자기장에 이끌려 대기로 진입하면서 공기분자와 반응하여 빛을 내는 현상
③ 하천의 일부가 막혀서 된 호수
④ 태양에서 불어오는 바람

23 ① 수십만에서 수백만개의 별들이 강력하게 밀집되어 공모양을 이루고 있는 성단으로 은하 중심 근처에서 은하 무리에 이르기까지 분포한다.
③ 수십 개에서 수백 개의 별들이 산만하게 모여 있는 성단으로 은하 성단이라고도 한다.
④ 은하계에 속하는 성운의 하나로 성운 그 자체는 빛을 내지 않으나 배후의 별이나 발광가스를 흡수하므로, 검은 덩어리 또는 띠로서 관측된다.

답 22.① 23.②

24 다음 설명에 해당하는 암석은?

- 자갈, 모래, 진흙 등이 쌓여 오랜 시간 동안 굳어져 만들어진다.
- 화석이 발견될 수 있다.
- 역암, 사암, 셰일 등이 있다.

① 반려암   ② 유문암

③ 퇴적암   ④ 화성암

25 그림은 7월 어느 날의 일기 예보를 나타낸 것이다. 이 일기 예보에 해당하는 전선은?

오늘은 제주도 인근에 머물던 ○○ 전선이 북상하면서 전국적으로 장마가 시작되겠습니다.

① 온난 전선   ② 장마 전선

③ 폐색 전선   ④ 한랭 전선

▰▰▰ 정답 및 해설

24 화성암의 분류
  ㉠ 화산암 : 마그마가 지표나 그 부근에서 급격히 식어서 생성된 암석
    • 종류 : 현무암, 안산암, 유문암
    • 특징 : 결정이 없는 유리질 또는 결정이 아주 작은 세립질
  ㉡ 심성암 : 마그마가 지하 깊은 곳에서 급히 식어서 생성된 암석
    • 종류 : 반려암, 섬록암, 화강암
    • 특징 : 결정이 크고 고른 조립질 암석

25 ② 전국적인 장마가 올 것을 예보하고 있으므로 장마 전선이 북상할 것을 예상할 수 있다.

🅰 24.③   25.②

중졸검정고시
기출문제 정복하기

PART VII

2016년 제1회
중졸검정고시

국어
수학
영어
사회
과학

1 다음 상황에서 ㉠에 어울리는 '공감하며 말하기'로 가장 적절한 것은?

누나, 큰일 났어. 지갑을 잃어버렸어.

㉠

① 너 정말 한심하구나.
② 잘한다. 지금까지 벌써 몇 번째니?
③ 많이 속상하겠다. 어디서 잃어버렸니?
④ 그럴 줄 알았어. 어쨌든 나하고는 상관없는 일이야.

2 다음에서 설명하는 음운 변동에 해당하지 않는 것은?

표준 발음법
제17항 받침 'ㄷ, ㅌ(ㄾ)'이 조사나 접미사의 모음 'ㅣ'와 결합되는 경우에는, [ㅈ, ㅊ]으로 바꾸어서 뒤 음절 첫 소리로 옮겨 발음한다.

① 굳이   ② 같이
③ 해돋이   ④ 달맞이

━━ 정답 및 해설

1   공감하며 말하기는 말하는 사람의 입장에서 이해하며 말하는 말하기 방법이다. 동생이 큰일 났다며 지갑을 잃
    어버렸다는 상황에서 누나가 해 줄 수 있는 적절한 대답은 ③이다.

2   구개음화에 대한 설명이다.
    ④ 달맞이가 [달마지]로 발음되는 것은 연음화 현상이다.

ᒯ 1.③ 2.④

3 밑줄 친 단어와 품사가 같은 것은?

> 벚꽃이 매우 <u>예쁘다</u>.

① 산에는 봄나물이 <u>많다</u>.
② 나는 시장에서 봄나물을 <u>산다</u>.
③ 사람들은 산에서 봄나물을 <u>캔다</u>.
④ 동생은 봄나물을 맛있게 <u>먹는다</u>.

4 주어와 서술어의 관계가 한 번만 나타나는 문장은?

① 새해가 되니 마음이 새롭다.
② 나는 들길을 천천히 걷는다.
③ 하늘은 파랗고 햇볕은 따사롭다.
④ 바람이 불어서 꽃잎이 흩날린다.

━━ 정답 및 해설

3 예쁘다는 형용사이다.
① 형용사 ②③④ 동사

4 ②는 홑문장이고 ①③④는 겹문장이다.
① 새해가 되다+마음이 새롭다
③ 하늘이 파랗다+햇볕은 따사롭다
④ 바람이 불다+꽃잎이 흩날리다

정답 3.① 4.②

5 다음 ㉠~㉣ 중 높임 표현이 바르지 않은 것은?

> 영호 : ㉠선생님께서 너 지금 상담실로 오시래.
> 민지 : 응? ㉡선생님께서 이리로 오신다고?
> 영호 : 그게 아니고, ㉢상담실에서 널 기다리고 계셔.
> 민지 : 아, ㉣지금 바로 가겠다고 말씀드려.

① ㉠   ② ㉡
③ ㉢   ④ ㉣

6 다음 (가)와 (나)에 나타난 공통적인 언어의 특성은?

> (가) "누가 개를 개라고 했느냐고? 네가 그런 거야, 니콜라스. 너와 나와 이 반에 있는 아이들과 이
>   학교와 이 마을과 이 주와 이 나라의 모든 사람이 우리 모두 그렇게 하자고 약속한 거야."
>   – 앤드루 클레먼츠, 「프린들 주세요」 –
> (나) 언어는 그 언어를 사용하는 사람들 사이의 약속이므로 개인이 마음대로 바꾸어 사용할 수 없다.

① 언어의 예술성   ② 언어의 역사성
③ 언어의 경제성   ④ 언어의 사회성

5 '오시래'는 민지를 높이는 표현이다. 선생님을 높이는 표현인 '오라고 하셨어'가 바른 높임 표현다.

6 언어의 특성
   ㉠ 자의성 : 언어의 의미와 기호 사이에는 절대적이거나 필연적인 관계가 없음
   ㉡ 규칙성 : 인간이 사용하는 언어에는 일정한 규칙이 있음
   ㉢ 사회성 : 언어는 그 언어를 사용하는 사람들 사이의 약속임
   ㉣ 역사성 : 언어는 시간의 흐름에 따라 끊임없이 생성·성장·변화함
   ㉤ 창조성 : 인간은 상황에 따라 무한하게 많은 새말을 만들어 냄

답 5.① 6.④

[7~8] 다음 글을 읽고 물음에 답하시오.

㉠	우리 지역의 향토 음식인 '비빔밥'에 대해 알아보기 위해	
㉡	비빔밥의 의미, 유래, 재료, 만드는 방법	
㉢	2016년 ○○월 ○○일 ~ ○○월 ○○일	
㉣	- 도서관에서 '비빔밥'과 관련된 책을 찾아봄 - 인터넷을 검색하여 관련 내용을 조사함 - 비빔밥 만드는 방법을 동영상으로 시청함	

7 윗글은 보고서 작성을 위한 메모의 일부이다. ㉠~㉣에 들어갈 내용으로 적절하지 않은 것은?

① ㉠ 조사 목적　　　　　　② ㉡ 조사 동기
③ ㉢ 조사 기간　　　　　　④ ㉣ 조사 방법

8 보고서를 쓸 때 지켜야 할 쓰기 윤리로 바른 것은?

① 조사한 자료를 과장하여 써도 된다.
② 활용한 자료의 출처를 명확히 밝혀야 한다.
③ 독자의 관심을 끌기 위해 사실을 왜곡해도 된다.
④ 인터넷에서 검색한 내용을 모두 그대로 베껴 써도 된다.

▨▨▨ 정답 및 해설

7　㉡은 조사 내용이 들어가는 것이 적절하다.

8　① 조사한 자료는 과장하지 않고 사실대로 쓴다.
　　③ 사실을 왜곡하지 않는다.
　　④ 인터넷에서 검색한 내용을 모두 그대로 베껴 쓰지 않는다.

답 7.② 8.②

해야 솟아라. 해야 솟아라. 말갛게 씻은 얼굴 고운 해야 솟아라. 산 넘어 산 넘어서 어둠을 살라 먹고, 산 넘어서 밤새도록 어둠을 살라 먹고, 이글이글 앳된 얼굴 고운 해야 솟아라.

달밤이 싫어, 달밤이 싫어, ㉠눈물 같은 골짜기에 달밤이 싫어, 아무도 없는 뜰에 달밤이 나는 싫어…….

해야, 고운 해야. 네가 오면 네가 사오면, 나는 나는 청산이 좋아라. 훨훨훨 깃을 치는 청산이 좋아라. 청산이 있으면 홀로라도 좋아라.

사슴을 따라 사슴을 따라, 양지로 양지로 사슴을 따라, 사슴을 만나면 사슴과 놀고,

칡범1)을 따라 칡범을 따라, 칡범을 만나면 칡범과 놀고…….

해야, 고운 해야. 해야솟 아라. 꿈이 아니래도 너를 만나면, 꽃도 새도 짐승도 한자리 앉아, 워어이 워어이 모두 불러 한자리 앉아, 애띠고 고운 날을 누려 보리라.

– 박두진, 「해」 –

1) 칡범 : 몸에 칡덩굴 같은 어름어름한 줄무늬가 있는 호랑이.

9 윗글에 대한 설명으로 적절하지 않은 것은?

① 6연으로 구성되어 있다.
② 평화롭게 살아갈 날을 소망한다.
③ 동일한 시구가 반복되어 나타난다.
④ 현대 도시 문명의 편리함을 예찬한다.

▶▶▶ 정답 및 해설

9 ④ 이 시의 주제는 화합과 평화의 세계에 대한 소망이다.
   ※ 박두진의 「해」 핵심정리
      ㉠ 갈래 : 산문시, 서정시
      ㉡ 성격 : 열정적, 상징적, 예언적
      ㉢ 주제 : 화합, 평화의 세계에 대한 소망
      ㉣ 운율 : 내재율, 4음보
      ㉤ 제재 : 해
      ㉥ 특징
         • 명령적이고 반복적 표현을 사용해 주제를 강조
         • 음성상징어의 사용
         • 미래지향적 어조

답 9.④

10 ☐ 안에 들어간 시어의 함축적인 의미로 적절한 것은?

① 해 : 밝고 희망찬 존재

② 달밤 : 화합과 화해의 시간

③ 청산 : 고통스러운 현실

④ 양지 : 갈등과 대립의 공간

11 ㉠에 쓰인 비유법과 다른 것은?

① 그 얼마나 아름다운 모습인가

② 구름에 달 가듯이 가는 나그네

③ 분수처럼 흩어지는 푸른 종소리

④ 꽃가루와 같이 부드러운 고양이의 털

━━━ 정답 및 해설

10 ② 달밤 : 부정적인 현실 세계
③④ 청산, 양지 : 이상 세계

11 ㉠은 직유법이다. 직유법은 비슷한 성질이나 모양을 가진 두 사물을 '같이', '처럼', '듯이'와 같은 연결어로 결합하여 직접 비유하는 수사법이다.
② 구름에 달 가듯이 가는 나그네
③ 분수처럼 흩어지는 푸른 종소리
④ 꽃가루와 같이 부드러운 고양이의 털

답 10.① 11.①

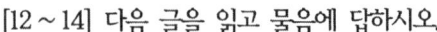

[12 ~ 14] 다음 글을 읽고 물음에 답하시오.

(가) 사실을 정확하게 보도하려면 기사를 객관적으로 써야 한다는 말이 있다. 조금도 주관을 섞지 않고 있는 그대로 기사를 써야만 정확한 보도가 된다는 것이다. 그러나 '객관적'이라는 표현은 주의해서 이해할 필요가 있다. 왜냐하면, 정확하고 올바른 보도일수록 객관적이기보다 오히려 훌륭한 의미에서 ⓐ 이기 때문이다. ㉠사태를 정확하게 알리는 보도일수록 주관적이 되어야 한다는 이론은, 좀 더 깊이 생각해 보면 조금도 ㉡모순이 아니라는 것을 깨닫게 된다.

(나) 신문이 진실을 보도해야 한다는 것은 새삼스러운 설명이 필요 없는 당연한 이야기다. 정확한 보도를 하기 위해서는 문제를 전체적으로 보아야 하고, 역사적으로 새로운 ㉢가치의 편에서 봐야 하며, 무엇이 근거이고, 무엇이 조건인가를 명확히 해야 한다고 했다. 그런데 이러한 준칙을 강조하는 것은 기자들의 기사 작성 기술이 미숙하기 때문이 아니라, 이해관계에 따라 특정 보도의 내용이 달라지기 때문이다. 자신들에게 ㉣유리하도록 기사가 보도되게 하려는 외부 세력이 있으므로 진실 보도는 일반적으로 수난의 길을 걷게 마련이다. 양심적이고자 하는 언론인이 때로 형극¹⁾의 길과 고독의 길을 걸어야 하는 이유가 여기에 있다.

- 송건호, 「신문과 진실」 -

1) 형극(荊棘) : 고난이나 장애 따위를 비유하여 이르는 말.

12 ⓐ에 들어갈 말은?

① 객관적   ② 절대적
③ 주관적   ④ 강압적

13 (나)에 대한 이해로 적절하지 않은 것은?

① 정확한 보도를 하기 위해서는 근거와 조건을 명확히 해야 한다.
② 양심적이고자 하는 언론인은 때로는 고난의 길을 걸어야 한다.
③ 외부 세력의 이해관계에 따라 특정 보도 내용이 달라지기도 한다.
④ 준칙을 강조하는 것은 기자들의 기사 작성 기술이 미숙하기 때문이다.

14 ⊙~@의 뜻풀이로 옳지 않은 것은?

① ⊙ 사태(事態) : 일이 되어 가는 형편이나 상황

② ⓒ 모순(矛盾) : 두 사실이 이치에 어긋나서 서로 맞지 않음

③ ⓒ 가치(價値) : 대상이 지니고 있는 중요성

④ @ 유리(有利) : 이익이 없음

[15 ~ 17] 다음 글을 읽고 물음에 답하시오.

까마득한 옛날부터 우리 조상은 고유의 언어를 사용했는데, 이 고유 언어를 일반적으로 한국어라고 하며, 국민의 입장에서는 국어라고 한다. 한국어는 오랜 기간에 걸쳐 한 민족이 사용하는 동안에 지역적으로 많은 차이를 나타내게 되었다. 이렇게 차이가 난 말을 방언 또는 사투리라고 한다. 방언에는 모든 지역이 공동으로 사용하는 말이 있는가 하면, 다른 지역 사람들은 전혀 알아들을 수 없는 것도 있다. 한 나라에서 사는 사람들끼리 방언 때문에 서로 의사소통이 안 된다거나 오해가 생긴다면 큰 문제가 아닐 수 없다. ⊙ 나라에서는 특정 시대, 특정 지역, 특정 계층에서 사용하는 말을 정하여 모든 국민이 배우고 쓸 수 있게 하는데, 이런 말을 표준어라고 한다.

– 성낙수, 「표준어와 방언」 –

15 윗글을 쓴 목적으로 알맞은 것은?

① 정보를 제공하기 위해서

② 친구를 소개하기 위해서

③ 자신의 일상을 반성하기 위해서

④ 상대방에게 안부를 묻기 위해서

16 윗글의 내용과 다른 것은?

① 옛날부터 우리 조상들이 사용해 온 고유의 언어를 한국어라고 한다.

② 오랜 기간 사용하는 동안에 지역적으로 차이가 난 말을 방언이라고 한다.

③ 의사소통의 문제를 방지하기 위해 나라에서 정한 말을 사투리라고 한다.

④ 특정 시대, 특정 지역, 특정 계층에서 사용하는 말을 정하여 모든 국민이 배우고 쓸 수 있도록 한 말을 표준어라고 한다.

17 ⊙에 들어갈 말로 가장 적절한 것은?

① 또는   ② 그래서

③ 왜냐하면   ④ 예를 들면

■■■ 정답 및 해설

16 ③ 의사소통의 문제를 방지하기 위해 나라에서 정한 말을 표준어라고 한다.

17 앞뒤 문장을 인과 관계로 연결해 주는 '그래서'가 들어가는 것이 적절하다.

답 16.③ 17.②

행랑채가 퇴락하여[1] 지탱할 수 없게끔 된 것이 세 칸이었다. 나는 마지못하여 이를 모두 수리하였다. 그런데 그 중의 두 칸은 비가 샌 지 오래되었으나, 나는 그것을 알면서도 이럴까 저럴까 망설이다가 손을 대지 않았던 것이고, 나머지 한 칸은 처음 비가 샐 때 서둘러 기와를 갈았던 것이다. 이번에 수리하려고 보니 비가 샌 지 오래된 것은 그 서까래, 추녀, 기둥, 들보[2]가 모두 썩어서 못 쓰게 된 까닭으로 수리비가 엄청나게 들었고, 한 번 밖에 비가 새지 않았던 한 칸의 재목[3]들은 온전하여 다시 쓸 수 있었기 때문에 그 비용이 많이 들지 않았다.

나는 이에 느낀 것이 있었다. 사람의 경우도 마찬가지라는 사실을. 잘못을 알고서도 바로 고치지 않으면 곧 그 자신이 나쁘게 되는 것이 마치 나무가 썩어서 못 쓰게 되는 것과 같다. 잘못을 알고 고치기를 꺼리지 않으면 해(害)를 받지 않고 다시 착한 사람이 될 수 있으니, 저 집의 재목처럼 말끔하게 다시 쓸 수 있는 것이다. 그뿐만 아니라 나라의 정치도 이와 같다. 백성을 좀먹는 무리들을 내버려 두었다가는 백성들이 도탄[4]에 빠지고 나라가 위태롭게 된다. 그런 뒤에 급히 바로잡으려 해도 이미 썩어 버린 재목처럼 때는 늦은 것이다. 어찌 삼가지 않겠는가?

– 이규보, 「이옥설(理屋說)」 –

1) 퇴락하여 : 낡아서 무너지고 떨어져서.
2) 들보 : 대들보. 건물의 칸과 칸 사이의 두 기둥 위를 건너지른 나무.
3) 재목 : 목조의 건축물·기구 따위를 만드는 데 쓰는 나무.
4) 도탄 : 몹시 곤궁하여 고통스러운 지경을 이르는 말.

18 윗글에 대한 설명으로 적절하지 않은 것은?

① 깨달음이 점차 확장되고 있다.
② '주장 – 경험'의 순서로 구성되어 있다.
③ 경험과 성찰을 통해 삶의 지혜를 얻고 있다.
④ 의문형으로 마무리하며 주제를 강조하고 있다.

▨▨▨ 정답 및 해설

18 ② 경험–주장의 순서로 구성되어 있다.

🅐 18.②

19 이에 느낀 것 으로 가장 적절한 것은?

① 잘못이 있으면 즉시 고쳐야 한다.
② 재산이 있어야 남을 도울 수 있다.
③ 남의 잘못을 용서하며 살아야 한다.
④ 백성은 정치에 관심을 두지 말아야 한다.

20 윗 글의 흐름을 〈보기〉와 같이 정리할 때, ㉠~㉢에 들어갈 말로 알맞은 것은?

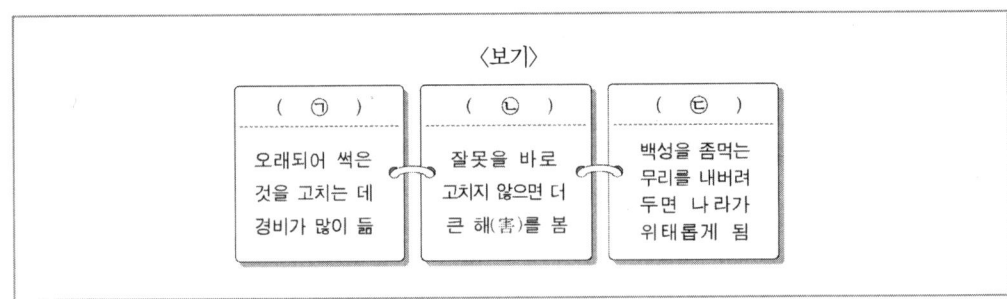

	㉠	㉡	㉢
①	사람	행랑채	정치
②	정치	사람	행랑채
③	행랑채	정치	사람
④	행랑채	사람	정치

▰▰▰ 정답 및 해설

19 잘못을 알고서도 바로 고치지 않으면 자신이 나쁘게 되는 것이 마치 나무가 썩어서 못 쓰게 되는 것과 같고, 잘못을 알고 고치기를 꺼리지 않으면 해를 받지 않고 다시 착한 사람이 될 수 있다고 하였다. 따라서 화자는 잘못이 있으면 즉시 고쳐야 함을 느꼈다고 볼 수 있다.

20 행랑채의 경험을 통해 사람에 대한 깨달음을 얻었고, 정치 역시 사람과 마찬가지라고 주장하고 있다.

🔴 19.① 20.④

[21 ~ 23] 다음 글을 읽고 물음에 답하시오.

[앞부분 줄거리] 돈을 벌기 위해 시골에서 도시로 온 열여섯 살 수남이는 청계천 세운상가 전기용품 도매상의 점원이다. 어느 날, 수남이는 수금하러 갔다가 세워 둔 자전거가 바람에 넘어져 젊은 신사의 차에 흠을 내게 된다. 신사는 수리비로 오천 원을 배상하라며 자전거를 묶어 둔다. 수남이는 구경꾼들의 부추김에 신사에게 돈을 지불하지 않고 자물쇠가 채워진 자전거를 들고 가게로 도망쳐 온다. 주인 영감은 자물쇠를 깨뜨리며 잘 했다고 칭찬한다.

[A] ┌ 낮에 내가 한 짓은 옳은 짓이었을까? 옳을 것도 없지만 나쁠 것은 또 뭔가. 자가용까지 있는 주제에 나
│ 같은 아이에게 오천 원을 우려내려고 그렇게 간악하게 굴던 신사를 그 정도 골려 준 것이 뭐가 나쁜가?
│ 그런데도 왜 무섭고 떨렸던가. 그때의 내 꼴이 어땠으면, 주인 영감님까지 "네놈 꼴이 꼭 도둑놈 꼴이다."
│ 라고 하였을까. 그럼 내가 한 짓은 도둑질이었단 말인가. 그럼 나는 도둑질을 하면서 그렇게 기쁨을 느꼈
└ 더란 말인가.

수남이는 몸을 부르르 떨면서 낮에 자전거를 갖고 달리면서 맛본 공포와 함께 그 까닭 모를 쾌감을 회상한다. 마치 참았던 오줌을 내깔길 때처럼 무거운 억압이 갑자기 풀리면서 전신이 날아갈 듯이 가벼워지는 그 상쾌한 해방감—한 번 맛보면 도저히 잊혀질 것 같지 않은 그 짙은 쾌감, 아아 도둑질하면서도 나는 죄책감보다는 쾌감을더 짙게 느꼈던 것이다.

혹시 내 핏속에 도둑놈의 피가 흐르고 있기 때문이 아닐까. 순간 수남이는 방바닥에서 송곳이라도 치솟은 듯이 후닥닥 일어서서 안절부절을 못하고 좁은 방 안을 헤맸다.

수남이의 눈앞에는 수갑을 차고, 순경들에게 끌려와 도둑질 흉내를 그대로 내 보이던 형의 얼굴이 환히 떠오른다. 그리고 서울 가서 무슨 짓을 하든지 도둑질만은 하지 말라고 신신 당부하던 아버지의 얼굴도 떠오른다.

〈중략〉

"무슨 짓을 하든지 그저 도둑질은 하지 말아라, 알았쟈."

그런데 도둑질을 하고 만 것이다. 하지만 수남이는 스스로 그것은 결코 도둑질이 아니었다고 변명을 한다.

그런데 왜 그때, 그렇게 떨리고 무서우면서도 짜릿하니 기분이 좋았던 것인가? 문제는 그때의 그 쾌감이었다. 자기 내부에 도사린 부도덕성이었다. 오늘 한 짓이 도둑질이 아닐지 모르지만 앞으로 도둑질을 할지도 모르겠다는 생각이 들었다. 형의 일이 자기와 정녕 무관한 일이 아니란 생각이 들었다.

소년은 아버지가 그리웠다. 도덕적으로 자기를 견제해 줄 어른이 그리웠다. 주인 영감님은 자기가 한 짓을 나무라기는커녕 손해 안 난 것만 좋아서 "오늘 운 텄다."라고 좋아하지 않았던가.

수남이는 짐을 꾸렸다. 아아, 내일도 바람이 불었으면. 바람이 물결치는 보리밭을 보았으면.

마침내 결심을 굳힌 수남이의 얼굴은 누런 똥빛이 말끔히 가시고, 소년다운 청순함으로 빛났다.

– 박완서, 「자전거 도둑」 –

21 윗글에 대한 설명으로 적절하지 않은 것은?

① 시점이 바뀌는 부분이 있다.
② 갈등을 해소한 주인공의 모습이 나타난다.
③ 인물 간의 대화를 중심으로 이야기가 전개된다.
④ 돈을 벌기 위해 시골에서 도시로 온 소년의 이야기다.

22 [A]에 드러난 주된 갈등은?

① 신사의 내적 갈등
② 수남이의 내적 갈등
③ 신사와 주인 영감의 외적 갈등
④ 수남이와 주인 영감의 외적 갈등

23 윗 글의 '수남이'에 대한 이해로 적절하지 않은 것은?

① 자신이 부도덕해질까 봐 걱정하고 있다.
② 물질적 이익만을 추구하는 주인 영감에게 실망하였다.
③ 자신은 도둑질한 형과 전혀 관련성이 없다고 생각한다.
④ 도덕적으로 자신을 견제해 줄 어른이 필요하다고 생각한다.

[24 ~ 25] 다음 글을 읽고 물음에 답하시오.

㉠S# 93. 병원 병실 / ㉡밤

경숙 : 아무것도 모르는 애를 멋대로 굴려가면서……. 하지만 그만둘 수가 없었어. 그럼 난 살 수가 없을 거
같았거든. ㉢(눈물을 떨구며) 애가 기억하더라고. 옛날에 동물원에서 잃어버렸던 걸……. 기억나지,
당신도? 사실은 말야, 그때 내가 초원이를 버렸던 거야. 사람들 틈에서 손을 놓았지. 도저히 키울 자
신이 없었거든……. 그러니까 저 살자고 애를 버렸던 엄마가 이제 또 제가 살려고 애를 그렇게 한평
생 못살게 군 거야.

희근 : ㉣당신 그때 스물일곱이었어.

경숙 : 지금은 아니야. 담임 선생님이 그랬어. 애가 힘들어도 힘들단 소리를 안 한대. 내가 늘 그랬거든. 초
원이 힘들어, 안 힘들어? 안 힘들지? 힘들지 않지? 좋지? 좋아하지? 십 오년을 그렇게 애를 다그쳤
어. 그래서 이젠 힘들다, 하기 싫단 말을 아예 못 해. 어떡하지? 우리 초원이 불쌍해서……. 어쩜 초
원이는 엄마가 자길 또 내버릴까 봐 그렇게 열심히, 힘들단 소리도 못 하고 지금껏 산 거 아닐까, 여
보? 어떡하지? 그럼 나 정말 지옥 갈 거야, 그렇지?

– 정윤철, 송예진, 윤진호, 「말아톤」 –

---

24 윗글의 내용으로 적절하지 않은 것은?

① 경숙은 초원을 버리려고 한 적이 있다.
② 경숙은 초원을 다그쳐 왔다고 생각한다.
③ 초원은 힘들다는 소리를 잘하는 편이다.
④ 경숙은 자신의 행동에 대해 후회하고 있다.

25 ㉠~㉣에 대한 설명으로 적절하지 않은 것은?

① ㉠ : 장면 번호　　　　　　② ㉡ : 시간적 배경
③ ㉢ : 지시문　　　　　　　④ ㉣ : 해설

▶ 정답 및 해설

24 ③ 경숙의 대사에서 초원이가 '힘들단 소리도 못 하고 지금껏 산 것 아닐까'라고 언급하고 있다.

25 ㉣은 대사이다.

답 24.③ 25.④

1 $(-2) \times (+3)$의 값은?

① -6 ② -1

③ 1 ④ 6

2 54를 소인수분해하면 2×3^a이다. 이때 a의 값은?

① 1 ② 2

③ 3 ④ 4

3 $x = 2$일 때, $3x - 2$의 값은?

① 3 ② 4

③ 5 ④ 6

4 한 개에 1,200원인 음료수 2개와 한 개에 700원인 과자 몇 개를 구입한 금액이 4,500원이었다. 구입한 과자의 개수는?

① 2 ② 3

③ 4 ④ 5

━━ 정답 및 해설

1 $(-2) \times (+3) = -6$

2 54를 소인수분해 하면 2×3^3이다. 따라서 $a = 3$이다.

3 $3(2) - 2 = 6 - 2 = 4$

4 과자의 개수를 x라고 하면, $(1200 \times 2) + 700x = 4500$이므로 $x = 3$이다.

답 1.① 2.③ 3.② 4.②

5 좌표평면 위의 두점 P, Q의 좌표로 옳은 것은?

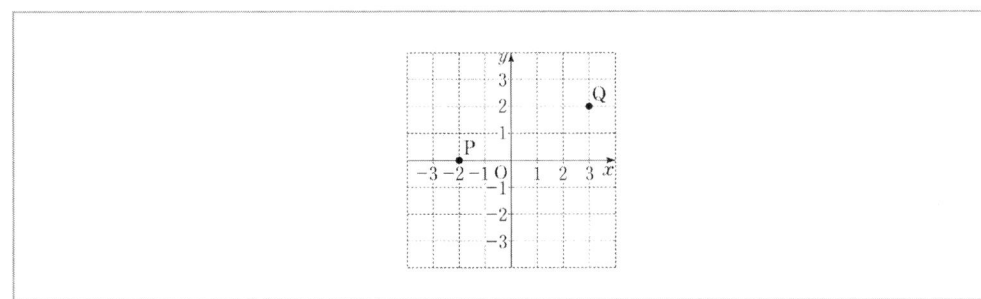

① $P(-2, 0), Q(2, 3)$ ② $P(-2, 0), Q(3, 2)$

③ $P(0, -2), Q(2, 3)$ ④ $P(0, -2), Q(3, 2)$

6 그림은 20개 도시에서 미세먼지 농도를 조사하여 나타낸 히스토그램이다. 미세먼지농도가 $40\mu g/m^3$ 이상인 도시의 개수는?

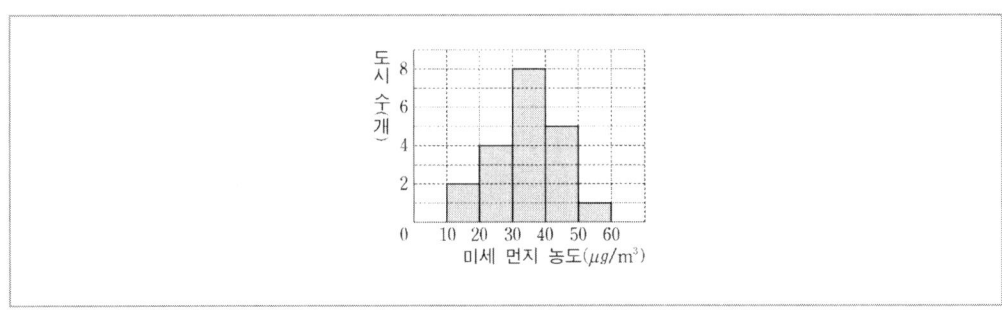

① 1 ② 3

③ 5 ④ 6

▧▧▧ 정답 및 해설

5 x축의 좌표를 앞에, y축의 좌표를 뒤에 쓴다. 따라서 P(-2, 0), Q(3, 2)이다.

6 농도가 $40\mu g/m^3$ 이상인 도시는 $5+1=6$으로, 6곳이다.

답 5.② 6.④

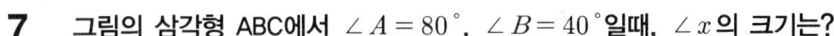

7 그림의 삼각형 ABC에서 $\angle A = 80°$, $\angle B = 40°$일때, $\angle x$의 크기는?

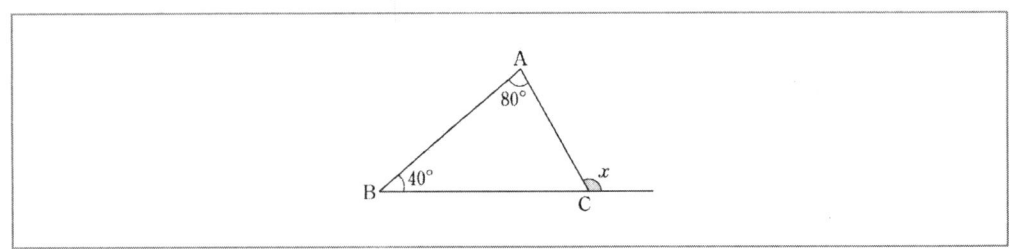

① 80°   ② 100°

③ 120°   ④ 140°

8 연립방정식 $\begin{cases} 2x + 3y = 7 \\ -2x + y = 13 \end{cases}$ 을 풀면?

① $x = -4, y = 5$ ② $x = -3, y = 7$

③ $x = -2, y = 9$ ④ $x = -1, y = 3$

9 일차부등식 $x + 3 > 6$의 해를 수직선 위에 옳게 나타낸 것은?

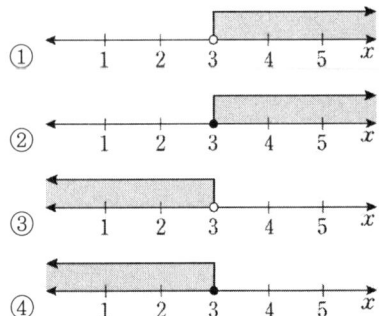

10 그림은 일차함수 $y = 2x + a$의 그래프이다. a의 값은?

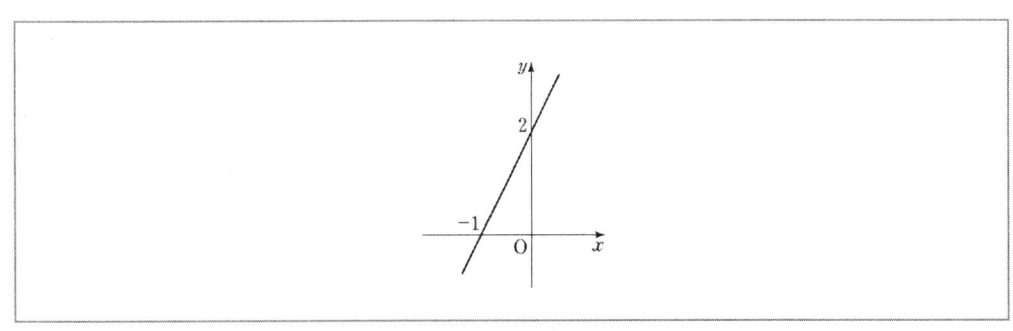

① 1
② 2
③ 3
④ 4

11 선생님이 소설 4권과 시집 3권을 추천해주셨다. 이 중 한 권의 책을 선택할 경우의 수는? (단, 모든 책은 서로 다르다.)

① 4
② 5
③ 6
④ 7

12 그림과 같은 평행사변형 ABCD에서 $\angle x$의 크기는?

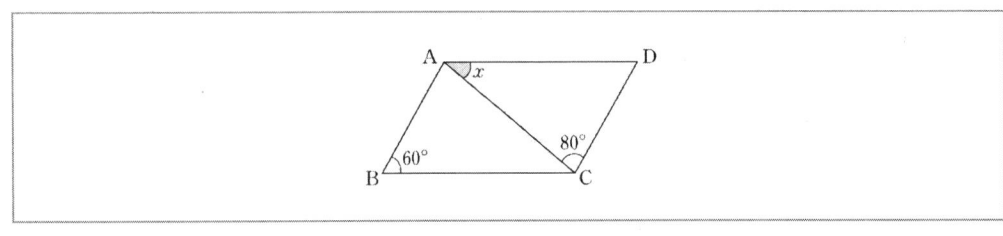

① 30°
② 35°
③ 40°
④ 45°

━━━ 정답 및 해설

10 직선이 x축과 y축에 교차하는 점의 좌표가 (-1, 0), (0, 2)이므로 $a = 2$이다.

11 소설 4권과 시집 3권 중 한 권을 선택하는 것이므로 선택할 경우의 수는 6이다.

12 평행사변형에서 대각의 크기가 동일하므로 $\angle$D=60°이다. 삼각형의 내각의 합은 180°이므로 80+60+x=180이다. 따라서 x=40이다.

🅐 10.② 11.④ 12.③

13 그림과 같이 큰 정사각형의 각 변을 3등분하여 작은 정사각형 9개를 만들었다. 색칠한 두 정사각형의 닮음비가 3 : 1일 때, 넓이의 비는?

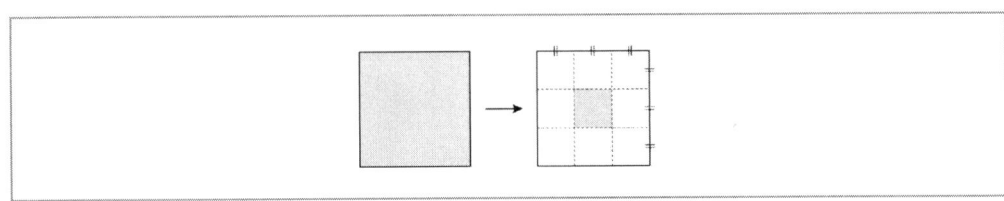

① 3 : 1

② 6 : 1

③ 8 : 1

④ 9 : 1

14 그림과 같은 두 직사각형의 넓이의 합은?

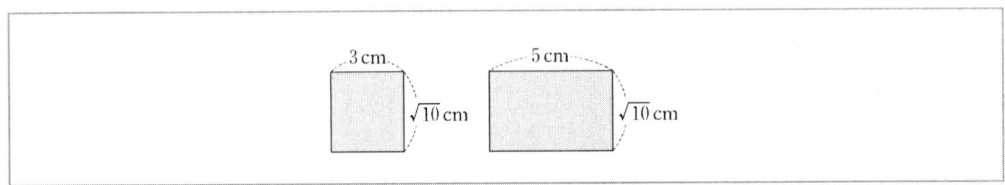

① $3\sqrt{10}$ cm^2

② $5\sqrt{10}$ cm^2

③ $8\sqrt{10}$ cm^2

④ $15\sqrt{10}$ cm^2

━━ ▶정답 및 해설

13 사각형의 넓이는 가로×세로이므로, 닮음비가 3 : 1인 두 정사각형의 넓이의 비는 9 : 1이다.

14 사각형의 넓이는 가로×세로이므로, 두 직사각형의 넓이의 합은 $3\sqrt{10} + 5\sqrt{10} = 8\sqrt{10}$ 이다.

답 13.④ 14.③

15 직사각형 모양의 사진이 있다. 이 사진의 넓이는 $x^2 + 4x + 3$이고 세로의 길이는 $x + 1$일 때, 가로의 길이는?

① $x + 1$ ② $x + 2$

③ $x + 3$ ④ $x + 4$

16 이차방정식 $(x+2)(x-2)$의 두 근의 곱은?

① -4 ② 0

③ 2 ④ 4

17 이차함수 $y = (x-1)^2 - 4$의 그래프에 대한 설명으로 옳지 않은 것은?

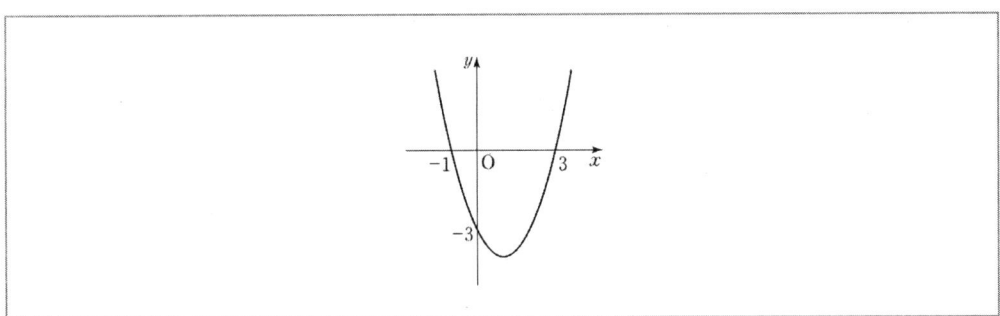

① 아래로 볼록하다.   ② 최솟값은 -4이다.

③ 점 $(0, -3)$을 지난다.   ④ 꼭짓점의 좌표는 $(1, 4)$이다.

━━▶ 정답 및 해설

15 사각형의 넓이는 가로×세로이므로, 가로를 y라고 할 때
$(x+1) \times y = x^2 + 4x + 3$
$y = x + 3$이다.

16 $x = -2$ 또는 $x = 2$이므로 두 근의 곱은 -4이다.

17 ④ 꼭짓점의 좌표는 $(1, -4)$이다.

답 15.③ 16.① 17.④

18 그림은 높이가 12cm, 모선의 길이가 13cm, 반지름의 길이가 x cm인 원뿔이다. x의 값은?

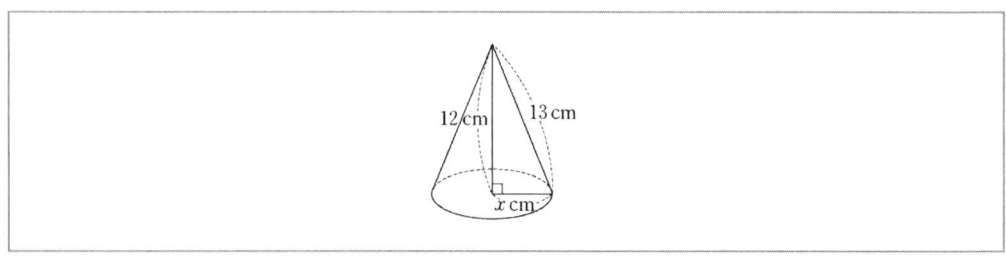

① 4　　　　　　　　　　　② 5

③ 6　　　　　　　　　　　④ 7

19 그림과 같이 $\angle C = 90°$인 직각삼각형 ABC에서 $\sin B$의 값은?

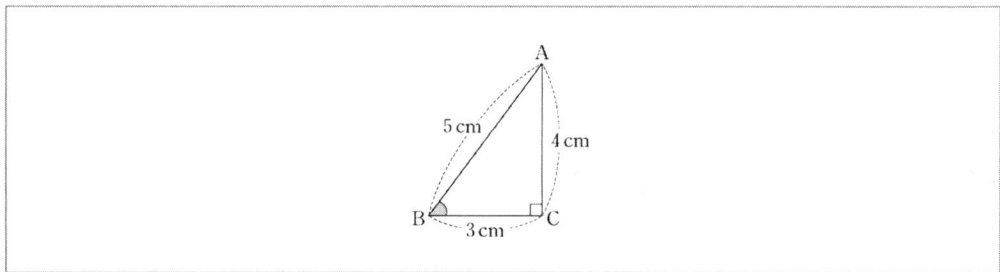

① $\dfrac{3}{5}$　　　　　　　　② $\dfrac{3}{4}$

③ $\dfrac{4}{5}$　　　　　　　　④ $\dfrac{4}{3}$

━━▶ 정답 및 해설

18 $x^2 + 12^2 = 13^2$이므로, $x^2 = 25$, $x = 5$이다.

19 직각삼각형 ABC에서 $\sin B = \dfrac{4}{5}$, $\cos B = \dfrac{3}{5}$, $\tan B = \dfrac{4}{3}$이다.

정답 18.② 19.③

20 그림과 같이 원 O에서 ∠APB는 호 AB에 대한 원주각이고, 선분 AB는 지름이다. ∠x의 크기는?

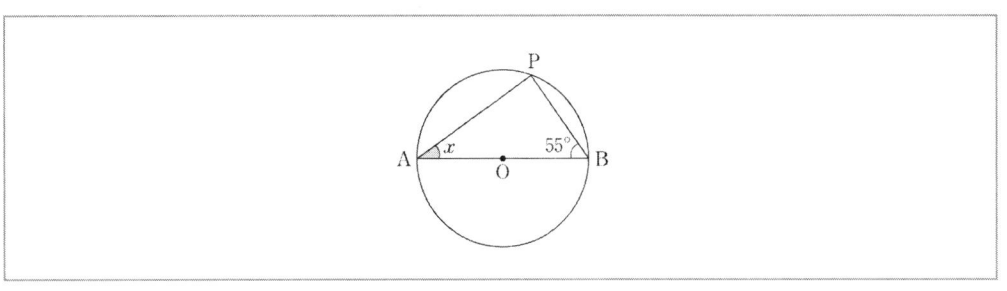

① 20°

② 25°

③ 30°

④ 35°

■■■▶ 정답 및 해설

20 탈레스의 정리에 따르면, 원의 한 지름을 AB라 하고 이 원주 위에 있는 A, B 이외의 임의의 점을 P라 하면, ∠APB는 직각이다. 따라서 $x = 35°$이다.

🈯 20.④

1 다음 단어들을 모두 포괄할 수 있는 것은?

> father, mother, son, daughter

① hobby   ② family

③ flower   ④ season

2 두 단어의 관계가 나머지 셋과 다른 것은?

① fruit – apple   ② color – red

③ animal – cat   ④ mountain – sea

■■■ 정답 및 해설

1 제시된 단어를 모두 포괄할 수 있는 것은 family(가족)이다.
① 취미 ③ 꽃 ④ 계절

2 ①②③은 상의어와 하의어 관계이고, ④는 그렇지 않다.
① 과일 – 사과
② 색깔 – 빨강
③ 동물 – 고양이
④ 산 – 바다

답 1.② 2.④

[3 ~ 4] B의 응답으로 알맞은 것을 고르시오

3

A : How do you go to school?

B : _____.

① By bus　　　　　　　② At seven

③ In Seoul　　　　　　④ Ten minutes

4

A : Hello. May I speak to Jane?

B : Sorry, _____

① this is you　　　　　② she's not in

③ they're mine　　　　④ that sounds good

5　대화의 빈칸에 알맞은 것은?

A : _____?

B : He is from America.

① Who are you　　　　② How old is he

③ What do you do　　④ Where is he from

━━ 정답 및 해설

3　학교에 어떻게 가느냐고 묻고 있으므로, 버스로 간다고 대답하는 것이 적절하다.

4　A가 Jane과 이야기할 수 있냐고 물었는데, Sorry라고 대답하고 있으므로 뒤엔 그 이유가 와야 한다.
「A : 안녕하세요, 제인과 이야기할 수 있을까요?
　B : 유감이지만, <u>그녀는 없습니다.</u>」

5　그가 미국에서 왔다고 대답하고 있으므로 그는 어디서 왔냐고 묻는 내용이 와야 한다.
① 당신은 누구십니까?
② 그는 몇 살입니까?
③ 당신은 무슨 일을 하십니까?
④ 그는 어디에서 왔습니까?

답 3.① 4.② 5.④

6 그림 속 Sora의 상황을 표현한 것으로 알맞은 것은?

Sora

① Sora is sitting on a chair.
② Sora is washing the dishes.
③ Sora is playing with a ball.
④ Sora is swimming in a pool.

7 대화의 주제로 알맞은 것은?

A : What's your favorite subject?
B : My favorite subject is math What about you?
A : I like English best.

① 재미있는 영화　　　　　　　② 성적 올리는 방법
③ 가장 좋아하는 과목　　　　　④ 수학이 어려운 이유

▬▬▶ 정답 및 해설

6 ① 소라가 의자에 앉아 있다.
　② 소라가 접시를 닦고 있다.
　③ 소라가 공을 가지고 놀고 있다.
　④ 소라가 풀에서 수영을 하고 있다.

7 favorite 마음에 드는, 매우 좋아하는　subject 주제, 과목
　「A : 네가 가장 좋아하는 과목은 무엇이니?
　 B : 내가 가장 좋아하는 과목은 수학이야. 넌?
　 A : 난 영어를 제일 좋아해」

🟊 6.① 7.③

8 A와 B의 관계로 알맞은 것은?

> A : Are you ready to order?
> B : Yes. Two hamburgers, please.
> A : For here or to go?
> B : To go.

① 의사 – 환자　　　　　　　　② 변호사 – 의뢰인
③ 식당점원 – 고객　　　　　　④ 버스기사 – 승객

9 대화 직후 Tom이 Suji를 위해 할 일은?

> Suji : These books are too heavy.
> Tom : Let me help you carry them.
> Suji : Thank you.

① 청소하기　　　　　　　　　② 숙제하기
③ 책 나르기　　　　　　　　　④ 설거지하기

▬▶ 정답 및 해설

8 ③ 햄버거를 주문하고 있는 상황이다.
「A : 주문하시겠어요?
B : 네. 햄버거 2개 주세요.
A : 드시고 가시나요, 포장이신가요?
B : 포장이요.」

9 「Suji : 이 책들은 너무 무거워요.
Tom : 내가 그것들을 옮기는 걸 도와줄게요.
Suji : 고맙습니다.」

답 8.③　9.③

10 다음 일기예보에서 언급된 내일의 날씨는?

> It was sunny today. But there will be lots of rain tomorrow. So, take your umbrella with you.

①

②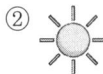

③

④

11 빈칸에 들어갈 말로 가장 알맞은 것은?

> A : I want to buy some oranges.
> B : How _____ do you want?
> A : Four, please.

① far
② tall
③ many
④ long

▶▶ 정답 및 해설

10 sunny 화창한, 햇볕이 내리쬐는 rain
「오늘은 화창했습니다. 하지만 내일은 비가 많이 내리겠습니다. 그러니 우산을 챙겨 나가십시오.」

11 4개라고 대답하고 있으므로 얼마나 많이 필요하냐고 묻는 내용이 들어가야 한다.
① 먼 ② 키가 큰, 높은 ③ 많은 ④ 긴
「A : 오렌지 좀 사고 싶은데요.
 B : 얼마나 많이 필요하세요?
 A : 4개요.」

답 10.① 11.③

376 중졸검정고시 기출문제 정복하기

12 대화의 마지막 응답으로 알맞은 것은?

Nina : What do you do in your free time, Jack?

Jack : I cook.

Nina : How often do you cook?

Jack : _____.

① Pizza

② At home

③ With my mom

④ Twice a week

13 빈칸에 들어갈 말로 알맞지 않은 것은?

My family went camping _____.

① tomorrow

② yesterday

③ last Saturday

④ three days ago

▒▒▒ 정답 및 해설

12 얼마나 자주 요리를 하냐고 묻고 있으므로 ④ 일주일에 두 번이라는 대답이 적절하다.
「Nina : 당신은 자유 시간에 무엇을 하나요, Jack?
Jack : 나는 요리를 합니다.
Nina : 얼마나 자주 요리를 하나요?
Jack : 일주일에 두 번이요.」

13 went는 go의 과거형이다. 따라서 미래는 들어갈 말로 적절하지 않다.
① 내일 ② 어제 ③ 지난 토요일 ④ 3일 전

답 12.④ 13.①

14 Mina와 Jim의 대화로 보아 빈칸에 들어갈 말로 알맞은 것은?

> Mina : I come to school at 8 a.m.
> Jim : Really? I come to school at 8:30 a.m.

> Mina comes to school _____ than Jim.

① older   ② higher

③ bigger   ④ earlier

15 빈칸에 공통으로 들어갈 말로 알맞은 것은?

> I'm so proud ____ my father.
> The room is full ____ people.

① of   ② in

③ at   ④ under

━━━ 정답 및 해설

14 「Mina : 나는 8시에 학교에 왔어.
　　Jim : 정말? 난 8시 30분에 학교에 왔어.」
　　Mina는 Jim보다 학교에 더 일찍 왔다.
　　① 더 나이가 많은 ② 더 높은 ③ 더 큰 ④ 더 일찍

15 so proud of 자랑스러운 be full of 가득 찬
　　「나는 나의 아버지가 자랑스럽다.
　　　그 방은 사람이 가득 찼다.」

답 14.④ 15.①

378 중졸검정고시 기출문제 정복하기

16 글의 흐름으로 보아 주어진 문장이 들어가기에 가장 알맞은 곳은?

> It is delicious.

> I am happy at school. (①) First, I like our school food. (②) Second, my homeroom teacher, Mr Kim, is very kind. (③) He also makes us laugh a lot. (④) Last, I like playing soccer on the playground.

17 다음 이메일을 통해 알 수 없는 것은?

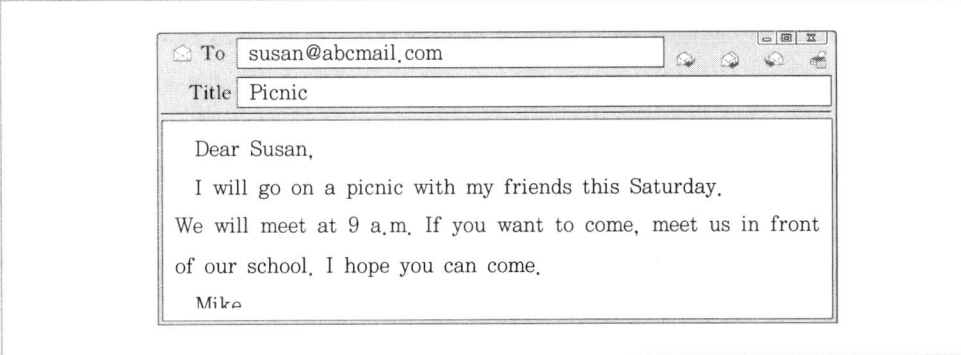

To susan@abcmail.com
Title Picnic

Dear Susan,
I will go on a picnic with my friends this Saturday.
We will meet at 9 a.m. If you want to come, meet us in front of our school. I hope you can come.
Mike

① 소풍 요일　　　　　② 소풍 준비물
③ 만나는 장소　　　　④ 만나는 시각

18 대화의 주제로 알맞은 것은?

> A : What do you want to be in the future?
> B : I want to be a teacher How about you?
> A : My dream is to be a movie director.

① 취미   ② 여행지
③ 희망직업   ④ 추천영화

19 대화에서 밑줄 친 말의 의도로 알맞은 것은?

> A : Did you hear the news? Jiho won the singing contest.
> B : That's great!
> A : <u>Why don't we have a party for him</u>?
> B : That's a good idea.

① 제안하기   ② 거절하기
③ 위로하기   ④ 사과하기

■■■ 정답 및 해설

18 in the future 장차, 미래에
「A : 당신은 장래에 무엇을 하고 싶습니까?
B : 저는 선생님이 되고 싶어요. 당신은요?
A : 나의 꿈은 영화감독이 되는 것입니다.」

19 ① 노래 부르기 대회에서 입상한 Jiho를 위한 파티를 열자고 제안하고 있다.
「A : 너 뉴스 들었어? Jiho가 노래 부르기 대회에서 입상했대.
B : 그거 잘 됐네!
A : 그를 위한 파티를 여는 건 어때?
B : 좋은 생각이야.」

답 18.③ 19.①

20 다음 글에서 Sam과 Jenny가 오늘 한 일이 아닌 것은?

> Sam and Jenny had fun today. In the morning, they played badminton in the park. At lunch, they ate sandwiches. In the afternoon, they watched a movie.

① 배드민턴 치기
② 자전거 타기
③ 샌드위치 먹기
④ 영화 보기

21 다음 글의 'He'가 학교에 가지 못한 이유로 알맞은 것은?

> He lives in India. It rains a lot in his country. Yesterday he could not go to school because of floods.

① 몸이 아파서
② 홍수가 나서
③ 교통사고가 나서
④ 학교가 너무 멀어서

▒▒▒ 정답 및 해설

20 badminton 배드민턴
「Sam과 Jenny는 재밌는 오늘을 보냈다. 아침에는 공원에서 배드민턴을 쳤다. 점심에 그들은 샌드위치를 먹었다. 오후에 그들은 영화를 보았다.」

21 floods 홍수
「그는 India에 산다. 그의 나라는 비가 많이 온다. 어제 그는 홍수 때문에 학교에 갈 수 없었다.」

정답 20.② 21.②

22 다음 글을 쓴 목적으로 가장 알맞은 것은?

> I'm looking for my dog. It is two years old. It is small and brown. It has big ears and short legs. If you see a dog like this, please call 1234-5678.

① 동물 병원 홍보
② 애견 용품 광고
③ 동물 사료 광고
④ 잃어버린 개 찾기

23 다음에서 설명하는 'This bird'의 내용과 일치하지 않는 것은?

> This bird is about 140 cm tall. It lives in warm areas. Its mouth looks like a big shoe. It eats fish.

① 키가 약140cm이다.
② 따뜻한 지역에 산다.
③ 입이 큰 신발처럼 생겼다.
④ 작은 열매를 먹는다.

▨▧▧ 정답 및 해설

22 look for 찾다
「저의 강아지를 찾습니다. 강아지는 2살입니다. 그것은 작고 갈색입니다. 큰 귀와 짧은 다리를 가졌습니다. 이렇게 생긴 강아지를 보신 분은 1234-5678로 연락 주세요.」

23 shoe 신발
「이 새는 키가 140cm 정도입니다. 그것은 따뜻한 지역에 삽니다. 그것의 입은 큰 신발처럼 생겼습니다. 그것은 물고기를 먹습니다.」

답 22.④ 23.④

24 다음 글의 제목으로 알맞은 것은?

> Yesterday was my sister's wedding day. My sister was wearing a white dress. She looked shy but happy. I thought she was beautiful.

① My Job
② My Hobby
③ My Sister's Wedding
④ My Grandfather's Birthday

25 다음 글 바로 뒤에 이어질 내용으로 알맞은 것은?

> Hello, everyone! We finally got a new computer room. You can use the new computers at any time during school hours. Please keep the following rules when you use this room.

① 음악실 안내
② 컴퓨터 대회 홍보
③ 컴퓨터실 사용 규칙
④ 운동장 개방 시간 안내

━━ 정답 및 해설

24 「어제는 나의 언니(누나/여동생)의 결혼식 날이었다. 나의 언니(누나/여동생)는 하얀 드레스를 입었다. 그녀는 부끄럽지만 행복해 보였다. 나는 그녀가 아름답다고 생각했다.」

25 following rules 규칙 따르기
「안녕하세요, 여러분! 우리가 마침내 새로운 컴퓨터실을 얻었습니다. 당신은 학교에 있는 시간 동안 아무 때나 새 컴퓨터를 사용할 수 있습니다. 이 컴퓨터실을 사용하실 때 규칙을 따라 주십시오.」

답 24.③ 25.③

1 다음 내용에 해당하는 위치 표현 방법은?

> • 어떤 곳을 상징적으로 대표하는 건물이나 조형물 등
> • 서울의 숭례문, 파리의 에펠탑, 베이징의 자금성 등

① 경도   ② 위도
③ 랜드마크   ④ 행정 구역

2 지중해성기후 지역을 여행할 때 흔히 볼 수 있는 경관은?

① 울창한 열대 밀림
② 포도와 올리브 농원
③ 유목민의 이동식 가옥
④ 키가 큰 풀이 있는 초원과 야생동물

▶▶ 정답 및 해설

1 제시된 내용은 랜드마크에 대한 설명이다.
① 지구 위의 위치를 나타내는 좌표축 중에서 세로로 된 것
② 지구 위의 위치를 나타내는 좌표축 중에서 가로로 된 것
④ 행정 기관의 권한이 미치는 범위의 일정한 구역

2 지중해성기후
㉠ 특징해 지방에 나타나는 온대 기후로 여름에는 덥고 건조하며, 겨울에는 온화하고 비가 많은 기후이다.
㉡ 남부 유럽의 지중해 연안이 대표적인 곳이다. 미국 캘리포니아 남부, 칠레 중부, 남아프리카 공화국 남부
등에서도 지중해성 기후가 나타난다.
㉢ 올리브, 포도, 코르크나무 등이 자란다.

답 1.③ 2.②

3 다음 지형들의 형성에 공통적으로 가장 크게 영향을 준 요인은?

> • 미국의 그랜드 캐니언
> • 남아메리카의 이구아수 폭포

① 하천에 의한 침식   ② 빗물에 의한 용식

③ 파랑에 의한 퇴적   ④ 바람에 의한 침식

4 다음에서 설명하는 자연재해는?

> • 열대 지역 바다에서 발생하여 중위도 지방으로 이동하는 열대 저기압으로 우리나라에 영향을 준다.
> • 강한 바람과 집중 호우로 인한 피해를 가져온다.

① 태풍   ② 가뭄

③ 지진   ④ 폭설

5 인구의 배출요인으로 옳은 것을 〈보기〉에서 고른 것은?

> 〈보기〉
> ㉠ 낮은 임금   ㉡ 많은 일자리
> ㉢ 좋은 주거환경   ㉣ 교육·문화 시설 부족

① ㉠ ㉡   ② ㉠ ㉣

③ ㉡ ㉢   ④ ㉢ ㉣

▥▥▥ 정답 및 해설

3 ① 그랜드 캐니언은 콜로라도 강의 침식작용으로 생성되었으며, 이구아수 폭포는 이구아수 강에 의한 단층침식으로 만들어졌다.

4 저위도 지방의 따뜻한 공기가 바다로부터 수증기를 엄청나게 공급받으면서 강한 바람과 많은 비를 동반하며 중·고위도로 이동하는 기상 현상을 태풍이라 한다.

5 ㉡㉢은 인구 유입요인이다.

답 3.① 4.① 5.②

6 다음에서 공통으로 설명하는 것은?

- 외국의 어선은 연안국의 허락 없이 이 지역에서 어업 활동을 할 수 없다.
- 외국의 비행기는 이 지역의 상공을 연안국의 허락 없이 자유롭게 통행할 수 있다.
---

① 영공   ② 영토
③ 영해   ④ 배타적 경제수역

7 다음에서 설명하는 용어는?

- 사람과 자연 또는 환경이 조화롭게 공생할 수 있는 체계를 갖춘 환경 친화적 도시
- 우리나라의 순천시, 브라질의 쿠리치바 등
---

① 공업도시   ② 생태도시
③ 위성도시   ④ 행정도시

8 다음 내용과 관계 깊은 에너지원은?

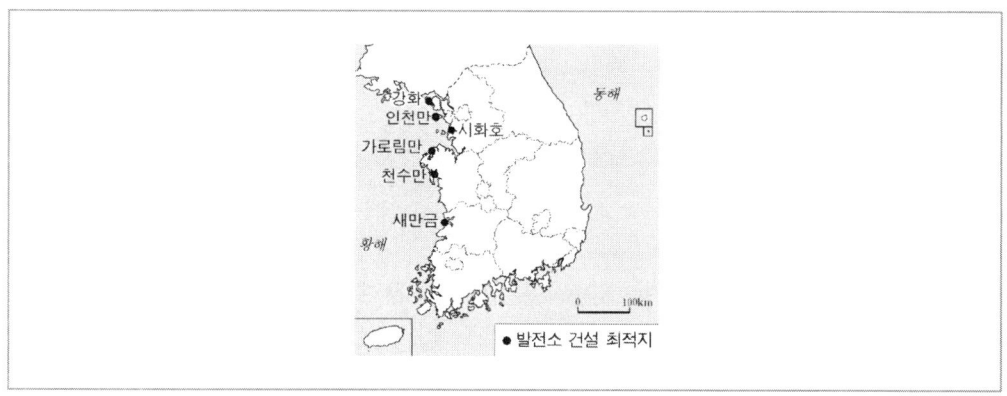

● 발전소 건설 최적지

- 고갈되지 않는 무한 에너지이다.
- 이 에너지를 이용한 발전소는 조수 간만의 차가 큰 지역에 건설된다.

① 화력 ② 풍력
③ 조력 ④ 원자력

9 다음에서 설명하는 문화 이해 태도는?

자기 문화를 무시하거나 낮게 평가하고, 다른 사회의 문화를 더 좋은 것으로 여겨 그것을 동경하는 태도이다.

① 문화 사대주의 ② 문화 상대주의
③ 문화 제국주의 ④ 자문화 중심주의

▶▶ 정답 및 해설

8 ③ 조수 간만의 차를 이용하는 에너지는 조력이다.
  ① 불이 탈 때에 내는 열의 힘을 이용한다.
  ② 바람이 부는 힘을 에너지원으로 이용한다.
  ④ 원자핵의 변화에 따라서 방출되는 에너지를 이용한다.

9 제시된 내용은 문화 사대주의에 대한 설명이다.
  ② 세계 문화의 다양성을 인정하고 이해하는 문화 이해 태도이다.
  ③ 다른 나라를 문화적으로 정복함으로써 영향력과 패권을 확보하려는 문화 이해 태도이다.
  ④ 자기 문화의 우월성에 빠져, 다른 문화를 부정적으로 평가하는 태도이다.

답 8.③ 9.①

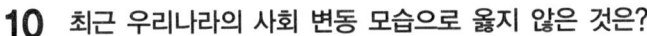

10 최근 우리나라의 사회 변동 모습으로 옳지 않은 것은?

① 평균 수명 증가로 인한 고령화 사회

② 1차 산업 발달로 인한 농업 중심 사회

③ IT 산업의 성장으로 인한 정보화 사회

④ 국제결혼 증가 등으로 인한 다문화 사회

11 '좁은 의미의 정치'에 해당하는 것을 〈보기〉에서 고른 것은?

〈보기〉

㉠ 국회의원들의 법률 제정   ㉡ 아파트 입주자 대표 회의

㉢ 대통령의 정치 권력 행사   ㉣ 학생들의 학급 반장 선거

① ㉠, ㉡   ② ㉠, ㉢

③ ㉡, ㉣   ④ ㉢, ㉣

■■ 정답 및 해설

10 ② 최근 우리나라는 3차 산업은 물론 4차 산업(정보, 의료, 교육, 서비스 산업 등 지식 집약적 산업), 5차 산업(패션, 오락 및 레저산업)이 발달한 사회로 변화하고 있다.

11 정치의 의미

  ㉠ 좁은 의미의 정치 : 정치인들이 국가와 관련된 법률이나 정책을 결정하거나, 정치권력을 획득하고 유지하며 행사하는 활동을 말한다.

    예 국회의원의 입법 활동, 정부의 정책 수립 활동, 선거를 통한 대표자 선출 활동 등

  ㉡ 넓은 의미의 정치 : 일상생활에서 발생하는 구성원 간의 의견 대립과 갈등을 조정하고 해결하는 활동이나, 한정된 가치를 권위적으로 분배하는 과정을 말한다.

    예 청소 당번을 정하는 학급 회의, 주차 문제를 해결하기 위한 주민 회의 등

답 10.② 11.②

12 다음 역할을 담당하는 국가 기관은?

• 탄핵 심판	• 헌법 소원 심판
• 위헌 법률 심판	• 정당 해산 심판

① 국회　　　　　　　　　　　② 법원
③ 감사원　　　　　　　　　　④ 헌법 재판소

13 그림이 설명하는 과정은?

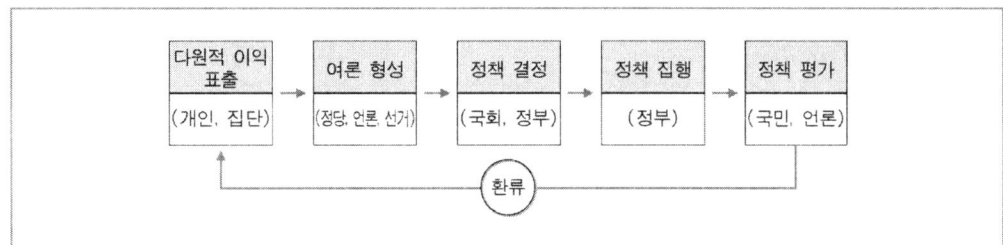

① 소비 과정　　　　　　　　② 유통 과정
③ 재판 과정　　　　　　　　④ 정치 과정

━━━ 정답 및 해설

12 헌법 재판소의 역할
　㉠ 위헌 법률 심판 : 법률이 헌법에 위반되는지 여부를 판단
　㉡ 헌법 소원 심판 : 국가 권력이 국민의 기본권을 침해하고 있는지 여부를 심판
　㉢ 권한 쟁의 심판 : 국가 기관이나 지방 자치 단체 간의 권한 분쟁을 해결
　㉣ 정당 해산 심판 : 정당의 목적이나 활동이 민주적 기본 질서에 위배될 때 그 정당의 해산 여부를 결정
　㉤ 탄핵 심판 : 대통령을 포함한 고위직 공무원의 위법 행위에 대해 파면 여부를 결정

13 제시된 그림은 정치 과정을 설명하고 있다. 정책 과정은 정책 결정→정책 집행→정책 평가의 세 단계를 포함하는 과정이다.

　　　　　　　　　　　　　　　　　　　　　　　　　　　　　　　　정답 12.④　13.④

14 다음 설명에 해당하는 소비 유형은?

> • 한정된 소득을 가지고 만족을 극대화하는 소비
> • 자신의 소득, 상품의 정보와 가격, 지불능력 등을 고려한 소비

① 과소비   ② 모방 소비
③ 충동 소비   ④ 합리적 소비

15 다음에서 설명하는 경제 용어는?

> 일정 기간 동안 한 나라 안에서 새롭게 생산된 최종 생산물의 시장 가치를 합한 것이다.

① 국제 수지   ② 인플레이션
③ 국내 총생산   ④ 물가 상승률

16 다음 내용에 해당하는 사회 문제는?

> • 원인 : 공해 물질 배출, 화석 연료의 과다 사용
> • 대책 : 쓰레기 분리 배출, 에너지 절약의 생활화

① 환경 오염   ② 종교 분쟁
③ 인종 갈등   ④ 실업 문제

➡ 정답 및 해설

14 ① 과소비 : 자신의 현재·미래의 소득수준에 비해 무리한 부담을 가져오는 소비
② 모방 소비 : 굳이 필요하지 않아도 주위 사람이나 상위층 등을 따라하는 소비
③ 충동 소비 : 소비 현장에서의 자극에 따라 계획에 없었던 것을 충동적으로 하는 소비

15 제시된 내용은 국내 총생산에 대한 설명이다.
① 국제 수지는 일정 기간 동안 한 나라와 다른 나라 사이에서 이루어진 경제적 거래를 체계적으로 집계한 것이다.
② 인플레이션은 통화량의 증가로 화폐가치가 하락하고, 모든 상품의 물가가 전반적으로 꾸준히 오르는 경제 현상이다.
④ 물가 상승률은 기준 년 대비 물가가 상승한 비율을 말한다.

16 제시된 내용은 환경 오염의 원인과 대책이다.

답 14.④ 15.③ 16.①

17 다음 중 구석기 시대에 사용된 유물은?

①

주먹도끼

②

반달 돌칼

③

비파형 동검

④

빗살무늬 토기

18 다음 설명에 해당하는 고구려의 제도는?

- 재상 을파소의 건의로 실시되었다.
- 봄에 곡식을 빌려 준 후 가을에 추수하여 갚게 한 제도이다.

① 골품제   ② 과거제
③ 영정법   ④ 진대법

▬▬▶ 정답 및 해설

17 ② 청동기 시대의 농기구
③ 청동기 시대의 무기
④ 신석기 시대의 토기

18 제시된 내용은 고구려의 구휼제도인 진대법에 대한 설명이다.
① 신라의 신분제도
② 고려 · 조선의 관리등용제도
③ 조선 후기의 조세제도

답 17.① 18.④

19 (가)에 해당하는 것은?

> 9세기 초, 장보고는 완도에 [(가)]을/를 설치하여 해적을 물리치고, 해상 무역을 주도하였다.

① 광성보   ② 덕진진
③ 청해진   ④ 초지진

20 고려 태조 왕건의 정책으로 옳은 것은?

① 경복궁 중건   ② 노비안검법 실시
③ 사심관 제도 실시   ④ 전민변정도감 설치

21 (가)에 해당하는 것은?

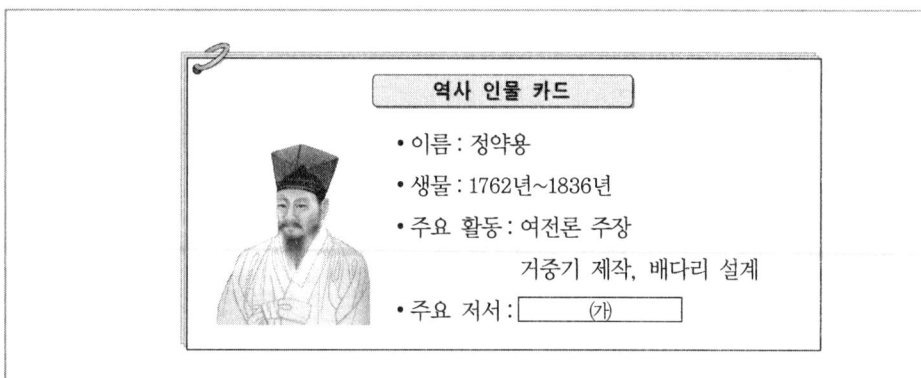

역사 인물 카드
- 이름 : 정약용
- 생물 : 1762년~1836년
- 주요 활동 : 여전론 주장
  거중기 제작, 배다리 설계
- 주요 저서 : [(가)]

① 농사직설   ② 동의보감
③ 목민심서   ④ 삼국사기

■■■ 정답 및 해설

19 9세기 초, 장보고는 완도에 <u>청해진</u>을 설치하여 해적을 물리치고, 해상 무역을 주도하였다.

20 ① 흥선 대원군의 업적이다.
② 고려 광종이 시행한 정책이다.
④ 전민변정도감은 고려 원종 10년에 설치되었다.

21 ① 조선전기의 문신인 정초, 변효문 등이 엮은 농업서적이다.
② 광해군 때 허준이 지은 의학서적이다.
④ 김부식 등이 고려 인종의 명을 받아 편찬한 삼국시대의 정사이다.

답 19.③ 20.③ 21.③

22 조선 세종의 업적으로 옳은 것을 〈보기〉에서 고른 것은?

〈보기〉

㉠ 집현전 설치　　　　　　　　㉡ 대동법 실시
㉢ 수원 화성 건설　　　　　　　㉣ 훈민정음 창제

① ㉠, ㉡　　　　　　　　　　② ㉠, ㉣
③ ㉡, ㉢　　　　　　　　　　④ ㉢, ㉣

23 ㈎에 해당하는 사건은?

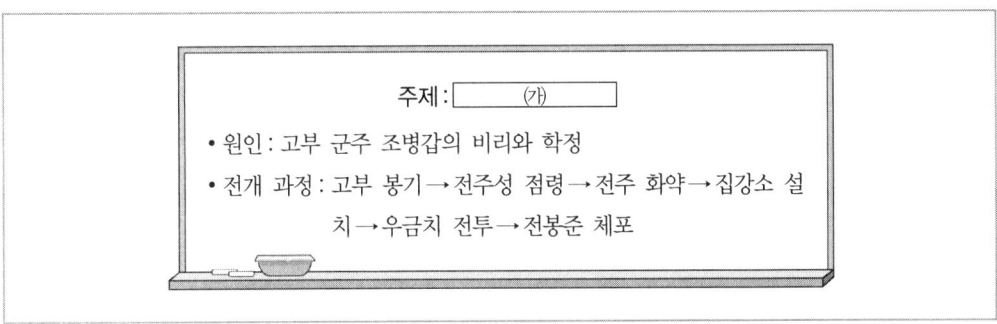

주제 : ____㈎____
• 원인 : 고부 군주 조병갑의 비리와 학정
• 전개 과정 : 고부 봉기→전주성 점령→전주 화약→집강소 설
　　　　　　치→우금치 전투→전봉준 체포

① 병인양요　　　　　　　　② 신미양요
③ 국채 보상 운동　　　　　④ 동학 농민 운동

■■■ 정답 및 해설

22 ㉡ 광해군의 업적이다.
　　㉢ 정조의 업적이다.

23 제시된 내용은 동학 농민 운동의 원인과 전개 과정이다.
　① 병인양요 : 1866년(고종 3) 흥선대원군의 천주교도 학살·탄압에 대항하여 프랑스함대가 강화도에 침범한 사건
　② 신미양요 : 1871년(고종 8) 미국이 1866년의 제너럴셔먼호 사건을 빌미로 조선을 개항시키려고 무력 침략한 사건
　③ 국채 보상 운동 : 1907년부터 1908년 사이 국채를 갚기 위하여 국민들 사이에서 전개된 국권회복운동

답 22.② 23.④

24 다음의 활동을 한 인물은?

> • 한인 애국단을 조직하였다.
> • 대한민국 임시 정부의 대표적인 인물이었다.
> • 1948년에 남한만의 단독 선거에 반대하여 남북 협상을 추진하였다.

① 김구
② 박은식
③ 윤봉길
④ 주시경

25 3 · 1 운동의 영향으로 옳은 것은?

① 신분제가 폐지되었다.
② 강화도 조약이 체결되었다.
③ 위정척사 운동이 전개되었다.
④ 일제가 식민 통치 방식을 문화 통치로 바꾸었다.

▶▶▶ 정답 및 해설

24 한인 애국단을 조직하고 대한민국 임시 정부의 대표적 인물로 활동한 사람은 김구이다. 김구는 1948년 4월 남한만의 단독정부 수립에 반대하며 김규식 등과 함께 남북통일정부 수립을 위해 평양으로 가서 북한 측 정치 지도자들과 협상하기도 하였다.

25 3 · 1 운동을 계기로 일제의 식민 통치 방식이 무단 통치에서 문화 통치로 바뀌었다.

📖 24.① 25.④

1 다음 설명에 해당하는 힘은?

> • 잡아당기는 힘과 밀어내는 힘이 있다.
> • 이 힘을 이용한 예로는 전자석, 자기 부상 열차 등이 있다.

① 중력
② 구심력
③ 마찰력
④ 자기력

2 다음 설명에 해당하는 빛의 성질은?

> • 물속의 금붕어가 크게 보인다.
> • 냇물이 실제 깊이보다 얕게 보인다.
> • 물이 담긴 컵에 빨대를 넣으면 꺾여 보인다.

① 굴절
② 분산
③ 합성
④ 흡수

▶▶▶ 정답 및 해설

1 제시된 내용은 자기력에 대한 설명이다.
① 중력 : 지구 위의 물체가 지구로부터 받는 힘
② 구심력 : 원운동을 하는 물체나 입자에 작용하는, 원의 중심으로 나아가려는 힘
③ 마찰력 : 물체가 어떤 면과 접촉하여 운동할 때 그 물체의 운동을 방해하는 힘

2 굴절… 광파, 음파, 수파 따위가 한 매질에서 다른 매질로 들어갈 때 경계면에서 그 진행 방향이 바뀌는 현상

⊞ 1.④ 2.①

3 무게가 20N인 물체를 일정한 속력으로 4m 위로 들어 올렸을 때, 한 일의 양은?

① 20J

② 40J

③ 60J

④ 80J

4 다음 설명과 관계 깊은 열의 이동 방법은?

> • 햇빛이 비치는 곳에 있으면 따뜻함을 느낀다.
> • 열이 다른 물질을 거치지 않고 직접 전달되는 현상이다.

① 대류

② 복사

③ 전도

④ 산화

5 그림은 놀이동산에서 롤러코스터가 움직이는 모습을 나타낸 것이다. A~D 중 위치 에너지가 가장 작은 지점은?

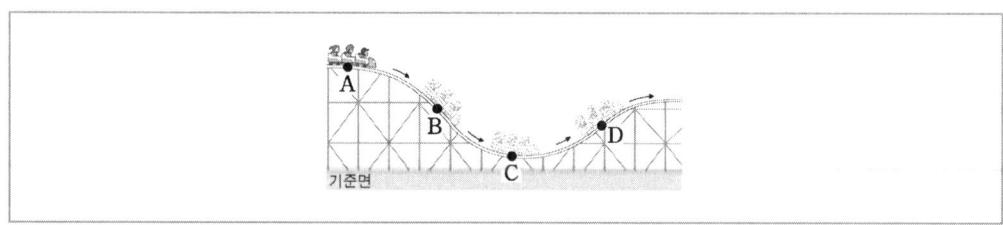

① A

② B

③ C

④ D

3 F=ma이므로 20 × 4=80이다.

4 열의 이동 방법
ㄱ 전도 : 고체에서 물체를 이루는 분자의 운동이 이웃한 분자로 전달되어 열이 이동하는 방법
ㄴ 대류 : 열을 받은 액체나 기체 상태의 분자가 직접 이동하면서 열이 전달되는 방법
ㄷ 복사 : 열이 물질의 도움 없이 열이 직접 전달되는 방법

5 위치 에너지 Ep=mgh이므로 높이가 가장 낮은 C에서 위치 에너지가 가장 작다.

답 3.④ 4.② 5.③

6 그래프는 니크롬선에 걸리는 전압과 전류의 관계를 나타낸 것이다. 이 니크롬선의 저항은?

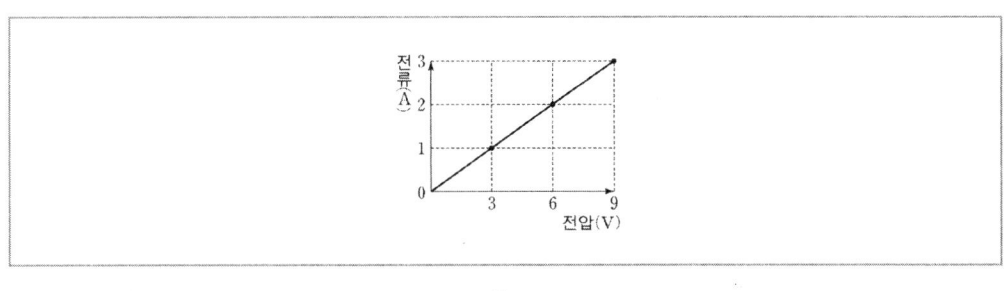

① 1Ω   ② 3Ω

③ 5Ω   ④ 7Ω

7 그림은 고체 물질의 가열 곡선이다. (가) 구간에서 일어나는 상태 변화는?

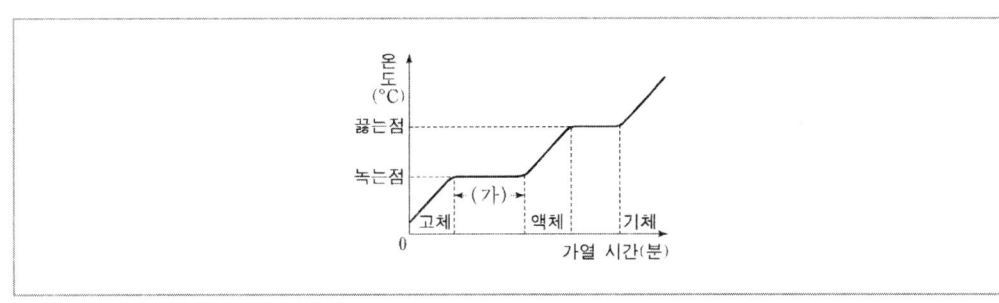

① 기화   ② 승화

③ 증발   ④ 융해

━━━ 정답 및 해설

6 V=IR이므로 이 니크롬선의 저항은 3Ω이다.

7 고체에 열을 가해 액체가 되는 현상은 융해이다.
　　①③ 액체→기체
　　② 고체→기체

📌 6.② 7.④

8 구리와 산소는 4:1의 질량비로 반응하여 산화 구리(II)를 생성한다. 다음 반응에서 생성된 산화 구리(II)의 질량 ㉠은?

2Cu	+	O₂	→	2CuO

$$2Cu \;+\; O_2 \;\rightarrow\; 2CuO$$

구리   산소   산화 구리(II)

8g   2g   (㉠)g

① 1   ② 3

③ 7   ④ 10

9 원자핵의 전하량이 +2인 헬륨 원자의 모형으로 옳은 것은?

10 다음은 염화 은(AgCl)의 앙금 생성 반응이다. ㈎에 알맞은 것은?

$$Ag^+ \;+\; (\text{가}) \;\rightarrow\; AgCl \downarrow (\text{흰색 앙금})$$

① 염화 이온(Cl^-)   ② 질산 이온(NO_3^-)

③ 칼륨 이온(K^+)   ④ 마그네슘 이온(Mg^{2+})

━━ 정답 및 해설

8 질량 보존의 법칙에 의하여 10g의 산화 구리(II)가 생성된다.

9 원자핵의 전하량이 +2이므로 전자가 2개인 ①이 옳다.

10 염화 은의 앙금 생성 반응식은 $Ag^+ + Cl^- \rightarrow AgCl \downarrow$(흰색 앙금)이다.

답 8.④   9.①   10.①

11 온도가 일정할 때, 기체의 압력과 부피의 관계를 바르게 나타낸 그래프는?

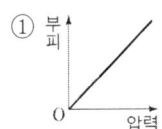

① 부피 / 압력

② 부피 / 압력

③ 부피 / 압력

④ 부피 / 압력

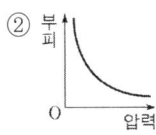

12 다음은 산의 수소 이온(H^+)과 염기의 수산화 이온(OH^-)이 결합하는 화학 반응식이다. (가)에 알맞은 것은?

$$H^+ + OH^- \rightarrow (\ 가\ )$$

① Cu
② N_2
③ FeS
④ H_2O

13 다음 설명에 해당하는 것은?

- 물과 무기 양분이 이동하는 통로이다.
- 죽은 세포로 구성되어 있다.

① 물관
② 표피
③ 생장점
④ 형성층

━━ 정답 및 해설

11 보일의 법칙 … 일정온도에서 기체의 압력과 그 부피는 서로 반비례한다는 법칙

12 수소 이온과 수산화 이온이 결합하여 H_2O 분자가 생성된다.

13 제시된 내용은 물관에 대한 설명이다.
  ② 표피 : 식물체의 표면을 덮고 있는 조직
  ③ 생장점 : 식물의 줄기나 뿌리 끝에 있으며 생장을 현저하게 하고 있는 부분
  ④ 형성층 : 쌍떡잎식물이나 겉씨식물, 일부 외떡잎식물과 양치식물의 줄기나 뿌리의 물관부와 체관부 사이에 있는 분열 조직

답 11.② 12.④ 13.①

14 그림의 동물 구성 단계 중 (개)에 해당하는 것은?

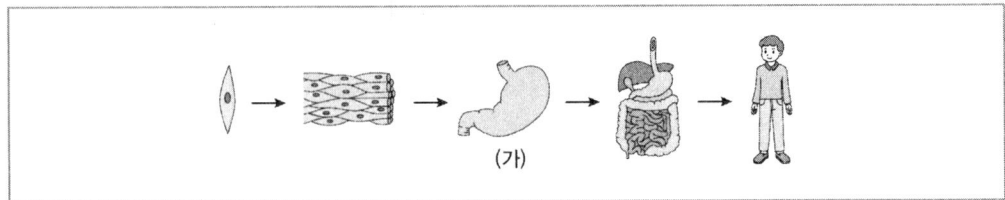

(가)

① 세포   ② 조직
③ 기관   ④ 개체

15 다음 설명에 해당하는 것은?

- 형질을 결정하는 유전자가 X염색체에 있다.
- 성별에 따라 형질이 나타나는 빈도가 다르다.
- 혈우병, 적록 색맹 유전이 대표적이다.

① 중간 유전   ② 반성 유전
③ 복대립 유전   ④ 다인자 유전

━━▶ 정답 및 해설

14 동물의 구성 단계
  ㉠ 세포 : 동물을 구성하는 기본 단위로서, 기능에 따라 구조와 모양이 다르다.
  ㉡ 조직 : 같은 일을 하는 세포들이 모여 특정한 작용을 하는 조직을 구성
  ㉢ 기관 : 여러 종류의 조직이 모여 하나의 기능을 갖는 기관을 구성
  ㉣ 기관계 : 연관된 기능(소화, 순환, 호흡 등)을 담당하는 기관들이 모여 기관계를 구성
  ㉤ 개체 : 여러 기관계가 모여 개체를 구성

15 반성 유전 … 유전자가 X 염색체에 있어서 성에 따라 유전 형질이 나타나는 비율이 달라지는 유전
  ① 중간 유전 : 대립 유전자 사이에 우열의 관계가 불완전하여 중간 형질이 나타나는 유전 현상
  ③ 복대립 유전 : 세 가지 대립 유전자가 형질을 결정
  ④ 다인자 유전 : 한 형질에 두 쌍 이상의 유전자가 관여하는 유전 현상

🄰 14.③ 15.②

16 다음은 식물 세포에서 일어나는 광합성 과정을 나타낸 것이다. (가)와 (나)에 해당하는 것은?

$$물 + (가) \xrightarrow[\text{엽록체}]{\text{빛에너지}} 포도당 + (나)$$

	(가)	(나)
①	산소	질소
②	산소	탄소
③	이산화탄소	산소
④	이산화탄소	질소

17 그림은 사람 눈의 구조를 나타낸 것이다. 눈으로 들어오는 빛의 양을 조절하는 것은?

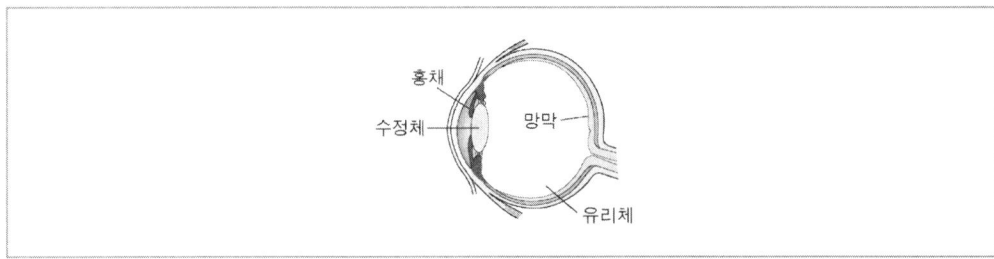

① 망막　　　　　　　　　② 홍채
③ 수정체　　　　　　　　④ 유리체

━━ ▶ 정답 및 해설

16 광합성은 빛에너지를 이용하여 포도당을 형성하는 과정으로, 광합성 전체 반응식은 $6CO_2 + 12H_2O \rightarrow C_6H_{12}O_6 + 6H_2O + 6O_2$이다.

17 눈으로 들어오는 빛의 양을 조절하는 것은 홍채이다.
① 눈의 가장 안쪽에 있는 막으로 상이 맺히는 부분
③ 안구의 동공 바로 뒤에 붙어 있는 볼록 렌즈 모양의 탄력성 있는 투명체
④ 수정체와 망막 사이의 안구 속을 채우고 있는 반고체의 투명한 물질

🖍 16.③ 17.②

18 사람이 섭취한 음식물을 세포가 흡수할 수 있는 크기로 분해하는 과정은?

① 소화 ② 순환

③ 호흡 ④ 배설

19 임신 과정 중 착상에 대한 설명으로 옳은 것은?

① 정자와 난자가 결합하는 것이다.

② 난소에서 난자가 방출되는 과정이다.

③ 수정란이 자궁 내벽에 자리를 잡는 현상이다.

④ 자궁 속 태아가 어머니의 몸 밖으로 나오는 것이다.

20 그림은 제주도에서 볼 수 있는 어두운 색 화산암으로 만들어진 돌하르방이다. 이 암석에 해당하는 것은?

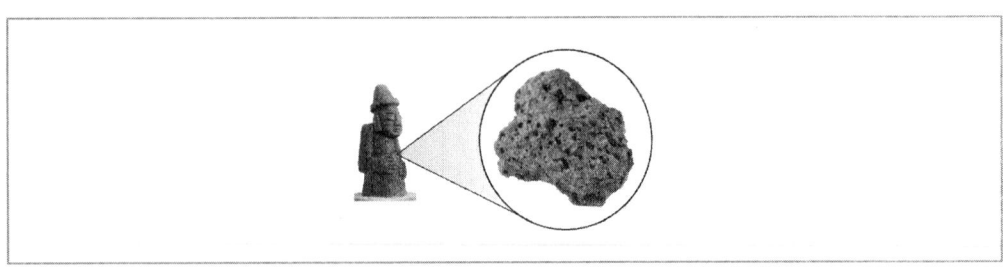

① 사암 ② 역암

③ 대리암 ④ 현무암

21 그림은 대기권의 높이에 따른 기온 변화를 나타낸 것이다. 위로 갈수록 기온이 올라가며, 자외선을 흡수하는 오존층이 있는 곳은?

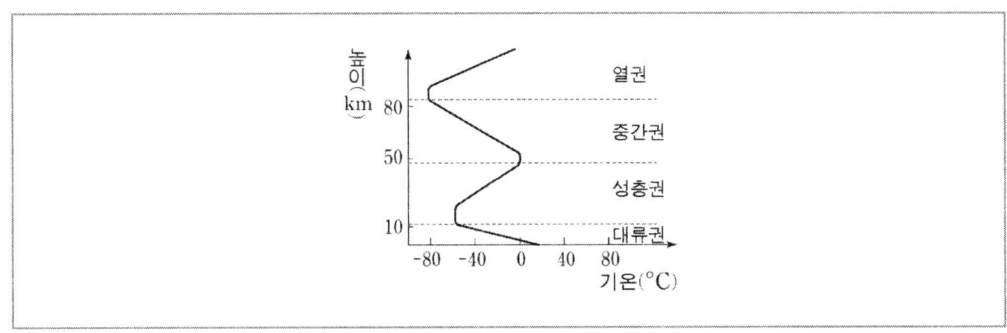

① 열권
② 중간권
③ 성층권
④ 대류권

22 그림은 지진파가 지구 내부로 전파될 때의 속도 변화를 나타낸 것이다. ⑺ 구간에 해당하는 것은?

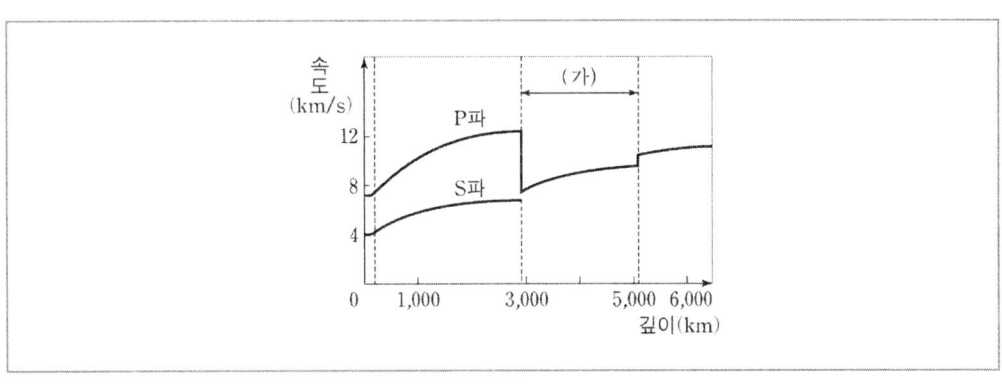

① 지각
② 맨틀
③ 외핵
④ 내핵

▬▬▬ 정답 및 해설

21 위로 갈수록 기온이 올라가는 열권과 성층권 중 자외선을 흡수하는 오존층이 있는 곳은 성층권이다.

22 지구 내부는 지진파의 속력이 급격히 변하는 곳을 경계로 지각, 맨틀, 외핵, 내핵의 4개의 층으로 구분한다. S파는 지구 내 외핵의 액체를 통과하지 못하고 굴절, 반사된다.

답 21.③ 22.③

23 그림은 달의 공전을 나타낸 것이다. 달이 ㈎에 있을 때, 서울에 있는 관측자가 볼 수 있는 달의 모양은?

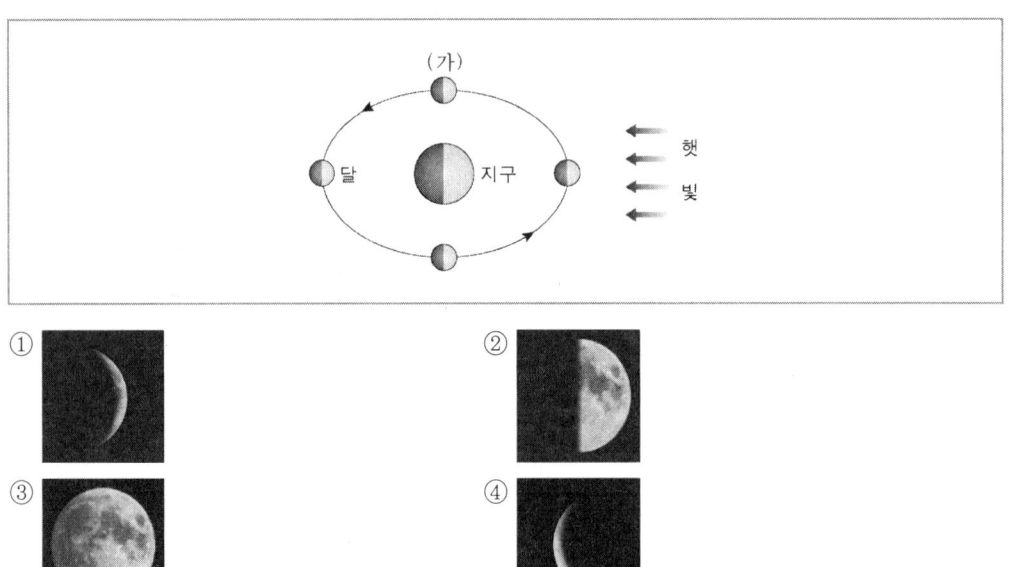

① ② ③ ④

23 ㈎에서는 햇빛을 받는 오른쪽이 볼록한 반달이 관측된다.

※ 달의 공전

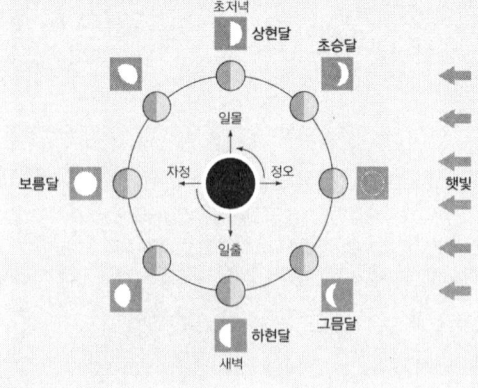

답 23.②

24 다음 설명에 해당하는 행성은?

- 표면은 붉은색을 띠고 있다
- 극지방에는 극관이 있다
- 물이 흘렀던 흔적이 있다

① 수성   ② 금성

③ 화성   ④ 목성

25 그림과 같이 별들이 구형으로 모여 있는 천체는?

① 구상성단   ② 산개성단

③ 반사성운   ④ 암흑성운

■■■ 정답 및 해설

24 제시된 내용은 화성에 대한 설명이다.

25 구상 성단 … 수십만 개에서 수백만 개의 별들이 공 모양으로 모여 있는 항성의 집단
  ② 산개 성단 : 천구 위에 수십에서 수백 개의 항성이 한 지역에 불규칙하게 모여 있는 별의 집단
  ③ 반사 성운 : 가까이에 있는 항성의 빛을 반사하여 밝게 보이는 성운
  ④ 암흑 성운 : 은하의 군데군데에 어둡게 보이는 천체의 무리

답 24.③ 25.①

중졸검정고시
기출문제 정복하기

• PART VIII •

2016년 제2회
중졸검정고시

국어
수학
영어
사회
과학

1 다음에 해당하는 말하기의 유형은?

> 공동의 관심사인 어떤 문제에 대하여 여러 사람들이 협력하여 다양한 의견을 모으고 최선의 해결책을 찾는 말하기

① 강연하기　　　　　　　　　② 소개하기
③ 토론하기　　　　　　　　　④ 토의하기

2 다음 설명에 해당하는 언어의 특성은?

> 언어는 대상을 가리키는 말소리와 대상 사이에 직접적인 연관이 없다. '하늘'이라는 대상을 우리말에서는 '하늘[하늘]'로, 영어에서는 'sky[스카이]'로 표현하는 것처럼 각기 다른 말소리로 표현하는 것이 그 예이다.

① 규칙성　　　　　　　　　② 자의성
③ 정확성　　　　　　　　　④ 중의성

▶▶▶ 정답 및 해설

1 제시된 내용은 토의하기에 대한 설명이다.
  ① 일정한 주제에 대하여 청중 앞에서 강의 형식으로 하는 말하기
  ② 잘 알려지지 아니하였거나, 모르는 사실이나 내용을 잘 알도록 하여 주는 설명하는 말하기
  ③ 토론은 찬성과 반대의 입장으로 나뉘는 주제에 대하여 각각 서로의 입장을 관철시키기 위하여 근거를 들어 자기의 주장을 논리적으로 펼치는 말하기

2 언어의 특성
  ㉠ 자의성 : 언어의 의미와 기호 사이에는 절대적이거나 필연적인 관계가 없음
  ㉡ 규칙성 : 인간이 사용하는 언어에는 일정한 규칙이 있음
  ㉢ 사회성 : 언어는 그 언어를 사용하는 사람들 사이의 약속임
  ㉣ 역사성 : 언어는 시간의 흐름에 따라 끊임없이 생성·성장·변화함
  ㉤ 창조성 : 인간은 상황에 따라 무한하게 많은 새말을 만들어 냄

답 1.④ 2.②

3 밑줄 친 단어 중 ⊙에 들어갈 수 있는 것은?

① 공원에 장미꽃이 <u>활짝</u> 피었다.
② 그는 <u>헌</u> 운동화를 깨끗이 빨았다.
③ 운동을 하니 <u>온갖</u> 걱정이 사라졌다.
④ 옛날 <u>어떤</u> 마을에 효자가 살고 있었다.

4 〈보기〉의 밑줄 친 부분과 문장 성분이 같은 것은?

> 〈보기〉
> 언니가 <u>꽃다발을</u> 샀다.

① 동생이 <u>식혜를</u> 마신다
② 소년은 <u>어른이</u> 되었다.
③ 우리는 <u>식당으로</u> 갔다
④ 천둥 치는 <u>소리가</u> 들린다.

■■■ 정답 및 해설

3 ⊙은 부사이다.
　① 부사 ②③④ 관형사

4 〈보기〉의 밑줄 친 부분은 목적어이다.
　② 보어　③ 부사어　④ 주어

답 3.① 4.①

5 다음 설명에 해당하는 단어는?

> '밤나무'는 '밤 + 나무', '밤송이'는 '밤 + 송이'로 구성되었다. 이처럼 '어근 + 어근'으로 구성된 단어를 '합성어'라고 한다.

① 개살구 ② 봄바람
③ 풋사랑 ④ 헛소문

6 다음 규정이 적용되는 예가 아닌 것은?

> 표준발음법 제5장
>
> 제18항 받침 'ㄱ(ㄲ, ㅋ, ㄳ, ㄺ), ㄷ(ㅅ, ㅆ, ㅈ, ㅊ, ㅌ, ㅎ), ㅂ(ㅍ, ㄼ, ㄿ, ㅄ)'은 'ㄴ, ㅁ' 앞에서 [ㅇ, ㄴ, ㅁ]으로 발음한다.

① 국물 ② 등불
③ 앞마당 ④ 옷맵시

━━━ 정답 및 해설

5 ② 봄(어근)+바람(어근) → 합성어
　① 개(접두사)+살구(어근) → 파생어
　③ 풋(접두사)+사랑(어근) → 파생어
　④ 헛(접두사)+소문(어근) → 파생어

6 제시된 내용은 비음화에 대한 설명이다.
　② 등불을 [등뿔]로 발음하는 것은 경음화 현상이다.

답 5.② 6.②

[7 ~ 8] 다음 글을 읽고 물음에 답하시오.

```
http://www.○○○.○○.kr

자유 게시판
▶배경 음악 🔊

제목 [          ]

  ㉠월욜 저녁 장기 자랑 시간에 친한 친구들과 노래를
㉡불렀당. 우리 노래가 끝나자 친구들이 박수를 많이 쳐
줘서 참 ㉢조았다. 친구들과 장기 자랑했던 기념으로 사
진도 찍었다. 이번 장기 자랑은 ㉣증말 좋은 추억이 될
것 같다.

↳ 솜사탕    너희 정말 잘 부르더라. 최고였어!
        ↳ 무지개    정말? 고마워!
↳ 번개    와! 초대 가수가 나온 줄 알았어!
        ↳ 딸기    네가 칭찬을 해 주니 정말 좋다!
```

7 윗글의 [   ]안에 들어갈 제목으로 가장 적절한 것은?

① 사라진 기념사진
② 행복한 가족 여행
③ 장기 자랑의 추억
④ 싸움으로 끝난 노래자랑

8 ㉠~㉣을 맞춤법에 맞게 고쳐 쓴 것으로 알맞지 않은 것은?

① ㉠ : 월요일   ② ㉡ : 불렀다
③ ㉢ : 조왔다   ④ ㉣ : 정말

━━━ 정답 및 해설

7 ③ 친구들과 장기 자랑으로 노래를 부른 일에 대한 글이다.

8 ㉢ 조았다 → 좋았다

답 7.③ 8.③

[9~11] 다음 글을 읽고 물음에 답하시오.

[A]
┌ 내 ⊙고장 칠월은
└ 청포도가 익어 가는 시절.

[B]
┌ 이 마을 전설이 주저리주저리 열리고
└ 먼 데 하늘이 꿈꾸며 알알이 들어와 박혀,

하늘밑 푸른 바다가 가슴을 열고
흰 돛단배가 곱게 밀려서 오면,

[C]
┌ 내가 바라는 ⓒ손님은 고달픈 몸으로
└ 청포를 입고 찾아온다고 했으니,

[D]
┌ 내 그를 맞아, 이 포도를 따 먹으면
└ 두 손을 흠뿍 적셔도 좋으련.

ⓒ아이야 우리 ⓔ식탁엔 은쟁반에
하이얀 모시 수건을 마련해 두렴.

– 이육사, 「청포도」 –

9 [A]~[D]에 대한 설명으로 적절하지 않은 것은?

① [A] : 계절적 배경이 드러난다.
② [B] : 모양을 나타내는 말이 들어있다.
③ [C] : 동일한 시어를 반복하고 있다.
④ [D] : 일어나지 않은 일을 가정하고 있다.

10 ⊙~ⓔ 중 화자가 기다리는 것은?

① ⊙   ② ⓒ
③ ⓒ   ④ ⓔ

11 흰 돛단배 에 쓰인 감각적 심상이 나타나지 않는 것은?

① 사랑하던 그 사람이여
② 박꽃이 하얗게 필 동안
③ 붉은 파밭의 푸른 새싹
④ 입술이 꺼멓게 숯을 바르고

[12 ~ 14] 다음 글을 읽고 물음에 답하시오.

> 내 벗 이 몇인고 하니 수석(水石)과 송죽(松竹)이라.
> 동산에 달 오르니 그 더욱 반갑구나.
> 두어라, 이 다섯밖에 또 더하여 무엇하리.
>
> 구름 빛이 깨끗타 하나 검기를 자주 한다.
> 바람 소리 맑다 하나 그칠 때가 많구나.
> 깨끗고 그칠 적 없기는 물뿐인가 하노라.
>
> 꽃은 무슨 일로 피면서 쉬이 지이
> 풀은 어찌하여 푸르는 듯 누렇게 되니
> 아마도 변치 아니하기는 ㉠바위뿐인가 하노라.
>
> 더우면 꽃 피고 추우면 잎 지거늘
> ㉡솔아 너는 어찌 눈서리를 모르느냐.
> 땅 깊이 뿌리 곧은 줄을 그로 하여 아노라.
>
> 나무도 아닌 것이 풀도 아닌 것이
> 곧기는 누가 시켰으며 속은 어찌 비었는고.
> 저렇게 사철에 푸르니 ㉢그를 좋아하노라.
>
> 작은 것이 높이 떠서 만물을 다 비추니
> 밤중에 밝은 빛이 ㉣너만 한 게 또 있느냐.
> 보고도 말 아니하니 내 벗인가 하노라.
>
> — 윤선도, 「오우가」 —

▶ 정답 및 해설

11 '흰 돛단배'는 시각적 심상이 쓰였다.
② 하얗게, ③ 붉은·푸른, ④ 꺼멓게에서 시각적 심상이 쓰였다.

답 11.①

12 위 시에서 운율을 형성하는 방법은?

① 한 행을 4음보로 구성한다.
② 후렴구를 각 연에 배치한다.
③ 의성어를 반복적으로 사용한다.
④ 각 연의 처음과 끝에 같은 구절을 배치한다.

13 위 시에 드러난 ㉠~㉣의 성격으로 적절하지 않은 것은?

① ㉠ : 변하지 않는다.
② ㉡ : 쉽게 시든다.
③ ㉢ : 사계절 내내 푸르다.
④ ㉣ : 만물을 다비춘다.

14 위 시의 벗에 해당하지 않는 것은?

① 물 ② 바위
③ 국화 ④ 소나무

━━ 정답 및 해설

12 ① 윤선도의 「오우가」는 연시조로 한 행을 4음보로 구성하여 운율을 형성하고 있다.

13 ② 더우면 꽃 피고 추우면 잎 지는 다른 것들과 다르게 솔은 눈서리를 모르고 시들지 않는다고 예찬하고 있다.

14 오우가에서 다섯 벗은 물, 바위, 소나무, 대나무, 달이다.

답 12.① 13.② 14.③

[15 ~ 17] 다음 글을 읽고 물음에 답하시오.

〈앞부분 줄거리〉 원미동 23통 일대에 쌀과 연탄만 취급하던 김포 쌀 상회의 경호네 내외가 가게 상호를 '김포 슈퍼'로 바꾸었다. 그러자 채소와 과일을 팔던 형제 슈퍼의 김 반장도 쌀과 연탄을 가게 앞 공터에서 취급하게 되고 두 가게는 살벌한 가격 경쟁을 벌인다. 두 가게의 가격 경쟁이 치열해지고 동네 사람들이 고민에 빠질 무렵 갑작스럽게 싱싱 청과물이 개업을 한다. 며칠 후 경호네와 김 반장이 싱싱 청과물에 대항해 휴전 협정을 맺었다는 소문이 동네 안에 좍 퍼졌다.

[A]
> 싱싱에서 물건을 흥정하는 손님이 있으면 김 반장은 어디서 구해 왔는지 삑삑거리는 핸드 마이크를 쳐
> 들고 훼방을 놓았다.
> "과일 바겐세일입니다. 조생 귤이 있습니다. 산지에서 금방 올라온 맛 좋은 부사 사과를 파격적인 가격
> 으로 판매합니다. 자, 과일 바겐세일!"
> 어떤 때는 김포 슈퍼를 선전해 주기도 하였다.
> "과일 세일합니다. 사과, 배, 귤 모두 세일합니다. 저쪽 김포 슈퍼로 가시든가 여기로 오시든가 마음대
> 로 하세요. 몽땅 세일합니다."

싱싱 청과물 사내가 김 반장한테 쫓아간 것은 당연한 일이었다. 하지만, 싸움은 초반부터 싱싱 청과물 사내가 불리한 쪽에 있었다. 생각 없이 대뜸 내뱉은 첫 말이 당장 김 반장의 공격 망에 걸려 버린 것이다. 나이가 어리다 하여 만만히 여기고 다짜고짜 말을 놓은 게 실수였다. 싱싱 청과물 사내가 말꼬리를 붙잡혀서 정작 장사를 훼방한 것에 대해서는 따질 기회도 얻지 못한 채 전전긍긍하고 있을 때, 경호 아버지가 싸움에 끼어들었다. 이때다 싶었던지, 몰리고 있던 싱싱 청과물 사내가 버럭 소리를 질렀다.
"당신들 말야, 왜 어깃장을 놓아? 가격이야 뻔한데 본전치기로 넘기면서 남의 장사 망쳐 놓는 속셈이 대관절 무엇이야? 엉! 왜 못살게들 굴어?"
경호 아버지도 어름하게 물러서지는 않았다.
"싸게 사서 싸게 파는 것도 죄요? 원 별소릴 다 듣겠네."
얼굴이 벌개진 싱싱 사내는 공연스레 목청만 돋운다.
"이 사람들, 이제 보니 심보가 새까맣군그래. 싸게 사서 싸게 파는 것도 죄냐구? 말해! 나하고 무슨 원수가 졌냐? 날 죽여 보겠다는 심보는 대체 뭐야!"
그러면 김 반장이 또 씩씩거리며 대들었다.
"이게 좁쌀밥만 먹고 살았나? 말마다 영 기분 나쁘게시리 반말로만 내뱉는군. 단단히 정신을 차릴 필요가 있는 작자라니까"
마침내 싱싱 청과물 사내가 죽기 살기로 김 반장의 멱살을 잡고 바둥거리기 시작했다. 몸피가 유난히 왜소하여 애초 김 반장의 상대가 되지도 못하면서 기를 쓰고 덤벼드는 그를 김 반장은 여유 있게 메다꽂았다. 이 못된 놈이 사람 친다고 악을 쓰면서 덤벼드는 그를 향해 김 반장은 알게 모르게 주먹 솜씨를 발휘하였다.
"어디서 굴러먹던 뼈다귀인지 생전 보지도 못한 놈이 남의 장사 망치려고 덤벼든 것을 생각하면 내 속이 터진다구." ⊙김 반장의 목소리는 칼날처럼 서늘했다.

… (중략) …

"김 반장도 끝을 보는 성격인데 심상찮아."
많은 식구 거느리고 살다 보니 자연 악만 남았다는 김 반장의 처지를 가장 잘 이해하는 이웃인 지물포 여자의 근심 어린 걱정도 나왔다.
"왜들 이렇게 장삿길로만 빠지는지 몰라."

우리 정육점 여자의 우문이었다.

"먹고살기가 힘드니까 그렇지요."

새댁이 즉각 현명한 답을 내놓았다.

그러고는 잠시 말이 끊겼다. 매일매일을 살아 내야 한다는 점에서 원미동 여자들 모두는 각자 심란한 표정이었다.

– 양귀자, 「원미동 사람들」 –

15 윗글에 대한 설명으로 적절하지 않은 것은?

① 구체적인 공간적 배경이 제시된다.
② 힘겹게 살아가는 소시민의 삶이 나타난다.
③ 인물 간의 대화를 활용하여 사건을 전개한다.
④ 이웃 간의 배려와 화합의 모습이 잘 드러난다.

16 [A]에서 김 반장의 행동에 담긴 의도로 가장 적절한 것은?

① 소문의 확산을 막기 위해서
② 가게 앞 공터를 차지하기 위해서
③ 지물포 여자와 동맹을 맺으려고
④ 싱싱 청과물의 장사를 방해하려고

17 ㉠에 쓰인 표현 방법을 사용한 것은?

① 아아, 누구던가
② 저것 봐, 저것 봐
③ 얼마나 아름다운가
④ 길은 구겨진 넥타이처럼

▶▶ 정답 및 해설

15 ④ 김 반장과 싱싱 청과물 사내가 싸우는 모습을 그리고 있다.

16 ④ 싱싱 청과물에 손님이 있으면 핸드 마이크를 들고 자기네 가게 홍보를 하거나 김포 슈퍼를 선전하면서 싱싱 청과물의 장사를 방해하고 있다.

17 ㉠에는 직유법이 쓰였다. 직유법은 비슷한 성질이나 모양을 가진 두 사물을 '같이', '처럼', '듯이'와 같은 연결어로 결합하여 직접 비유하는 수사법이다.

답 15.④ 16.④ 17.④

[18 ~ 20] 다음 글을 읽고 물음에 답하시오.

인형은 길을 재촉하여 열흘 만에 경상 감영에 부임하였다. 고을마다 방을 붙이고 인형은 오직 길동이 나타나기만을 기다렸다. 며칠 후 한 소년이 감영 앞까지 나귀를 타고 와 감사 뵙기를 청한다고 하였다. 인형이 이상히 여겨 들여 보내라 하니, 소년이 마루에 올라 인사를 올렸다.

"제가 여기 온 것도 아버님과 형님을 위태로운 지경에서 구하고자 함입니다. 하오나 당초에 아버지를 아버지라 하고 형을 형이라 부를 수 있었던들 어찌 이 지경에 이르렀겠습니까? 이제 와서 지난 일을 말해 무엇하오리까? 이제 저를 묶어 한양으로 보내소서."

그런 다음 입을 꾹 다물더니 묻는 말에 더 이상 대답하지 않았다. 경상 감사 인형은 이윽고 제 아우 길동의 목에 칼을 씌우고 발에 차꼬[1]를 채웠다. 그리고 길동을 잡았다는 장계를 적어 서둘러 한양으로 보냈다.

··· (중략) ···

"내가 여기까지 순순히 잡혀 오고 전하께서도 내가 끌려오는 것을 이미 알고 계시므로 너희가 큰 벌을 받지는 않으리라."

그런 다음 길동이 몸을 흔드니 쇠사슬이 썩은 동아줄처럼 툭툭 끊어지고 함거[2]가 우지끈 부서졌다. ㉠그리고 순식간에 공중으로 훌쩍 몸을 솟구쳐서 궁수들이 미처 손을 쓸 틈이 없었다. 궁수들은 그저 길동이 공중에서 까마득하게 멀어질 때까지 하늘만 멍하니 바라볼 뿐이었다.

– 허균, 「홍길동전」 –

1) 차꼬 : 죄수를 가두어 둘 때 쓰던 기구.
2) 함거 : 예전에, 죄인을 실어 나르던 수레.

18 윗글에 대한 설명으로 적절하지 않은 것은?

① 과거 시제로 서술되고 있다.
② 당대 사회의 모습을 반영하고 있다.
③ 역사적 사실을 객관적으로 전달하고 있다.
④ 시간의 흐름에 따라 사건이 전개되고 있다.

정답 및 해설

18 홍길동전의 갈래는 고전 소설이다. 소설은 사실 또는 작가의 상상력에 바탕을 두고 허구적으로 이야기를 꾸며 나가는 문학 양식이다.

답 18.③

19 윗글의 내용과 다른 것은?

① 인형은 경상 감영에 부임했다.
② 길동은 관직을 얻은 형을 축하했다.
③ 길동은 아버지를 아버지라 부르지 못했다.
④ 인형은 길동을 잡았다는 소식을 한양으로 보냈다.

20 ㉠에서 길동이 위기를 극복하는 수단으로 활용한 것은?

① 부유한 재산   ② 비범한 능력
③ 타고난 외모   ④ 조력자의 도움

━━▶ 정답 및 해설

19 ② 길동은 자신을 묶어 한양으로 보내라고 인형을 찾아갔다. 관직을 얻은 형을 축하하는 장면은 나타나지 않는다.

20 ㉠에서 길동은 공중으로 훌쩍 몸을 솟구쳐 달아나는 비범한 능력으로 위기를 극복하고 있다.

📌 19.② 20.②

[21~23] 다음 글을 읽고 물음에 답하시오.

어진 임금 성종의 다스림 아래 안정을 찾아 가던 고려에 크나큰 위기가 닥쳤다. 993년(성종 12년)에 거란족이 쳐들어 온 것이다. 거란군 책임자 소손녕은 봉산군을 ㉠점령한 다음 고려에 문서를 보내 무릎을 꿇으라고 요구했다.

… (중략) …

"고려는 신라 땅에서 일어났고 고구려 땅은 우리가 차지했는데 당신네가 이를 조금씩 먹어 들어왔소. 또 우리나라와 땅이 이어져 있는데 바다 건너 송나라를 섬기기 때문에 오늘의 ㉡출병이 있게 된 것이니, 만일 땅을 떼어서 바치고 황제에게 알현할[1] 사신을 보내면 무사할 것이오."

항복하지 않으면 공격하겠다는 협박이었다. 이에 서희는 이렇게 대답했다.

"그렇지 않소. 우리나라가 바로 고구려의 옛 땅이오. 그렇기 때문에 나라 이름을 고려라고 하였고, 평양에 도읍하였소. 만일 ㉢국경을 따진다면 귀국의 동경도 모두 우리 국경 안에 있던 것인데 어찌 조금씩 먹어 들었다고 할 수 있겠소? 그리고 압록강 안팎도 우리 땅인데 지금 여진이 훔쳐 살고 있소. 교활하고 간사한 그들이 통로를 막아 바다를 건너는 것보다도 더 어렵기 때문에 황제를 알현 못 하고 사신을 보내지 못하고 있소. 만일 여진을 쫓아내고 우리의 옛 땅을 찾아 성보(城堡)[2]를 쌓고 길이 통하면 어찌 사신을 보내지 않겠소. 장군이 만일 ㉣나의 말을 전해 천자께서 들으신다면 어찌 가엾게 여겨 받아들이지 않으리오."

거란의 실체를 인정하면서도 고려의 입장을 설명한 현답[3]이었다. 한편으로는 거란에게 회군할 명분을 주는 말이기도 했다. 결국 소손녕은 거란 임금과 상의한 뒤 너그러운 척 고려 입장을 받아들이면서 ㉤철군을 결정했고, 서희는 당당히 개선했다. 소손녕은 서희의 조리있는 말과 당당한 태도에 감격하여 낙타와 말, 양 등 많은 가축과 비단을 선물하고 돌아갔다.

– 박영수, 「서희의 대담한 외교술」 –

1) 알현하다 : 지체가 높고 귀한 사람을 찾아가 뵈다.
2) 성보(城堡) : 적을 막으려고 성 밖에 임시로 만든 소규모의 요새.
3) 현답 : 현명한 대답.

---

21 윗글에서 서희의 협상 과정에 대한 설명으로 적절하지 않은 것은?

① 거란에게 회군할 명분을 주었다.
② 소손녕의 협박에 조리 있는 말로 대응하였다.
③ 거란의 실체를 인정하면서도 고려의 입장을 설명하였다.
④ 고려에 항복하지 않으면 거란을 공격하겠다고 위협하였다.

■■■ 정답 및 해설

21 마지막 문단에서 서희의 협상 과정(①②③)에 대해 설명하고 있다.

답 21.④

22 ☐☐ 중 ㉮와 동일한 인물은?

① 임금   ② 소손녕

③ 사신   ④ 서희

23 문맥을 고려할 때 ㉠~㉣의 의미로 적절하지 않은 것은?

① ㉠ : 남의 땅을 무력으로 빼앗아 차지하는 것

② ㉡ : 군대를 싸움터 내보내는 일

③ ㉢ : 나라의 경사

④ ㉣ : 주둔하였던 군대를 철수함

■■▶ 정답 및 해설

22 ㉮의 '나'는 서희 자신이다.

23 ㉢ 국경(國境) : 나라와 나라의 영역을 가르는 경계

답 22.④ 23.③

[24 ~ 25] 다음 글을 읽고 물음에 답하시오.

세계에서 가장 오래된 목판 인쇄물인 무구 정광 대다라니경 두루마리. 석가탑 사리함 안 비단보에 싸여 있던 그 두루마리는 닥나무 껍질을 원료로 한 한지로 만들어졌다.

… (중략) …

한지(韓紙)란 주로 닥나무 껍질에서 뽑아낸 섬유를 원료로 하여 우리나라 고유의 제조법으로 만든 종이를 이르는 말이다. 조희(종이), 조선종이, 창호지, 문종이, 참종이, 닥종이 등으로 불렸던 우리 종이가 한지로 불리기 시작한 것은 20세기 초·중반, 서양 종이, 즉 양지(洋紙)가 들어와 많이 쓰이기 시작하면서부터였다.

… (중략) …

한지를 창호지로 쓰면 문을 닫아도 바람이 잘 통하고 습기를 잘 흡수해서 습도 조절의 역할까지 한다. 흔히 한지를 '살아 있는 종이'라고 하는 이유도 여기에 있다. ⬜⬜⬜ 양지는 바람이 잘 통하지 않고 습기에 대한 친화력도 한지에 비해 약하다. 한지가 살아 숨 쉬는 종이라면, 양지는 뻣뻣하게 굳어 있는 종이라고 할 것이다.

– 김형자, 「천년을 가는 한지의 비밀」 –

24 윗글의 내용과 일치하지 않는 것은?

① 한지는 양지에 비해 바람이 잘 통한다.
② 한지는 우리나라 고유의 제조법으로 만든 종이다.
③ 무구 정광 대다라니경 두루마리는 비단으로 만들어졌다.
④ 우리 종이를 한지라고 부른 것은 20세기 초·중반부터이다.

25 ⬜⬜⬜에 들어갈 말로 가장 적절한 것은?

① 반면　　　　　　　　② 비록
③ 그래서　　　　　　　④ 드디어

▶ 정답 및 해설

24 ③ 무구 정광 대다라니경 두루마리는 닥나무 껍질을 원료로 한 한지로 만들어졌다.

25 한지에 대한 이야기 후에 대조적인 양지에 대해 이어지고 있으므로 빈칸에는 '반면'이 들어가는 것이 적절하다.

🅐 24.③ 25.①

1 그림은 60을 소인수분해하는 과정이다. 소인수분해한 결과로 옳은 것은?

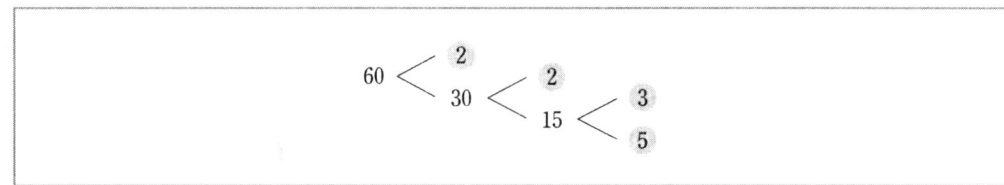

① 2×30

② $2^2 \times 15$

③ $2 \times 3 \times 10$

④ $2^2 \times 3 \times 5$

2 〈보기〉에서 가장 큰 수와 가장 작은 수의 합은?

〈보기〉

$-5,\ 4,\ 0,\ 7,\ -3$

① -4

② -1

③ 2

④ 3

3 $x = 5$일 때, $3x - 4$의 값은?

① 10

② 11

③ 12

④ 13

━━ 정답 및 해설

1 60을 소인수분해하면 $2^2 \times 3 \times 5$이다.

2 가장 큰 수인 7과 가장 작은 수인 -5의 합은 2이다.

3 $3(5) - 4 = 15 - 4 = 11$

답 1.④ 2.③ 3.②

4 일차방정식 $2x - 7 = 3$의 해는?

① 3   ② 4

③ 5   ④ 6

5 좌표평면 위에 있는 점 P의 좌표는?

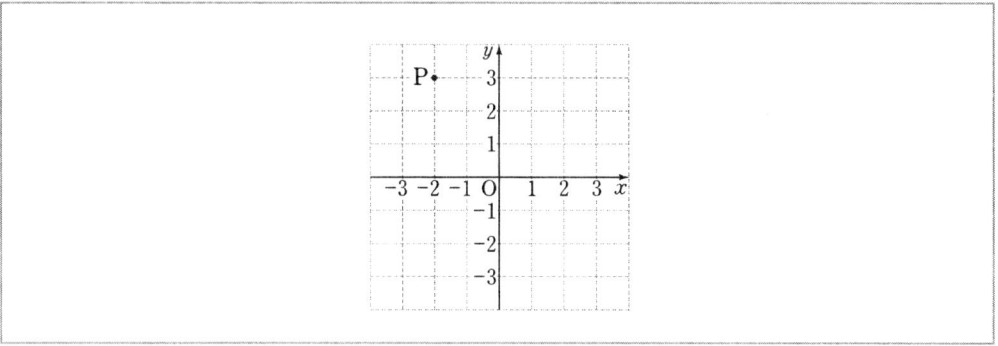

① P(-3, 2)   ② P(-2, 3)

③ P(2, -3)   ④ P(3, -2)

▬▬▶ 정답 및 해설

4 $2x - 7 = 3$
$2x = 10$, $x = 5$

5 x축의 좌표를 앞에, y축의 좌표를 뒤에 쓴다. 따라서 P(-2, 3)이다.

🅐 4.③ 5.②

6 민지네반 학생 30명이 1학기 동안 읽은 책수를 나타낸 도수분포표이다. 책을 6권 이상 읽은 학생 수는?

읽은 책 수(권)	학생 수(명)
0 이상~2 미만	1
2 이상~4 미만	5
4 이상~6 미만	6
6 이상~8 미만	11
8 이상~10 미만	7
합계	30

① 12명　　　　　　② 14명
③ 16명　　　　　　④ 18명

7 원 O에서 $\angle AOB = 30°$, $\overarc{AB} = 6cm$, $\overarc{CD} = 24cm$일 때, $\angle x$의 크기는?

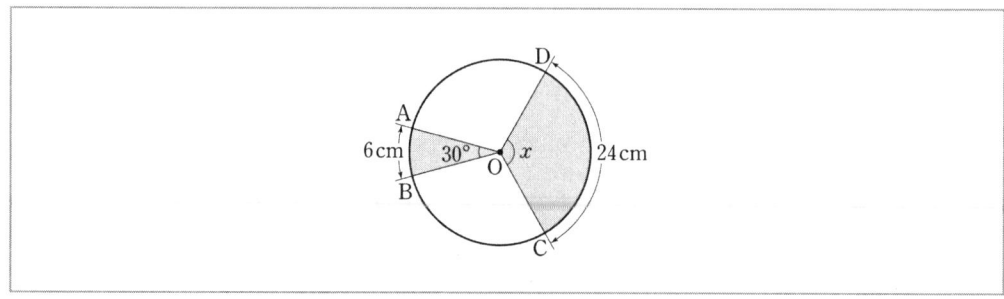

① 120°　　　　　　② 130°
③ 140°　　　　　　④ 150°

8 $a^2 \times b^3 \times a^4 \times b^5$을 간단히 하면?

① a^3b^5 ② a^4b^6

③ a^5b^7 ④ a^6b^8

9 일차부등식 $2x > 6$의 해를 수직선 위에 나타내면?

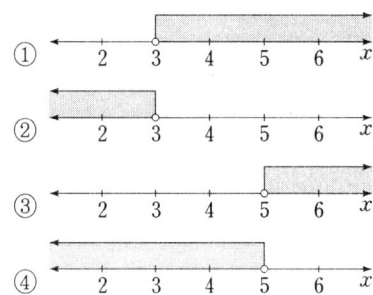

10 그림은 일차함수 $y = x - 2$의 그래프이다. 이 그래프가 점 $(5,\ a)$를 지날 때, a의 값은?

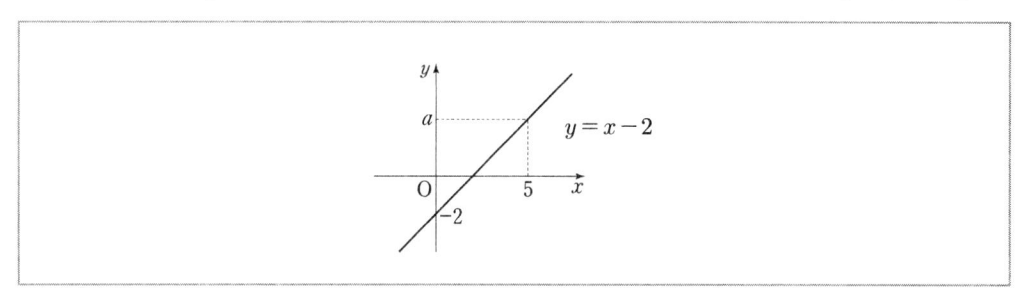

① 2 ② 3

③ 4 ④ 5

■■■ 정답 및 해설

8 $a^2 \times b^3 \times a^4 \times b^5 = a^6b^8$

9 $x > 3$이므로 수직선 위에 나타내면 ①과 같다.

10 점 $(5,\ a)$를 지날 때 x는 5이므로 $y = 5 - 2 = 3$이다.

⑤ 8.④ 9.① 10.②

2016년 제2회 중졸검정고시 ··· 수학 **425**

11 상자 안에 1에서 9까지의 자연수가 각각 적힌 아홉 개의 크기가 같은 구슬이 들어 있다. 이 중에서 임의로 한 개의 구슬을 꺼낼때, 4의 배수가 나올 확률은?

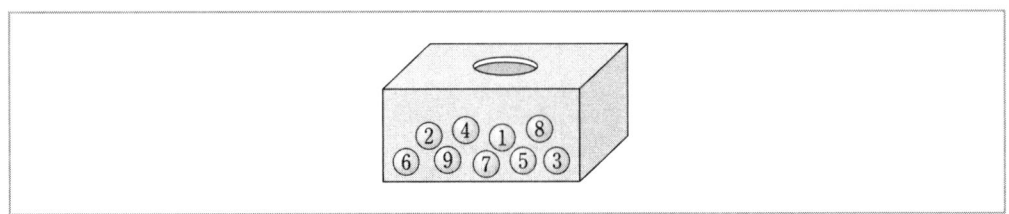

① $\dfrac{1}{9}$

② $\dfrac{2}{9}$

③ $\dfrac{4}{9}$

④ $\dfrac{5}{9}$

12 그림과 같이 $\angle C = 90°$ 인 직각삼각형 ABC에서 $\overline{AC} = \overline{BC}$이다. $\angle x$의 크기는?

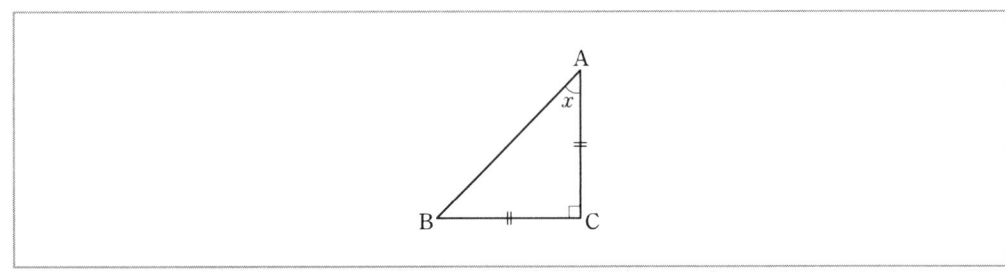

① $35°$

② $40°$

③ $45°$

④ $50°$

▦▦ 정답 및 해설

11 모두 9개의 구슬에서 4의 배수가 나올 확률은 4, 8 두 가지 경우이므로 $\dfrac{2}{9}$이다.

12 직각삼각형에서 빗변을 제외한 나머지 두 변의 길이가 동일할 때, 직각을 제외한 나머지 두 각의 크기는 같다. 따라서 $\angle x$의 크기는 45°이다.

답 11.② 12.③

13 그림에서 □ABCD∽□EFH이고 $\overline{BC}=2\,cm$, $\overline{FG}=3\,cm$이다. $\overline{AD}=4\,cm$일 때, $\overline{EH}$의 길이는?

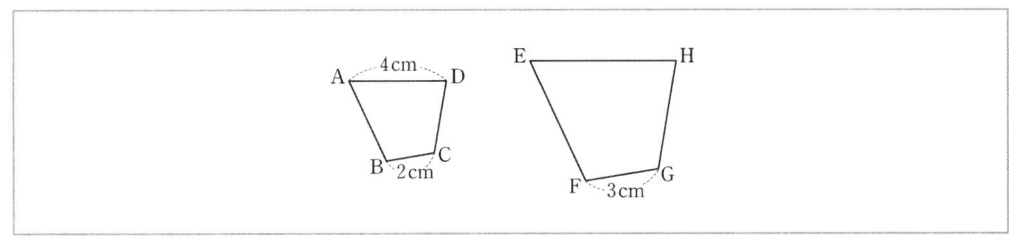

① 3cm

② 4cm

③ 5cm

④ 6cm

14 10의 제곱근은?

① ± 2

② $\pm\sqrt{5}$

③ $\pm\sqrt{10}$

④ ± 4

15 넓이가 x^2+3x+2인 직사각형 모양의 그림이 있다. 가로의 길이가 $x+2$일 때, 세로의 길이는?

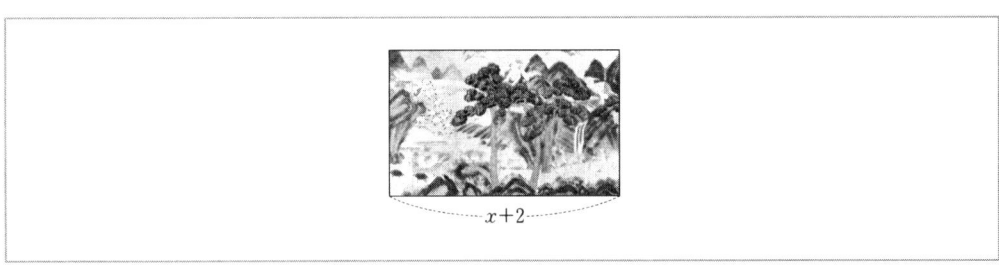

① $x+1$

② $x+2$

③ $x+3$

④ $x+4$

━━━ 정답 및 해설

13 $\overline{BC}:\overline{FG}=\overline{AD}:\overline{EH}$이므로 $2:3=4:6$이다. 따라서 $\overline{EH}$의 길이는 6cm이다.

14 어떤 수 x를 제곱하여 a가 되었을 때에, x를 a의 제곱근이라고 한다. 10의 제곱근은 $\pm\sqrt{10}$ 이다.

15 사각형의 넓이는 가로×세로이므로, 세로의 길이를 y라고 할 때
$(x+2)\times y=x^2+3x+2$
$y=x+1$이다.

📌 13.④ 14.③ 15.①

16 이차방정식 $(x-2)(x+1)=0$의 두 근을 a, b라 할 때, $a+b$의 값은?

① 1 ② 2

③ 3 ④ 4

17 이차함수 $y=-\dfrac{1}{2}x^2$의 그래프에 대한 설명으로 옳은 것은?

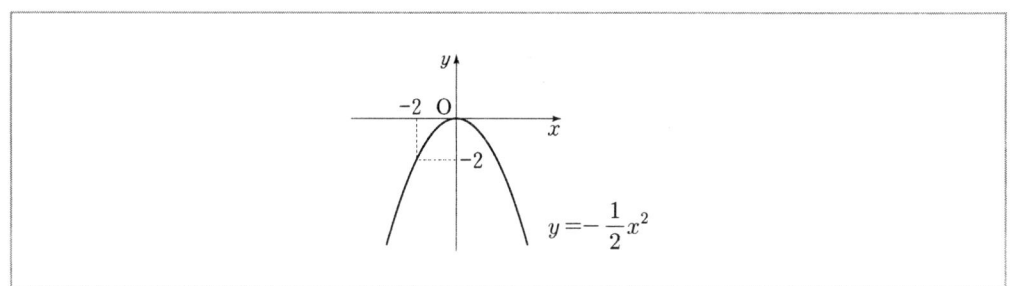

① 아래로 볼록하다. ② 제2사분면을 지난다.

③ 점 $(-2, 2)$를 지난다. ④ 꼭짓점의 좌표는 $(0, 0)$이다.

18 〈보기〉는 수학 동아리 회원 10명의 수학 성적을 조사한 자료이다. 수학 성적의 최빈값은?

〈보기〉				
65	70	50	95	70
70	65	70	100	80

① 65 ② 70

③ 80 ④ 95

━━▶ 정답 및 해설

16 두 근은 2, −1이므로 $a+b=1$이다.

17 ① 위로 볼록하다.
② 제3사분면과 제4사분면을 지난다.
③ 점 $(-2, -2)$를 지난다.

18 최빈값은 자료의 변량 중에서 가장 많이 나타나는 값으로 총 4번 나타난 70이 최빈값이다.

🅐 16.① 17.④ 18.②

19 그림과 같이 $\angle C = 90°$ 인 직각삼각형 ABC에서 $\tan B$의 값은?

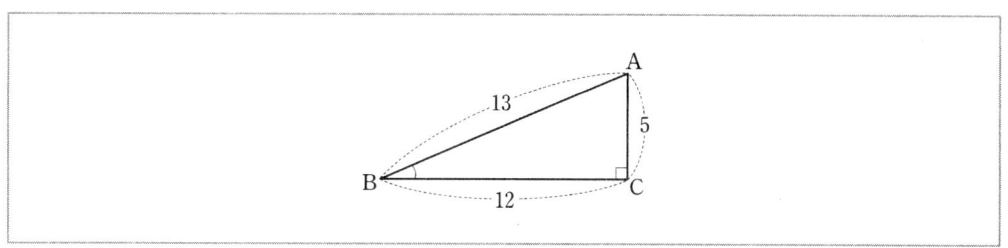

① $\dfrac{5}{12}$

② $\dfrac{13}{12}$

③ $\dfrac{12}{5}$

④ $\dfrac{13}{5}$

20 그림과 같이 현 AB는 원 O의 지름이다. 호 AB에 대한 원주각 $\angle ACB$의 크기는?

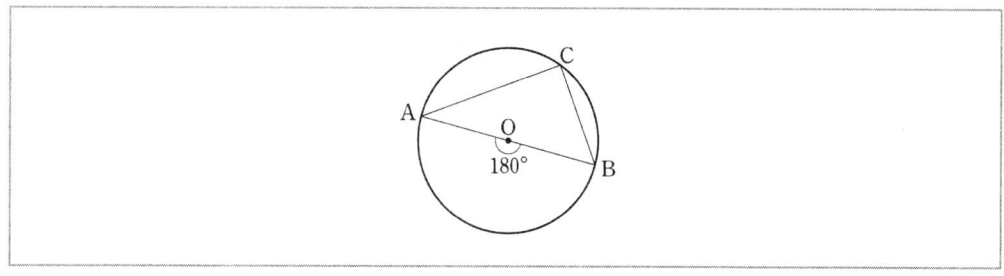

① $80°$

② $90°$

③ $100°$

④ $110°$

━━ 정답 및 해설

19 직각삼각형 ABC에서 $\sin B = \dfrac{5}{13}$, $\cos B = \dfrac{12}{13}$, $\tan B = \dfrac{5}{12}$ 이다.

20 탈레스의 정리에 따르면, 원의 한 지름을 AB라 하고 이 원주 위에 있는 A, B 이외의 임의의 점을 P라 하면, $\angle APB$는 직각이다.

　　　　　　　　　　　　　　　　　　　　　　　　㉑ 19.① 20.②

1 다음 단어들을 모두 포괄할 수 있는 것은?

pants	skirts	blouses	T-shirts

① sports
② family
③ clothes
④ countries

2 두 단어의 관계가 나머지 셋과 다른 것은?

① hand — foot
② dog — animal
③ rose — flower
④ summer — season

[3 ~ 4] 밑줄 친 부분의 뜻으로 가장 알맞은 것을 고르시오.

3

He is a <u>famous</u> singer in Korea.

① 겸손한
② 유명한
③ 정직한
④ 부지런한

▶ 정답 및 해설

1 바지, 치마, 블라우스, 티셔츠를 모두 포괄할 수 있는 것은 ③ 옷이다.

2 ②③④는 상하의어 관계이고 ①은 그렇지 않다.
① 손–발
② 개–동물
③ 장미–꽃
④ 여름–계절

3 famous 유명한
「그는 한국에서 유명한 가수이다.」

답 1.③ 2.① 3.②

4

> My brother is good at science.

① ~을/를 잘하다.   ② ~을/를 나누다.
③ ~을/를 걱정하다.   ④ ~와/과 화해하다.

[5 ~ 6] B의 응답으로 가장 알맞은 것을 고르시오.

5

> A : How are you doing?
> B : _____.

① Great   ② Me, too
③ Three hours   ④ You're welcome

6

> A : Does she like ice cream?
> B : _____.

① Yes, I can   ② No, you don't
③ Yes, she does   ④ No, they aren't

■■■ 정답 및 해설

4 be good at ~에 능숙하다
「나의 형(오빠, 남동생)은 과학을 잘한다.」

5 「A : 어떻게 지내?
B : 정말 좋아.」

6 그녀가 아이스크림을 좋아하는지 물었으므로, 그녀가 좋아하거나 좋아하지 않는다고 대답해야 한다.
「A : 그녀는 아이스크림을 좋아하나요?
B : 네, 그녀는 좋아합니다.」

답 4.① 5.① 6.③

7 영화표를 보고 알 수 없는 것은?

Film Title: Star Pilot

Seat Number: G15

| **Date** | **Time** |
| July 15th, 2016 | 18:00 ~ 20:00 |

---

① 영화 제목
② 영화표 가격
③ 극장 좌석 번호
④ 영화 상영 날짜

8 대화의 빈칸에 들어갈 말로 가장 알맞은 것은?

A : _____?
B : I am fourteen years old.

---

① How old are you
② What is your hobby
③ Who is your best friend
④ Where is your hometown

▬▬▶ 정답 및 해설

7 「영화 제목 : 별 조종사
좌석 번호 : G15
날짜 2016년 7월 15일
시간 18:00~20:00」

8 14살이라고 대답하고 있으므로 몇 살이냐고 물어봐야 한다.
① 당신은 몇 살입니까?
② 당신의 취미는 무엇입니까?
③ 당신의 가장 친한 친구는 누구입니까?
④ 당신의 고향은 어디입니까?

답 7.② 8.①

9 표의 내용으로 보아 빈칸에 들어갈 말로 가장 알맞은 것은?

Drinks	Price
Coffee	$3.00
Tea	$5.00

The coffee is ______________ than the tea.

① cheap
② cheaper
③ expensive
④ more expensive

10 빈칸에 들어갈 말로 가장 알맞은 것은?

A : _____ are you from?
B : I'm from China.

① Who
② How
③ When
④ Where

정답 및 해설

9 be 비교급 than A A보다 더 ~한
「커피는 차보다 싸다.」

10 중국에서 왔다고 대답하고 왔으므로 어디서 왔냐고 물어봐야 한다.
「A : 당신은 어디에서 왔습니까?
B : 중국에서 왔어요.」

답 9.② 10.④

11 대화로 보아 A가 B를 위해 할 일로 가장 알맞은 것은?

> A : Mom, is there anything I can help you with?
> B : Can you wash the dishes?
> A : Sure. I'll wash the dishes now.

① 꽃 물주기   ② 사진 찍기
③ 설거지 하기   ④ 음식 주문하기

12 주어진 말에 이어질 두 사람의 대화 순서로 가장 알맞은 것은?

> What did you do yesterday?

> (A) Yes, I did. It was great.
> (B) I went to see a movie.
> (C) Did you enjoy it?

① (A)－(C)－(B)   ② (B)－(A)－(C)
③ (B)－(C)－(A)   ④ (C)－(B)－(A)

📚 정답 및 해설

11 wash the dishes 설거지를 하다
「A : 엄마, 제가 뭐 도와드릴 것 있어요?
B : 접시 좀 닦아 줄 수 있니?
A : 물론이죠. 제가 지금 설거지를 할게요.」

12 당신은 어제 무엇을 했습니까?
(B) 나는 영화 보러 갔었어요.
(C) 즐거웠나요?
(A) 네, 그랬어요. 아주 좋았어요.

🅐 11.③ 12.③

13 빈칸에 공통으로 들어갈 말로 가장 알맞은 것은?

> • I am interested ____ math.
>
> • There is a computer ____ my room.

① in   ② of

③ to   ④ with

14 대화에서 알 수 있는 서울의 현재 날씨는?

> A : What's the weather like in Busan?
>
> B : It's cloudy. How's the weather in Seoul?
>
> A : It's sunny now.

①    ②

③    ④

▬▬ 정답 및 해설

13 be interested in ~에 관심이 있는
「• 나는 수학에 관심이 있다.
　• 내 방에 컴퓨터가 있다.」

14 「A : 부산 날씨는 어때요?
　B : 흐려요. 서울 날씨는 어때요?
　A : 지금은 화창합니다.」

답 13.① 14.④

15 대화의 주제로 가장 알맞은 것은?

> A : What are you planning to do this weekend?
> B : I'm going to go fishing. How about you?
> A : I'm going to play basketball with my friends.

① 주말 계획　　　　　　　　② 장래 희망
③ 오늘의 날씨　　　　　　　④ 좋아하는 음식

[16 ~ 17] 대화의 빈칸에 들어갈 말로 가장 알맞은 것을 고르시오.

16

> A : This looks delicious. What is it?
> B : It's a banana cake. Would you like some?
> A : _____.

① Yes, I am　　　　　　　② Yes, please
③ I like tennis　　　　　　④ I have some books

17

A : I'm looking for a necktie.

B : How about this one?

A : I like it How much is it?

B : _____.

① Not at all

② I'm a cook

③ It's too long

④ It's twenty dollars

18 글의 흐름으로 보아 어울리지 않는 문장은?

I went to Jeju Island with my family. ① We went there by airplane. ② We saw a beautiful beach. ③ My teacher is very kind. ④ I swam there. I want to go there again someday.

━━ 정답 및 해설

17 얼마냐고 물었으므로 가격을 알려 주는 대답이 와야 한다.

「A : 넥타이를 찾고 있는데요.

B : 이것 어때요?

A : 그거 좋네요. 얼마입니까?

B : 20달러입니다.」

18 「나는 나의 가족과 함께 제주도에 갔다. 우리는 비행기를 타고 그곳에 갔다. 우리는 아름다운 해변을 보았다. (나의 선생님은 매우 친절하다.) 나는 그곳에서 수영을 했다. 나는 언젠가 또 다시 그곳에 가고 싶다.」

🖉 17.④ 18.③

19 다음 규칙에 제시되지 않은 것은?

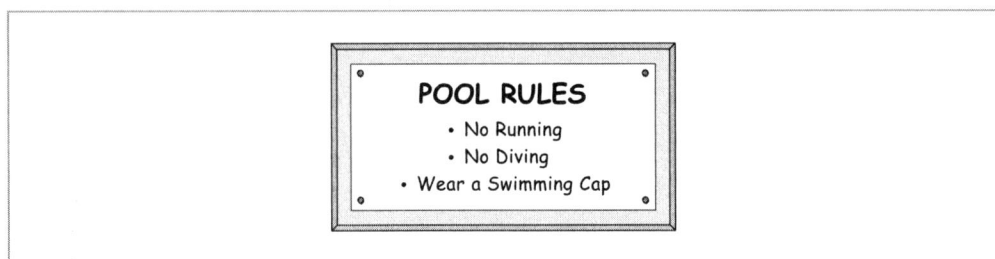

POOL RULES
- No Running
- No Diving
- Wear a Swimming Cap

① 달리기 금지 　　　　　② 다이빙 금지
③ 수영모 착용 　　　　　④ 음식물 반입 금지

20 다음 글의 주제로 가장 알맞은 것은?

What habits are good for our health? We should exercise regularly and get enough sleep. We should also wash our hands often.

① 친구의 중요성 　　　　② 올바른 전화 예절
③ 에너지를 아끼는 방법 　　④ 건강을 위한 생활 습관

21 대화에서 밑줄 친 말의 의도로 알맞은 것은?

> A : How was your English test?
> B : It was really hard. I don't think I did very well.
> A : Don't worry. You'll do better next time.

① 거절하기　　　　　　　② 격려하기
③ 초대하기　　　　　　　④ 허락하기

22 다음 글에서 Insu의 가족이 한 일이 아닌 것은?

> Insu's family went camping. They set up a tent and cooked together. They talked a lot while they looked at the night sky.

① 텐트 치기　　　　　　　② 요리하기
③ 음악 듣기　　　　　　　④ 밤하늘 보기

■■■ 정답 및 해설

21 시험을 망친 친구에게 격려하고 있는 상황이다.
「A : 너의 영어시험은 어땠어?
B : 정말 어려웠어. 나는 내가 매우 잘했다고 생각하지 않아.
A : 걱정하지 마. 다음 전엔 더 잘할 거야.」

22 「인수의 가족은 캠핑을 갔다. 그들은 텐트를 세우고 함께 요리를 했다. 그들은 밤하늘을 보는 동안 많은 이야기를 나누었다.」

답 21.② 22.③

23 다음 글을 쓴 목적으로 가장 알맞은 것은?

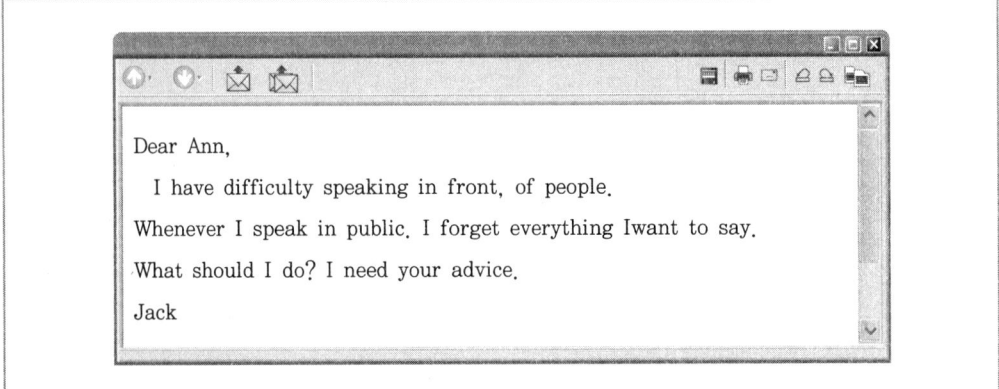

Dear Ann,

I have difficulty speaking in front, of people.

Whenever I speak in public, I forget everything Iwant to say.

What should I do? I need your advice.

Jack

① 규칙을 안내하기 위해 ② 대회를 홍보하기 위해
③ 친구를 소개하기 위해 ④ 조언을 요청하기 위해

24 다음 글에서 Coco에 대해 언급된 것으로 알맞지 않은 것은?

Coco is my pet dog. She has beautiful eyes. She likes to go for walks with me. Coco is my good friend.

① Coco는 눈이 아름답다.
② Coco는 목욕하는 것을 좋아한다.
③ Coco는 나와 함께 산책하는 것을 좋아한다.
④ Coco는 나의 좋은 친구다.

━━ 정답 및 해설

23 have difficulty doing ~하는 데 고생하다 speak in public 공개연설을 하다
「Ann에게,
나는 사람들 앞에서 말하는 것이 어렵습니다. 공개연설을 할 때면 늘 내가 말하고 싶은 모든 것을 잊어버립니다. 어떻게 해야 할까요? 당신의 조언이 필요합니다.
Jack」

24 「Coco는 나의 애완견이다. 그녀는 아름다운 눈을 가졌다. 그녀는 나와 함께 산책하러 가는 것을 좋아한다. Coco는 나의 좋은 친구이다.」

답 23.④ 24.②

25 다음 글 바로 뒤에 이어질 내용으로 알맞은 것은?

> What is your dream job? There are many interesting jobs in the world. I'll tell you about some of them.

① 적성검사의 중요성 　　② 흥미로운 직업의 예
③ 컴퓨터실 사용 방법 　　④ 매력적인 여행지 소개

25 interesting job 흥미로운 직업
「당신이 꿈꾸는 직업은 무엇입니까? 세상에는 흥미로운 직업이 많습니다. 그 중에 몇 가지에 대해 이야기하겠습니다.」

답 25.②

2016년 제2회 중졸검정고시

1 위도의 영향으로 볼 수 없는 것은?

① 기후대별 기온이 다르게 나타난다.
② 북반구와 남반구는 계절이 반대이다.
③ 우리나라와 영국은 표준시가 다르다.
④ 우리나라는 계절의 변화가 나타난다.

2 ㈎ 지역의 기후는?

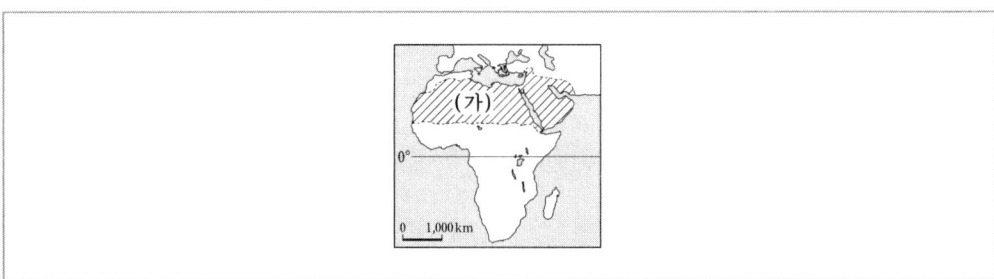

① 열대 기후   ② 건조 기후
③ 온대 기후   ④ 고산 기후

▬▬ 정답 및 해설

1 ③ 표준시는 경도 0°의 시각을 기준으로 어떤 시각을 나타내는 시이다.

2 제시된 그림은 아프리카 대륙으로 열대 기후가 나타난다.

답 1.③ 2.②

3 다음 자연 경관을 볼 수 있는 국가는?

> • 빙하의 침식 작용으로 형성된 골짜기
> • U자곡에 바닷물이 들어와 형성된 피오르 지형

① 그리스　　　　　　　　　② 이집트
③ 노르웨이　　　　　　　　④ 인도네시아

4 다음 설명에 해당하는 자연재해는?

> • 지각판이 충돌하는 경계 지역에서 주로 발생한다.
> • 건물 붕괴, 산사태, 화재 등의 피해가 발생할 수 있다.

① 지진　　　　　　　　　　② 가뭄
③ 홍수　　　　　　　　　　④ 황사

━━▶ 정답 및 해설

3 피오르 해안은 빙하의 침식 지형으로 형성된 U자곡이 해수면 상승으로 침수된 해안이다. 노르웨이의 송네피오르는 해안 쪽으로 깎아지른 산 사이를 깊숙이 파고들어간 길이 204km의 노르웨이 최장의 피오르이다.

4 제시된 내용은 지진의 발생 원인과 피해에 대한 설명이다.

답 3.③　4.①

5 대화 내용에 해당하는 인구 이동의 유형을 〈보기〉에서 고른 것은?

미국에는 어떤 이유로 오셨나요?

나는 멕시코에서 살다가 식품회사에 취직하기 위해 미국으로 왔습니다.

〈보기〉

㉠ 국제적 이동　　　　　　㉡ 경제적 이동
㉢ 강제적 이동　　　　　　㉣ 종교적 이동

① ㉠, ㉡　　　　　　　　② ㉠, ㉣
③ ㉡, ㉢　　　　　　　　④ ㉢, ㉣

6 다음에서 설명하는 식량 자원은?

• 최근 사료 작물이나 바이오 에너지의 원료로 이용되어 소비량이 증가하고 있다.
• 미국, 아르헨티나 등이 주요 수출국이다.

① 밀　　　　　　　　　　② 쌀
③ 보리　　　　　　　　　④ 옥수수

▬▬ 정답 및 해설

5　나라 간 이동이므로 ㉠ 국제적 이동이며, 이동의 이유가 취직이므로 ㉡ 경제적 이동이다.

6　제시된 내용은 옥수수와 관련 있는 설명이다.

🖐답 5.① 6.④

7 비무장 지대(DMZ)에 대한 설명으로 옳지 않은 것은?

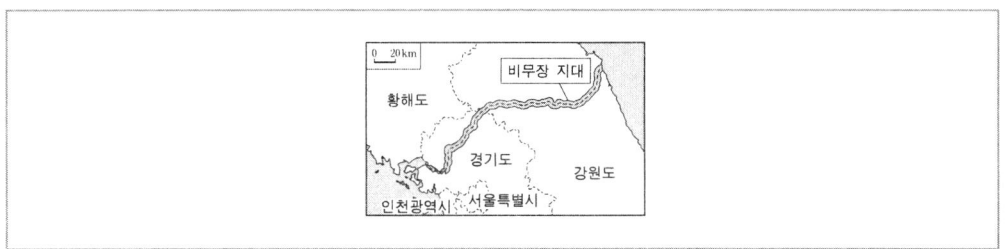

① 한반도 남북 분단의 상징이다.
② 민간인의 출입이 자유롭지 않다.
③ 오랫동안 방치되어 생태계가 많이 파괴되었다.
④ 군대나 무기의 배치를 금지하도록 약속한 지역이다.

8 (개)에 들어갈 용어로 가장 적절한 것은?

<u>(개)</u>은 불평등한 무역구조를 해결하기 위해 개발도상국의 생산자에게 정당한 가격을 주고 상품을 구매하는 윤리적 무역이다. 주요 대상 상품으로 커피, 초콜릿, 의류 등이 있다.

① 공정 무역   ② 보호 무역
③ 자유 무역   ④ 중계 무역

▬▬▶ 정답 및 해설

7 ③ 휴전 후 지난 60여 년간 민간인에게 전혀 개방되지 않아 원시 생태계가 잘 보존되어 있다.

8 제시된 내용은 공정 무역에 대한 설명이다.
   ② 보호 무역 : 국가가 관세 또는 수입할당제 및 그 밖의 수단으로 외국의 무역에 간섭하여 외국과의 경쟁에서 국내 산업을 보호할 목적으로 하는 무역정책
   ③ 자유 무역 : 국가가 외국무역에 아무런 제한을 가하지 않고, 보호·장려도 하지 않는 무역
   ④ 중계 무역 : 다른 나라로부터 수입해온 물자를 그대로 제3국에 수출하여 매매 차액을 취득하는 것을 목적으로 하는 무역

🅐 7.③ 8.①

9 다음에 해당하는 개념은?

> 2016년 ○월 ○○일 　　　　　　　　　　　　　　　　○○일보
>
> ## 노인을 대상으로 한 스마트폰 교육 실시
>
> 　○○시청에서는 노인들을 대상으로 스마트폰 교육을 실시하고 있습니다. 시청은 새로운 문화를 배우기 위한 노인들의 열기로 뜨겁습니다.

① 재사회화 　　　　　　　　② 청소년기
③ 성취 지위 　　　　　　　　④ 역할 갈등

10 밑줄 친 ㈎에 대한 설명으로 옳지 않은 것은?

> 다수의 사람들에게 많은 정보를 동시에 전달하여 대중 문화 형성에 기여하는 매체를 대중매체라고 한다. 대중매체는 일방향 매체에서 ㈎ 쌍방향 매체로 변화하고 있다.

① 인터넷, 스마트폰이 대표적이다.
② 정보를 일방적으로 수요자에게 전달한다.
③ 대중은 문화의 소비자인 동시에 생산자 역할을 한다.
④ 정보 통신 기술 발달에 따라 등장한 '뉴미디어'이다.

▬▬▬ 정답 및 해설

9 재사회화 … 사람이 태어나서 청년기에 이르기까지 가족과 이웃, 학교 등을 중심으로 하는 자아의 형성과 사회적 가치의 인지과정을 원초적 사회화라고 한다면, 성인이 되어 새로운 상황에 적응해 가는 것과 관련된 것을 재사회화라고 한다.

10 ② 일방향 매체에 대한 설명이다.

　　　　　　　　　　　　　　　　　　　　　　　　　답 9.① 10.②

11 다음을 통해 변화된 사회의 모습은?

- 외국인 노동자의 국내 유입 증가
- 국제결혼을 통한 이주자의 국내 유입 증가

---

① 고령화 사회   ② 정보화 사회

③ 산업화 사회   ④ 다문화 사회

12 다음 내용이 설명하는 것은?

지역 주민들 스스로 또는 주민의 대표자를 통해 정치와 행정을 자율적으로 처리해 나가도록 한 제도이다.

---

① 입헌 군주제   ② 의원 내각제

③ 절대 군주제   ④ 지방 자치제

13 소비 활동에 해당하는 것은?

○○씨는 오늘 신이 났다. ㉠디자인 회사에서 일을 한 지 한 달이 지나 월급을 받았기 때문이다. 월급 통장을 확인하니 ㉡월급과 함께 추석 보너스도 입금되어 있었다. 부모님 선물로 ㉢등산복을 사고 집으로 돌아와 ㉣가족들과 담소를 나누고 하루를 마무리 하였다.

---

① ㉠   ② ㉡

③ ㉢   ④ ㉣

▶▶ 정답 및 해설

11 다문화 사회 … 한 국가나 한 사회 속에 다른 인종 · 민족 · 계급 등 여러 집단이 지닌 문화가 함께 존재하는 사회

12 제시된 내용은 지방 자치제에 대한 설명이다.
  ① 군주의 권력이 헌법에 의하여 일정한 제약을 받는 정치체제
  ② 의회의 다수 의석 정당이 행정부 구성권을 가지며 의회에 책임을 지는 정치제도
  ③ 군주가 국가통치의 모든 권력을 장악하고 중앙집권적 관료기구 · 군 · 경찰을 지주로 하여 전제지배를 강행하는 정치체제

13 소비란 인간이 자신의 욕망을 충족하기 위해 재화나 서비스를 소모하는 일이다.
  ㉢ 재화를 소모하여 등산복을 구입하였으므로 소비 활동이다.

정답 11.④ 12.④ 13.③

14 우리나라에서 ㉠을 시행하는 목적은?

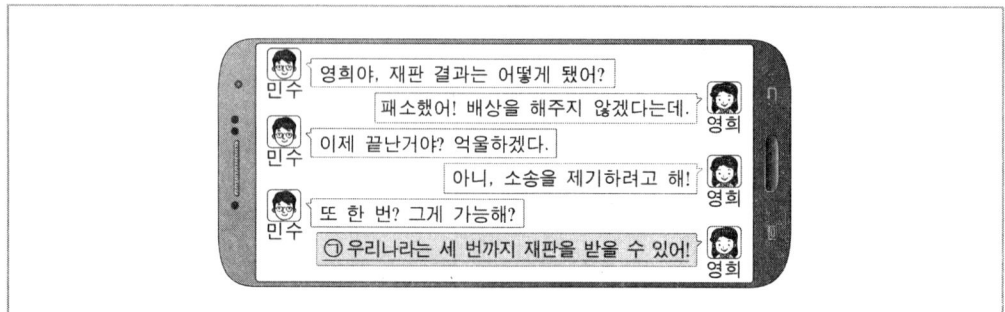

① 공정한 재판을 위해서　　　② 국회를 보호하기 위해서
③ 사법부의 독립을 위해서　　④ 올바른 법률 제정을 위해서

15 다음에 해당하는 국가기관의 구성원은?

법질서에 대한 침해가 있거나 법적 분쟁이 발생했을 때 법을 적용하는 국가기관이다.

① 대통령　　　　　　　　　　② 국무총리
③ 대법원장　　　　　　　　　④ 행정각부장관

▶ 정답 및 해설

14 삼심제도 … 한 사건에 세 번의 심판을 받을 수 있는 심급제도로, 우리나라의 재판은 원칙적으로 3심제도를 채택하고 있다. 이에 따라 1심은 지방법원, 2심은 고등법원, 3심은 대법원에서 열린다. 이는 공정한 재판을 위함이다.

15 법질서에 대한 침해가 있거나 법적 분쟁이 발생했을 때 법을 적용하는 국가 기관은 사법부이다. 사법부의 구성원으로는 대법원장, 판사, 검사 등이 있다.

답 14.① 15.③

16 뉴스에서 말하고 있는 실업의 종류는?

스키를 즐기는 겨울이 끝나가면서 스키장에 고용되었던 많은 사람들이 일자리를 잃고 있습니다.

NEWS

① 경기적 실업
② 계절적 실업
③ 구조적 실업
④ 마찰적 실업

17 다음 유물들을 처음 제작한 시기는?

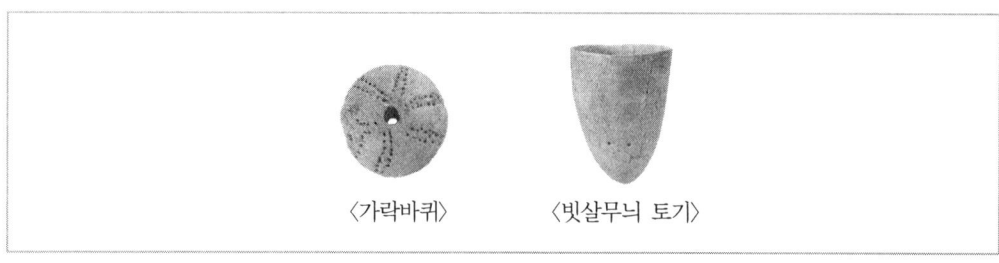

〈가락바퀴〉   〈빗살무늬 토기〉

① 구석기 시대
② 신석기 시대
③ 청동기 시대
④ 철기 시대

━━ 정답 및 해설

16 ② 겨울이라는 계절적 원인으로 발생한 실업이므로 계절적 실업에 해당한다.
　① 경기침체로 인해 유발되는 실업
　③ 자본주의 경제구조의 특수성에 기인하여 필연적으로 나타나는 실업
　④ 수급이 균형을 이루는 상태에서도 정보 및 제도의 불완전성에 의해 발생하는 실업

17 가락바퀴와 빗살무늬 토기는 신석기 시대의 유물이다.

답 16.② 17.②

18 다음 설명에 해당하는 국가는?

> • 청동기 문화를 배경으로 단군이 건국하였다.
> • 8개 조항의 법이 있었다.

① 가야   ② 발해
③ 고구려   ④ 고조선

19 학생들의 수행평가 과제의 주제로 가장 적절한 것은?

> 이번 수행평가 과제는 '임진왜란 당시 우리 민족의 항쟁에 대해 조사하기'입니다.

① 만주에서 일본군을 무찌르는 김좌진
② 한산도에서 왜군을 격퇴하는 이순신
③ 안시성에서 적과 싸우는 성주와 백성들
④ 살수에서 우중문 부대를 물리치는 을지문덕

━━━ 정답 및 해설

18 제시된 내용은 고조선에 대한 설명이다.

19 ① 일제강점기였던 1920년대의 일이다.
　　③④ 고구려 때의 일이다.

답 18.④ 19.②

20 백제 성왕이 실시한 정책을 〈보기〉에서 고른 것은?

	〈보기〉
㉠ 사비 천도	㉡ 화랑도 개편
㉢ 청해진 설치	㉣ 국호를 '남부여'로 바꿈

① ㉠, ㉡ ② ㉠, ㉣

③ ㉡, ㉢ ④ ㉢, ㉣

21 다음 설명에 해당하는 단체는?

대한민국 임시 정부 활동에 활기를 불어 넣을 목적으로 조직된 단체이다. 대표적인 활동으로 이봉창의 일왕 폭살 기도, 윤봉길의 상하이 홍커우 공원 의거 등이 있다.

① 독립 협회 ② 조선어 학회

③ 한인 애국단 ④ 조선물산 장려회

▨▧ 정답 및 해설

20 ㉡ 진흥왕의 업적이다.
㉢ 청해진은 장보고가 흥덕왕에게 건의하여 설치되었다.

21 제시된 내용은 한인 애국단에 대한 설명이다.

🅐 20.② 21.③

22 다음 대화의 내용에 해당하는 책은?

> 통일 신라 때 혜초가 인도에 다녀와서 쓴 기행문 알아?
>
>
>
> 응! 당시 인도와 중앙아시아의 실상이 잘 기록되어 있다던데
>
>

① 동의보감   ② 조선왕조실록

③ 삼국사기   ④ 왕오천축국전

23 다음 주장을 한 인물이 일으킨 사건은?

> • 금(金)나라를 정벌하자!
> • 고려를 황제국으로 하고, 서경으로 수도를 옮기자!

① 묘청의 난   ② 이자겸의 난

③ 만적의 난   ④ 홍경래의 난

▄▄▄ 정답 및 해설

22 왕오천축국전 … 신라의 승려 혜초가 고대 인도의 5천축국을 답사하고 쓴 여행기이다.
　① 동의보감 : 광해군 때 허준이 지은 의학 서적이다.
　② 조선왕조실록 : 조선 태조로부터 철종에 이르기까지 25대 472년간의 역사를 연월일 순서에 따라 편년체로 기록한 책
　③ 삼국사기 : 김부식 등이 고려 인종의 명을 받아 편찬한 삼국시대의 정사

23 묘청의 서경천도운동에 대한 내용이다.
　② 고려 인종 때 왕실의 외척이었던 이자겸이 왕위를 찬탈하려고 일으킨 반란
　③ 고려 신종 때 만적이 중심이 되어 일으키려다 미수에 그친 노비해방운동
　④ 19세기 초 홍경래·우군칙 등의 주도로 평안도에서 일어난 농민항쟁

답 22.④ 23.①

24 (가)에 해당하는 것은?

질문 [(가)]에 대해 알려 주세요

답변 백성에게 가장 큰 부담이 되었던 공납을, 집집마다 토산물로 내던 방식에서 토지 결수에 따라 쌀, 옷감, 동전으로 내는 방식으로 바꾸었다 이로써 토지가 없는 농민의 부담이 줄어들게 되었다.

① 공음전   ② 과전법
③ 관료전   ④ 대동법

25 (가)에 해당하는 내용은?

〈강화도 조약 체결과 개항〉

• 배경 : 운요호 사건
• 내용 : 부산외 2개 항구 개항, 치외 법권, 해안 측량권 허용
• 성격 : [(가)]

① 서양 세력과 처음으로 맺은 조약이다.
② 최초의 근대적 조약이자 불평등 조약이다.
③ 청 상인의 내륙 시장 진출을 허용한 조약이다.
④ 청 · 일 양국군의 동시 파병을 규정한 조약이다.

▶▶▶ 정답 및 해설

24 제시된 내용은 대동법에 대한 설명이다.

25 ② 강화도 조약은 최초의 근대적 조약이자 불평등 조약이다.
  ① 조미수호통상조약
  ③ 조청상민수륙무역장정
  ④ 톈진조약

답 24.④ 25.②

1 다음 설명에 해당하는 힘은?

> • 물체가 외부로부터 힘을 받아 모양이 변한 후, 원래의 모양으로 되돌아가려는 힘이다.
> • 활이나 고무줄 새총에 이용된다.

① 중력   ② 마찰력
③ 자기력   ④ 탄성력

2 다음 현상과 관련 있는 열의 이동 방법은?

> • 뜨거운 된장국에 차가운 쇠숟가락을 넣었더니 쇠숟가락이 뜨거워졌다.
> • 추운 겨울 운동장의 철봉을 맨손으로 잡았더니 손이 차가워졌다.

① 굴절   ② 반사
③ 응고   ④ 전도

▬▬▶ 정답 및 해설

1 제시된 내용은 탄성력에 대한 설명이다.
  ① **중력** : 지구 위의 물체가 지구로부터 받는 힘
  ② **마찰력** : 물체가 어떤 면과 접촉하여 운동할 때 그 물체의 운동을 방해하는 힘
  ③ **자기력** : 자석이나 전류끼리, 또는 자석과 전류가 서로 끌어당기거나 밀어 냄으로써 서로에게 미치는 힘

2 열의 이동 방법
  ㉠ **전도** : 고체에서 물체를 이루는 분자의 운동이 이웃한 분자로 전달되어 열이 이동하는 방법
  ㉡ **대류** : 열을 받은 액체나 기체 상태의 분자가 직접 이동하면서 열이 전달되는 방법
  ㉢ **복사** : 열이 물질의 도움 없이 열이 직접 전달되는 방법

답 1.④ 2.④

3 컬러 텔레비전 화면에서 빛을 합성하여 흰색 구름을 표현하려고 할 때 필요한 빛의 삼원색에 속하지 않는 것은?

① 검정   ② 빨강
③ 초록   ④ 파랑

4 그림은 A 지점에서 지면으로 떨어지고 있는 공을 나타낸 것이다. C 지점에서 공의 운동 에너지는? (단, 역학적 에너지는 보존된다)

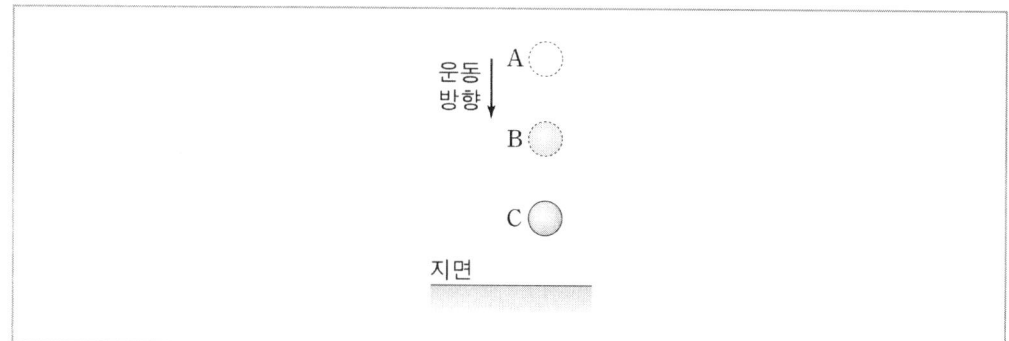

지점	위치 에너지	운동 에너지
A	60J	0J
B	40J	20J
C	20J	( )

① 20J   ② 30J
③ 40J   ④ 50J

■■■ 정답 및 해설

3 빛의 삼원색은 빨강, 초록, 파랑이다.

4 에너지 보존 법칙에 의해 A, B, C 세 지점의 에너지 총량은 동일해야 한다. 따라서 C지점의 운동 에너지는 40J이다.

답 3.① 4.③

5 그림의 전기 회로에서 3A의 전류가 흐를 때 2Ω의 저항에 걸리는 전압은? (단, 도선의 저항은 무시한다)

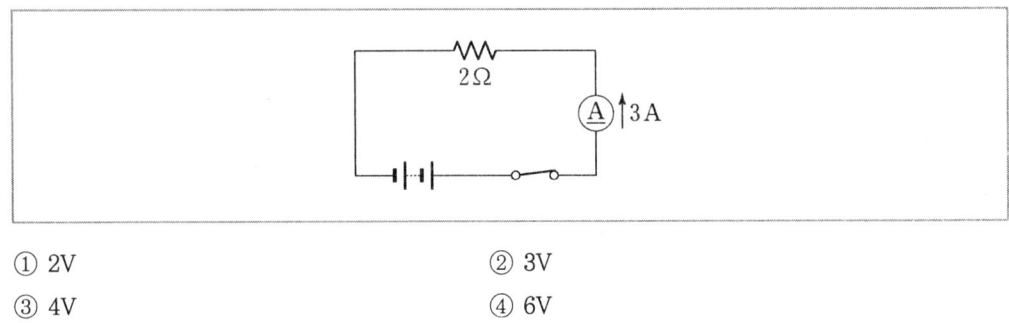

① 2V

② 3V

③ 4V

④ 6V

6 그림과 같이 코일에 자석을 넣거나 뺄 때 코일에 전류가 발생하여 검류계의 바늘이 움직인다. 이 현상은?

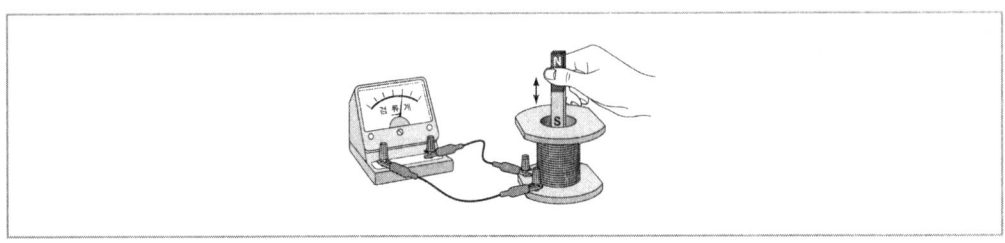

① 관성

② 마찰 전기

③ 질량 보존

④ 전자기 유도

---

5 V=IR이므로 2Ω의 저항에 걸리는 전압은 6V이다.

6 전자기 유도 현상 … 하나의 폐회로를 통과하는 자기장의 세기가 시간에 따라 변하면 그 변화 속도에 비례하는 기전력이 유도되는 현상

답 5.④ 6.④

7 그래프는 온도가 일정할 때 어떤 기체의 압력과 부피의 관계를 나타낸 것이다. 압력이 2기압일 때 이 기체의 부피는?

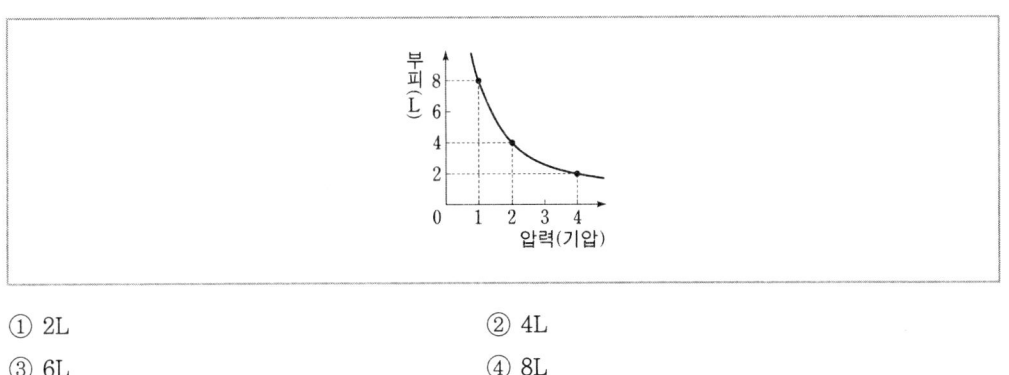

① 2L

② 4L

③ 6L

④ 8L

8 그림은 물의 상태변화를 나타낸 것이다. A~D 중 열에너지를 방출하는 과정을 고른 것은?

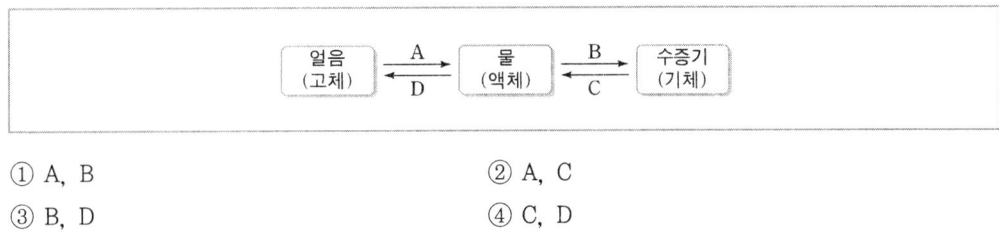

① A, B

② A, C

③ B, D

④ C, D

9 다음 설명에 해당하는 이온은?

> • 원자가 전자 1개를 잃어서 형성되는 이온이다.
> • 염화 이온(Cl^-)과 반응하여 염화 은(AgCl) 앙금을 생성한다.

① Ag^+ ② Mg^{2+}

③ Ca^{2+} ④ Cu^{2+}

10 그래프는 어떤 고체 물질의 가열 곡선이다. A~D 중 끓는점에 해당하는 온도는?

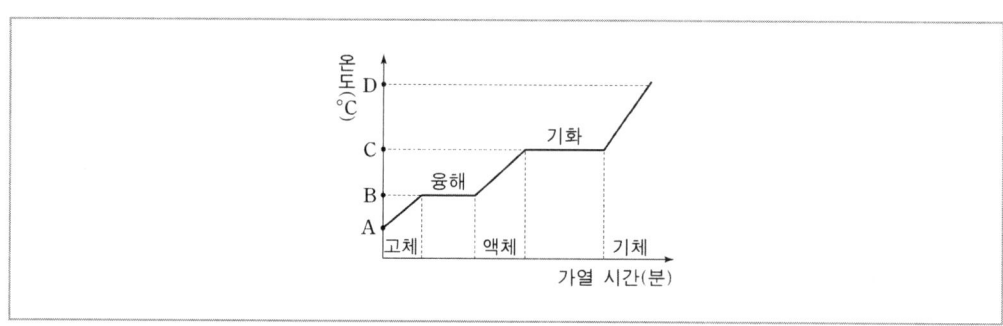

① A   ② B

③ C   ④ D

11 다음은 수소 기체 2g과 산소 기체 16g이 모두 반응하여 물 18g을 생성하는 화학반응식을 나타낸 것이다. 이때 반응하는 수소 기체와 산소 기체의 질량비는?

$$2H_2 \ + \ O_2 \rightarrow 2H_2O$$
$$\text{(2g)} \quad \text{(16g)} \quad \text{(18g)}$$

① 1 : 4

② 1 : 8

③ 1 : 9

④ 8 : 9

12 다음은 세 종류의 산이 물에 녹아 이온화될 때의 반응식이다. 이들 산성 수용액에 공통으로 들어 있는 이온은?

- $HCl \rightarrow H^+ \ + \ Cl^-$
- $HNO_3 \rightarrow H^+ \ + \ NO_3^-$
- $H_2SO_4 \rightarrow 2H^+ \ + \ SO_4^{2-}$

① H^+

② Cl^-

③ NO_3^-

④ SO_4^{2-}

13 다음 설명에 해당하는 물질은?

- 식물의 광합성에 필요한 물질이다.
- 식물의 뿌리에서 흡수되어 물관을 통해 이동한다.

① 물

② 지방

③ 메테인

④ 글리코젠

━━▶ 정답 및 해설

11 2g의 수소 기체와 16g의 산소 기체가 반응하므로 질량비는 1:8이다.

12 세 종류의 산성 수용액에 모두 H^+ 이온이 들어 있다.

13 식물의 광합성에 필요하며 뿌리에서 흡수되어 물관을 통해 이동하는 것은 물이다.

정 11.② 12.① 13.①

14 그림은 혈액의 구성 성분을 나타낸 것이다. 식균 작용을 하는 A의 명칭은?

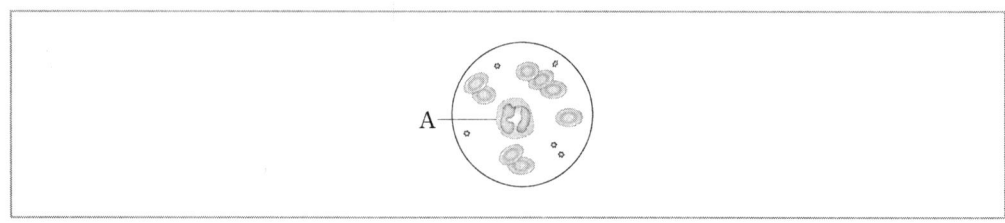

① 혈장   ② 백혈구
③ 적혈구   ④ 혈소판

15 다음 설명에 해당하는 주영양소는?

- 대부분 에너지원으로 쓰인다.
- 쌀밥, 빵, 국수 등에 많이 들어 있다.

① 물   ② 무기염류
③ 바이타민   ④ 탄수화물

16 그림에 해당하는 사람의 기관계는?

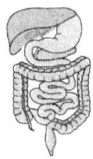

① 소화계   ② 순환계
③ 신경계   ④ 호흡계

━━ 정답 및 해설

14 ② 백혈구는 식균 작용을 한다.

15 곡류에 많이 들어 있으며 대부분 에너지원으로 사용되는 주영양소는 탄수화물이다.

16 그림에 제시된 기관은 간, 위장, 대장, 소장 등으로 소화계이다.

답 14.② 15.④ 16.①

17 다음 설명에 해당하는 것은?

> • 좌우 두 개의 반구로 이루어져 있다.
> • 기억, 추리, 분석 등 고등 정신 활동을 담당한다.

① 간뇌   ② 대뇌
③ 연수   ④ 중간뇌

18 그림은 식물의 체세포 분열과 정중한 단계를 나타낸 것이다. 염색사가 뭉쳐서 된 A의 명칭은?

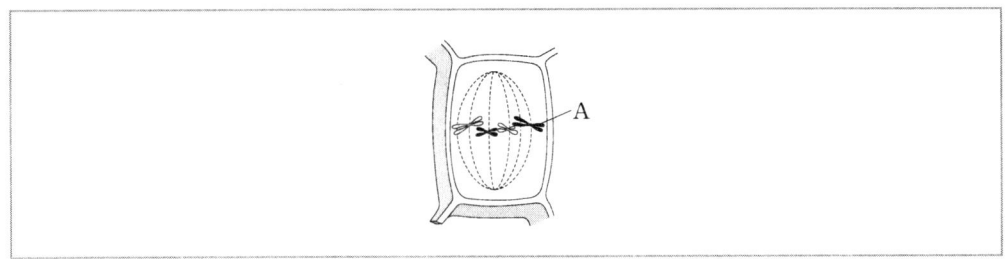

① 액포   ② 세포판
③ 염색체   ④ 미토콘드리아

━━ 정답 및 해설

17 제시된 내용은 대뇌에 대한 설명이다.

18 염색체…세포분열의 전기 때 핵 속의 염색사가 응축되어 형성된 것으로, 유전물질을 담고 있다.
　① 성숙한 식물 세포에 들어 있는 구조물
　② 식물 세포의 유사 분열 말기에, 적도판에 발달하여 세포질 분열을 일으키는 구조
　④ 진핵 세포 속에 들어 있는 소시지 모양의 알갱이로 세포의 발전소와 같은 역할을 하는 작은 기관

정답 17.② 18.③

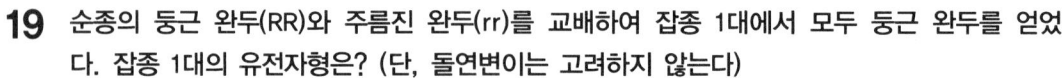

19 순종의 둥근 완두(RR)와 주름진 완두(rr)를 교배하여 잡종 1대에서 모두 둥근 완두를 얻었다. 잡종 1대의 유전자형은? (단, 돌연변이는 고려하지 않는다)

① R   ② r

③ Rr   ④ rr

20 그림은 우리나라 주변의 해류를 나타낸 것이다. 해류 A~D 중 고위도에서 저위도로 흐르는 한류에 해당하는 것은?

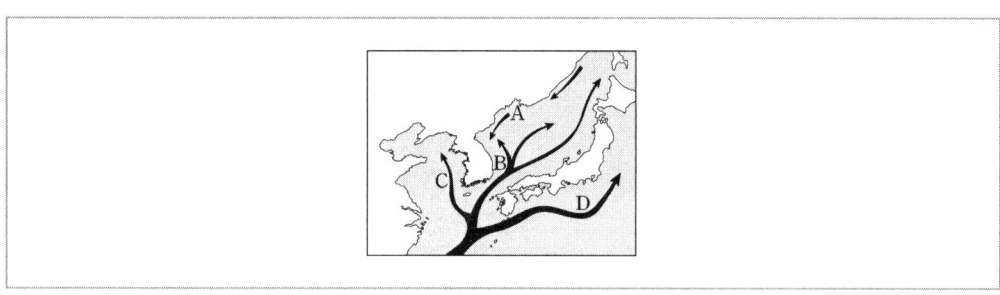

① A   ② B

③ C   ④ D

━━━ 정답 및 해설

19 RR과 rr의 교배

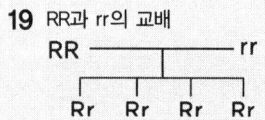

20 우리나라 주변의 해류

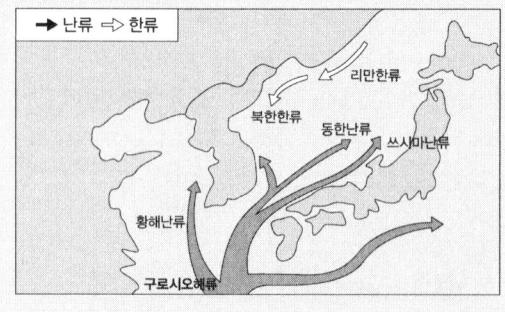

답 19.③ 20.①

21 그래프는 기온에 따른 포화 수증기량의 변화를 나타낸 것이다. A 공기의 이슬점은?

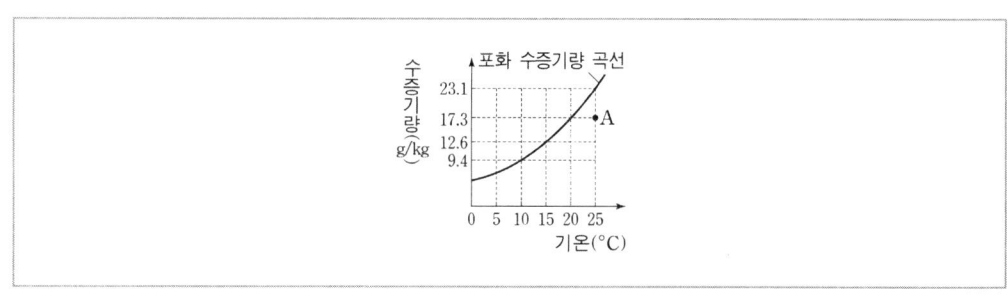

① 10℃
② 15℃
③ 20℃
④ 25℃

22 그림에서 우리나라 여름철 날씨에 주로 영향을 주는 고온 다습한 기단은?

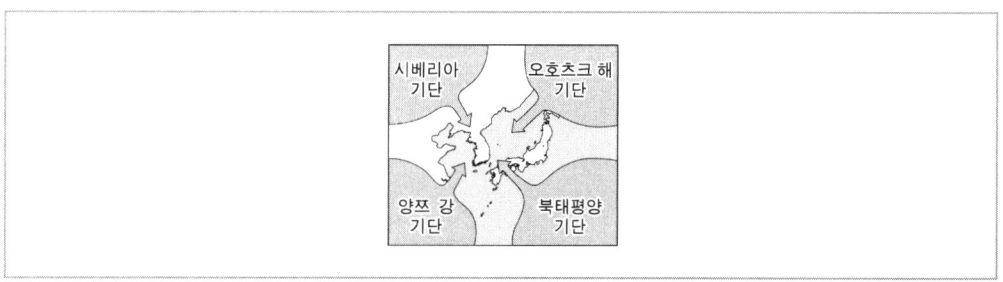

① 양쯔 강 기단
② 북태평양 기단
③ 시베리아 기단
④ 오호츠크 해 기단

▨▨ 정답 및 해설

21 이슬점은 대기의 온도가 낮아져서 수증기가 응결하기 시작할 때의 온도로, 수증기의 압력이 포화 증기압과 같아지는 온도를 말한다. 따라서 A공기의 이슬점은 20℃이다.

22 우리나라 주변의 기단
　㉠ 시베리아 기단 : 한랭 건조한 대륙성 기단으로 겨울철에 많은 영향을 미친다.
　㉡ 오호츠크해 기단 : 한랭 습윤한 해양기단으로서 봄철에 영향을 미친다.
　㉢ 북태평양 기단 : 고온다습한 해양성 기단으로서 우리나라 한여름의 무더위 현상을 일으킨다.
　㉣ 양쯔강 기단 : 봄과 가을에 우리나라에 영향을 주는 기단으로서 중국에서 우리나라 쪽으로 편서풍을 따라서 이동한다.

답 21.③ 22.②

23 다음 중 표면 온도가 가장 높은 별은?

① 흰색 별   ② 노란색 별
③ 붉은색 별   ④ 파란색 별

24 그림은 우리나라 계절별 태양의 일주 운동을 나타낸 것이다. 1년 중 낮이 가장 긴 것은?

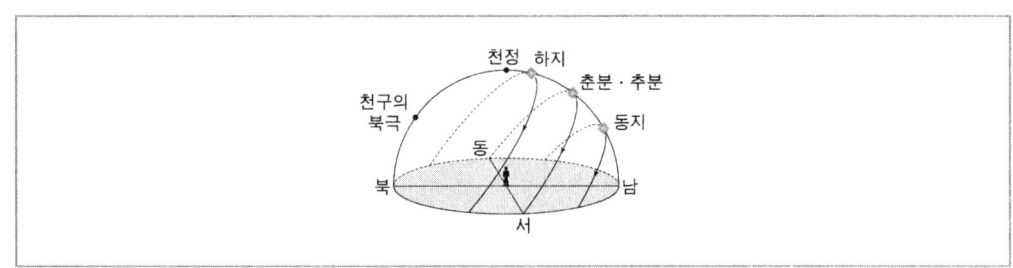

① 춘분   ② 하지
③ 추분   ④ 동지

23 별의 색은 별의 표면 온도와 직접적인 관련이 있다. 온도가 낮은 천체는 붉은색, 높은 천체는 푸른색을 띤다. 표면 온도가 2만K 이상인 고온의 별에서 3천K인 저온의 별로 갈수록 푸른색에서 흰색, 노란색, 붉은색으로 색깔이 달라진다.

24 하지는 1년 중 낮이 가장 긴 날이고, 동지는 낮이 가장 짧은 날이다.

🖪 23.④ 24.②

25 다음 설명에 해당하는 암석은?

> • 퇴적물이 다져지고 굳어져서 만들어진다.
> • 화석이 발견되기도 한다.

① 셰일   ② 편마암

③ 현무암   ④ 화강암

━━▶ 정답 및 해설

25 제시된 내용은 셰일에 대한 설명이다.

  ② 편마암은 변성암의 일종으로, 이질 또는 사질의 퇴적암이 높은 온도하에서 광역변성작용을 받은 경우에 생성된다.

  ③ 현무암은 화산암의 하나로, 검은색이나 검은 회색을 띠고 기둥 모양인 것이 많으며, 입자가 미세하고 치밀하여 바탕이 단단하다.

  ④ 화강암은 석영, 운모, 정장석, 사장석 따위를 주성분으로 하는 심성암으로, 흰색 또는 엷은 회색을 띤다.

25.①

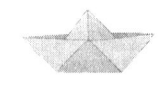

중졸검정고시
기출문제 정복하기

• PART IX •

2017년 제1회
중졸검정고시

국어
수학
영어
사회
과학

1 다음 말하기의 목적으로 가장 적절한 것은?

> 반가워! 나는 오늘 서울에서 전학 온 순신이야. 김순신.
> 이순신 장군을 가장 존경하는 우리 할아버지께서 지어 주신 이름이야. 이순신 장군처럼 나라를 위하
> 는 훌륭한 사람이 되고 싶어. 내 이름 김순신을 기억해 줘. 앞으로 친하게 지내자.

① 안부 묻기　　　　　　　② 위로하기
③ 소개하기　　　　　　　④ 충고하기

2 ㉠에 들어갈 '공감하며 말하기'로 가장 적절한 것은?

① 너 정말 한심하구나.
② 나는 달리기 잘하는데.
③ 평소에 운동을 안하니까 그렇지.
④ 정말 창피했겠구나. 다치진 않았니?

━━ 정답 및 해설

1 전학 온 학생이 반 친구들에게 자신을 소개하는 내용이다.

2 공감하는 말하기는 대화를 할 때 상대방의 입장과 처지를 살펴 공감적 소통을 하는 것으로, 제시된 상황에서는 4번이 가장 적절하다.

답 1.③　2.④

3 다음 설명에 해당하는 단어는?

> 실질적인 뜻을 지닌 하나의 형태소로 이루어진 단어를 단일어라고 한다.

① 구름   ② 논밭
③ 구경꾼   ④ 풋사과

4 다음 단어들의 공통점으로 적절한 것은?

> 당신, 이것, 여기

① 대상의 움직임을 나타내는 말
② 수량이나 순서를 나타내는 말
③ 대상의 성질이나 상태를 나타내는 말
④ 사람, 사물, 장소의 이름을 대신하는 말

5 밑줄 친 부분의 공통된 문장 성분으로 적절한 것은?

> • <u>승호가</u> 책을 샀다.
> • <u>토끼는</u> 거북이보다 빠르다.

① 주어   ② 보어
③ 목적어   ④ 서술어

━━ 정답 및 해설

3 ② 합성어 ③④ 파생어

4 제시된 단어는 사람, 사물, 장소의 이름을 대신하는 말인 대명사이다.
 ① 동사 ② 수사 ③ 형용사

5 밑줄 친 부분은 술어가 나타내는 동작이나 상태의 주체가 되는 말인 주어이다.

                  🐝 3.① 4.④ 5.①

6 다음에서 설명하는 음운 변동의 예로 적절한 것은?

> **표준발음법**
>
> 제18항 받침 'ㄱ(ㄲ, ㅋ, ㄳ, ㄺ), ㄷ(ㅅ, ㅆ, ㅈ, ㅊ, ㅌ, ㅎ), ㅂ(ㅍ, ㄼ, ㄿ, ㅄ)'은 'ㄴ ㅁ' 앞에서 [ㅇ, ㄴ, ㅁ]으로 발음 한다.

① 좋다　　　　　　　　　　② 국밥
③ 먹는　　　　　　　　　　④ 미닫이

7 밑줄 친 부분의 예로 적절한 것은?

> 주어가 남에게 동작을 하도록 시키는 것을 사동이라 하고, 이를 나타내는 문장을 <u>사동문</u>이라고 한다.

① 물이 얼음이 되었다.
② 경찰이 도둑을 잡았다.
③ 누나가 동생에게 책을 읽혔다.
④ 나는 자전거를 타지 않았다.

▶ 정답 및 해설

6 표준발음법 제18항은 비음화에 대한 설명이다.
　③ 먹는[멍는]　① 좋다[조타]　② 국밥[국빱]　④ 미닫이[미다지]

7 ③ 누나(주어)가 동생(남)에게 책을 읽도록(동작) 시키는 사동문이다.

6.③ 7.③

8 ㉠을 하기 위해 찾은 자료로 가장 적절한 것은?

> **청소년 인터넷 중독에 관한 보고**
> 우리나라는 세계가 인정하는 정보 통신 강국이다. 그 명성에 걸맞게 최첨단 기능을 갖춘 각종 정보 통신 기기가 연일 쏟아져 나오고 있다. 특히 우리나라의 인터넷 보급률과 이용률은 세계 제일이라 할 수 있다. 하지만 인터넷의 이용에 따른 부작용 역시 큰 것이 사실이다. 먼저 ㉠ 성인과 청소년의 인터넷 중독률을 비교하고 분석해 보자.

① 유치원생 인터넷 중독률이 나타난 그래프
② 인터넷 예방 및 치료 프로그램 안내 그림
③ 청소년의 흡연 및 학교 폭력 금지 포스터
④ 성인과 청소년의 인터넷 중독률을 제시한 도표

9 다음과 관련 있는 글쓰기의 과정으로 가장 적절한 것은?

> 어제 완성한 초고를 오늘 읽고 또 읽어 보았다. 그랬더니 어제는 안 보였던 잘못 쓴 문장이 보인다. 저속한 표현은 쓰지 않는 것이 좋겠다. 호응이 어색한 부분도 수정해야겠다.

① 계획하기   ② 자료 수집
③ 개요 작성   ④ 고쳐 쓰기

10 다음에 사용된 설명 방식으로 적절한 것은?

> 표준어는 '교양 있는 사람들이 두루 사용하는 현대 서울말'이다.

① 예시   ② 정의
③ 비교   ④ 대조

▶▶▶ 정답 및 해설

8 ④ 성인과 청소년의 인터넷 중독률을 제시한 도표를 통해 둘을 비교하여 분석할 수 있다.

9 제시된 내용은 글쓰기의 과정 중 마지막에 해당하는 고쳐 쓰기에 대한 설명으로 자신이 쓴 글을 다시 읽고 내용과 표현이 어색한 부분을 찾아 고치는 것을 말한다.

10 어떤 말이나 사물의 뜻을 명백히 밝혀 규정하는 정의가 사용되었다.

🐧 8.④ 9.④ 10.②

[11~13] 다음 글을 읽고 물음에 답하시오.

돌담에 속삭이는 햇발같이
풀 아래 웃음 짓는 샘물같이
내 마음 고요히 고운 봄 길 위에
오늘 하루 하늘을 우러르고 싶다.

㉠새악시 볼에 떠오는 부끄럼같이
시의 가슴에 살포시 젖는 물결같이
보드레한 에메랄드 얇게 흐르는
실비단 하늘을 바라보고 싶다.

– 김영랑, 「돌담에 속삭이는 햇발」–

---

11 위 시에 대한 이해로 적절하지 않은 것은?

① 울림소리 'ㄹ'을 많이 사용하였다.
② 다양한 감각적 표현이 두드러진다.
③ 우리말의 아름다움을 살린 시어가 쓰였다.
④ 문장을 질문 형식으로 종결하여 여운을 주었다.

[11~13] 김영랑, 돌담에 속삭이는 햇발

㉠ 갈래 : 자유시, 서정시
㉡ 성격 : 서정적, 음악적, 감각적
㉢ 특징
 • 밝고 순수하며 잘 다듬어진 시어의 사용이 돋보임
 • 구절·문장 구조의 반복, 울림소리의 사용, 3음보로 운율이 잘 드러남
 • 전체적으로 밝고 평화로운 분위기
㉣ 소재 : 봄 하늘
㉤ 주제 : 봄 하늘에 대한 동경과 갈망

11 ④ 문장은 평서문으로 종결하였다.

11.④

12 ㉠과 같은 표현 방법이 사용된 예로 적절한 것은?

① 밥 먹자, 서준아.　　　　② 산은 높고 물은 깊다.

③ 너는 별처럼 반짝인다.　　④ 봄이 왔네, 봄이 왔어.

13 위 시에서 다음에 해당하는 시어는?

> • 말하는 이가 바라보고 싶은 대상

① 풀　　　　　　　　　　② 돌담

③ 하루　　　　　　　　　④ 하늘

[14~16] 다음 글을 읽고 물음에 답하시오.

새침하게 흐린 품이 눈이 올 듯하더니, 눈은 아니 오고 얼다가 만 비가 추적추적 내리는 날이었다. 이날이야말로 동소문 안에서 ㉠인력거꾼 노릇을 하는 김 첨지에게는 오래간만에도 닥친 운수 좋은 날이었다. 문안에(거기도 문밖은 아니지만) 들어간답시는 앞집 마마님을 전찻길까지 모셔다 드린 것을 비롯으로 행여나 손님이 있을까 하고 정류장에서 어정어정하며, 내리는 사람 하나하나에게 거의 비는 듯한 눈결을 보내고 있다가, 마침내 교원인 듯한 양복쟁이를 동광 학교까지 태워다 주기로 되었다.

[A]
첫 번에 삼십 전, 둘째 번에 오십 전―아침 댓바람에 그리 흉치 않은 일이었다. 그야말로 재수가 옴 붙어서 근 열흘 동안 돈 구경도 못한 김 첨지는 십 전짜리 백통화 서 푼, 또는 다섯 푼이 찰깍하고 손바닥에 떨어질 제 거의 눈물을 흘릴 만큼 기뻤다. 더구나 이날 이때에 이 팔십 전이라는 돈이 그에게 얼마나 유용한지 몰랐다. 컬컬한 목에 모주* 한 잔도 적실 수 있거니와, 그보다도 앓는 아내에게 ㉡설렁탕 한 그릇도 사다 줄 수 있음이다.

12 ㉠은 비슷한 성질이나 모양을 가진 두 사물을 '같이', '처럼', '듯이'와 같은 연결어로 결합하여 직접 비유하는 수 사법인 직유법이 사용되었다.

13 하늘은 화자가 우러르고 바라보고 싶은 대상으로 동경의 대상이라고 할 수 있다.

12.③ 13.④

…(중략)…

그때도 김 첨지가 오래간만에 돈을 얻어서 ⓒ<u>좁쌀</u> 한 되와 십 전짜리 나무 한 단을 사다 주었더니, 김 첨지의 말에 의지하면, 그 오라질 년이 천방지축으로 냄비에 대고 끓였다. 마음은 급하고 불길은 달지 않아, 채익지도 않은 것을 그 오라질 년이 ⓓ<u>숟가락</u>은 고만두고 손으로 움켜서 두 뺨에 주먹 덩이 같은 혹이 불거지도록 누가 빼앗을 듯이 처박질 하더니만 그날 저녁부터 가슴이 땅긴다, 배가 켕긴다고 눈을 홉뜨고 지랄병을 하였다.

– 현진건, 「운수 좋은 날」–

* 모주 : 술을 거르고 남은 찌끼에 물을 타서 뿌옇게 걸러낸 탁주.

14 윗글에 대한 설명으로 적절하지 않은 것은?

① 배경이 되는 날씨가 우울한 분위기를 형성한다.
② 인물 간의 대화를 중심으로 이야기가 전개된다.
③ 가난한 인력거꾼의 생활상이 사실적으로 드러난다.
④ 비속어를 사용하여 인물의 감정을 현실감 있게 보여준다.

15 ㉠~㉣ 중, 당시의 시대적 배경이 드러나는 것은?

① ㉠
② ㉡
③ ㉢
④ ㉣

16 [A]에 나타난 김 첨지의 심리로 가장 적절한 것은?

① 감격함
② 노여움
③ 무서움
④ 부러움

▶▶▶ 정답 및 해설

14 ② 이 작품의 시점은 전지적 작가 시점으로 작가가 등장인물의 행동과 태도는 물론 그의 내면세계까지도 분석 설명하며 이야기를 이끌어간다.

15 인력거꾼이란 사람이 짐마차를 끌면서 택시 역할을 하는 일종의 운수업으로 1920년대 대표적인 서민의 생계수단이었다.

16 김 첨지는 근 열흘 동안 돈 구경을 못 하다가 팔십 전을 벌어 아내에게 설렁탕을 사다 줄 수 있다는 것에 감격하고 있다.

🐝 14.② 15.① 16.①

[17~18] 다음 글을 읽고 물음에 답하시오.

S# 13 식당(밤)

옥림이와 아빠, 식당에서 밥을 먹고 있다.

옥림 (흥분하며) 아니, 그깟 반칙 정도는 할 수 있는 거 아냐?
그래서 우리가 직접 항의하려고, 체육 선생님한테.

아빠 그래도 안 되지, 반칙은.

옥림 아니, 이게 무슨 월드컵도 아니고 올림픽도 아니고 그냥 학교 반 대항인데 뭘 그렇게 깐깐하게 하냐고!

아빠 (멈칫하며 옥림이를 쳐다 본다.)

옥림 안 그래? 치, 양심? 양심이 뭐 밥 먹여 줘? 욱이 봐, 양심선언 한 번 했다가 결국 경기도 지고, 몇 년 동안 놀림 받고.

아빠 (가만히 보는…….. 말하는 거 보니 큰일 났다 싶다.)

옥림 우리만 깨끗하면 뭐해? 사람들이 그걸 인정을 안 해 주는데. 세상이 원래 그런걸 뭐. 안 그래? (일어서며)아줌마, 화장실 어디예요?

옥림이가 화장실에 가고 난 뒤 가만히 앉아 있는 아빠, 안주머니에서 지갑을 꺼내 본다. 80만 원이 그대로 있는 지갑. 아직 갖다 주지 않았지만 ㉠<u>무언가 결심한 표정</u>.

S# 14 파출소 앞 거리(밤)

옥림이의 팔을 붙잡고 어디론가 끌고 가는 아빠의 모습.

옥림 (어리둥절해하며) 왜 이래, 아빠 어디 가는 건데?

아빠, 파출소 앞에 탁 멈춰 선다.

아빠 (지갑을 꺼내 보이며) 이거, 그때 네가 주운 지갑이야. 솔직히 아빠도 이거 갖다 줄까 말까 갈등했는데, 네 얘기 들으니까 안 되겠어. 왜 그런지 알아?

옥림 (뚱해서 본다.)

아빠 너 몇 살이야? 열다섯 살밖에 안 됐지? 그런 애가 만날 세상 탓하고. 다른 사람들이 다 도둑질하면 너도 도둑 될래?

… (중략) …

씩씩하게 파출소로 들어가서 경찰관에게 의기양양 턱 지갑을 내미는 아빠의 모습을 바라보는 옥림이.

– 홍자람, 「챔피언」 –

17 윗글에 대한 설명으로 적절하지 않은 것은?

① 시간적 배경은 밤이다.   ② 영화나 드라마의 대본이다.

③ 막과 장으로 구성된 글이다.   ④ 인물의 갈등이 드러나 있다.

18 ㉠에서 '아빠'가 결심한 내용으로 가장 적절한 것은?

① 상심한 욱이와 옥림 격려하기

② 옥림이 주운 지갑 파출소 갖다 주기

③ 직접 도둑을 잡아 경찰관에게 넘겨주기

④ 자신이 잃어버린 지갑 찾으러 파출소 가기

[19~20] 다음 글을 읽고 물음에 답하시오.

우리 집은 골목 안에서 중앙이 아니라 구석 쪽이었지만 내가 앉아 있는 계단 앞이 친구들의 놀이 무대였다. 놀이에 참여하지 못해도 나는 전혀 소외감이나 박탈감을 느끼지 않았다. 아니, 지금 생각하면 내가 소외감을 느낄까 봐 친구들이 배려를 해 준 것이었다.

그 골목길에서의 일이다. 초등학교 1학년 때였던 것 같다. 하루는 우리 반이 좀 일찍 끝나서 나는 혼자 집 앞에 앉아있었다. 그런데 그때 마침 깨엿 장수가 골목길을 지나고 있었다. 그 아저씨는 가위만 쩔렁이며 내 앞을 지나더니 다시 돌아와 내게 깨엿 두 개를 내밀었다. 순간 그 아저씨와 내 눈이 마주쳤다. 아저씨는 아무 말도 하지 않고 아주 잠깐 미소를 지어 보이며 말했다.

"괜찮아."

무엇이 괜찮다는 것인지는 몰랐다. 돈 없이 깨엿을 공짜로 받아도 괜찮다는 것인지, 아니면 목발을 짚고 살아도 괜찮다는 것인지……. 하지만 그건 중요하지 않다. 중요한 건 내가 그날 마음을 정했다는 것이다. 이 세상은 그런대로 살 만한 곳이라고. 좋은 사람들이 있고, 선의와 사랑이 있고, '괜찮아'라는 말처럼 용서와 너그러움이 있는 곳이라고 믿기 시작했다는 것이다.

– 장영희, 「괜찮아」 –

17 ③ 막과 장으로 구성된 글은 연극의 대본인 희곡이다. 시나리오는 신＝장면번호로 구성된다.

18 열다섯 살밖에 안 된 옥림이가 양심을 우습게 여기고 세상만 탓하는 모습을 보며 옥림이 주운 지갑을 파출소에 가져다주어 양심에 대해 가르치려는 아빠의 결심이 나타난다.

🐷 17.③ 18.②

19 윗글의 특징으로 가장 적절한 것은?

① 여행 중에 보고 들은 내용을 전달하고 있다.

② 문학 작품에 대한 감상과 비평을 서술하고 있다.

③ 체험을 통해 얻은 감동을 자유롭게 표현하고 있다.

④ 객관적인 설명을 중심으로 정보를 제공하고 있다.

20 윗글에서 글쓴이가 말하고자 하는 바로 적절하지 않은 것은?

① 세상은 선의와 사랑이 있는 곳이다.

② 세상은 혼자서 살아가야 하는 곳이다.

③ 세상은 좋은 사람들이 있어 살 만하다.

④ 세상은 용서와 너그러움이 있어 살만하다.

[21~23] 다음 글을 읽고 물음에 답하시오.

먼저 ㉠냉장고를 사용하면 전기를 낭비하게 된다. 언제 먹을지 모를 음식을 보관하는 데 필요 이상으로 전기를 쓰게 되는 것이다. 전기를 낭비한다는 것은 전기를 만드는 데 쓰이는 귀중한 자원을 낭비하는 것과 같다.

우리는 냉장고를 쓰면서 인정을 잃어 간다. 냉장고가 없던 시절에는 식구가 먹고 남을 정도의 음식을 만들거나 얻게 되면 미련 없이 이웃과 나누어 먹었다. 여러 가지 이유가 있겠지만 그 이유 가운데 하나는 ㉡남겨 두면 음식이 상한다는 것이었다. 그런데 냉장고를 사용하게 되면서 그 이유가 사라지게 되고, 이에 따라 이웃과 음식을 나누어 먹는 일이 줄어들게 되었다.

또한 냉장고는 당장 소비할 필요가 없는 것들을 사게 한다. 그리하여 애꿎은 생명을 필요 이상으로 죽게 만들어서 생태계의 균형을 무너뜨린다. 짐승이나 물고기 등을 마구 잡고, 당장 죽이지 않아도 될 수많은 가축을 죽여 냉장고 안에 보관하게 한다. 대부분의 가정집 냉장고에는 양의 차이는 있지만 ㉢닭고기, 쇠고기, 돼지고기, 생선, 멸치, 포 등이 쌓여 있다.

정답 및 해설

19 장영희의 「괜찮아」는 수필로 체험을 통해 얻은 감동을 자유롭게 표현하고 있다.

20 "이 세상은 그런대로 살 만한 곳이라고. 좋은 사람들이 있고, 선의와 사랑이 있고, '괜찮아'라는 말처럼 용서와 너그러움이 있는 곳이라고 믿기 시작했다는 것이다."라는 문장이 글쓴이가 말하고자 하는 주제라고 할 수 있다.

19.③ 20.②

냉장고를 사용하면서 우리는 많은 음식을 버리게 되었다. ㉣냉장고가 커질수록 먹지 않는 음식도 늘어나기 때문이다. 아까운 전기를 써서 냉동실에 오랫동안 보관한 음식들은 쓰레기통으로 들어가기 일쑤다. 이런 현상은 잘사는 나라뿐 아니라 남태평양이나 아프리카의 가난한 나라에서도 일어나고 있다.

– 박정훈, 「냉장고의 이중성」–

21 윗글을 읽는 방법으로 적절하지 않은 것은?

① 사례가 적절한지 파악하며 읽는다.
② 글의 통일성이 있는지 살피며 읽는다.
③ 인물의 일생을 시간 순으로 정리하며 읽는다.
④ 주장에 대한 근거가 타당한지 파악하며 읽는다.

22 냉장고에 대한 글쓴이의 태도로 가장 적절한 것은?

① 긍정적   ② 비판적
③ 예찬적   ④ 환상적

23 ㉠~㉣ 중, 각 문단의 중심 문장에 해당하는 것은?

① ㉠   ② ㉡
③ ㉢   ④ ㉣

▶ 정답 및 해설

21 이 글은 논설문으로 화자의 주장이 논리적인지에 대해 파악하며 읽는다.
③ 전기문을 읽는 방법이다.

22 글쓴이는 냉장고에 대해 비판적으로 바라보고 있다.

23 중심 문장은 그 문단의 핵심 내용을 포괄적으로 표현하고 있어야 한다. 이 글은 각 문단의 첫 문장이 그 문단의 중심 문장에 해당한다.

🎈 21.③ 22.② 23.①

[24~25] 다음 글을 읽고 물음에 답하시오.

훈민정음*은 그 이름 자체가 '백성을 가르치는 바른 소리'라는 뜻으로서 문자를 몰라 고통을 받던 사람들을 위하여 만든 것이다. 훈민정음에는 백성을 위하는 애민 정신이 깃들어 있는 것이다.

훈민정음은 우리 사회가 발전하는 데 큰 도움이 되었다. 글자를 모르던 일반 백성들도 문자 생활을 하게 되어 사회 구성원들 간에 더 넓은 의사소통의 길이 열렸다. 또 질병의 치료법이나 생활 예절 등 다양한 정보를 글을 통해 널리 알릴 수 있게 되어 백성들이 더 나은 삶을 ㉠누리는 데 도움이 되었다.

현대에 이르러서도 한글 덕분에 많은 지식과 정보의 전달이 쉽고 빠르게 이루어질 수 있었다. 그 결과 교육, 언론, 산업 등 각 분야에서 우리 사회는 큰 발전을 이루게 되었다.

특히 오늘날 우리 사회는 간단하면서도 체계적인 한글 덕분에 컴퓨터 등 정보화 분야에서 크게 발전하였다. 한글은 우리 사회의 발전에 그 무엇보다도 크나큰 공헌을 하였다.

* 훈민정음: 1443년에 세종이 창제한 우리나라 글자를 이르는 말.

24 윗글의 내용과 일치하지 않는 것은?

① 훈민정음에는 백성을 위하는 애민 정신이 깃들어 있다.
② 훈민정음은 백성들의 문자 생활에 많은 어려움을 주었다.
③ 한글은 많은 지식과 정보를 쉽고 빠르게 전달할 수 있다.
④ 우리 사회는 한글덕분에 정보화 분야에서 크게 발전하였다.

25 ㉠과 같은 의미로 쓰인 예가 아닌 것은?

① 이제는 자유를 누리고 싶다.
② 이 고기는 누린 냄새가 난다.
③ 그녀는 행복을 누릴 자격이 있다.
④ 그 가수는 정상의 인기를 누리고 있다.

▰▰▶ 정답 및 해설

24 둘째 문단에서 훈민정음을 통해 백성들이 더 나은 삶을 누리는 데 도움이 되었다고 언급하고 있다.

25 ㉠은 '생활 속에서 마음껏 즐기거나 맛보다'의 의미로 사용되었다.
② '짐승의 고기에서 나는 기름기 냄새나, 고기 또는 털 따위의 단백질이 타는 것처럼 냄새가 역겹다'의 의미로 쓰였다.

🅱 24.② 25.②

수학 2017년 제1회 중졸검정고시

1 다음은 140을 소인수분해하는 과정을 나타낸 것이다. 140을 소인수분해한 결과로 옳은 것은?

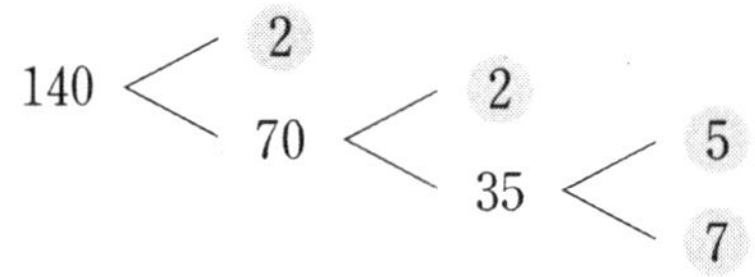

① 2×70
② $2^2\times35$
③ $2\times7\times10$
④ $2^2\times5\times7$

2 다음 중 정수가 아닌 유리수는?

① -2
② 0
③ $\frac{2}{3}$
④ $+3$

3 $x=3$일 때, $4x-5$의 값은?

① -3
② 2
③ 7
④ 12

정답 및 해설

1 소인수분해란 자연수를 소인수의 곱으로 나타낸 것으로 140을 소인수분해하면 $2^2\times5\times7$이다.

2 유리수란 실수 중에서 정수와 분수를 합친 것을 말한다.
①②④ 정수 ③ 분수

3 $x=3$일 때, $4x-5=4(3)-5=7$이다.

1.④ 2.③ 3.③

4 일차방정식 $2x - 1 = x + 2$의 해는?

① $x = -2$ ② $x = -1$

③ $x = 2$ ④ $x = 3$

5 매월 3만 원씩 x개월 동안 저축한 총 금액을 y만 원이라고 할 때, x와 y사이의 관계식은?

x(개월)	1	2	3	4	⋯
y(만 원)	3	6	9	12	⋯

① $y = 3x$ ② $y = 4x$

③ $y = 5x$ ④ $y = 6x$

6 1분 동안의 줄넘기 횟수를 조사하여 줄기와 잎 그림으로 나타낸 것이다. 잎이 가장 많은 줄기는?

줄넘기 횟수   (2|3은 23회)

줄기	잎						
2	3	4	5	9			
3	1	1	3	4	5	7	7
4	3	4	5	8	8		
5	2	5	6	9			

① 2   ② 3

③ 4   ④ 5

━━ 정답 및 해설

4 $2x - 1 = x + 2$
$2x - x = 2 + 1$
$\therefore x = 3$

5 x에 3을 곱하면 y값이 나온다. 따라서 $y = 3x$이다.

6 잎이 가장 많은 줄기는 3이다.

4.④ 5.① 6.②

7 그림과 같이 두 직선 l과 m이 한 직선 n과 만날 때, $\angle x$의 동위각은?

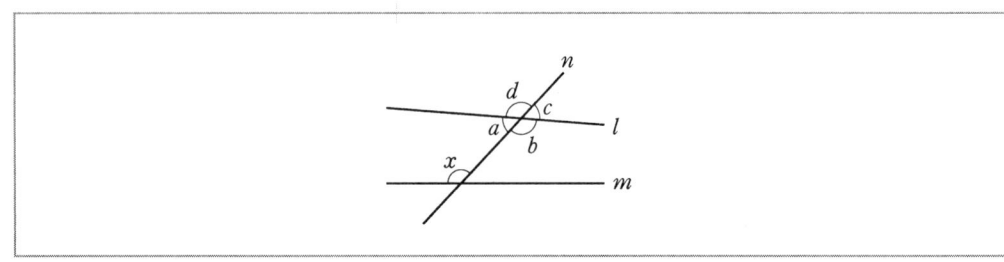

① $\angle a$　　　　　　　　② $\angle b$
③ $\angle c$　　　　　　　　④ $\angle d$

8 어른 입장료가 청소년 입장료의 2배인 박물관이 있다. 어른 2명과 청소년 1명의 입장료의 합이 5000원일 때, 청소년 1명의 입장료는?

① 500원　　　　　　　　② 1000원
③ 1500원　　　　　　　　④ 2000원

9 수직선 위에 나타낸 x의 값의 범위를 부등식으로 표현하면?

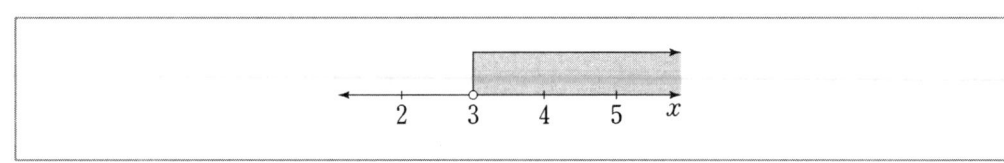

① $x > 3$　　　　　　　　② $x < 3$
③ $x \geq 3$　　　　　　　④ $x \leq 3$

━━ 정답 및 해설

7 동위각은 두 직선이 다른 한 직선과 만나서 생긴 각 중 같은 쪽에 있는 각을 말한다. 두 직선이 서로 평행이면 동위각의 크기가 같고, 서로 평행이 아니면 동위각의 크기는 같지 않다.

8 청소년의 입장료를 x라고 하면 어른 입장료는 $2x$이다.
어른 2명과 청소년 1명의 입장료의 합이 5,000원이므로 $2(2x) + x = 5,000$, $x = 1,000$
따라서 청소년의 입장료는 1,000원이다.

9 3을 포함하지 않으면서 큰 쪽이므로 $x > 3$이다.

🎵 7.④ 8.② 9.①

10 일차함수 $y = 3x - 2$의 그래프와 평행한 것은?

① $y = -3x$　　　　　　　　　　② $y = -\dfrac{1}{3}x$

③ $y = \dfrac{1}{3}x$　　　　　　　　　④ $y = 3x$

11 정육면체 모양의 주사위를 한 번 던질 때, 1의 눈이 나올 확률은?

① $\dfrac{1}{2}$　　　　　　　　　　② $\dfrac{1}{3}$

③ $\dfrac{1}{4}$　　　　　　　　　　④ $\dfrac{1}{6}$

12 평행사변형이 아닌 것은?

①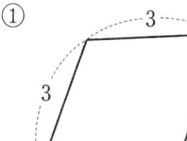

②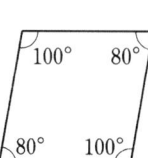

③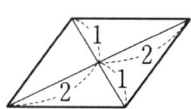

④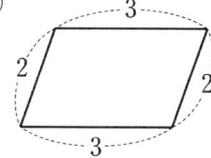

10 기울기가 같고 y절편이 다르면 두 일차함수는 서로 평행이다. 따라서 $y = 3x - 2$와 평행인 것은 $y = 3x$이다.

11 정육면체 모양의 주사위의 1~6까지 중에서 한 번 던질 때 1이 나올 확률은 $\dfrac{1}{6}$이다.

12 평행사변형이란 마주 보는 두 쌍의 변이 서로 평행인 사각형을 말한다. 평행사변형은 마주 보는 변의 길이가 서로 같고, 마주 보는 각의 크기가 서로 같다. 또, 평행사변형의 한 대각선은 다른 대각선을 이등분한다.

🖎 10.④ 11.④ 12.①

13 그림에서 두 직육면체 A, B는 서로 닮은 도형이다. 두 도형의 닮음비가 $1 : 2$일 때, x의 값은?

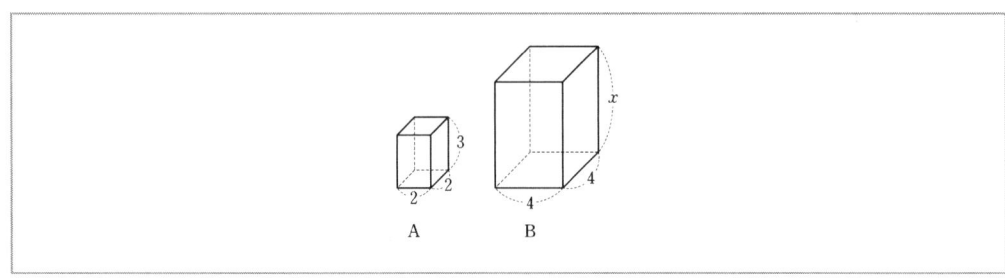

① 5

② 6

③ 7

④ 8

14 가로의 길이가 $5\,\text{cm}$, 세로의 길이가 $3\,\text{cm}$인 직사각형이 있다. 이 직사각형과 넓이가 같은 정사각형의 한 변의 길이는?

① $\sqrt{13}\,\text{cm}$

② $\sqrt{15}\,\text{cm}$

③ $\sqrt{17}\,\text{cm}$

④ $\sqrt{19}\,\text{cm}$

15 $x^2 - 1$을 인수분해하면?

① $(x+1)^2$

② $(x+2)^2$

③ $(x+1)(x-1)$

④ $(x+2)(x-2)$

▶ 정답 및 해설

13 두 도형의 닮음비가 $1 : 2$이므로 $3 : x = 1 : 2$이다. 따라서 $x = 6$

14 가로의 길이가 5, 세로의 길이가 3인 직사각형의 넓이는 15이므로, 이 직사각형과 넓이가 같은 정사각형의 한 변의 길이는 $\sqrt{15}$ 이다.

15 $(x+1)(x-1) = x^2 - x + x - 1 = x^2 - 1$

13.② 14.② 15.③

16 이차방정식 $(x+3)(x-2)=0$의 한 근이 -3이다. 다른 한 근은?

① -4 ② -2

③ 2 ④ 4

17 이차함수 $y=(x+1)^2-2$의 그래프에 대한 설명으로 옳은 것은?

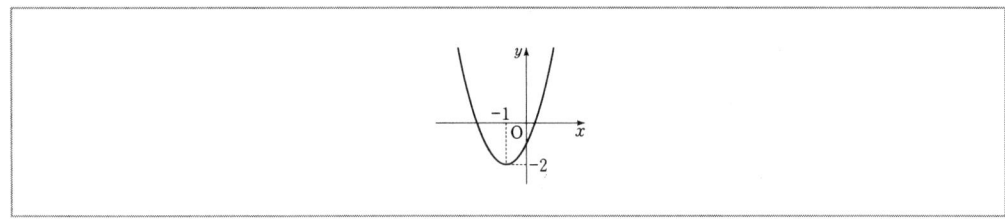

① 아래로 볼록하다.

② 최솟값은 -1이다.

③ 축의 방정식은 $x=1$이다.

④ 꼭짓점의 좌표는 $(1, 2)$이다.

18 다음은 7명의 제자차기 기록을 작은 값부터 순서대로 나열한 자료이다. 이 자료의 중앙값은?

16, 16, 17, 24, 31, 37, 45

① 16   ② 17

③ 24   ④ 45

━━━ 정답 및 해설

16 이차방정식 $(x+3)(x-2)=0$의 근은 $x=-3$, $x=2$이다.

17 ② 최솟값은 -2이다.
③ 축의 방정식은 $x=-1$이다.
④ 꼭짓점의 좌표는 $(-1, -2)$이다.

18 중앙값은 통계집단의 변량을 크기의 순서로 늘어놓았을 때, 중앙에 위치하는 값이다.

🐝 16.③ 17.① 18.③

19 그림과 같이 가로의 길이가 8cm, 세로의 길이가 6cm인 직사각형이 있다. 이 직사각형의 대각선의 길이는?

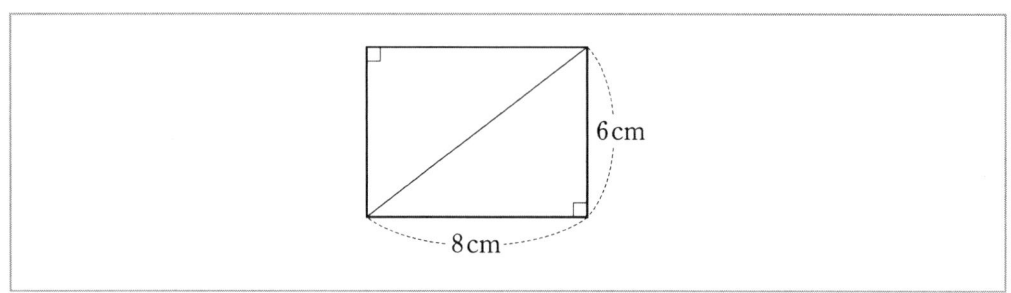

① 9cm   ② 10cm

③ 11cm   ④ 12cm

20 그림과 같이 $\overline{\text{AP}}$가 지름인 원 O에서 $\angle\text{AOB}=80°$일 때, $\angle x$의 크기는?

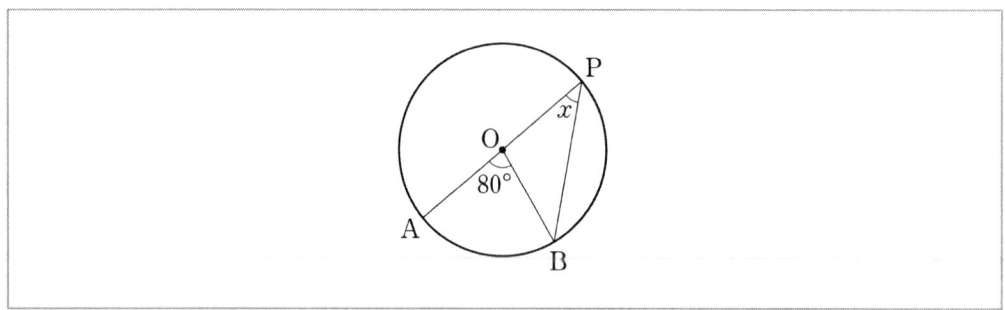

① 30°   ② 40°

③ 50°   ④ 60°

▰▰ 정답 및 해설

19 가로의 길이가 x, 세로의 길이가 y인 직사각형의 대각선의 길이를 l이라 하면 $l=\sqrt{x^2+y^2}$ 이다.
따라서 $\sqrt{8^2+6^2}=\sqrt{64+36}=\sqrt{100}=10$

20 $\angle\text{POB}=100°$이므로 $\angle x=\dfrac{180-100}{2}=40°$이다.

🐝 19.② 20.②

1 다음을 모두 포함할 수 있는 가장 알맞은 단어는?

| spring   summer   fall   winter |

① animal ② family
③ season ④ number

2 두 단어의 관계가 나머지 셋과 다른 것은?

① tiger － lion ② fruit － apple
③ color － yellow ④ job － teacher

3 다음 대화의 빈칸에 들어갈 말로 가장 알맞은 것은?

A : What do you call your mother's brother?
B : He is called my _____.

① aunt ② uncle
③ cousin ④ grandfather

■■■ 정답 및 해설

1 spring(봄), summer(여름), fall(가을), winter(겨울)을 모두 포함할 수 있는 단어는 season(계절)이다.
① 동물 ② 가족 ④ 숫자

2 ②③④는 상위어와 하위어 관계이다.
① 호랑이 － 사자 ② 과일 － 사과 ③ 색깔 － 노랑 ④ 직업 － 선생님

3 ① 고모/이모 ② 삼촌 ③ 사촌 ④ 할아버지
「A : 너희 엄마의 남자 형제를 뭐라고 부르니?
B : 그는 나의 삼촌이라고 불려.」

1.③ 2.① 3.②

4 다음 대화의 마지막 응답으로 가장 알맞은 것은?

> A : What happened?
> B : I broke my leg yesterday.
> A : _____.

① I like coffee   ② She is a student

③ I have a sister   ④ I'm sorry to hear that

5 다음 대화의 빈칸에 들어갈 말로 가장 알맞은 것은?

> A : How _____ is this cap?
> B : It's 25 dollars.

① long   ② many

③ much   ④ tall

▶ 정답 및 해설

4 「A : 어떻게 된 거야?
B : 어제 다리가 부러졌어.
C : 그 말을 듣게 돼 유감이야.」

5 cap 모자
「A : 이 모자 얼마에요?
B : 25달러입니다.」

정답 4.④ 5.③

6 다음 대화에서 B가 사려고 하는 T-shirt로 가장 알맞은 것은?

> A : May I help you?
> B : Yes. I'm looking for a T-shirt with a fish on it.

①

②

③

④

7 다음 대화에서 B에 대한 A의 질문으로 가장 알맞은 것은?

> A : _____?
> B : She is reading a book.

① Did you have lunch

② What is she doing

③ How are you doing

④ When does she get up

8 다음 대화의 주제로 가장 알맞은 것은?

> A : Where do you want to travel in the future?
> B : I want to travel to Europe. How about you?
> A : I'm interested in going to Brazil.

① 좋아하는 과목   ② 보고 싶은 영화
③ 먹고 싶은 음식   ④ 가고 싶은 여행지

9 그래프로 보아 빈칸에 들어갈 말로 가장 알맞은 것은?

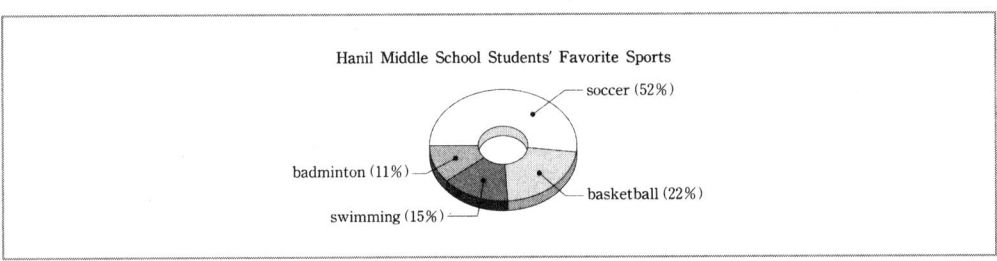

Hanil Middle School Students' Favorite Sports

soccer (52%)
badminton (11%)
basketball (22%)
swimming (15%)

> Soccer is the most _____ sport among the students at Hanil Middle School.

① spicy   ② cloudy
③ popular   ④ delicious

■■■ 정답 및 해설

8 「A : 너는 나중에 어디로 여행가고 싶어?
 B : 나는 유럽으로 여행 가고 싶어. 너는 어때?
 A : 나는 브라질에 가는 것에 관심이 있어.」

9 「축구는 한일 중학교 학생들 사이에서 가장 인기 있는 스포츠이다.」
 ① 양념 맛이 강한 ② 흐린 ③ 인기 있는 ④ 맛있는

8.④ 9.③

490 중졸검정고시 기출문제 정복하기

10 다음 대화 후에 Sumi가 가장 먼저 할 일은?

> Sumi : Let's eat curry and rice for lunch, Mom.
>
> Mom : Sounds great. Umm, we need carrots. Would you go and buy some?
>
> Sumi : Okay. I will go and get them right now.

① 쌀 씻기　　　　　　　　② 점심 먹기

③ 당근 사 오기　　　　　　④ 오이 껍질 벗기기

[11~13] 대화의 빈칸에 들어갈 말로 가장 알맞은 것을 고르시오.

11

> A : _____ do you live?
>
> B : I live in Seoul.

① Who　　　　　　　　　② When

③ What　　　　　　　　　④ Where

12

> A : What is your _____?
>
> B : I like cooking.

① age　　　　　　　　　② size

③ hobby　　　　　　　　④ nickname

━━▶ 정답 및 해설

10 「Sumi : 점심에 카레와 밥을 먹죠, 엄마.
　　Mom : 괜찮은 것 같네. 음, 당근이 필요해. 가서 좀 사올래?
　　Sumi : 알겠어요. 지금 바로 가서 사 올게요.」

11 「A : 어디에 사니?
　　B : 나는 서울에 살아.」

12 「A : 너의 취미는 뭐니?
　　B : 나는 요리하는 걸 좋아해.」
　　① 나이　② 사이즈　③ 취미　④ 별명

🅑 10.③　11.④　12.③

13

A : _____ you speak Chinese?

B : Yes, I can.

① Is　　　　　　　　　② Can

③ Are　　　　　　　　④ Does

14 다음 글에서 지난 주 토요일 오전에 Minsu가 한 일은?

Last Saturday, Minsu visited his grandmother to help her. In the morning, he watered some plants. In the afternoon, he cleaned the living room.

① 동물 돌보기　　　　　② 거실 청소하기

③ 식물에 물 주기　　　　④ 할머니 안마해 드리기

15 다음 대화의 빈칸에 들어갈 말로 가장 알맞은 것은?

A : What did you eat for dinner yesterday?

B : I _____ bibimbap.

① ate　　　　　　　　　② eats

③ eating　　　　　　　④ has eaten

■■■ 정답 및 해설

13 「A : 중국어를 할 수 있습니까?

B : 네, 할 수 있어요.」

14 「지난 토요일, 민수는 할머니를 돕기 위해 방문했다. 아침에 그는 몇몇 식물들에게 물을 주었다. 오후에는 그는 거실을 청소했다.」

15 eat의 과거형은 ate이다.

「A : 어제 저녁으로 무엇을 먹었어?

B : 나는 비빔밥을 먹었어.」

13.② 14.③ 15.①

16 다음 글 바로 뒤에 이어질 내용으로 가장 알맞은 것은?

> Do you want to be healthy? Try exercising every day. Walk more. Here is some more useful information for living a healthy life.

① 학교의 위치
② 건전지 교체 시기
③ 라디오 수리 방법
④ 건강한 삶을 위한 정보

17 고양이 돌보기 목록에 제시되지 않은 것은?

Checklist for My Cat
- Feed it every day
- Clean its house
- Play with it

① 매일 먹이 주기
② 목욕 시키기
③ 집 청소해 주기
④ 놀아 주기

━━━▶ 정답 및 해설

16 「당신은 건강해지고 싶은가? 매일 운동을 해 보자. 더 걸어라. 여기에 건강한 삶을 살기 위한 더 유용한 정보가 있다.」

17 「내 고양이를 위한 목록
　– 매일 먹이 주기
　– 집 청소해 주기
　– 놀아 주기」

16.④ 17.②

18 다음 대화에서 이번 주 일요일에 두 사람이 함께 할 활동은?

> A : Shall we go to the movies this Sunday?
> B : Okay. Let's go.
> A : Great. How about meeting at 2 p.m.?

① 탁구 치기   ② 신발 사기
③ 박물관 가기   ④ 영화 보러 가기

19 다음 문자 메시지를 보낸 목적은?

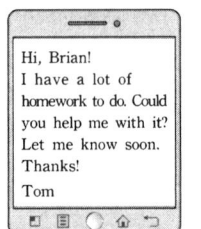

> Hi, Brian!
> I have a lot of homework to do. Could you help me with it? Let me know soon.
> Thanks!
> Tom

① 도움 요청   ② 제품 안내
③ 파티 초대   ④ 날씨 예보

18 「A : 이번 일요일에 영화 보러 갈래?
　　B : 그래, 같이 가자.
　　A : 좋아. 2시에 만나는 거 어때?」

19 「안녕, Brian!
　　나는 해야 할 숙제가 너무 많아. 나를 도와 그것을 함께 해 줄 수 있겠니? 곧 알려줘. 고마워!
　　Tom」

🅑 18.④ 19.①

20 밑줄 친 질문에 대한 답으로 가장 알맞은 것은?

> I work in a hospital. I treat people who are sick. <u>Who am I</u>?

① 의사   ② 판사
③ 여행 가이드   ④ 비행기 조종사

21 Tom의 주간 계획표이다. 월요일에 하는 활동은?

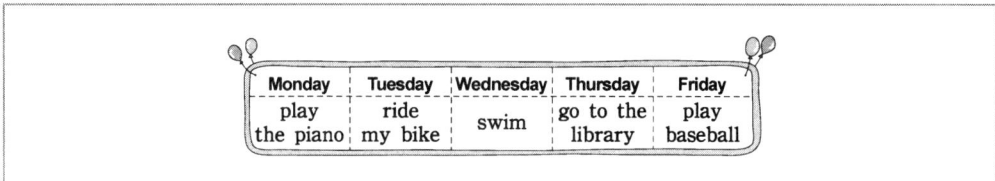

Monday	Tuesday	Wednesday	Thursday	Friday
play the piano	ride my bike	swim	go to the library	play baseball

① 수영하기   ② 피아노 치기
③ 도서관 가기   ④ 자전거 타기

22 다음 글에서 밑줄 친 것처럼 Steve가 말한 이유는?

> Steve woke up at eight in the morning. He put on his clothes. He ran to the bus stop. He shouted, "<u>Oh, no!</u>" because he left his bag at home.

① 그릇을 깨서   ② 동생과 싸워서
③ 시험 성적이 나빠서   ④ 가방을 집에 두고 와서

━━━ 정답 및 해설

20 「나는 병원에서 일합니다. 나는 아픈 사람들을 치료합니다. 나는 누구일까요?」

21 「• 월요일 – 피아노 치기
　• 화요일 – 자전거 타기
　• 수요일 – 수영하기
　• 목요일 – 도서관 가기
　• 금요일 – 야구하기」

22 「스티브는 아침 8시에 일어났다. 그는 옷을 입었다. 그는 버스 정류장으로 달려갔다. 그는 "오, 안돼!"라고 소리 쳤다. 왜냐하면 그는 그의 가방을 집에 두고 왔기 때문이다.」

　　　　　　　　　　　　　　　　　　　　📖 20.① 21.② 22.④

23 다음 대화에서 밑줄 친 A의 의도로 가장 알맞은 것은?

> A : Today, we're having a talent show at our school.
> B : Wow, great!
> A : I want to invite you to our show.
> B : Okay. See you there.

① 초대하기   ② 항의하기

③ 거절하기   ④ 비난하기

24 다음 글에서 Jessica에 대한 설명으로 일치하지 않는 것은?

> My name is Jessica. I'm ten years old. I'm from England. I get up at six in the morning. I usually go to bed at eight at night. I enjoy playing tennis in my free time.

① 영국 출신이다.
② 아침 7시에 일어난다.
③ 보통 저녁 8시에 잔다.
④ 테니스 치는 것을 좋아한다.

▶ 정답 및 해설

23 「A : 오늘, 우리 학교에서 장기 자랑을 해요.
B : 와, 대단하구나!
A : 우리 쇼에 당신을 초대하고 싶어요.
B : 그래, 거기서 보자.」

24 「내 이름은 제시카입니다. 나는 열 살이에요. 나는 영국 출신입니다. 나는 아침 6시에 일어납니다. 나는 보통 밤 8시에 잠자리에 듭니다. 나는 자유 시간에 테니스 치는 것을 즐깁니다.」

23.①   24.②

25 다음 글의 주제로 가장 알맞은 것은?

There are various types of table manners around the world. Here are two examples. One is that, in China, some people leave some food on the plates to be polite. The other is that, in India, most people eat food using their right hand.

① 인도 영화 산업의 발전
② 한국 음식의 조리 방법
③ 교통 법규 지키기의 중요성
④ 세계 여러 나라의 다양한 식사 예절

━━▶ 정답 및 해설

25 「전 세계에는 다양한 종류의 테이블 매너가 있다. 여기 두 가지 예가 있다. 한 가지는, 중국에서는 몇몇 사람들이 음식을 접시에 놓고 예의 바르게 먹는다는 것이다. 다른 한 가지는, 인도에서는 대부분의 사람들이 오른손으로 음식을 먹는다는 것이다.」

25.④

1 다음 내용에 공통적으로 영향을 주는 요인은?

> • 세계 표준시
> • 날짜 변경선

① 위도　　　　　　　　　　　② 경도
③ 기후　　　　　　　　　　　④ 언어

2 다음 내용에 해당하는 섬은?

> • 오름과 용암동굴, 주상 절리 등 관광 자원 풍부
> • 일부 지역이 유네스코(UNESCO) 세계 자연 유산, 세계 지질 공원, 생물권 보전 지역으로 지정

① 백령도　　　　　　　　　　② 거제도
③ 울릉도　　　　　　　　　　④ 제주도

━━━ 정답 및 해설

1 경도는 위도와 함께 지구상의 위치를 나타내는 좌표로, 지구상의 한 지점을 지나는 자오선과 런던의 그리니치 천문대를 지나는 본초자오선의 각도를 그 지점의 경도라 한다. 세계 표준시와 날짜 변경선은 경도의 영향을 받는다.
　• 세계 표준시 : 지역마다 시간을 정하는 기준이 다르면 지역 간의 교류가 불편해지기 때문에 세계 여러 국가는 영국을 지나는 본초자오선을 기준으로 국가별 표준시를 정하여 사용하고 있다.
　• 날짜 변경선 : 본초자오선의 정반대에 있는 경도 180°선을 말한다.

2 제시된 내용은 제주도에 대한 설명이다. 제주도는 2007년 일부 지역이 유네스코 세계 자연 유산으로 등재되었고, 세계 지질 공원, 생물권 보전 지역으로 지정되어 그 가치를 인정받고 있다.

🅑 1.② 2.④

3 다음 내용에 해당하는 자연재해는?

- 최근 도시화로 저지대에 대규모 피해 발생
- 여름철에 주로 나타나며, 장마나 태풍에 의한 집중 호우의 영향으로 발생

---

① 화산   ② 한파

③ 홍수   ④ 지진

4 부도심에 대한 적절한 설명을 〈보기〉에서 고른 것은?

〈보기〉

㉠ 도심의 일부 기능을 분담한다.

㉡ 행정 기능을 분담하는 위성 도시이다.

㉢ 대도시 내부의 교통 요지에 발달한다.

㉣ 도시와 농촌의 모습이 혼재되어 나타난다.

---

① ㉠, ㉡   ② ㉠, ㉢

③ ㉡, ㉣   ④ ㉢, ㉣

▶▶▶ 정답 및 해설

3 여름철 장마나 태풍에 의한 집중 호우의 영향으로 발생하는 자연재해는 홍수이다. 특히 아래로 흐르는 물의 특성상 저지대에서 대규모의 피해가 발생한다.

4 부도심은 도심과 주변 지역 사이의 교통의 결절점에 발달하여 도심의 기능을 일부 분담하는 중심 지역을 말한다.

※ 도시 모식도

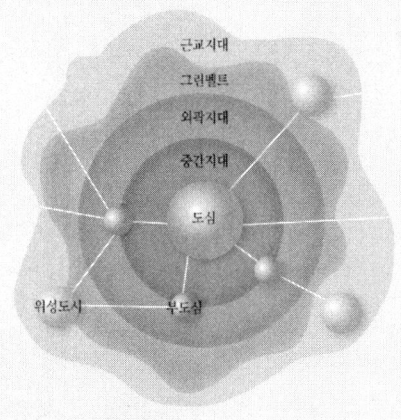

정답 3.③ 4.②

5 지도에 표시된 지역의 공통적인 분쟁 원인은?

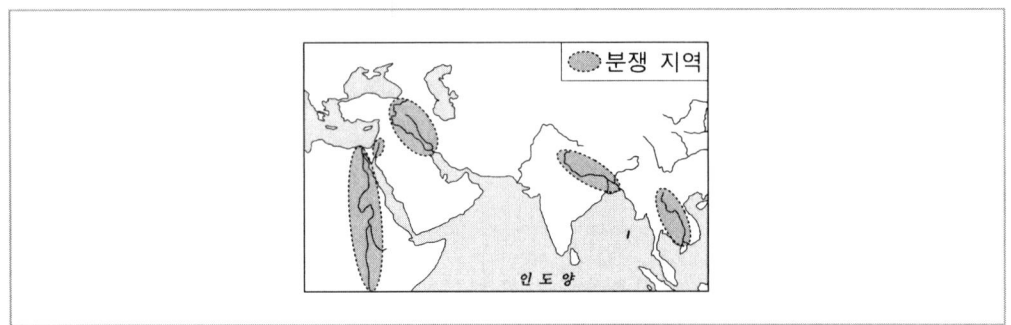

① 물
② 카카오
③ 옥수수
④ 철광석

5 지도에 표시된 곳은 다뉴브 강, 유프라테스 강, 나일 강, 요르단 당, 메콩 강 유역으로 물 분쟁 지역이다.
  ※ 물 분쟁 지역

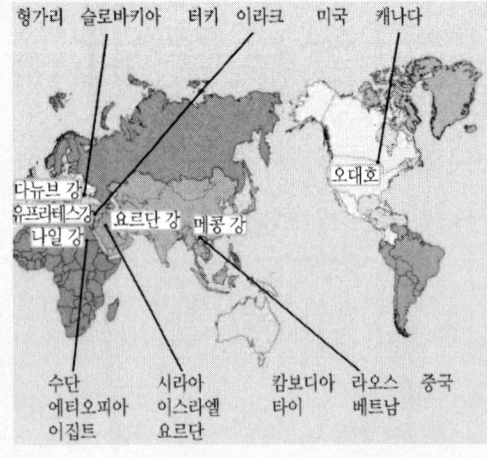

5.①

6 다음 내용에 해당하는 곳은?

> 우리나라에서 해가 가장 먼저 뜨는 곳으로, 수산자원과 메탄하이드레이트와 같은 지하자원이 풍부함.

① 독도　　　　　　　　　② 포항
③ 원산　　　　　　　　　④ 나진

7 그림의 황사 현상에 대한 설명으로 옳지 않은 것은?

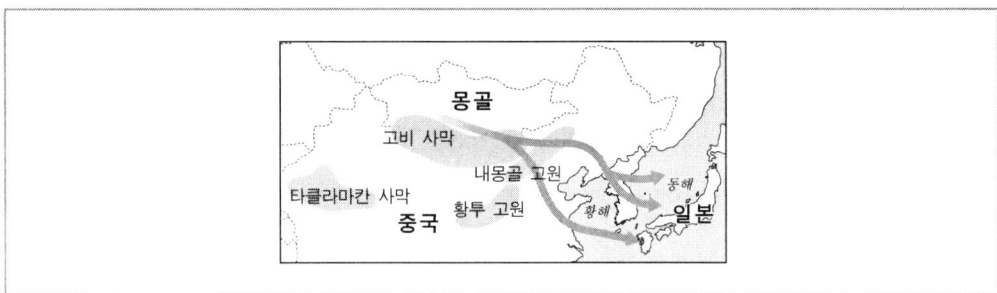

① 편서풍을 타고 이동 한다.
② 사막화가 확대 되면서 심해지고 있다.
③ 비가 잦은 여름철에 가장 많이 발생한다.
④ 눈병, 호흡기와 알레르기 질환의 원인이 될 수 있다.

8 한반도 통일에 따라 예상되는 결과로 적절하지 않은 것은?

① 이산가족 문제를 해결할 수 있을 것이다.
② 육로를 이용한 대륙 진출에 유리해질 것이다.
③ 남북 간에 사람과 자원의 흐름이 원활해질 것이다.
④ 남북 군사 대립에 따른 분단 비용이 증가할 것이다.

■■■ 정답 및 해설

6 독도는 한반도의 아침을 여는 우리나라 최동단의 섬으로, 수산자원과 메탄하이드레이트와 같은 지하자원이 풍부하다.

7 ③ 황사 현상은 봄철에 가장 많이 발생한다.

8 ④ 한반도가 통일이 되면 남북 군사 대립이 해소되면서 분단 비용이 감소할 것이다.

　　　　　　　　　　　　　　　　　　　　　　　　　　　6.① 7.③ 8.④

9 다음 헌법 조항에 나타난 민주 정치의 기본 원리는?

> 제1조 ② 대한민국의 주권은 국민에게 있고,
>   모든 권력은 국민으로부터 나온다.

① 법치주의　　　　　　　　② 국민 주권
③ 국민 복지　　　　　　　　④ 권력 분립

10 다음에서 공통적으로 알 수 있는 문화의 특징은?

> • 미국에서는 악수로 인사하고, 태국에서는 손을 모으고 목례로 인사한다.
> • 한국은 중간 길이의 쇠 젓가락을 사용하고, 일본은 짧고 끝이 뾰족한 나무 젓가락을 사용한다.

① 절대성　　　　　　　　　② 형평성
③ 다양성　　　　　　　　　④ 강제성

11 다음 글에 나열된 사회적 지위 중 성격이 다른 것은?

> 나는 ㉠ 큰 아들로 태어나 … ㉡ 학생회장으로서 리더십을 발휘하였고 … ㉢ 사회교사로 근무하다가 현재는 ㉣ 대학교수로 활동하고 있습니다.

① ㉠　　　　　　　　　　　② ㉡
③ ㉢　　　　　　　　　　　④ ㉣

━━ 정답 및 해설

9 대한민국 헌법 제1조 제2항은 민주 정치의 기본 원리는 국민 주권 주의에 대해 밝히고 있다.

10 제시된 내용은 나라마다 서로 다른 문화에 대한 예이다. 즉 문화의 다양성과 연결된다.

11 ㉠ 귀속 지위　㉡㉢㉣ 성취 지위
　※ 귀속 지위와 성취 지위
　　㉠ 귀속 지위 : 개인의 업적이나 능력과 관계없이 탄생하면서 결정되는 지위
　　㉡ 성취 지위 : 개인의 업적이나 능력에 따라 후천적으로 결정되는 지위

9.② 10.③ 11.①

12 다음에 해당하는 민주 선거의 원칙은?

- 일정한 나이 이상의 국민이면 누구나 선거권을 갖는다.
- 우리나라에서는 만 19세 이상이면 누구나 투표할 수 있다.

① 보통 선거 ② 평등 선거
③ 직접 선거 ④ 비밀 선거

13 다음 사건에 해당하는 재판의 종류는?

제0000호　　　　　○ ○ 일 보　　　　0000년 00월 00일

△△지방검찰청 □□□검사는 빌린 돈을 갚지 않았다는 이유로 갑을 폭행한 을에 대해 법원에 재판을 청구하였다.

① 가사 재판 ② 형사 재판
③ 행정 재판 ④ 선거 재판

━━━▶ 정답 및 해설

12 선거의 4원칙
ㄱ **보통 선거** : 법에 따라 일정한 나이가 된 모든 국민에게 선거권을 주는 원칙
ㄴ **평등 선거** : 신분, 재산, 성별, 학력 등 조건에 관계없이 한 사람이 한 표씩 투표할 수 있는 원칙
ㄷ **직접 선거** : 자신이 직접 투표해야 하는 원칙
ㄹ **비밀 선거** : 자신이 투표한 사람을 다른 사람이 알지 못하게 비밀이 보장되는 원칙

13 재판의 종류
ㄱ **민사 재판** : 개인 간에 발생하는 다툼이나 갈등을 해결하는 재판
ㄴ **형사 재판** : 사기, 강도, 살인 등과 같이 사회 질서를 어지럽히는 행동을 한 사람에게 벌을 주기 위한 재판
ㄷ **행정 재판** : 행정 기관이 국민의 권리를 침해하였는지를 가려내는 재판
ㄹ **선거 재판** : 선거 절차나 당선의 유·무효와 관련된 분쟁을 해결하는 재판
ㅁ **가사 재판** : 이혼, 자녀 양육, 재산 분할 등 가족이나 친족 간의 다툼을 해결하는 재판
ㅂ **특허 재판** : 특허권이나 상표권 등에 관한 다툼을 해결하는 재판

🐤 12.① 13.②

14 다음에서 설명하는 국가 기관의 수반은?

> • 법률을 집행하여, 국가의 목적이나 공익을 실현한다.
> • 교육, 외교, 국방 등 분야별로 행정을 담당한다.

① 대통령   ② 국회의장

③ 대법원장   ④ 헌법재판소장

15 그림이 의미하는 경제 개념으로 가장 적절한 것은?

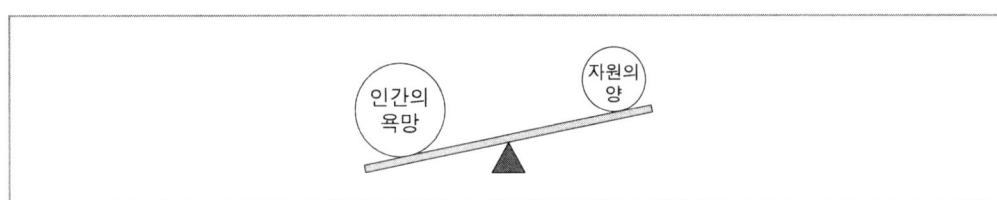

① 경제 성장   ② 국제 수지

③ 국내 총생산   ④ 자원의 희소성

16 다음 내용에 해당하는 나라는?

> • 청동기를 배경으로 한 우리나라 최초의 국가
> • '널리 인간을 이롭게 한다'는 건국 이념
> • 나라를 다스리기 위한 8조의 법

① 동예   ② 부여

③ 고구려   ④ 고조선

━━▶ 정답 및 해설

14 행정부의 수반은 대통령이다.

15 사람들의 욕망은 무한한데 이것을 충족시켜줄 수 있는 돈이나 시간, 자원의 양은 한정되어 있는 것을 가리켜 '자원의 희소성'이라고 한다.

16 제시된 내용은 단군왕검이 세운 우리나라 최초의 국가인 고조선에 대한 설명이다.

14.①   15.④   16.④

17 두 사람의 대화 내용에 해당하는 실업의 종류는?

하던 일이 적성에 맞지 않아 회사를 그만 두고 새로운 일을 찾고 있어.

나도 직장을 그만 뒀어. 월급이 적더라도 여가 시간이 많은 곳을 찾는 중이야.

① 계절적 실업
② 구조적 실업
③ 마찰적 실업
④ 경기적 실업

18 다음 내용에 해당하는 단체는?

- 대한민국 임시 정부의 김구가 조직
- 이봉창이 도쿄에서 일본 국왕 암살시도
- 윤봉길이 상하이에서 폭탄을 던져 일본군 장성 살상

① 신간회
② 만민 공동회
③ 한인 애국단
④ 조선 건국 동맹

▬▬▶ 정답 및 해설

17 실업의 종류

ⓐ **자발적 실업**: 일자리는 있지만 보수 등의 이유로 스스로 일하지 않는 경우로 실업으로 분류되지 않는다. 마찰적 실업이 여기에 속한다.

ⓑ **마찰적 실업**: 자발적 실업에 포함되는 것으로서 취업 정보의 불충분으로 직장 이동시 일시적으로 발생하는 실업의 형태이다.

ⓒ **비자발적 실업**: 일하고자 하는 의욕은 있지만 일자리를 가지지 못한 상태를 말한다. 경기적 실업, 구조적 실업, 계절적 실업이 여기에 속한다.

ⓓ **경기적 실업**: 불황으로 인한 노동 수요의 부족으로 생기는 실업의 형태이다.

ⓔ **구조적 실업**: 산업 구조의 고도화, 기술 혁신에 의해 낮은 기술 수준의 기능 인력에 대한 수요 감소로 생기는 실업의 형태이다.

ⓕ **계절적 실업**: 계절적 요인으로 인해 발생하는 실업의 형태이다.

18 제시된 내용은 대한민국 임시 정부가 1931년 일본 요인 암살을 위해 결성한 비밀 독립운동 조직인 한인 애국단에 대한 설명이다.

🅑 17.③ 18.③

19 밑줄 친 사건의 원인은?

> <u>4·19 혁명</u> 결과 이승만이 하야하였고, 이것은 학생과 시민이 힘을 합쳐 독재 정권을 무너뜨린 최초의 민주주의 혁명이었다.

① 한·일 협정
② 3·15 부정 선거
③ 6·10 만세 운동
④ 광주 학생 항일 운동

20 (가)에 해당하는 문화재는?

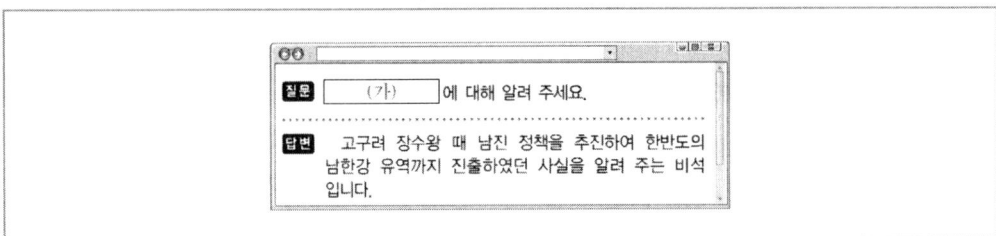

질문 (가) 에 대해 알려 주세요.

답변 고구려 장수왕 때 남진 정책을 추진하여 한반도의 남한강 유역까지 진출하였던 사실을 알려 주는 비석입니다.

① 척화비
② 탕평비
③ 충주 고구려비
④ 백두산 정계비

21 다음 설명에 해당하는 사상은?

> 산과 물, 땅의 모양이 인간 생활에 영향을 준다는 사상으로, 신라 말 금성 중심의 생각에서 벗어나 지방의 중요성을 강조하여 지방 호족 세력의 환영을 받았다.

① 선종

② 실학

③ 성리학

④ 풍수지리설

22 두 사람의 대화 내용에 해당하는 사건은?

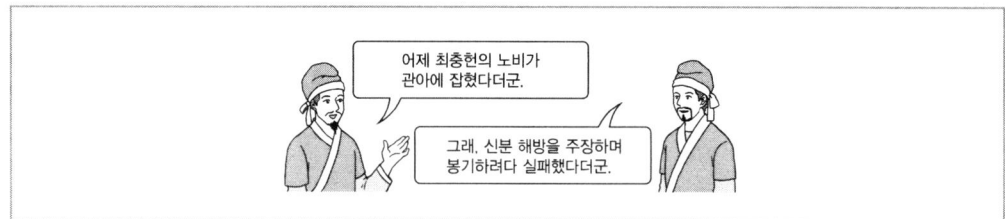

① 만적의 난

② 김헌창의 난

③ 홍경래의 난

④ 망이 · 망소이의 난

━━ 정답 및 해설

21 제시된 내용은 풍수지리설에 대한 설명이다.
  ① 선종 : 참선수행으로 깨달음을 얻는 것을 중요시하는 불교의 한 종파
  ② 실학 : 경세치용과 이용후생, 실사구시의 학문 태도를 강조
  ③ 성리학 : 중국 송나라 때의 유학의 한 계통으로, 성명과 이기의 관계를 논한 유교철학

22 만적의 난은 1198년 최충헌의 노비였던 만적이 중심이 되어 일으키려다 미수에 그친 노비해방운동이다.

🅑 21.④ 22.①

23 다음의 업적을 남긴 조선의 왕은?

- 측우기 제작
- 칠정산 제작
- 4군 6진 개척

① 태종   ② 세종
③ 정조   ④ 순조

24 수행 평가 주제에 대한 탐구 내용으로 가장 적절한 것은?

〈수행 평가 계획서〉

주제 : 임진왜란 때 활약한 인물 조사하기

① 귀주에서 병사를 지휘하는 강감찬
② 별무반을 이끌고 여진족을 정벌하는 윤관
③ 한산도 앞바다에서 수군을 지휘하는 이순신
④ 살수에서 수나라 군대를 물리치는 을지문덕

25 다음 내용에 해당하는 운동은?

- 1920년대 초 평양에서 조만식 등이 주도함.
- '내 살림 내 것으로'라는 구호를 내세우며 국산품 애용 운동을 전개함.

① 브나로드 운동   ② 위정척사 운동
③ 동학 농민 운동   ④ 물산 장려 운동

▶ 정답 및 해설

23 측우기 제작, 칠정산 제작, 4군 6진의 개척은 조선의 4대 왕인 세종대왕의 업적이다.

24 ①② 강감찬과 윤관은 고려의 장군이다.
④ 을지문덕은 고구려의 장군이다.

25 제시된 내용은 1920년대에 일제의 경제적 수탈정책에 항거하여 벌였던 범국민적 민족경제 자립실천운동인 물산 장려 운동에 대한 설명이다.

🅑 23.② 24.③ 25.④

1 다음 설명에 해당하는 힘은?

- 두 물체의 접촉면에서 물체의 운동을 방해한다.
- 접촉면이 거칠수록 이 힘의 크기는 커진다.

① 중력   ② 마찰력

③ 자기력   ④ 탄성력

2 질량 2kg인 물체가 2m/s의 속력으로 움직일 때, 이 물체의 운동 에너지는?

① 4J   ② 5J

③ 6J   ④ 7J

■■■■ 정답 및 해설

1 마찰력은 물체가 어떤 면과 접촉하여 운동할 때 그 물체의 운동을 방해하는 힘으로 접촉면이 거칠수록 마찰력의 크기는 커진다.
① **중력** : 지구와 물체가 서로 당기는 힘
③ **자기력** : 자석에 의해 작용한 힘
④ **탄성력** : 탄성을 가진 물체가 원래 상태로 되돌아가려는 힘

2 질량 m인 물체가 속도 v로 운동하고 있을 때의 운동에너지는 $\frac{1}{2}mv^2$으로 표시된다. 따라서 질량 2kg인 물체가 2m/s의 속력으로 움직일 때 운동에너지는 4J이다.

　　　　　　　　　　　　　　　　　　　　　　　　　　　　　🅱 1.② 2.①

3 그림과 같이 레이저 빛이 공기에서 물로 입사할 때, 입사각은?

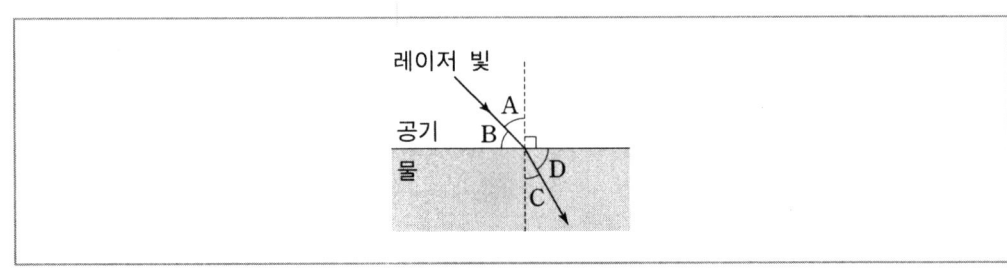

① A

② B

③ C

④ D

4 그림의 회로에서 전류계에 나타나는 전류의 세기는?

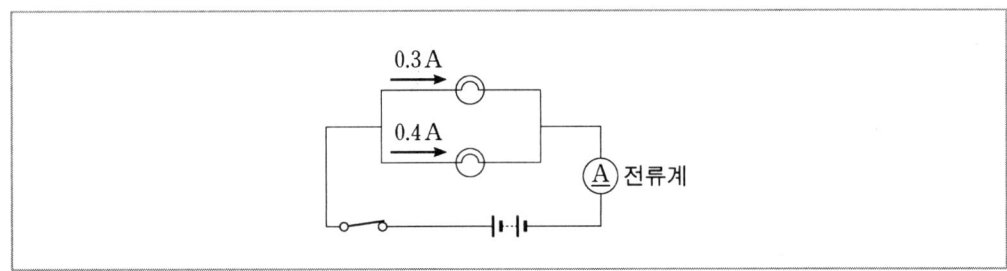

① 0.2 A

② 0.3 A

③ 0.5 A

④ 0.7 A

━━▶ 정답 및 해설

3 어떤 평면에 파동이 들어오는 것을 입사라 하고, 이때 그 평면의 법선과 입사하는 파동의 방향이 이루는 각도를 입사각이라 한다.

※ 입사각

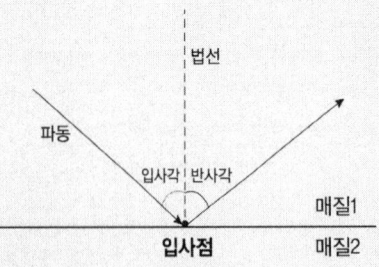

4 병렬 회로이므로 전류계에 나타나는 전류의 세기는 0.3+0.4=0.7A이다.

정답 3.① 4.④

5 그림은 어떤 파동의 순간적인 모습을 나타낸 것이다. (가)에 해당하는 것은?

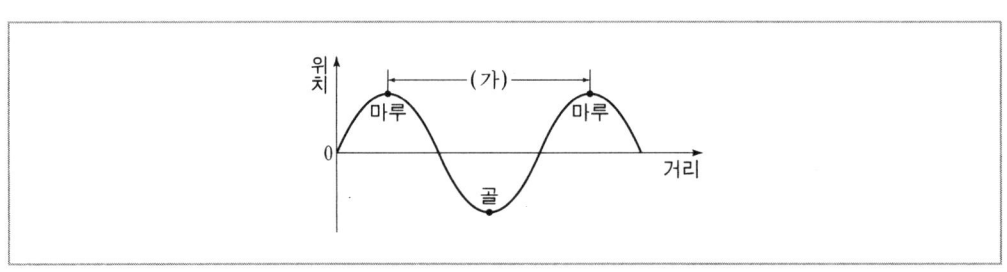

① 매질　　　　　　　　　　　② 진폭
③ 파장　　　　　　　　　　　④ 진동수

6 그림과 같이 전하를 띠지 않은 두 금속구 A, B를 붙여 놓은 후 (−)대전체를 A에 가까이 하였다. A, B가 띠는 전하의 종류는?

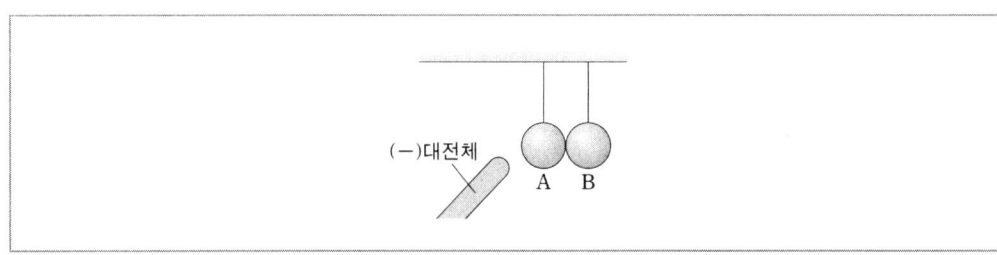

	A	B
①	(+)	(+)
②	(+)	(−)
③	(−)	(+)
④	(−)	(−)

📖 정답 및 해설

5 파동의 표현

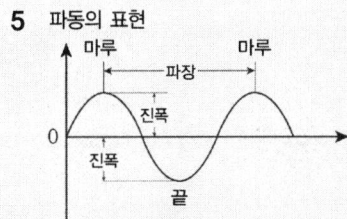

6 (−)대전체를 A에 가까이 하였으므로 A는 (+)로, A와 붙어있는 B는 (−)로 대전된다.

🎵 5.③ 6.②

7 그래프는 온도가 일정할 때 일정량의 기체의 압력과 부피의 관계를 나타낸 것이다. 부피가 6L일 때, 이기체의 압력⑺는?

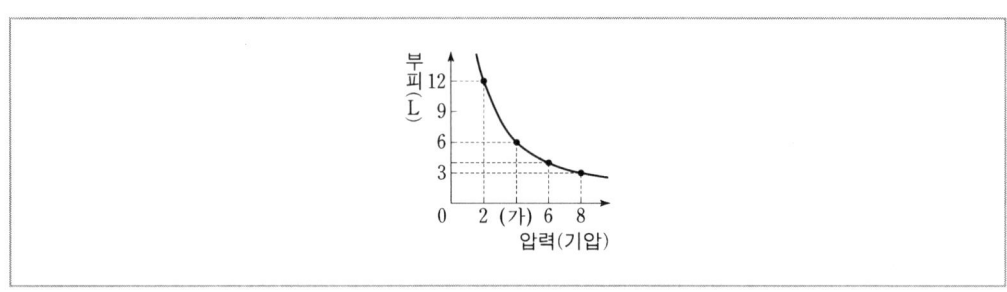

① 3기압　　　　　　　　　② 4기압
③ 5기압　　　　　　　　　④ 7기압

8 그림은 어떤 물질의 세 가지 상태를 분자 모형으로 나타낸 것이다. ⑺~⒟의 상태에 해당하는 것은?

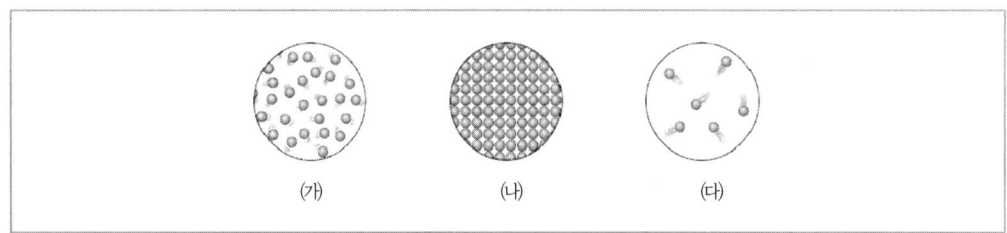

	⑺	⒝	⒟
①	고체	액체	기체
②	기체	액체	고체
③	기체	고체	액체
④	액체	고체	기체

■■■ 정답 및 해설

7 온도가 일정할 때 기체의 압력과 부피는 반비례하므로 ⑺는 4기압이다.

8 고체 분자는 규칙적이고 촘촘하게 배열되어 있어서 제자리에서 진동을 하며, 액체 분자는 불규칙적이고 서로 조금 떨어져 있어서 비교적 자유롭게 움직인다. 기체 분자는 가장 불규칙적으로 움직이며 서로 멀리 떨어져 있어서 활발하게 움직인다. ⑺는 액체, ⒝는 고체, ⒟는 기체이다.

7.② 8.④

9 다음은 이온이 생성되는 과정을 나타낸 것이다. ㈎에 해당 하는 것은?

- Na → Na$^+$ + $\ominus$
- Ca → ㈎ + 2$\ominus$

① Ca$^+$ ② Ca^{2+}
③ Ca$^-$ ④ Ca^{2-}

10 다음에 해당하는 분자식은?

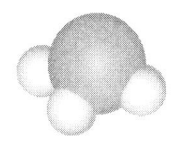

- 암모니아 분자이다.
- 질소 원자 1개와 수소 원자 3개로 이루어져 있다.

① H$_2$ ② CO$_2$
③ NH$_3$ ④ H$_2$O$_2$

11 표는 수소 기체와 산소 기체가 모두 반응하여 수증기가 생성될 때의 부피를 나타낸 것이다. 부피 ㈎는? (단, 온도와 압력은 일정하다.)

구분	반응한 수소 기체 부피(mL)	반응한 산소 가체 부피(mL)	생성된 수증기 부피(mL)
실험1	10	5	10
실험2	20	10	20
실험3	30	㈎	30

① 5   ② 7
③ 10   ④ 15

━━━ 정답 및 해설

9 전하량 보존법칙에 따라 반응물의 전하량의 합과 생성물의 전하량의 합이 동일해야 하므로 ㈎는 Ca^{2+}이다.

10 질소 원자 1개와 수소 원자 3개로 이루어진 암모니아 분자이므로 N+3H→NH₃이다.

11 실험1, 실험2로 볼 때 수소 : 산소 : 수증기의 부피의 비는 2 : 1 : 2이다. 따라서 ㈎는 15이다.

9.② 10.③ 11.④

12 다음은 세종류의 염기가 물에 녹아 이온화될 때의 반응식이다. (　)에 공통으로 들어갈 이온은?

- $KOH \rightarrow K^+ + (\quad)$
- $NaOH \rightarrow Na^+ + (\quad)$
- $NH_4OH \rightarrow NH_4^+ + (\quad)$

① Ag^+　　② OH^-
③ Fe^{2+}　　④ S^{2-}

13 다음 설명에 해당하는 것은?

- 식물체 내의 물이 기공을 통해 증발하는 현상이다.
- 뿌리털에서 흡수한 물이 잎까지 올라갈 수 있게 하는 원인 중 하나이다.

① 면역 작용　　② 저장 작용
③ 증산 작용　　④ 풍화 작용

정답 및 해설

12 $KOH \rightarrow K^+ + OH^-$
$NaOH \rightarrow Na^+ + OH^-$
$NH_4OH \rightarrow NH_4^+ + 4OH^-$

13 증산 작용은 식물체 내의 물이 기공을 통해 증발하는 현상으로 뿌리털에서 흡수한 물이 잎까지 올라갈 수 있게 하는 원인 중 하나이다.

12.② 13.③

14 그림은 봉선화 줄기의 단면을 나타낸 것이다. 물의 이동 통로인 ㈎의 명칭은?

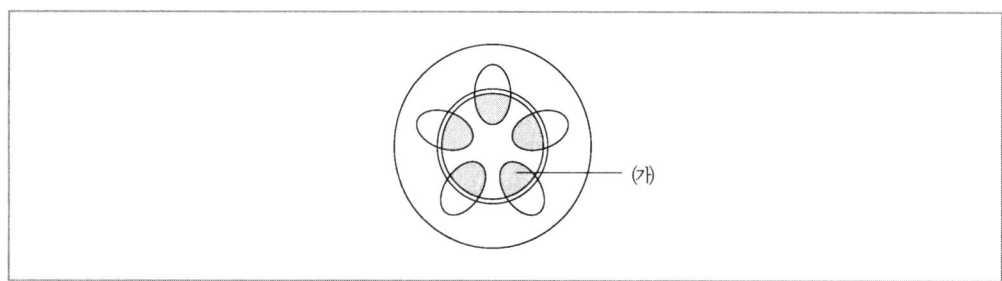

① 물관
② 체관
③ 표피
④ 형성층

15 다음은 세포 호흡을 나타낸 것이다. A에 해당하는 기체는?

영양소 + 산소 → (A) + 물 + 에너지

① 염소
② 질소
③ 헬륨
④ 이산화탄소

▅▅▅ 정답 및 해설

14 물은 줄기에 있는 물관을 통해 이동한다.

15 공기를 들이마시고 내쉬는 숨쉬기를 통하여 몸속으로 들어온 산소는 조직세포에서 영양소와 반응하여 이산화탄소와 물로 분해되면서 에너지를 발생하는데, 이 과정을 세포 호흡이라고 한다.
영양소+산소→이산화탄소+물+에너지

14.① 15.④

16 그림은 사람의 귀 구조를 나타낸 것이다. 청각세포가 있어서 소리의 진동을 자극으로 받아들이는 ㈎의 명칭은?

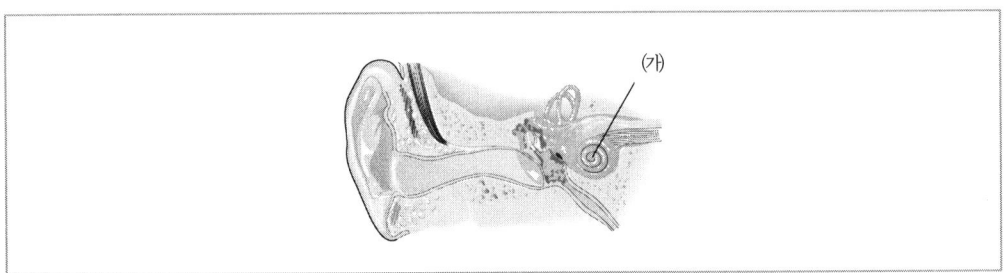

① 고막

② 귓바퀴

③ 달팽이관

④ 전정기관

17 부모의 혈액형이 모두 AB형인 경우 이들 사이의 자녀에게서 나타날 수 없는 혈액형은? (단, 돌연변이는 없다.)

① A형

② B형

③ O형

④ AB형

━━ 정답 및 해설

16 청각세포가 있어서 소리의 진동을 자극으로 받아들이는 곳은 달팽이관이다.

※ 귀의 구조

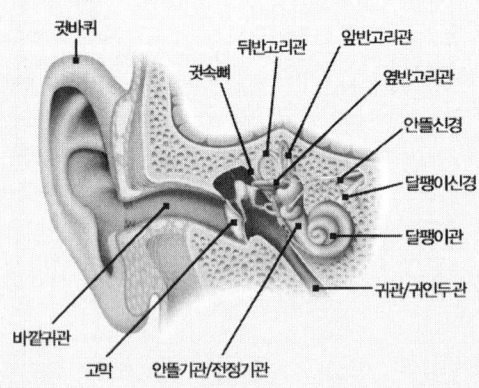

17 부모의 혈액형이 모두 AB형인 경우, AA, AB, BB형이 나타날 수 있다.

16.③ 17.③

18 다음 설명에 해당하는 호르몬은?

> • 난소에서 분비된다.
> • 월경과 배란을 일으킨다.

① 인슐린   ② 티록신

③ 아드레날린   ④ 여성 호르몬

19 그림은 체세포 분열 과정 중 중기 단계를 나타낸 것이다. 중기 다음인 후기 단계에 해당하는 것은?

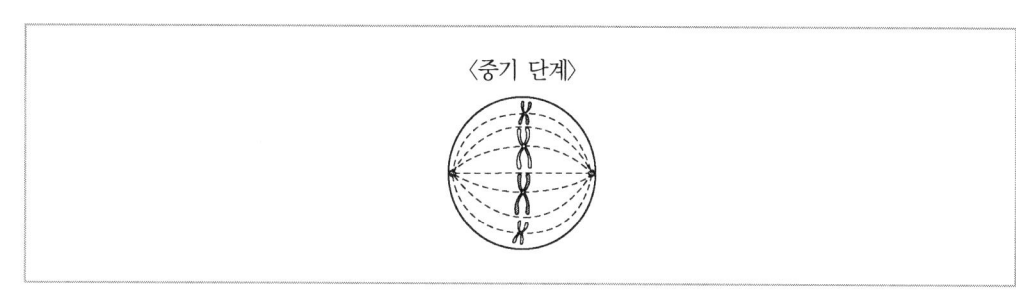

〈중기 단계〉

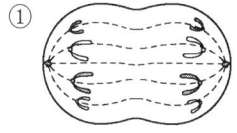
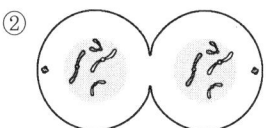

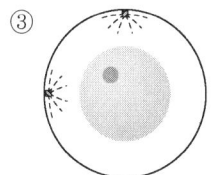
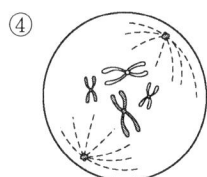

▶▶ 정답 및 해설

18 난소에서 분비되어 월경과 배란을 일으키는 호르몬은 여성 호르몬이다.
  ① 인슐린 : 이자의 랑게르한스섬의 β 세포에서 분비되는 호르몬으로 혈액 속의 포도당의 양을 일정하게 유지시킨다.
  ② 티록신 : 갑상선에서 분비되는 호르몬으로 아이오딘을 다량 함유하고 있으며 체내의 물질대사에 관여한다.
  ③ 아드레날린 : 부신수질에서 분비되는 호르몬으로 에피네프린(epinephrine)이라고도 한다.

19 체세포 분열 중기에는 염색체가 적도면에 배열되고, 방추사가 염색체의 동원체에 붙는다. 중기 다음인 후기 단계에는 각 염색체의 염색 분체가 방추사에 의해 분리되어 한조의 염색체가 세포의 양극으로 이동한다.

                                                  18.④   19.①

20 다음 설명에 해당하는 지구계의 구성 요소는?

> • 다양한 종류의 암석과 토양으로 이루어져 있다.
> • 판의 이동으로 인한 지진 활동이 일어나기도 한다.

① 기권   ② 수권
③ 지권   ④ 생물권

21 그림은 어느 바다의 깊이에 따른 수온 분포를 나타낸 것이다. A~D 중 다음 설명에 해당하는 층은?

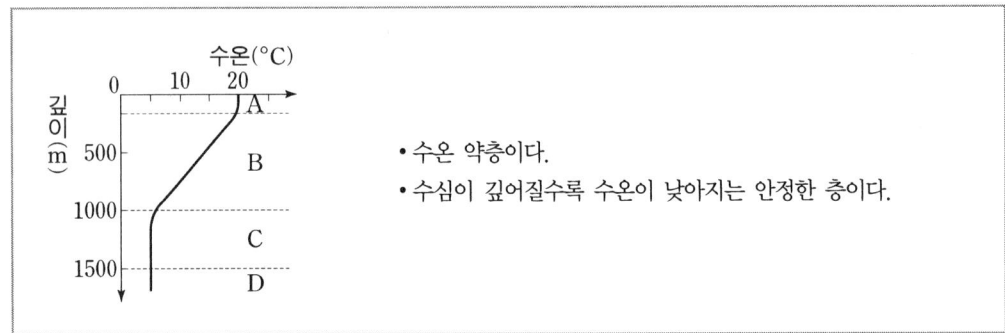

> • 수온 약층이다.
> • 수심이 깊어질수록 수온이 낮아지는 안정한 층이다.

① A   ② B
③ C   ④ D

■■■ 정답 및 해설

20 지구계의 구성 요소
  ㉠ **지권** : 지구의 겉 부분인 지각과 지구 내부를 말한다. 크게 지각, 맨틀, 외핵, 내핵으로 구분하며 지구 환경에서 가장 큰 부피를 차지한다.
  ㉡ **수권** : 바닷물(해수), 강물, 호수, 지하수, 빙하 등 지구에 있는 물을 말한다. 지구의 평균 기온을 유지하는 역할을 한다.
  ㉢ **기권** : 지구를 둘러싸고 있는 대기를 말한다. 질소, 산소, 이산화탄소 등 여러 가지 기체로 이루어져 있으며 우주에서 들어오는 자외선을 흡수하여 생명체를 보호한다.
  ㉣ **생물권** : 지구에 살고 있는 모든 생물로 지권, 수권, 기권에 걸쳐 넓게 분포하고 있다.
  ㉤ **외권** : 기권의 바깥 영역인 우주 공간으로 외권에서 들어오는 태양 에너지는 지구에서 생물이 살아가는 데 필요하다.

21 수심이 깊어질수록 수온이 낮아지는 수온 약층은 B이다. A는 혼합층, C~D는 심해층이다.

                                                      20.③ 21.②

22 대기권의 구조 중 위로 올라갈수록 기온이 낮아지고 기상 현상이 나타나는 곳은?

① 대류권　　　　　　　　　② 성층권
③ 중간권　　　　　　　　　④ 열권

23 다음에 해당하는 태양계의 행성은?

- 고리가 있고 물보다 밀도가 작다.
- 태양계 행성 중 크기가 두 번째로 크다.

① 수성　　　　　　　　　　② 금성
③ 화성　　　　　　　　　　④ 토성

■■■ 정답 및 해설

22 대기권의 구조

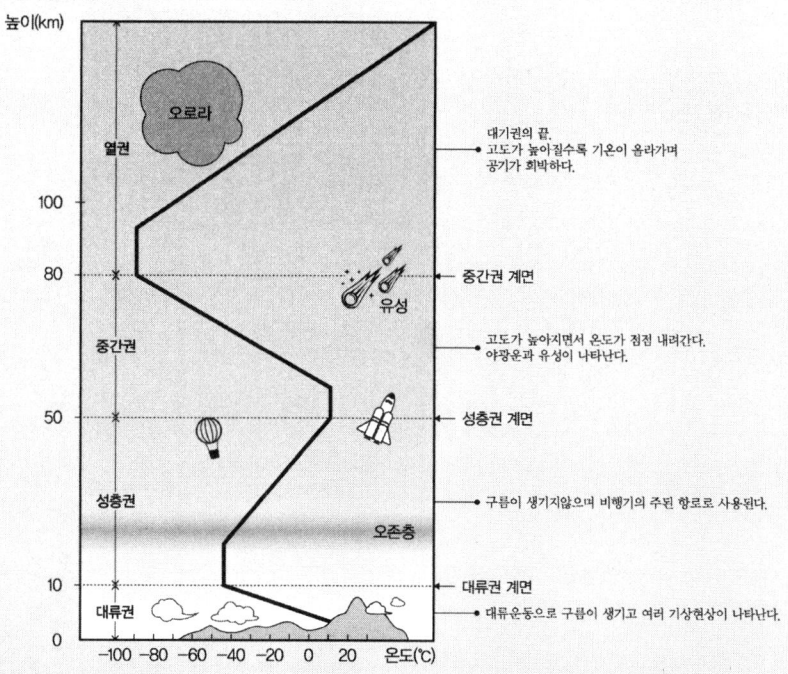

23 태양계 행성을 크기가 큰 순서로 나열하면 목성, 토성, 천왕성, 해왕성, 지구, 금성, 화성, 수성이다.

🖋 22.① 23.④

24 그래프는 기온에 따른 포화 수증기량을 나타낸 것이다. A~D 중 상대 습도가 가장 높은 것은?

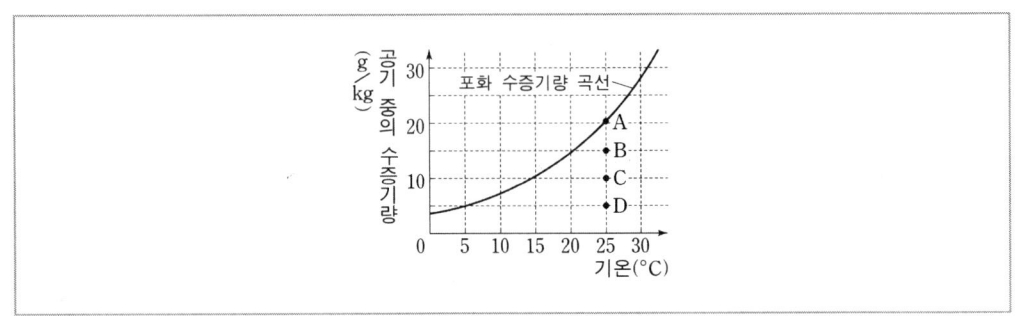

① A

② B

③ C

④ D

24 상대 습도란 현재 포함한 수증기량과 공기가 최대로 포함할 수 있는 수증기량(포화 수증기량)의 비를 퍼센트로 나타낸다. A의 상대 습도는 100%로 가장 높다.

24.①

25 그림은 달의 공전을 나타낸 것이다. 달이 (가)에 있을때 서울에 있는 관측자가 맑은 날 새벽에 볼 수 있는 달의 모양은?

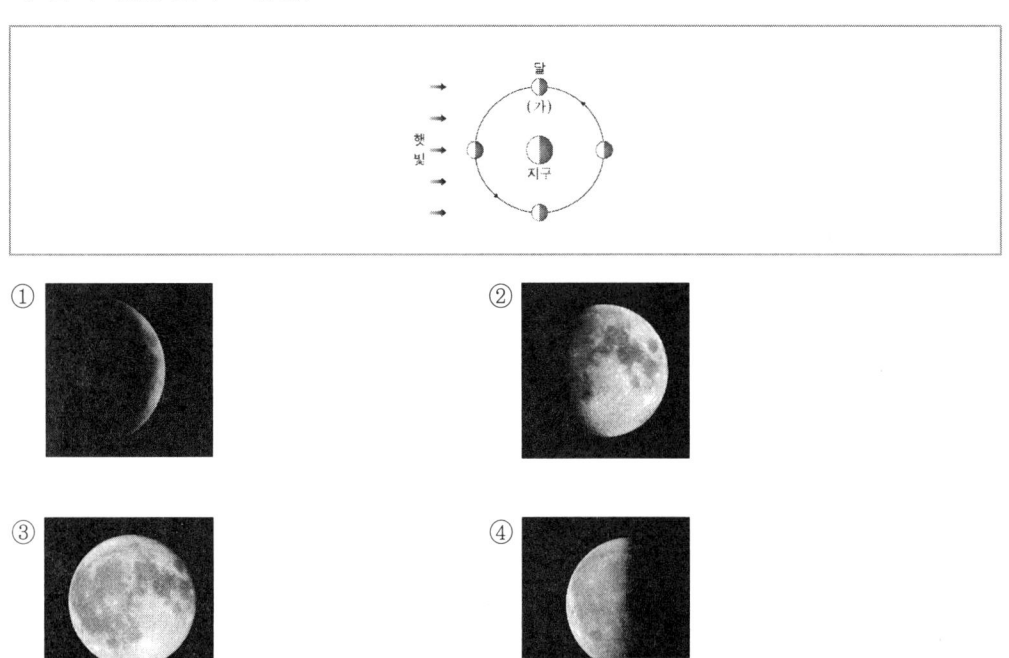

25 달의 공전

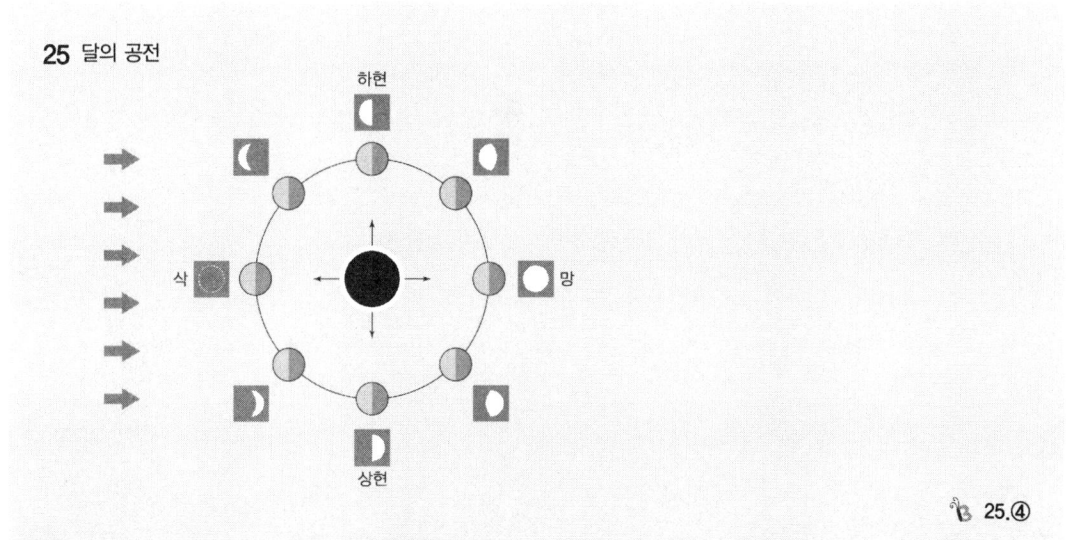

25.④

중졸검정고시
기출문제 정복하기

· PART X ·

2017년 제2회
중졸검정고시

국어
수학
영어
사회
과학

1 다음 대화에서 삼촌이 고려했어야 할 점으로 가장 적절한 것은?

> 조카 : 삼촌, 자전이 뭐예요?
> 삼촌 : 음, 자전? 천체의 자전을 말하는 거니? 자전이란 천체가 그 내부를 지나는 축을 중심으로 회전하는 것을 말한단다.
> 조카 : 삼촌 말씀이 어려워서 이해가 잘 안 가요.

① 조카의 국적   ② 조카의 성별
③ 조카의 가치관   ④ 조카의 지식수준

2 ㉠과 같이 말한 의도로 가장 적절한 것은?

> '우리 학교 학생들의 언어 생활'에 대한 글을 쓰고 있는데 설문 조사 내용을 글로만 쓰면 이해가 안 될 것 같아. 진수야, ㉠어떤 방법이 좋을까?
> 표나 그래프 같은 시각 자료를 사용하면 괜찮을 것 같아.

① 문제를 해결하기 위해   ② 친구를 소개하기 위해
③ 명령을 전달하기 위해   ④ 자료를 구입하기 위해

▶ 정답 및 해설

1 설명하는 말하기를 할 때에는 듣는 이의 지식수준을 고려하여 이해할 수 있도록 설명해야 한다. 주어진 대화에서 삼촌은 조카의 지식수준을 고려하지 않아 효과적으로 설명하지 못했다.

2 ㉠은 설문 조사 내용을 글로만 쓰면 이해하기 어려울 것 같으니 어떤 방법으로 이 문제를 해결할 수 있을지 의견을 내라는 말을 간접적으로 표현하고 있다.

1.④ 2.①

3 높임법을 고려할 때 ㉠에 들어갈 적절한 말은?

> 민수 : 누나, 할머니가 오래.
> 누나 : 민수야, 그럴 땐 '_____㉠_____' 라고 하는 거야.

① 누나, 할머니가 오시래.　　　　② 누나, 할머니께서 오시래.
③ 누나, 할머니가 오라고 하셔.　　④ 누나, 할머니께서 오라고 하셔.

4 다음 설명에 해당하는 문장은?

> 주어진 서술어의 관계가 한 번만 나타나는 문장

① 비가 오고 바람이 분다.　　　　② 우리는 비가 오기를 빌었다.
③ 나는 닭백숙을 매우 좋아한다.　④ 눈이 내려서 도로가 미끄럽다.

5 밑줄 친 부분 중, 거센소리가 쓰인 것은?

① 나는 바닥을 솔로 빡빡 문질렀다.
② 깜깜한 밤하늘에 무수한 별들이 반짝였다.
③ 탄탄하지 못한 출입문이 삐걱대며 흔들렸다.
④ 그는 비탈길을 종종걸음으로 내려가고 있었다.

━━━▶ 정답 및 해설

3 객체인 할머니가 청자인 누나보다 높기 때문에 할머니를 높이고 누나를 낮춰야 한다. 따라서 '누나, 할머니께서 오라고 하셔.'가 적절하다.

4 설명에 해당하는 문장은　홑문장이다.
③ 나는(주어) 닭백숙을(목적어) 매우(부사어) 좋아한다(서술어).
① 비가 오다+바람이 분다→겹문장
② 우리는 빌었다+비가 오다→겹문장
④ 눈이 내렸다+도로가 미끄럽다→겹문장

5 한글의 자음 중 안울림소리는 소리의 세기에 따라 예사소리, 된소리, 거센소리로 나뉜다. 된소리는 예사소리보다 더 강하고 단단한 느낌을 주고, 거센소리는 된소리보다 더 크고 거친 느낌을 준다. 예사소리는 ㄱ, ㄷ, ㅂ…, 된소리는 ㄲ, ㄸ, ㅃ…, 거센소리는 ㅊ, ㅋ, ㅌ, ㅍ… 등이 있다.
①② 된소리　③ 거센소리　④ 예사소리

🐝 3.④ 4.③ 5.③

6 다음 설명을 참고할 때 단어의 분석이 바르지 않은 것은?

> 파생어에서 실질적인 뜻을 나타내는 중심 부분을 '어근'이라 하고, 어근에 붙어 그 뜻을 제한하거나 다른 뜻을 덧붙이는 부분을 '접사'라고 한다.

① 일꾼→ 일(어근) + 꾼(접사)
② 개살구→ 개(접사) + 살구(어근)
③ 장난질→ 장난(접사) + 질(어근)
④ 겁쟁이→ 겁(어근) + 쟁이(접사)

7 밑줄 친 부분의 예로 적절한 것은?

> 다른 주체에 의해 주어가 어떤 행동을 당하게 되는 것을 피동이라 하고, 이를 나타내는 문장을 <u>피동문</u>이라고 한다.

① 강아지가 물을 먹었다.
② 도둑이 경찰에게 잡혔다.
③ 그 소문은 사실이 아니다.
④ 나는 숙제를 하지 못했다.

8 다음에서 학생의 건의 내용은?

> 저는 최근 책 읽기에 관심을 갖게 되었습니다. 만화책부터 소설에 이르기까지 다양한 책을 읽으며, 책 읽기의 재미를 조금씩 알아 가는 중입니다. 그런데 집 주변에 일반 도서관은 있는데, 청소년 도서관이 없어서 아쉬웠습니다. 청소년들을 위한 도서관을 지어 주시기 바랍니다.

① 다양한 책을 구비해 주세요.
② 청소년 도서관을 지어 주세요.
③ 도서관 개방 시간을 늘려 주세요.
④ 도서관에 인터넷망을 구축해 주세요.

▬▬ 정답 및 해설

6 장난질→장난(어근)+질(접사)
7 ② 주어(도둑)가 다른 주체(경찰)에 의해 어떤 행동을 당하게 되는(잡혔다) 문장이므로 피동문이다.
8 마지막 문장이 이 글의 핵심 내용으로, 청소년들을 위한 도서관을 지어 달라는 것이 이 학생의 건의 내용이다.

B 6.③ 7.② 8.②

[9~10] 다음 자료를 읽고 물음에 답하시오.

〈조사 계획서〉

구분	세부 내용
조사 목적	중학생의 여가 활동 실태를 알아보기 위하여
㉠	우리 학교 2학년 학생 300명
조사 기간	2017년 ○○월 ○○일 ~ ○○월 ○○일
조사 방법	(㉡)
역할 분담	• 설문 조사 : 김○○, 서○○ • 면담 자료 정리 : 이○○ • 조사 내용 정리 : 한○○ • 보고서 작성 : 전체 모둠원

9 ㉠에 들어갈 내용으로 가장 적절한 것은?

① 조사 내용　　　　　　② 조사 과정

③ 조사 대상　　　　　　④ 조사 동기

10 '역할 분담'의 내용을 고려할 때 ㉡에 들어갈 내용으로 가장 적절한 것은?

① 토의 및 발표　　　　　② 관찰 및 토론

③ 실험 및 협의　　　　　④ 면담 및 설문 조사

■■▶ 정답 및 해설

9 우리 학교 2학년 학생 300명을 대상으로 조사를 한다는 내용이므로 ㉠에는 조사 대상이 적절하다.

10 역할 분담에 보면 설문 조사와 면담 자료 정리가 있다. 따라서 조사 방법은 설문 조사 및 면담임을 알 수 있다.

9.③　10.④

[11~13] 다음 글을 읽고 물음에 답하시오.

> ㉠열무 삼십 단을 이고
> ㉡시장에 간 우리 엄마
> 안 오시네, 해는 시든 지 오래
> 나는 ㉢찬밥처럼 방에 담겨
> 아무리 천천히 숙제를 해도
> 엄마 안 오시네, 배춧잎 같은 ㉣발소리 타박타박
> 안 들리네, 어둡고 무서워
> 금 간 창틈으로 고요히 빗소리
> 빈방에 혼자 엎드려 훌쩍거리던
>
> 아주 먼 옛날
> 지금도 **내 눈시울을 뜨겁게 하는**
> **그 시절**, 내 유년의 윗목
>
> — 기형도, 「엄마 걱정」—

11 윗글에 대한 설명으로 적절하지 않은 것은?

① 밝고 희망적인 분위기가 드러나고 있다.
② 시적 화자가 어린 시절을 회상하고 있다.
③ 혼자 말하는 듯한 어조를 사용하고 있다.
④ 비슷한 구절의 반복으로 운율을 형성하고 있다.

■■■ 정답 및 해설

[11~13] 기형도, 엄마 걱정

- ㉠ 갈래 : 자유시, 서정시
- ㉡ 성격 : 회상적, 감각적
- ㉢ 특징 : 감각적 심상을 통해 외롭고 두려웠던 어린 시절의 가난 체험을 드러냄
- ㉣ 제재 : 어린 시절의 추억
- ㉤ 주제 : 시장에 간 엄마를 걱정하고 기다리던 애틋하고 외로운 마음

11 이 시는 감각적 심상을 통해 외롭고 두려웠던 어린 시절의 가난 체험을 드러냈다. 밝고 희망적인 분위기와는 거리가 멀다.

11.①

12 ㉠~㉣ 중, 엄마를 기다리는 시적 화자를 비유적으로 표현한 말로 가장 적절한 것은?

① ㉠

② ㉡

③ ㉢

④ ㉣

13 '내 눈시울을 뜨겁게 하는 / 그 시절'에 드러나는 심상이 쓰인 예로 가장 적절한 것은?

① 향그러운 꽃지짐

② 푸른 휘파람 소리

③ 내 몸에 닿는 아버지의 서늘한 옷자락

④ 저 멀리서 들려오는 기계 굴러가는 소리

[14~15] 다음 글을 읽고 물음에 답하시오.

(가) 인간은 끊임없이 타인과 관계를 맺으며 살아가는 사회적 동물이기 때문에 공동체 생활을 통해 성장해 나가야 한다. 그러나 '나 홀로 전화기'와 함께하는 시간이 많다 보니 타인의 즐거움에 같이 기뻐해 주고, 슬픔에 같이 공감해 주는 공동체 문화의 정신을 배울 기회가 줄어들었다. 타인과 어울려 서로의 감정에 공감하며 소속감을 느끼기보다 휴대 전화의 액정 화면에 얼굴을 묻고 자기만의 세계에 갇히게 된다. 휴대 전화와 함께하는 시간이 길어질수록 인간관계가 점점 단절될 수밖에 없는 것이다.

(나) 휴대 전화 는 공간과 시간의 제약을 넘어 나와 다른 사람을 연결하는 새로운 소통의 길을 사방으로 활짝 열어 주었다. 멀리 이사 간 친구가 문득 생각나면 바로 휴대 전화로 안부를 물을 수 있고, 집에 있지 않아도 가족들과 수시로 대화를 나눌 수 있다. 가족, 친구, 연인, 동료 등과 인간관계를 유지하고 개인과 개인의 소통을 증진시키는 데 휴대 전화가 유용하게 쓰이는 것이다. 이와 같이 휴대 전화가 멀고 낯선 세계를 글과 소리로 연결해 준다는 점에서 소통의 폭과 깊이를 더하는 기능을 한다고 볼 수 있다.

▶ 정답 및 해설

12 '나는 찬밥처럼'에서 직유법을 사용하여 엄마를 기다리는 시적 화자를 비유적으로 표현하였다.

13 '뜨겁게'는 촉각적 심상이다.
① 후각 ② 공감각(시각+청각) ③ 촉각 ④ 청각

12.③ 13.③

14 ㈜의 주장으로 가장 적절한 것은?

① 휴대 전화는 서로 소속감을 느끼게 한다.

② 휴대 전화는 인간관계를 점점 단절시킨다.

③ 인간은 독립적 생활을 통해 성장해야 한다.

④ '나 홀로 전화기'와 함께하는 시간을 늘려야 한다.

15 ㈜에서 휴대 전화 를 대하는 글쓴이의 태도는?

① 긍정적   ② 비판적

③ 회의적   ④ 풍자적

[16~18] 다음 글을 읽고 물음에 답하시오.

건축에서 문의 방향을 결정짓는 요인은 크게 세 가지 정도로 꼽을 수 있다. 첫째는 공간의 활용, 둘째는 비상시의 대피, 셋째는 행동 과학이 그것이다.

㉠아파트를 제외한 주택에서 현관문의 여닫는 방향을 결정하는 요인은 공간 활용의 측면이 강하다. ㉡신발을 벗어 둘 공간이 필요한 것이다. ㉢만약 현관문이 안쪽으로 열린다면 문을 열 때마다 현관의 신발들이 이리저리 쓸려 다닐 것이다. ㉣물론 현관이 충분히 넓다면 상관없겠지만 일반적으로 사람들은 현관보다는 방 공간이 더 넓기를 바란다.

아파트 현관문의 여닫는 방향을 결정하는 요인은 건물 내의 화재 같은 비상시 대피의 측면이 강하다. 아파트는 여러 세대가 밀집해서 사는 공동 주택이다. 그렇기 때문에 문의 여닫는 방향은 사람들의 대피가 수월하도록 반드시 피난 방향으로 열리게 법으로 규정하고 있다.

[A] ┌ 이와 비슷한 예는 극장이나 공연장같이 사람들이 동시에 많이 모이는 장소에서 찾을 수 있다. 극장 문은 보통 바깥쪽으로 열리도록 되어 있으며, 이는 비상시 많은 사람들이 한꺼번에 밖으로 대피하기 쉽도록 └ 문의 방향을 바깥쪽으로 향하게 한 것이다.

행동 과학의 측면에서 보면 어떨까? 간단한 일상의 예로 이해해 보자. 민형이 어머니는 밤늦도록 공부하는 수험생 아들을 위해 간식을 준비하고 아들의 방문을 노크한다. 그 순간 방 안에서 공부하던 민형이는 졸음을 떨치려고 방문을 열고 나온다. 문이 바깥쪽으로 열린다면 민형이는 방문 앞의 어머니와 부딪치게 될 것

━━━ 정답 및 해설

14 ㈜는 마지막 문장을 통해 '휴대 전화와 함께하는 시간이 길어질수록 인간관계가 점점 단절될 수밖에 없다'는 자신의 주장을 분명히 하고 있다.

15 ㈜는 휴대 전화가 멀고 낯선 세계를 연결해 줘 소통의 폭과 깊이를 더하는 긍정적인 기능을 한다고 생각한다.

🅱 14.② 15.①

이다. 이와 같은 사례로 알 수 있듯이 방문을 안쪽으로 열리도록 한 것은 방문이 열릴 때 방 밖에 있을지도 모르는 사람을 배려하기 위한 것이다.

16 ㉠~㉣ 중, 둘째 문단의 중심 문장으로 가장 적절한 것은?

① ㉠   ② ㉡

③ ㉢   ④ ㉣

17 [A]에 쓰인 설명 방법으로 가장 적절한 것은?

① 정의   ② 비교

③ 예시   ④ 분류

18 떨치려고 와 같은 의미로 쓰인 예는?

① 그는 생전에 의학계에서 명성을 떨쳤다.

② 나는 불길한 예감을 떨치려고 고개를 저었다.

③ 그녀는 세상에 이름을 널리 떨치려고 노력했다.

④ 늦여름의 더위는 맹렬한 기세를 떨치고 있었다.

━━━ 정답 및 해설

16 중심 문장은 그 문단의 핵심 내용을 포괄적으로 담고 있어야 하므로 ㉠이 적절하다.

17 대피가 수월하도록 피난 방향으로 열리게 법으로 규정한 예시로 극장 문을 들고 있다.

18 제시된 글에서 '떨치려고'는 '불길한 생각이나 명예, 욕심 따위를 완강하게 버리다'의 의미로 사용되었다. 이와 같은 의미로 쓰인 예는 ②다.
①③④ 위세나 명성 따위가 널리 알려지다. 또는 널리 드날리다.

🅑 16.① 17.③ 18.②

[19~20] 다음 글을 읽고 물음에 답하시오.

김치는 우리나라의 가장 대표적인 반찬으로 꼽힌다. 그런데 최근에는 김치가 맛과 영양만이 아니라 건강에 매우 좋은 식품으로도 인정받고 있다.

우리가 요즘 먹는 김치는 대개 고춧가루로 버무려 붉은 빛이 난다. 그러나 김치의 색이 붉어진 것은 김치의 역사에서 보면 얼마 되지 않은 일이다. 고추가 우리나라에 들어온 것은 17세기였고 본격적으로 우리 음식에 사용된 것은 18세기였다. 그러니 그 이전의 김치란 단순히 채소를 소금에 절인 것이었을 뿐이다. 지금의 백김치나 동치미를 생각하면 된다.

고춧가루를 사용하기 전에도 붉은색 김치가 없었던 것은 아니다. 김치에 붉은 맨드라미 꽃을 넣는 경우가 있었기 때문이다. 어찌 되었든 우리 김치에 고춧가루가 들어가면서 김치는 더욱 발전했다. 고춧가루를 넣은 김치는 빨리 시어 지지 않았다. 이전에는 김치가 쉽게 시어지고 상했기 때문에 소금을 듬뿍 넣어 매우 짰다. 그런데 고춧가루를 넣으니 소금을 덜 넣고도 맛있는 김치를 오래 두고 먹을 수 있게 되었다.

19 윗글의 서술상 특징으로 가장 적절한 것은?

① 대상과 관련된 교훈적 사례를 통해 감동을 주고 있다.
② 대상에 대한 체험을 바탕으로 자신의 삶을 성찰하고 있다.
③ 대상과 관련된 위대한 인물의 업적과 생애를 다루고 있다.
④ 대상의 변화가 지닌 의미를 역사 속에서 찾아 밝히고 있다.

20 윗글의 내용과 일치하지 않는 것은?

① 17세에 고추가 우리나라에 들어왔다.
② 고춧가루를 넣은 김치는 백김치보다 빨리 시어졌다.
③ 고춧가루가 사용되기 전에도 붉은색 김치가 있었다.
④ 고추가 들어오기 전에는 김치에 소금을 듬뿍 넣었다.

▶ 정답 및 해설

19 김치가 단순히 채소를 소금에 절인 것에서 고춧가루로 버무려 붉은 김치로 변화한 것이 지닌 의미를 역사 속에서 찾아 밝히고 있다.

20 ② 고춧가루를 넣은 김치는 빨리 시어지지 않았다고 밝히고 있다.

🐝 19.④ 20.②

[21~23] 다음 글을 읽고 물음에 답하시오.

㉠박씨가 계화를 시켜 용골대에게 소리쳤다.

"무지한 오랑캐 놈들아! 내 말을 들어라. 조선의 운수가 사나워 은혜도 모르는 너희에게 패배를 당했지만, ㉡왕비는 데려가지 못할 것이다. 만일 그런 뜻을 둔다면 내 너희들을 몰살시킬 것이니 당장 왕비를 모셔 오너라."

하지만 골대는 오히려 코웃음을 날렸다.

"참으로 가소롭구나. 우리는 이미 조선 왕의 항서를 받았다. 데려가고 안 데려가고는 우리 뜻에 달린 일이니, 그런 말은 입 밖에 내지도 마라."

오히려 욕설만 무수히 퍼붓고 듣지 않자 계화가 다시 소리쳤다.

"너희의 뜻이 진실로 그러하다면 이제 내 재주를 한 번 더 보여 주겠다."

계화가 주문을 외자 문득 공중에서 두 줄기 무지개가 일어나며 모진 비가 천지를 뒤덮을 듯 쏟아졌다. 뒤이어 얼음이 얼고 그 위로는 흰 눈이 날리니, 오랑캐 군사들의 말발굽이 땅에 붙어 한 걸음도 옮기지 못하게 되었다. 그제야 골대는 사태가 예사롭지 않음을 깨달았다.

"당초 우리 왕비께서 분부하시기를 장안에 ㉢신인(神人)이 있을 것이니 이시백의 후원을 범치 말라 하셨는데, 과연 그것이 틀린 말이 아니었구나. 지금이라도 부인에게 빌어 무사히 돌아가는 편이 낫겠다."

골대가 갑옷을 벗고 창칼을 버린 뒤 무릎을 꿇고 애걸하였다.

"소장이 천하를 두루 다니다 조선까지 나왔지만, 지금까지 무릎을 꿇은 적은 한 번도 없었습니다. 이제 ㉣부인 앞에 무릎을 꿇어 비나이다. 부인의 명대로 왕비는 모셔가지 않을 것이니, 부디 길을 열어 무사히 돌아가게 해주십시오."

– 작자 미상, 「박씨전」–

---

21 윗글에 대한 설명으로 가장 적절한 것은?

① 1인칭 주인공 시점이다.

② 농민들의 삶을 담아 낸 농촌소설이다.

③ 배경 묘사 중심으로 이야기가 전개된다.

④ 비현실적 요소를 가미하여 꾸며 쓴 글이다.

▶▶▶ 정답 및 해설

21 ④ '계화가 주문을 외자 무지개가 일어나며 모진 비가 쏟아지고 얼음이 얼고 흰 눈이 날리는 등 비현실적 요소를 가미하며 꾸며 쓴 글이다.

① 전지적 작가 시점이다.

② 병자호란을 배경으로 한 군담 소설이다.

③ 시간의 흐름에 따른 추보식 구성으로 인물과 사건을 중심으로 이야기가 전개된다.

👆 21.④

22 윗글의 내용으로 적절하지 않은 것은?

① 계화는 용골대와 맞섰다.

② 용골대는 박씨에게 무릎을 꿇고 애걸했다.

③ 박씨는 계화를 시켜 자신의 뜻을 전달했다.

④ 용골대는 처음부터 박씨와 계화를 두려워했다.

23 ㉠~㉣ 중, 다른 인물을 가리키는 것은?

① ㉠   ② ㉡

③ ㉢   ④ ㉣

[24~25] 다음 글을 읽고 물음에 답하시오.

푸른 마라토너는 점점 더 나와 가까워졌다. 드디어 나는 그의 표정을 볼 수 있었다. 나 는 그런 표정을 생전 처음 보는 것처럼 느꼈다. 여태껏 그렇게 정직하게 고통스러운 얼굴을, 그렇게 정직하게 고독한 얼굴을 본 적이 없다. 가슴이 뭉클하더니 심하게 두근거렸다. 그 는 20등, 30등을 초월해서 위대해 보였다. 지금 모든 환호와 영광은 우승자에게 있고 그는 환호 없이 달릴 수 있기에 위대해 보였다.

나는 그를 위해 뭔가 하지 않으면 안 된다고 생각했다. 왜냐하면 내가 좀 전에 그의 20등, 30등을 우습고 불쌍하다고 생각했던 것처럼 그도 자기의 20등, 30등을 우습고 불쌍하다고 생각하면서 옛다 모르겠다 하고 그 자리에 주저앉아 버리면 어쩌나, 그래서 내가 그걸 보게 되면 어쩌나 싶어서였다.

어떡하든 그가 그의 20등, 30등을 우습고 불쌍하다고 느끼지 말아야지 느끼기만 하면 그는 당장 주저앉게 돼있었다. 그는 지금 그가 괴롭고 고독하지만 위대하다는 걸 알아야 했다.

나는 용감하게 인도에서 차도로 뛰어내리며 그를 향해 열렬한 박수를 보내며 환성을 질렀다.

나는 그가 주저앉는 걸 보면 안 되었다. 나는 그가 주저앉는 걸 봄으로써 내가 주저앉고 말 듯한 어떤 미신적인 연대감마저 느끼며 실로 열렬하고도 우렁찬 환영을 했다.

내 고독한 환호에 딴 사람들도 ㉠합세를 해 주었다. 푸른 마라토너 뒤에도 또 그 뒤에도 주자는 잇따랐다. 꼴찌 주자까지를 그렇게 열렬하게 성원하고 나니 손바닥이 붉게 부풀어 올라 있었다. 그러나 뜻밖의 장소에서 환호하고픈 오랜 갈망을 마음껏 풀 수 있었던 내 몸은 날듯이 가벼웠다.

– 박완서, 「꼴찌에게 보내는 갈채」–

22 ④ 처음에는 박씨와 계화를 가소롭게 생각하였다.

23 ㉠㉢㉣은 박씨를 가리키고 ㉡은 조선의 왕비를 가리킨다.

22.④ 23.②

24 '나'가 '그'를 응원한 이유로 적절하지 않은 것은?

① '그'가 1등 하는 모습을 보고 싶어서

② '그'가 포기하고 주저앉는 것을 보고 싶지 않아서

③ '그'가 자신의 상황을 비관하지 않도록 하기 위해서

④ '그'가 고통을 참고 주어진 경기에 최선을 다하고 있기 때문에

25 ㉠의 사전적 의미로 적절한 것은?

① 여러 곳의 세금을 합함

② 많은 사람이 힘들여 일함

③ 힘이나 권력으로 강제로 억누름

④ 흩어져 있는 힘을 한곳에 모음

━━ 정답 및 해설

24 '나'가 '그'를 응원한 것은 그가 자신의 상황을 비관하여 포기하지 않고 남은 경기에 최선을 다하기를 바랐기 때문이지 '그'가 1등 하는 모습을 보고 싶어서는 아니다.

25 '합세(合勢)'의 사전적 의미는 '흩어져 있는 세력을 한곳에 모음'이다.

24.① 25.④

1   48을 소인수분해하면 $2^a \times 3$이다. a의 값은?

① 1   ② 2

③ 3   ④ 4

2   수의 대소 관계가 옳은 것은?

① $0 < -1$ ② $\dfrac{2}{3} > 2$

③ $-3 < -2$ ④ $-\dfrac{4}{3} > -1$

3 $x = 4$일 때, $2x - 3$의 값은?

① 5   ② 6

③ 7   ④ 8

■▶ 정답 및 해설

1   48을 소인수분해 하면 $2^4 \times 3$이다. 따라서 $a = 4$

2   ① $0 > -1$

      ② $\dfrac{2}{3} < 2$

      ④ $-\dfrac{4}{3} < 1$

3 $x = 4$일 때, $2x - 3 = 2(4) - 3 = 5$이다.

정답 1.④   2.③   3.①

4 일차방정식 $2x - 3 = 3x - 2$ 의 해는?

① $x = -2$ ② $x = -1$

③ $x = 1$ ④ $x = 2$

5 1초에 2장씩 인쇄되는 프린터가 있다. x초 동안 인쇄된 종이의 총 수를 y장이라고 할 때, x와 y사이의 관계식은?

x(초)	1	2	3	4	⋯
y(장)	2	4	6	8	⋯

① $y = x$ ② $y = 2x$

③ $y = 3x$ ④ $y = 4x$

6 표는 30명의 학생이 하루 동안 스마트폰을 사용한 시간을 조사하여 나타낸 도수분포표이다. A의 값은?

시간(분)		학생 수(명)
$0^{이상}$ ~ $30^{미만}$		5
0 ~ 60		7
60 ~ 90		A
90 ~ 120		6
120 ~ 150		4
합		30

① 7   ② 8

③ 9   ④ 10

━━━━▶ 정답 및 해설

4 $2x - 3 = 3x - 2$
$2x - 3x = -2 + 3$
$-x = 1$
$x = -1$

5 x값에 2를 곱하면 y값이 나온다. 따라서 $y = 2x$

6 합계가 30이므로 A $= 30 - 5 - 7 - 6 - 4 = 8$이다.

🖐 4.② 5.② 6.②

7 원 O에서 $\angle \mathrm{AOB} = 20°$, $\angle \mathrm{COD} = 100°$, $\overset{\frown}{\mathrm{AB}} = 4\mathrm{cm}$ 이다. x의 값은?

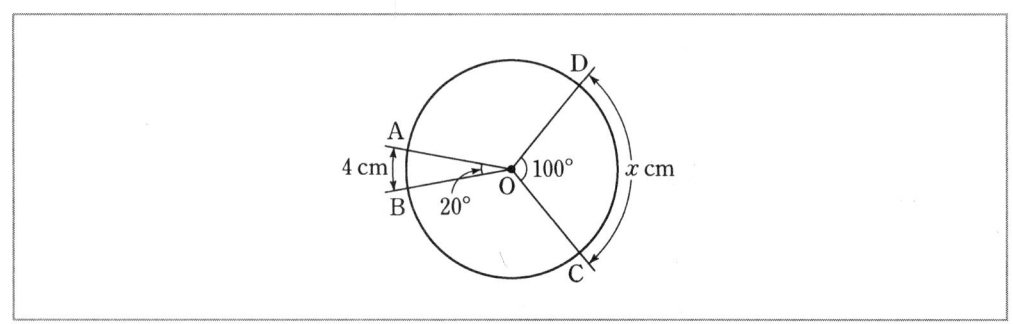

① 12
② 16
③ 20
④ 24

8 피자 1판의 가격이 치킨 1마리의 가격의 2배인 가게가 있다. 피자 3판과 치킨 2마리의 가격의 합이 80,000원일 때, 피자 1판의 가격은?

① 10,000원
② 15,000원
③ 20,000원
④ 25,000원

9 일차부등식 $3x > 9$의 해를 수직선 위에 나타낸 것은?

①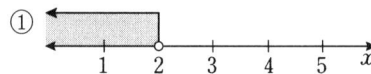
②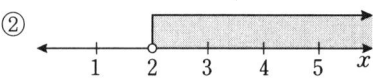
③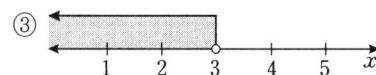
④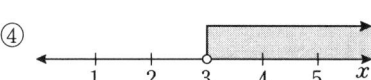

▄▄▄▶ 정답 및 해설

7 $20° : 4cm = 100° : x$이므로 $x = 20$이다.

8 치킨 1마리의 가격을 x라고 할 때, 피자 1판의 가격은 $2x$이다. 피자 3판과 치킨 2마리의 가격의 합이 80,000원이므로 $3(2x) + 2x = 80,000$, $x = 10,000$이다.
따라서 피자 1판의 가격은 20,000원이다.

9 $3x > 9$, $x > 3$이므로 x는 3보다 크다.

🖋 7.③ 8.③ 9.④

10 그림은 일차함수 $y = ax + 3$의 그래프이다. 상수 a의 값은?

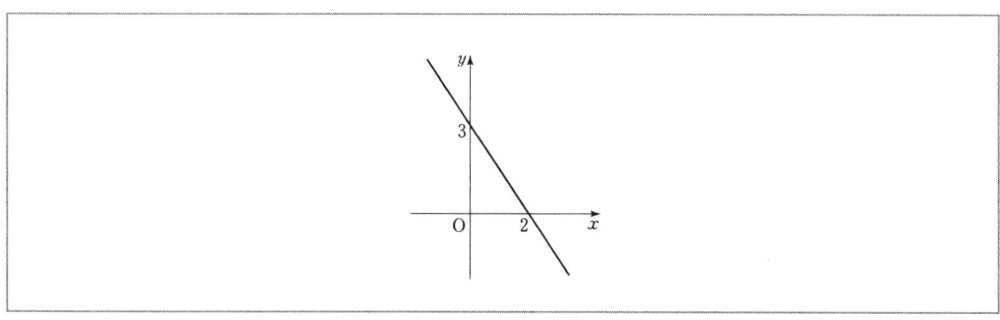

① -3

② $-\dfrac{3}{2}$

③ $\dfrac{2}{3}$

④ 2

11 주머니 속에 검은 공 5개, 흰 공 2개가 들어 있다. 이 주머니에서 임의로 한 개의 공을 꺼낼 때, 검은 공이 나올 확률은?

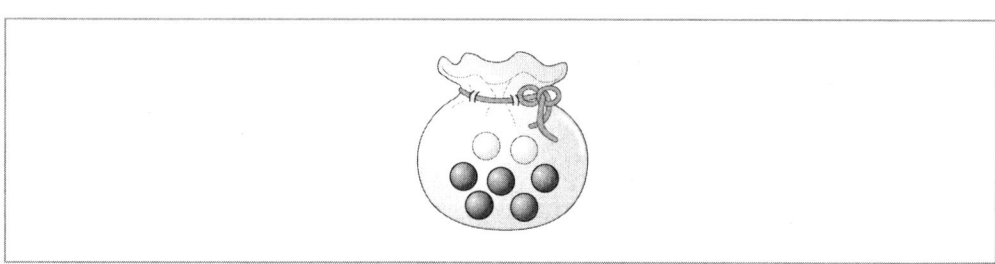

① $\dfrac{1}{7}$

② $\dfrac{2}{7}$

③ $\dfrac{5}{7}$

④ $\dfrac{6}{7}$

■ 정답 및 해설

10 $x = 2$일 때 $y = 0$이므로 $a = -\dfrac{3}{2}$이다.

11 총 7개의 공 중 검은 공이 5개이므로 검은 공이 나올 확률은 $\dfrac{5}{7}$이다.

10.② 11.③

12 점 O는 △ABC의 외심이다. $\overline{OB} = 2$일, 때, $\overline{OA}$의 길이는?

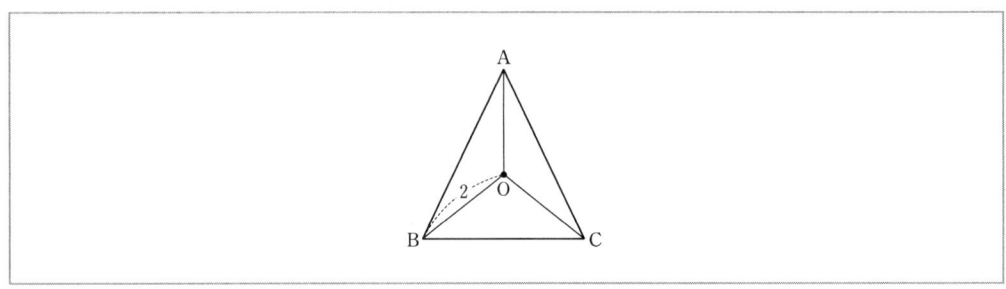

① 2   ② 3

③ 4   ④ 5

13 서로 닮음인 두 삼각뿔 A, B의 닮음비가 1 : 2이다. 삼각뿔 A의 부피가 $3cm^3$일 때, 삼각뿔 B의 부피는?

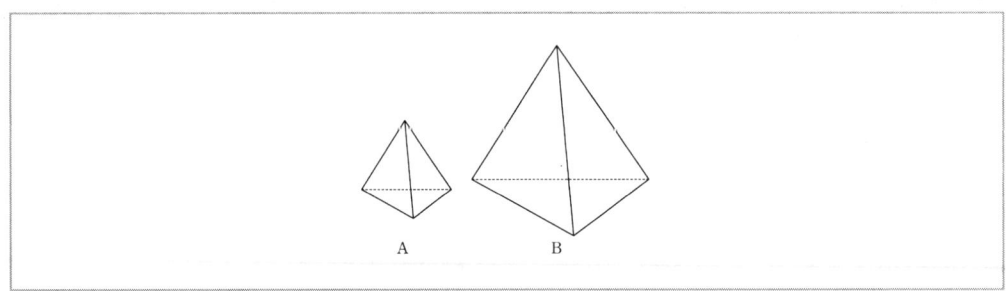

① $6cm^3$ ② $12cm^3$

③ $24cm^3$ ④ $30cm^3$

■■■ 정답 및 해설

12 외심은 삼각형의 외접원의 중심으로, 삼각형의 세 변의 수직이등분선이 만나는 점이며 각 꼭짓점에서 같은 거리에 있다. 따라서 $\overline{OA}$의 길이는 2이다.

13 닮음비가 $m : n$이면, 넓이비는 $m^2 : n^2$, 부피비는 $m^3 : n^3$이다. 닮음비가 1 : 2이므로 부피비는 1 : 8이고, 따라서 삼각뿔 A의 부피가 3일 때, 삼각뿔 B의 부피는 24이다.

12.① 13.③

14 $(\sqrt{3})^2 + \sqrt{(-2)^2}$ 을 간단히 한 것은?

① 0   ② 1

③ 3   ④ 5

15 $x^2 + 2x + 1$ 을 인수분해한 것은?

① $(x-2)^2$ ② $(x-1)^2$

③ $(x+1)^2$ ④ $(x+2)^2$

16 이차방정식 $(x-2)(x-3)=0$의 두 근의 곱은?

① -6 ② -1

③ 1   ④ 6

17 이차함수 $y = (x-2)^2 + 1$의 그래프에 대한 설명으로 옳지 않은 것은?

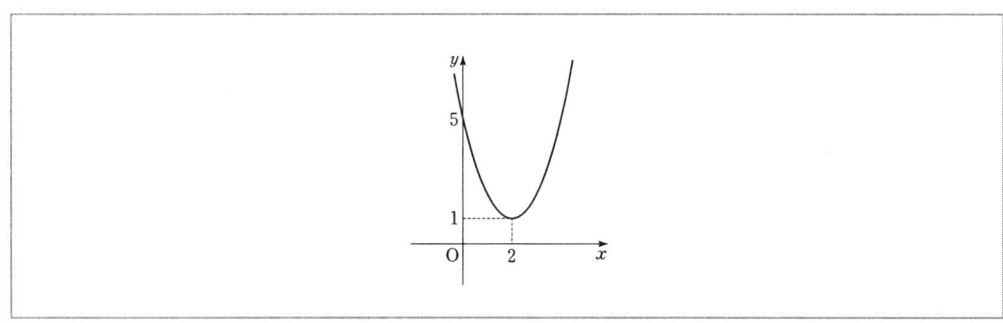

① 아래로 볼록하다.   ② 최솟값은 1이다.

③ $(0, 5)$를 지난다.   ④ 꼭짓점이 좌표는 $(1, 2)$이다.

━━━ 정답 및 해설

14 $(\sqrt{3})^2 + \sqrt{(-2)^2} = 3 + 2 = 5$

15 $x^2 + 2x + 1 = x^2 + x + x + 1 = (x+1)(x+1) = (x+1)^2$

16 $(x-2)(x-3)=0$의 두 근은 $x=2$, $x=3$이다. 따라서 두 근의 곱은 6이다.

17 ④ 꼭짓점의 좌표는 $(2, 1)$이다.

🐝 14.④ 15.③ 16.④ 17.④

18 그림은 ∠B = 90°인 직각삼각형 ABC의 세 변을 각각 한 변으로 하는 정사각형을 그린 것이다. □ADEB의 넓이는 9이고 □BFGC의 넓이가 4일 때, □ACHI의 넓이는?

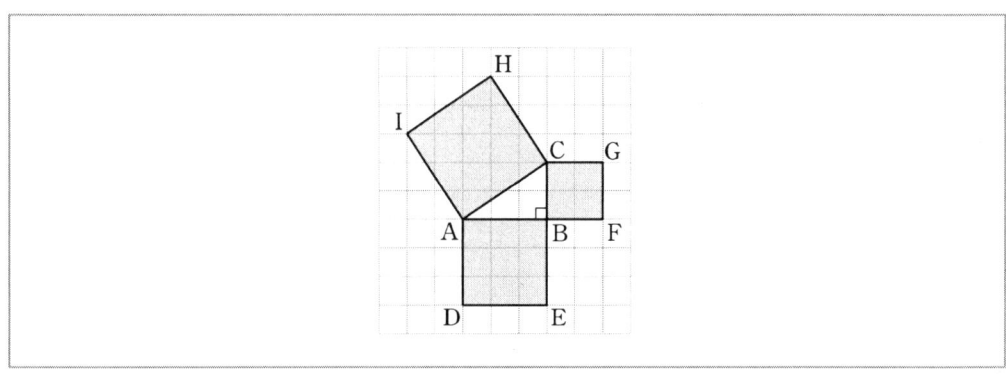

① 13

② 14

③ 15

④ 16

19 원 O에서 ∠APB와 ∠AQB는 호 AB에로 대한 원주각이다. ∠APB = 30°일 때, ∠x의 크기는?

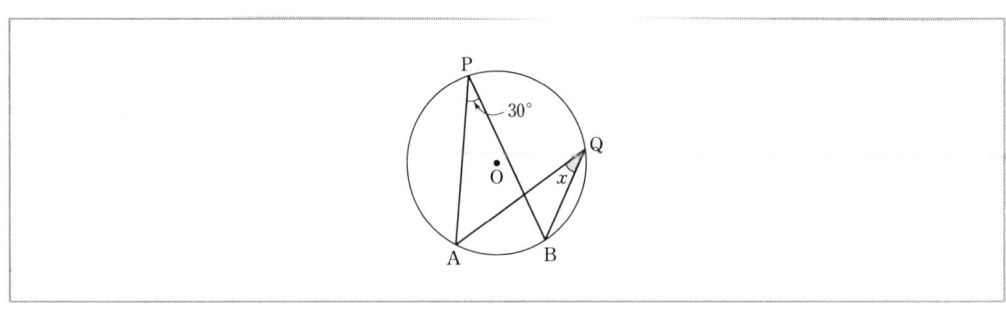

① 30°

② 40°

③ 50°

④ 60°

▰▰▰ 정답 및 해설

18 □ADEB의 넓이가 9이고 □BFGC의 넓이가 4이므로 $\overline{AB}$= 3, $\overline{BC}$= 2이다. 피타고라스의 정리를 이용하면 $\overline{AC}$= $\sqrt{13}$ 이고 따라서 □ACHI의 넓이는 13이다.

19 원주각의 크기와 호의 길이는 비례한다. 따라서 호의 길이가 같으므로 ∠x = 30°이다.

18.① 19.①

20 그림과 같이 ∠B = 90°인 직각삼각형 ABC에서 cos A의 값은?

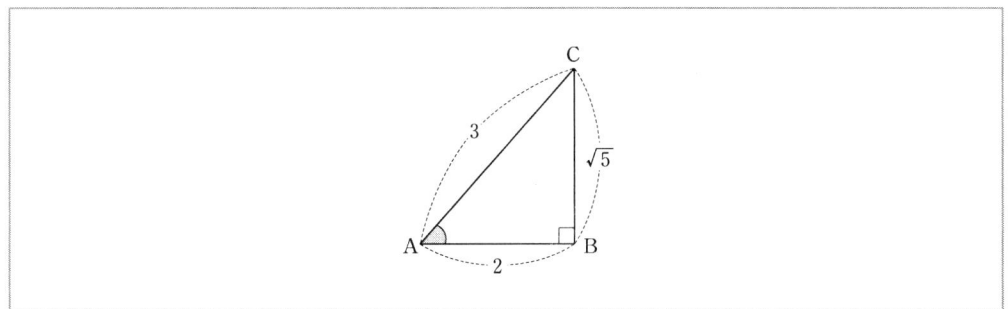

① $\dfrac{2}{3}$

② $\dfrac{\sqrt{5}}{3}$

③ 1

④ $\dfrac{\sqrt{5}}{2}$

20 삼각비의 정의

사인 : $\sin A = \dfrac{a}{c}$

코사인 : $\cos A = \dfrac{b}{c}$

탄젠트 : $\tan A = \dfrac{a}{b}$

코시컨트 : $\csc A = \dfrac{c}{a} = \dfrac{1}{\sin A}$

시컨트 : $\sec A = \dfrac{c}{b} = \dfrac{1}{\cos A}$

코탄젠트 : $\cot A = \dfrac{b}{a} = \dfrac{1}{\tan A}$

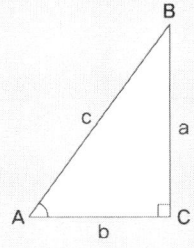

20. ①

1 다음을 모두 포함할 수 있는 단어로 가장 적절한 것은?

| bread hamburger salad soup |

① food   ② flower
③ season   ④ country

2 두 단어의 관계가 나머지 셋과 다른 것은?

① body − hand   ② color − blue
③ animal − pig   ④ winter − summer

3 다음 대화의 빈칸에 들어갈 말로 가장 적절한 것은?

A : Is David at home?
B : No, _____. He's at school.

① he is   ② he isn't
③ I'm not   ④ she is

━━ 정답 및 해설

1 빵, 햄버거, 샐러드, 스프를 모두 포함할 수 있는 단어는 '음식'이다.

2 ①②③은 상위어와 하위어 관계이다.
① 신체 – 손 ② 색깔 – 파랑 ③ 동물 – 돼지 ④ 겨울 – 여름

3 David가 집에 있냐고 물었는데 학교에 있다고 했으므로 집에 없다는 대답이 와야 한다.
「A : David 집에 있나요?
B : 아니, 없어. 그는 학교에 있어.」

🅑 1.① 2.④ 3.②

4 다음 대화에서 B가 사려고 하는 것은?

> A : May I help you?
> B : Yes, please. I want to buy a cap with a star on it.

①

②

③

④

5 다음 대화의 빈칸에 들어갈 말로 가장 적절한 것은?

> A : How _____ do you exercise?
> B : Three times a week.

① tall ② old

③ often ④ far

6 다음 빈칸에 공통으로 들어갈 말로 가장 적절한 것은?

- Please turn _____ the radio.
- You'd better put _____ your coat. It's cold outside.

---

① by ② on
③ from ④ with

7 다음은 Tom의 운동 계획표이다. Tom이 비오는 날에 하는 운동은?

Weather	Rainy	Sunny	Cloudy	Snowy
Sports	bowling	swimming	basketball	skiing

① 볼링 ② 수영
③ 농구 ④ 스키

6 turn on ～을 켜다 put on ～을 입다
「• 라디오를 켜 주세요.
• 코트를 입는 게 좋겠어요. 밖은 추워요.」

7 「• 비 – 볼링
• 맑음 – 수영
• 흐림 – 농구
• 눈 – 스키」

🅑 6.② 7.①

8 다음 대화에서 B에 대한 A의 질문으로 가장 적절한 것은?

> A : _____?
>
> B : I'm feeling good because the weather is so nice today.

① How's your father   ② How are you feeling

③ Where is your brother   ④ What's your favorite movie

9 다음 대화의 내용으로 가장 적절한 것은?

> A : What color do you like?
>
> B : I like yellow. How about you?
>
> A : I like green.

① 읽고 싶은 책   ② 좋아하는 색깔

③ 배우고 있는 악기   ④ 기르고 싶은 애완동물

10

> A : _____are you so late?
>
> B : Because I got up late.

① Why   ② Who

③ Where   ④ When

11

> A : What _____ of music do you like?
>
> B : I like pop music.

① kind   ② hide

③ find   ④ send

12

> A : _____ you finish your homework last night?
>
> B : Yes, I did.

① Are   ② Did

③ What   ④ Who

━━ 정답 및 해설

10 「A : 왜 이렇게 늦었어?
B : 늦게 일어났어.」

11 「A : 어떤 종류의 음악을 좋아하니?
B : 나는 팝 뮤직을 좋아해.」

12 「A : 어젯밤에 숙제 다 끝냈니?
B : 응, 그랬어.」

10.① 11.① 12.②

13 다음 명함을 보고 알 수 없는 것은?

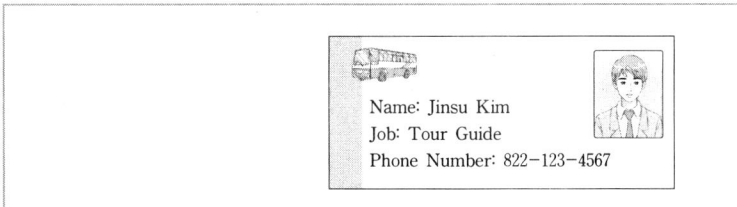

Name: Jinsu Kim
Job: Tour Guide
Phone Number: 822-123-4567

① 이름   ② 주소
③ 직업   ④ 전화번호

14 다음 대화에서 B가 영화를 보지 못한 이유는?

A : How was the movie last night?
B : I couldn't see the movie. I lost my movie ticket on the subway.

① 병원에 가야 해서   ② 숙제를 해야 해서
③ 동생을 돌보아야 해서   ④ 영화표를 잃어버려서

15 다음 글의 주제로 가장 적절한 것은?

Water is very important. But people waste it. Here are some tips to save water. Turn off the water when you brush your teeth. Also, take a quick shower.

① 분리수거하는 방법   ② 잡초 제거하는 방법
③ 물을 절약하는 방법   ④ 모기 퇴치하는 방법

▶ 정답 및 해설

13 「이름 : 김진수
직업 : 여행 안내원
전화번호 : 822 - 123 - 4567」

14 「A : 어제 영화 어땠어?
B : 나는 그 영화를 볼 수 없었어. 지하철에서 영화표를 잃어버렸어.」

15 「물은 정말 중요하다. 그러나 사람들은 그것을 낭비한다. 여기 물을 절약할 수 있는 몇 가지 팁이 있다. 이를 닦을 때는 물을 잠가라. 또, 샤워를 빨리 해라.」

13.② 14.④ 15.③

16 다음 글을 쓴 목적으로 가장 적절한 것은?

> Why don't you join *Fun-Fun* English study group?
> Every Thursday, we meet to study English together. To improve your English, you should call us at 123-9999.

① 과학 실험 동아리 가입 권유
② 방과 후 체육 프로그램 광고
③ 영어 학습 동아리 가입 권유
④ 수학 학습 동아리 가입 광고

17 다음 글 바로 뒤에 이어질 내용으로 가장 적절한 것은?

> Do you have difficulty in making new friends? Read the following useful tips on how to make new friends.

① 생활 속 안전수칙
② 효율적인 공부 방법
③ 환경 보호를 위한 유용한 방법
④ 새로운 친구를 사귀는 유용한 방법

18 다음 대화 직후 B가 A를 위해서 할 일은?

> A : Oh, it's raining. I didn't bring my umbrella. Could you lend me yours?
> B : Sure, I will lend you my umbrella.

① 우산 빌려주기
② 책 반납하기
③ 교실 청소하기
④ 숙제 도와주기

━━ 정답 및 해설

16 「펀 - 펀 영어 공부 모임에 참가하는 게 어때요? 매주 목요일마다 우리는 만나서 함께 영어 공부를 합니다. 당신의 영어 실력을 향상시키기 위해서 123 - 9999로 전화해야 합니다.」

17 「당신은 새로운 친구를 사귀는데 어려움을 겪고 있습니까? 새로운 친구를 사귀는 방법에 대한 다음 유용한 팁을 읽으세요.」

18 「A : 오, 비가 오네. 나는 우산을 가져오지 않았어. 네 것을 빌려줄 수 있니?
B : 물론, 내 우산을 빌려줄게.」

16.③ 17.④ 18.①

19 다음 빈칸에 들어갈 말로 가장 적절한 것은?

> In our _____ club, we play the piano, the guitar, and the drums. We also sing songs. Sometimes, we give a concert at the park.

① sports   ② cooking
③ music   ④ science

20 다음 대화에서 밑줄 친 말의 의도로 가장 적절한 것은?

> A : Minho has six dogs.
> B : <u>Wow! That's surprising.</u>

① 거절하기   ② 제안하기
③ 놀람 표현하기   ④ 안부 묻기

21 다음 글에서 Mary에 대한 설명으로 언급되지 않은 것은?

> Hi! My name is Mary. I live in Sydney. I live with my dad, my mom, and my brother. My hobby is playing baseball. I play baseball with my friends after school.

① 사는 곳   ② 가족
③ 취미   ④ 장래 희망

22 다음 애완견 돌보기 목록에 제시되지 않은 것은?

- Don't give chocolate
- Walk your dog outside
- Wash your dog every week

① 초콜릿 주지 않기
② 산책시키기
③ 장난감으로 놀아 주기
④ 매주 씻기기

23 주어진 말에 이어질 두 사람의 대화를 〈보기〉에서 찾아 순서대로 가장 적절하게 배열한 것은?

Where are you going on your holiday?

〈보기〉

(A) How long will you stay in Paris?
(B) I'll stay there for a week.
(C) I'm going to Paris.

① (A) – (B) – (C)
② (C) – (A) – (B)
③ (A) – (C) – (B)
④ (B) – (C) – (A)

정답 및 해설

22 「• 초콜릿 주지 않기
• 산책시키기
• 매주 씻기기」

23 「휴가는 어디로 갈 거야?
(C) 나는 파리에 갈 거야.
(A) 파리에 얼마나 오래 머물 거야?
(B) 1주일 동안 거기에 머무를 거야.」

22.③ 23.②

24 다음 글의 Nabi에 대한 내용과 일치하지 않는 것은?

> We have four cats in my family. Among them, Nabi is my favorite cat. She has brown eyes. She likes playing with a ball. She is friendly to me, but not to other people.

① 내가 가장 좋아하는 고양이이다.
② 갈색 눈을 가지고 있다.
③ 공을 가지고 놀기를 좋아한다.
④ 다른 사람들에게 다정하다.

25 다음 글의 주제로 가장 적절한 것은?

> I have two things to do this Saturday. In the morning, I'm going to meet my friends to finish our science project. In the evening, I'm going to watch a movie with my family.

① 이번 토요일에 할 일   ② 스포츠와 건강
③ 가고 싶은 여행지   ④ 유적지 탐방 계획

━━ 정답 및 해설

24 「우리 가족은 고양이 네 마리를 가지고 있다. 그 중에서 나비는 내가 가장 좋아하는 고양이다. 그녀는 갈색 눈을 가지고 있다. 그녀는 공을 가지고 놀기를 좋아한다. 그녀는 나에게 친절하지만 다른 사람들에게는 친절하지 않다.」

25 「이번 주 토요일에 할 일이 두 가지 있다. 아침에, 나는 과학 프로젝트를 끝내기 위해 친구들을 만날 것이다. 저녁에는 가족과 함께 영화를 보러간다.」

24.④ 25.①

1 다음 설명에 해당하는 위치 표현 방법은?

> • 어떤 지역을 대표하는 사물로, 주위의 경관 중에서 눈에 잘 띄는 것이다.
> • 이집트의 피라미드, 서울의 광화문 등을 예로 들 수 있다.

① 위도
② 경도
③ 랜드마크
④ 행정 구역

2 편지를 쓴 사람이 여행하고 있는 지역의 기후는?

> 수진아 안녕?
>
> 벌써 여행 10일째야, 오늘은 세렝게티 국립공원에서 사파리 여행을 했어. 듬성듬성하게 숲이 있고 긴 풀들이 나 있었는데 그 곳에서 많은 초식 동물과 육식 동물을 보았어.

① 냉대 기후
② 지중해성 기후
③ 열대 우림 기후
④ 열대 사바나 기후

━━━ 정답 및 해설

1 랜드마크란 어떤 지역을 식별하는 데 적당한 대표적 사물로, 주위의 경관 중에서 두드러지게 눈에 띄기 쉬운 것이라야 한다.

2 세렝게티 국립공원은 사바나 지대의 중심에 있는 탄자니아 최대의 국립공원이다. 열대 사바나 기후는 건기(겨울)와 우기(여름)가 뚜렷하며, 긴 풀들이 자라 초원이 형성된다.

1.③ 2.④

3 ㈎에 해당하는 사례로 가장 적합한 도시는?

> ㈎ 은/는 대도시 주변에 위치하면서 대도시의 인구와 기능을 분담하는 역할을 한다.

① 성남　　　　　　　　　② 부산
③ 전주　　　　　　　　　④ 울산

4 ㈎ 지역의 인구 밀도가 낮은 원인은?

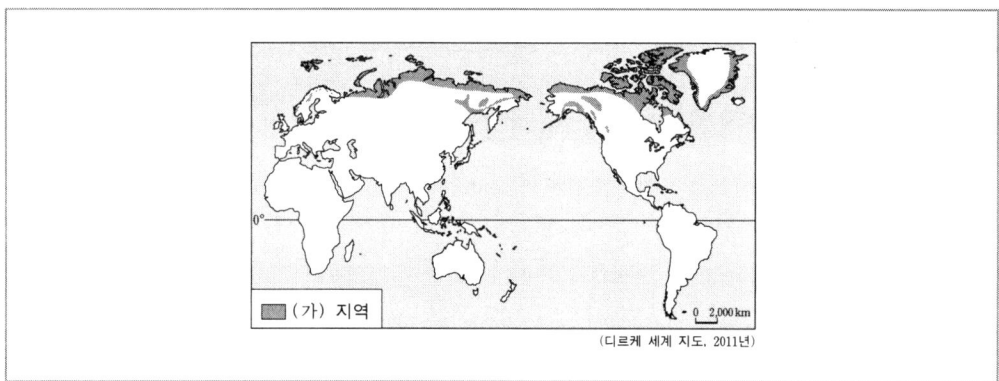

(디르케 세계 지도, 2011년)

① 험준한 산지　　　　　　② 열대 밀림 지역
③ 매우 추운 기후　　　　　④ 매우 건조한 기후

5 에너지 자원 중 석탄에 대한 설명으로 옳지 않은 것은?

① 산업 혁명의 원동력이 된 자원이다.
② 제철소와 화력발전소의 연료로 주로 사용된다.
③ 사용 과정에서 방사성 물질의 누출 위험이 있다.
④ 과거 우리나라의 겨울철 난방 연료로 널리 사용되었다.

━━━ 정답 및 해설

3 ㈎는 위성도시로 보기 중 성남이 위성도시에 해당한다.

4 ㈎ 지역은 극지방으로 매우 추운 기후로 인해 사람이 살기 어렵다.

5 ③ 사용 과정에서 방사성 물질의 누출 위험이 있는 것은 원자력이다.

3.① 4.③ 5.③

6 다음 설명에 공통적으로 해당하는 자연재해는?

- 해저지진의 결과로 발생한다.
- 엄청난 양의 바닷물로 인해 발생하는 압력과 높은 파도로 인명 피해, 항만 시설과 제방 파괴 등의 피해가 있다.

① 태풍
② 홍수
③ 산사태
④ 지진 해일

7 (가)에 들어갈 환경 문제는?

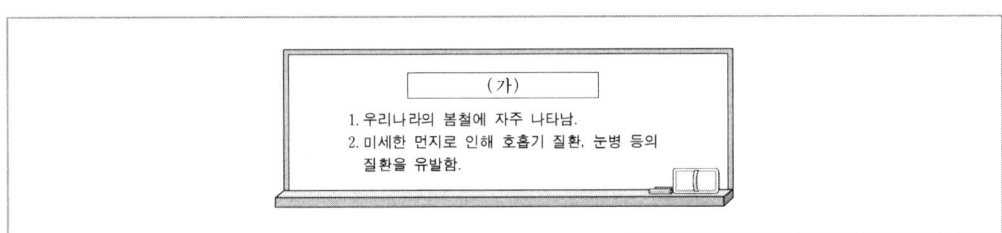

① 황사
② 산성비
③ 열대림 파괴
④ 오존층 파괴

6 지진 해일은 해저에서의 지진, 해저 화산 폭발, 단층 운동 같은 급격한 지각변동 등으로 발생하는 파장이 긴 천해파를 말한다.

7 황사란 바람에 의하여 하늘 높이 불어 올라간 미세한 모래먼지가 대기 중에 퍼져서 하늘을 덮었다가 서서히 떨어지는 현상 또는 떨어지는 모래흙을 말한다. 우리나라에서는 봄철 중국에서 불어오는 바람에 의하여 주로 발생한다.

🎺 6.④ 7.①

8 다음 설명에 공통적으로 해당하는 산은?

> • 우리나라 산줄기의 시작점이다.
> • 화산 폭발로 형성된 칼데라 호가 있다.
> • 우리 국토와 중국의 국경을 이루고 있다.

① 금강산   ② 백두산
③ 지리산   ④ 한라산

9 그림과 같이 구성되는 정부 형태에 해당하는 국가는?

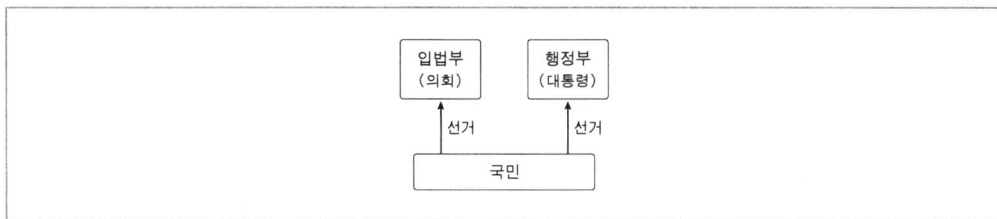

① 영국   ② 일본
③ 미국   ④ 캐나다

10 다음 설명에 해당하는 정치 주체는?

> 정치적 견해를 같이하는 사람들이 정치권력의 획득을 목표로 결성한 조직이다. 선거에 후보자를 추천하고, 국민의 심판을 통해 정치적 책임을 진다.

① 언론   ② 정당
③ 이익 집단   ④ 시민 단체

▬▶ 정답 및 해설

8 제시된 설명은 백두산에 해당하는 내용이다.

9 각각의 선거를 통하여 행정부와 입법부를 구성하는 정부 형태는 대통령제에 해당한다. 미국, 우리나라 등이 대통령제 국가이다.
①②④ 의원내각제 국가이다.

10 제시된 내용은 정당에 대한 설명이다.

🎺 8.② 9.③ 10.②

11 다음의 제도들이 공통적으로 추구하는 목적은?

> • 선거 공영제
> • 선거구 법정주의
> • 선거 관리 위원회

① 공정한 선거   ② 인물 중심의 선거
③ 선거 절차의 간소화   ④ 다원적 이익 표출의 제한

12 다음에 나타난 매체의 특징으로 옳은 것은?

> • 인터넷상에서 UCC(사용자 제작 콘텐츠)를 제작하여 전 세계 사람들과 공유한다.
> • SNS(소셜 네트워크 서비스)를 이용하여 정보를 만들고 유통한다.

① 쌍방향 의사 소통이 가능하다.
② 시간과 공간의 제약을 크게 받는다.
③ 인쇄 매체에 비해 정보의 전달 속도가 늦다.
④ 대중문화의 형성과 발달에 미치는 영향이 적다.

▶ 정답 및 해설

11 • 선거 공영제 : 공정한 선거를 위하여 선거에 들어가는 선거 비용의 일부를 국가가 부담하고 정부가 선거를 관리하는 제도
     • 선거구 법정주의 : 공정한 선거를 위해 선거구를 특정 정당과 특정 후보에 유리하지 않게 법률로 정하는 원칙
     • 선거 관리 위원회 : 선거와 국민투표의 공정한 관리 및 정당에 관한 사무를 관장하기 위하여 설치된 헌법기관

12 ② 시간과 공간의 제약을 받지 않는다.
     ③ 인쇄 매체에 비해 정보의 전달 속도가 빠르다.
     ④ 대중문화의 형성과 발달에 미치는 영향이 크다.

                                    11.①   12.①

13 다음 설명과 같은 배경으로 등장한 법은?

> 자본주의가 발달하면서 빈부 격차, 노사 갈등 등 사회문제가 발생하자 개인 간의 생활 영역에 국가가 개입하여 사회적 약자를 보호할 필요성이 점차 커졌다.

① 형법
② 사법
③ 행정법
④ 사회법

14 두 사람이 공통적으로 침해를 당했다고 주장하는 기본권은?

① 참정권
② 평등권
③ 청구권
④ 자유권

15 ㈎에 들어갈 경제 개념으로 적절한 것은?

> ㅤ㈎ㅤ은 어떤 것을 선택함으로써 포기하는 가치 중에 가장 큰 것이다. 음식점에서 짜장면과 짬뽕 사이에서 고민하다가 짜장면을 선택했다면 짬뽕을 먹었을 때의 만족감이 그 예에 해당한다.

① 편익
② 희소성
③ 기회비용
④ 매몰 비용

━━━ 정답 및 해설

13 사회법(社會法)은 사법(私法)의 영역인 개인 간의 관계에 국가가 개입하는 법이다. 자유방임적 자본주의 체제하에서 경제가 성장함에 따라 빈부 격차, 노동자와 사용자 간 대립, 환경오염, 계약 자유의 원칙 악용 등의 사회 문제가 발생하였는데 이러한 사회 문제를 해결하기 위해 국가가 사적인 법 영역에 적극적으로 개입해야 한다는 요구가 커지면서 사회법이 등장하였다.

14 누구든지 성별·종교 또는 사회적 신분에 의하여 정치적·경제적·사회적·문화적 생활의 모든 영역에 있어서 차별을 받지 아니한다는 평등권을 침해당했다.

15 기회비용은 어떤 것을 선택함으로써 포기하는 가치 중에 가장 큰 것이다.

ㅤ13.④ㅤ14.②ㅤ15.③

16 신문에서 설명된 상황이 발생했을 때 가장 유리한 사람은?(단, 다른 조건은 일정하다고 가정한다.)

> **○○ 일보** ○○○○년 ○○월 ○○일
>
> 최근 우리나라 시장에서 물가가 매우 높은 수준으로 꾸준히 상승하였습니다.

① 은행에 예금한 사람
② 부동산이나 금과 같은 실물 자산 소유자
③ 1년 동안 고정된 액수를 월급으로 받는 직장인
④ 매달 고정적인 연금을 받아 생활하는 70대 노인

17 다음 설명에 해당하는 나라는?

> • 10월에 무천이라는 제천 행사를 열었다.
> • 다른 부족의 영역을 침범하면 노비와 소, 말 등으로 배상해야 하는 책화의 풍습이 있었다.

① 동예   ② 신라
③ 고려   ④ 조선

18 다음 설명에 해당하는 것은?

> 고려 시대에 몽골이 침략하자, 부처의 힘으로 국난을 극복하고자 하는 염원에서 제작되었다. 현재 국보 제32호로 지정되어 있으며 해인사에 보관 중이다.

① 칠지도   ② 비파형 동검
③ 호우명 그릇   ④ 팔만대장경판

■■■ 정답 및 해설

16 물가가 상승할 때에는 현물을 소유한 사람이 가장 유리하다.

17 무천은 동예의 제천 행사이다. 동예에는 다른 부족의 영역을 침범하면 노비와 소, 말 등으로 배상해야 하는 책화의 풍습이 있었다.

18 제시된 내용은 팔만대장경판에 대한 설명이다.

16.② 17.① 18.④

19 아나운서의 설명에 해당하는 것은?

이 무덤은 고구려의 대표적인 무덤 형태입니다. 돌을 깎고 쌓아 시신을 안치할 방을 만들고, 천장과 벽에 벽화를 그렸습니다. 이를 통해 당시의 생활 모습을 알 수 있습니다.

① 움집   ② 고인돌
③ 독무덤   ④ 굴식 돌방무덤

20 다음 설명에 해당하는 조선의 왕은?

• 명과 후금 사이에 중립 외교를 추진하였다.
• 농민의 부담을 줄여주기 위해 대동법을 실시하였다.

① 영조   ② 세종
③ 광해군   ④ 연산군

▬▶ 정답 및 해설

19 굴식 돌방무덤은 판 모양의 돌·깬돌을 이용하여 널을 안치하는 방을 만들고 널방벽의 한쪽에 외부로 통하는 출입구를 만든 뒤 봉토를 씌운 무덤으로 고구려의 대표적인 무덤 형태이다.

20 1592년 임진왜란 이후 명은 점차 쇠퇴해지고, 1616년 여진족이 세운 후금은 강성해져 명·청 교체가 이루어졌다. 광해군은 명과 후금 사이에서 중립을 지키는 정책을 실시하여 전쟁을 피하게 하였다. 또한 농민에게 부담을 주는 공납의 폐단을 없애기 위해 대동법을 실시하였다.

19.④ 20.③

21 밑줄 친 '이 사람'이 저술한 책은?

> 이 사람은 북학파의 대표적인 학자로서 청의 선진 문물을 적극 수용할 것을 주장하였다. 또한 수레와 선박, 화폐를 이용한 상공업을 진흥해야 한다고 하였다.

① 열하일기　　　　　　　② 농사직설
③ 동의보감　　　　　　　④ 삼국사기

22 교사의 질문에 대한 학생의 답으로 가장 적절한 것은?

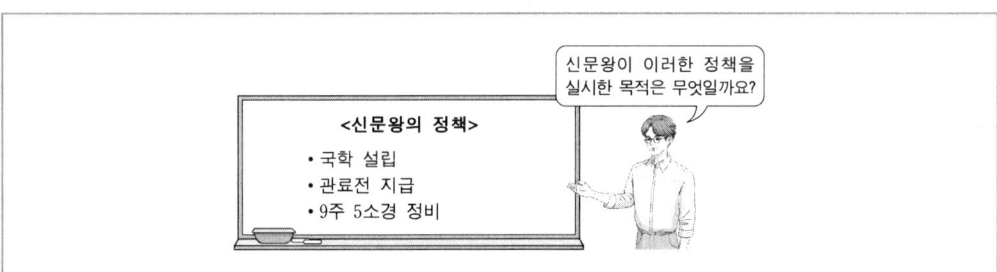

① 불교를 공인하고자 하였어요.
② 신분제도를 폐지하고자 하였어요.
③ 붕당의 폐단을 없애고자 하였어요.
④ 강력한 왕권을 확립하고자 하였어요.

▬▬ 정답 및 해설

21 밑줄 친 이 사람은 박지원이다. '열하일기'는 청나라를 다녀온 박지원이 기록한 여행기이다.
② 농사직설 – 세종 때 정초, 변효문 등
③ 동의보감 – 허준
④ 삼국사기 – 김부식

22 김흠돌 모역사건 후 신문왕은 전국의 행정구역을 9주 5소경으로 짜고 군대를 9서당 10정으로 개편한다. 또한 노동력을 징발할 수 있는 녹읍을 폐지하고 관료전을 지급해 귀족들의 권력을 약화시켰다. 유교를 정치사상으로 내세워 유교 교육기관 '국학'을 세우기도 했다.

🅑 21.① 22.④

23 다음 설명에 해당하는 운동은?

> 일본에 진 빚 1,300만 원을 갚고 국권을 지키기 위해 1907년 농민, 상인, 부녀자 등 다양한 계층이 참여하여 금주, 금연으로 돈을 모으고 비녀와 반지 등을 성금으로 냈다.

① 형평 운동
② 국채 보상 운동
③ 6 · 10 만세 운동
④ 광주 학생 항일 운동

24 다음 설명에 해당하는 단체는?

> • 1940년 대한민국 임시 정부가 창설한 부대
> • 일제가 태평양 전쟁을 일으키자 연합군과 공동 작전 수행

① 신민회
② 보안회
③ 별기군
④ 한국광복군

25 4 · 19 혁명의 배경으로 옳은 것을 〈보기〉에서 고른 것은?

> 〈보기〉
> ㉠ 3 · 15 부정 선거   ㉡ 유신 체제의 성립
> ㉢ 5 · 16 군사 정변   ㉣ 이승만의 장기 집권

① ㉠, ㉡
② ㉠, ㉣
③ ㉡, ㉢
④ ㉢, ㉣

▬▬ 정답 및 해설

23 제시된 내용은 1907년부터 1908년 사이에 국채를 국민들의 모금으로 갚기 위하여 전개된 국권회복운동인 국채 보상 운동에 대한 설명이다.

24 한국광복군은 1940년 중국 충칭에서 조직된 대한민국 임시 정부의 군대로, 대한민국 임시 정부의 김구 주석은 중국 곳곳에서 독립 전쟁을 벌이는 독립군을 바탕으로 한국광복군을 조직하였다.

25 4 · 19 혁명을 초래하게 된 근본원인은 종신집권을 노린 대통령 이승만의 지나친 정권욕과 독재성 및 그를 추종하는 자유당의 부패정치가 단적으로 드러난 3 · 15 부정 선거였다.

📖 23.② 24.④ 25.②

1 다음 설명에 해당하는 것은?

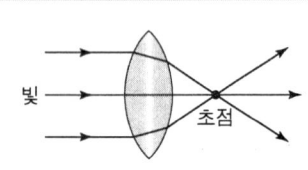

- 나란하게 들어온 빛을 굴절시켜 한 초점을 지나게 한다.
- 돋보기로 이용된다.

① 프리즘   ② 볼록 렌즈
③ 오목 렌즈   ④ 평면 거울

2 그림은 비스듬히 위로 던진 공의 운동 경로를 나타낸 것이다. A~D 중 중력에 의한 위치 에너지가 가장 큰 지점은?

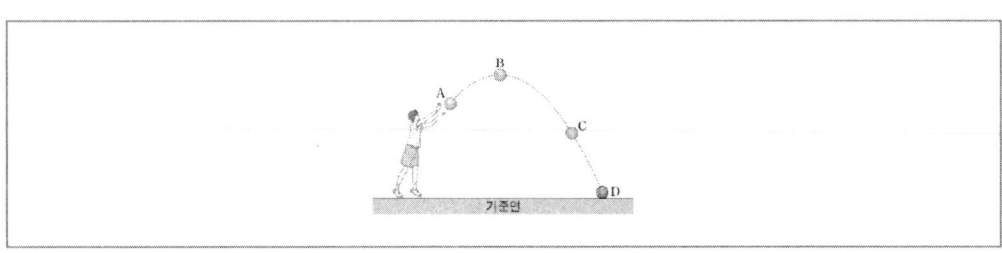

① A   ② B
③ C   ④ D

▬▬ 정답 및 해설

1   볼록 렌즈 가운데 부분이 가장자리보다 두꺼운 모양의 렌즈로 나란하게 들어온 빛을 굴절시켜 한 초점을 지나게 하며, 물체가 크고 똑바로 보이거나 물체가 거꾸로 보이는 성질이 있다.

2   위치 에너지가 가장 큰 지점은 높이가 가장 높은 B이다.

                                                          1.② 2.②

3 그림과 같이 가만히 놓은 공이 떨어지는 동안, 시간에 따른 공의 속력을 나타낸 그래프는? (단, 공기 저항은 무시한다.)

운동
방향

지면

① 속력 / 시간
0

② 속력 / 시간
0

③ 속력 / 시간
0

④ 속력 / 시간
0

4 그림의 전기 회로에서 전류계 ㈎와 ㈏에 나타나는 전류 세기의 비는?

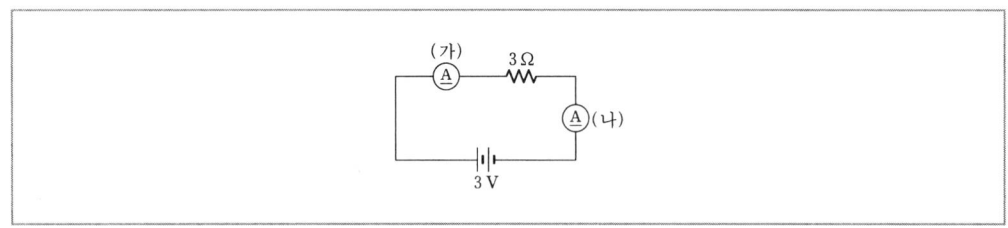

(가)
3 Ω
(A)
(A) (나)
3 V

① 1 : 1
② 1 : 2
③ 2 : 1
④ 2 : 3

3 자유낙하운동은 정지되어 있던 물체가 중력을 받아 속력이 커지면서 지면을 향하여 떨어지는 운동이다. 따라서 시간이 지날수록 속력이 커진다.

4 직렬 회로에서 ㈎, ㈏에 걸리는 전류는 동일하다. 따라서 전류 세기의 비는 1 : 1이다.

3.① 4.①

5 소비 전력이 100W인 텔레비전을 3시간 시청하였을 때 사용한 전력량은?

① 100Wh   ② 200Wh

③ 300Wh   ④ 400Wh

6 다음 설명에 해당하는 것은?

> • 금속에 열을 가하면 길이와 부피가 팽창 한다.
> • 겨울에 팽팽했던 전깃줄이 여름에는 늘어진다.

① 단열   ② 액화

③ 응고   ④ 열팽창

7 그래프는 어떤 고체 물질을 가열할 때, 가열 시간에 따른 온도를 나타낸 것이다. 고체와 액체가 함께 있는 구간은?

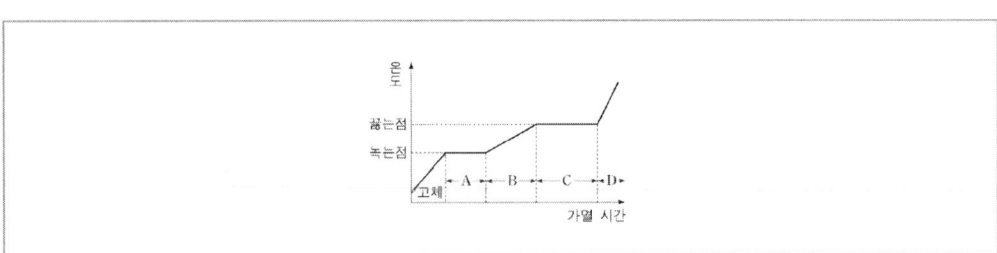

① A   ② B

③ C   ④ D

▶ 정답 및 해설

5 소비 전력은 1회 사용 시(약 1시간) 제품을 사용했을 때 소비되는 전력량으로 100W인 텔레비전을 3시간 시청하였다면 소비된 전력량은 300W이다.

6 온도에 따라 물체의 길이와 부피가 변하는 현상을 열팽창이라고 한다.

7 A – 고체, 액체
B – 액체
C – 액체, 기체
D – 기체

🐝 5.③ 6.④ 7.①

8 칼슘 이온(Ca^{2+})과 염화 이온(Cl^-)으로 구성된 염화 칼슘의 화학식은?

① AgCl ② NaOH

③ NaCl ④ $CaCl_2$

9 그림과 같이 서로 잘 섞이지 않는 액체 혼합물을 분별 깔때기를 사용하여 분리할 때 이용되는 물질의 특성은?

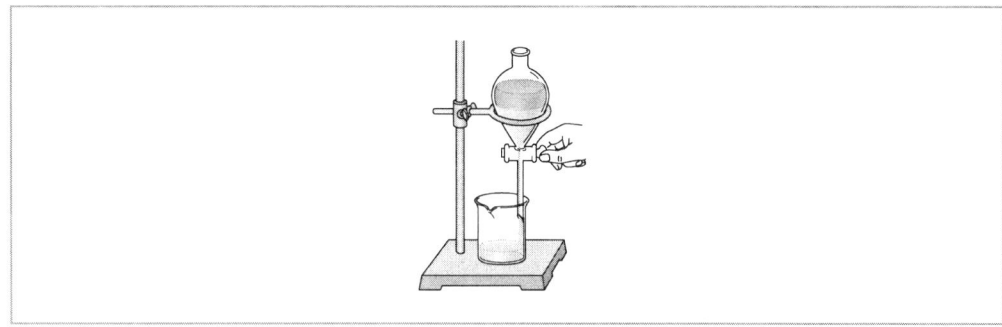

① 밀도 ② 녹는점

③ 끓는점 ④ 어는점

10 다음은 물질 변화의 예이다. ㉠, ㉡에 대한 설명으로 옳지 않은 것은?

㉠ 사과를 4조각으로 나누어 접시에 오래 놓아 두었더니, ㉡ 사과의 표면이 갈색으로 변했다.

① ㉠은 물리 변화이다. ② ㉠에서 원자의 종류가 달라졌다.

③ ㉡은 화학 변화이다. ④ ㉡에서 새로운 물질이 만들어졌다.

■■■ 정답 및 해설

8 $Ca^{2+} + 2Cl^- \rightarrow CaCl_2$

9 밀도가 달라 서로 잘 섞이지 않는 액체 혼합물을 분별 깔때기에 넣으면 밀도가 큰 액체만 분리해 낼 수 있다.

10 ② 물리 변화에서는 원자의 종류가 달라지지 않는다.

8.④ 9.① 10.②

11 그래프는 마그네슘이 연소할 때 반응한 마그네슘과 산소의 질량을 나타낸 것이다. 반응한 마그네슘과 산소의 질량비는?

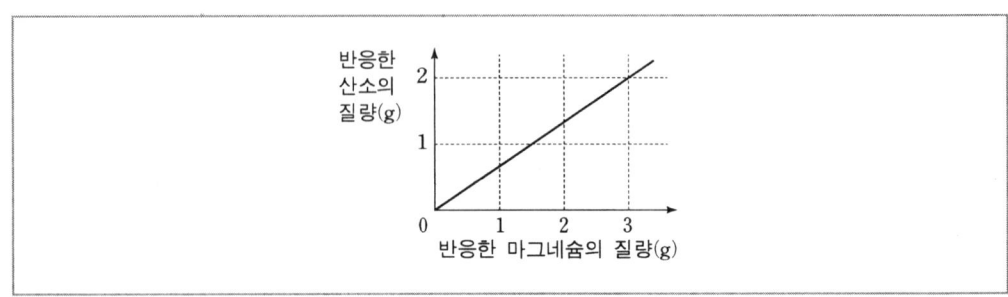

① 1 : 1
② 2 : 1
③ 3 : 2
④ 3 : 5

12 그래프는 염산과 수산화 나트륨 수용액의 중화 반응에서 혼합 용액의 온도를 나타낸 것이다. A~D 중 중화열이 가장 많이 발생한 지점은? (단, 두 수용액의 온도는 같다.)

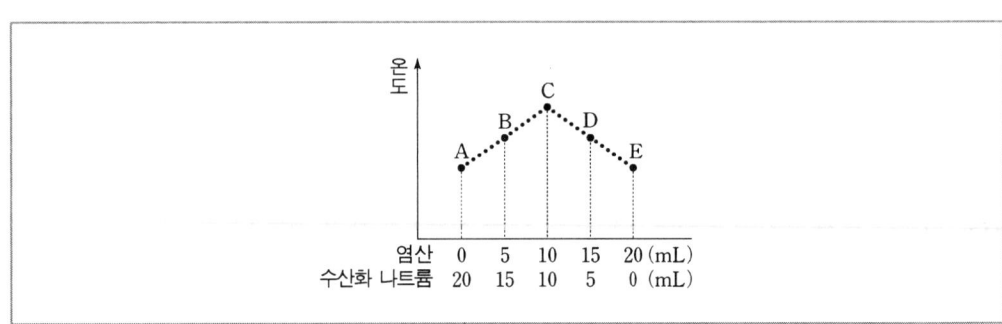

① A
② B
③ C
④ D

━━━ 정답 및 해설

11 반응한 산소의 질량이 2이일 때, 반응한 마그네슘의 질량이 3이므로 마그네슘과 산소의 질량비는 3 : 2이다.

12 혼합 용액의 온도가 가장 높은 C 지점에서 중화열이 가장 많이 발생하였다.

11. ③ 12. ③

13 다음 중 빛의 세기에 따른 광합성량을 나타낸 그래프는? (단, 이산화 탄소 농도는 충분하고, 온도는 25℃로 일정하다.)

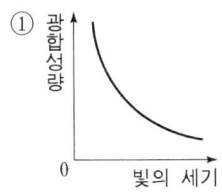

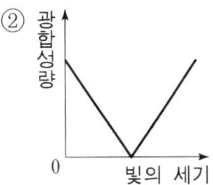

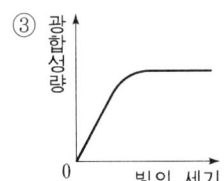

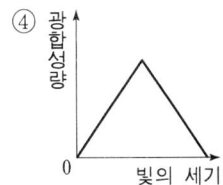

14 다음 설명에 해당하는 중추 신경은?

- 등뼈인 척추 속에 들어 있는 신경 세포 다발이다.
- 무릎 반사의 중추이다.

① 간뇌　　　　　　　　　② 소뇌
③ 척수　　　　　　　　　④ 중간뇌

15 사람 몸에서 심장의 기능은?

① 오줌을 생성한다.　　　　② 생식 세포를 만든다.
③ 소화 효소를 분비한다.　　④ 온몸으로 혈액을 순환시킨다.

━━━▶ 정답 및 해설

13 광합성량은 빛의 세기에 따라 점점 증가하다가 일정 세기가 넘어서는 동일하게 유지된다.

14 척수는 척추 내에 위치하는 중추신경의 일부분으로 뇌와 말초신경의 중간다리 역할을 한다.

15 심장은 온몸으로 혈액을 순환시킨다.
　① 신장　② 난소/정소　③ 소화기관

🖐 13.③　14.③　15.④

16 그림은 사람의 내분비샘을 나타낸 것이다. 티록신을 분비 하는 갑상샘은?

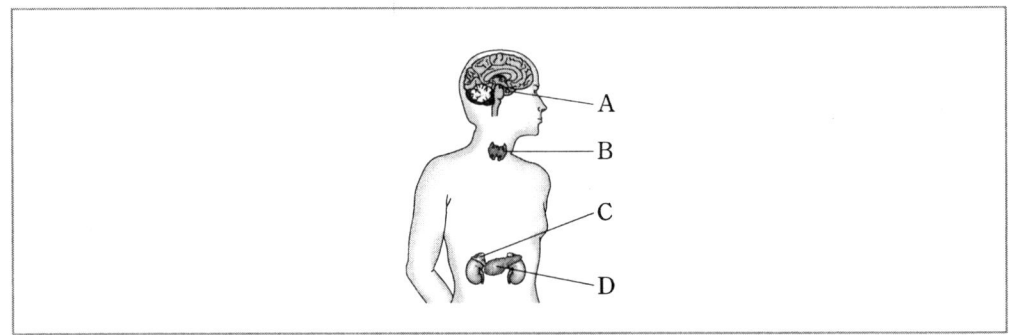

① A   ② B

③ C   ④ D

17 흙 속의 물과 무기 양분을 흡수하는 식물의 기관은?

① 꽃   ② 뿌리

③ 열매   ④ 체관

▶ 정답 및 해설

16 A – 뇌하수체 : 생장 호르몬, 갑상선 자극 호르몬, 부신 피질 자극 호르몬, 생식선 자극 호르몬

　　B – 갑상선 : 칼시토닌, 티록신

　　C – 부신 : 코르티코이드, 아드레날린

　　D – 이자 : 인슐린, 글루카곤

17 식물은 뿌리를 통해 흙 속의 물과 무기 양분을 흡수한다.

16.② 17.②

18 다음 설명에 해당하는 생식 방법은?

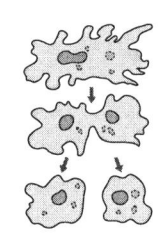 • 아메바와 같은 단세포 생물이 2개의 세포로 분열하여 각각 새로운 개체가 된다.

① 분열법   ② 출아법
③ 유성 생식   ④ 포자 생식

19 다음 설명에 해당하는 광물의 성질은?

 • 방해석은 외부에서 힘을 가하면 기울어진 육면체 모양으로 갈라져 떨어진다.

① 광택   ② 자성
③ 조흔색   ④ 쪼개짐

▶▶ 정답 및 해설

18 생식
  ㉠ 무성 생식 : 암수 생식세포의 결합 없이 자손을 만드는 생식 방법
  • 분열법 : 한 개의 세포로 이루어진 생물이 어느 정도 자라면 세포 분열을 통해 두 개의 세포로 나누어져 각각 새로운 개체가 된다.
  • 출아법 : 몸의 일부가 혹처럼 돋아나 어느 정도 자라면 떨어져 나와 새로운 개체가 된다.
  • 포자 생식 : 일부에서 포자를 만들고, 포자가 싹이 터서 새로운 개체가 된다.
  • 영양 생식 : 꽃이 피는 식물의 영양 기관(뿌리, 줄기, 잎) 일부가 새로운 개체가 된다.
  ㉡ 유성 생식 : 암수가 각각 생식세포를 만들고, 이 생식세포가 결합하여 자손을 만드는 생식 방법

19 쪼개짐은 결합력이 약한 방향이나 특정한 면을 따라 광물이 쉽게 쪼개지는 성질을 말한다. 방해석은 외부에서 힘을 가하면 기울어진 육면체 모양으로 갈라져 떨어지는 쪼개짐이 나타난다.

                                       18.①   19.④

20 그림은 지구상의 생물을 5가지 계로 구분하여 나타낸 것이다. 버섯과 곰팡이가 속하는 계는?

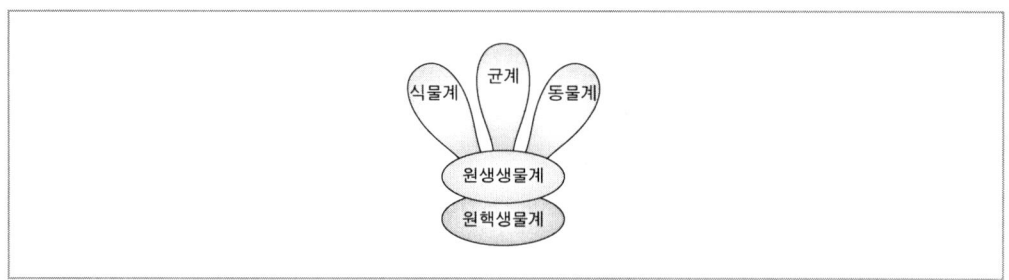

① 균계　　　　　　　　　　　② 동물계
③ 원생생물계　　　　　　　　　④ 원핵생물계

21 그림은 어느 해수에 녹아 있는 염류의 성분비를 나타낸 것이다. ㈎에 해당하는 염류는?

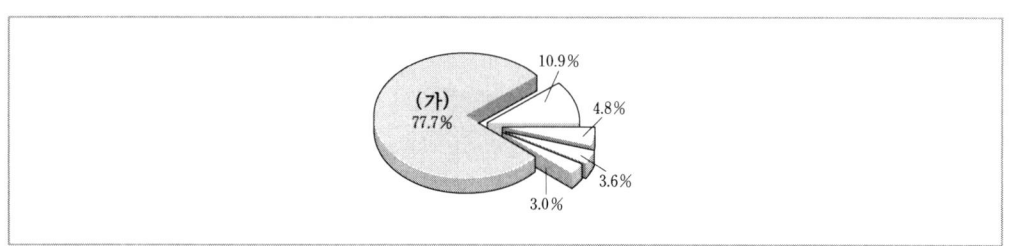

① 황산 칼슘　　　　　　　　　② 염화 나트륨
③ 염화 마그네슘　　　　　　　④ 황산 마그네슘

━━ 정답 및 해설

20 버섯과 곰팡이는 균계에 속한다. 균계는 대부분 세포에 핵이 있는 대세포 생물로 운동성이 없고 주로 포자 번식을 한다.

※ 생물의 분류

분류 기준	핵	세포수	세포벽	광합성	운동성
원핵생물계	없다	단세포	있다	–	–
원생생물계	있다	–	–	–	–
식물계	있다	다세포	있다	한다	없다
균계	있다	다세포	있다	안 한다	없다
동물계	있다	다세포	없다	안 한다	있다

21 해수의 염류 중에서 가장 많은 양을 차지하는 성분은 염화나트륨(NaCl)이고 그 다음이 염화마그네슘($MgCl_2$)이다.

🅑 20.① 21.②

22 다음 설명에 해당하는 대기권의 층은?

> • 높이 올라갈수록 기온이 올라가며, 공기가 매우 희박하다.
> • 고위도 지방에서는 오로라가 발생하기도 한다.

① 대류권　　　　　　　　　② 성층권
③ 중간권　　　　　　　　　④ 열권

▬▶ 정답 및 해설

22 대기권의 구조

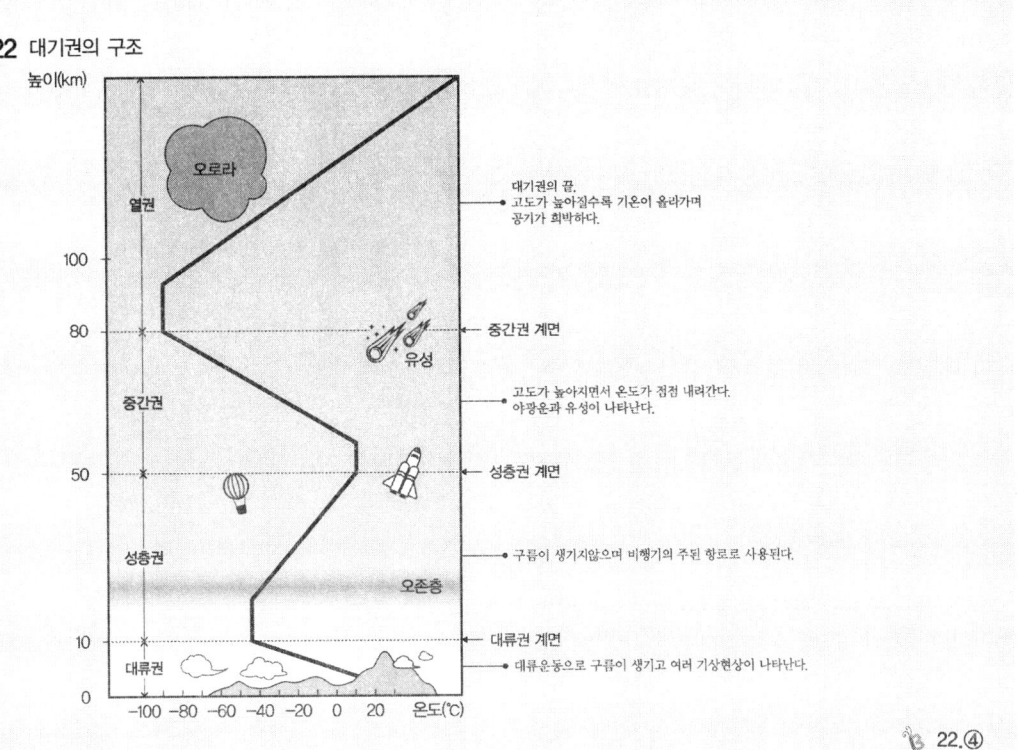

22.④

23 그림은 어느 계절의 전형적인 기압 배치를 나타낸 것이다. 시베리아 기단이 우리나라에 영향을 주는 이 계절은?

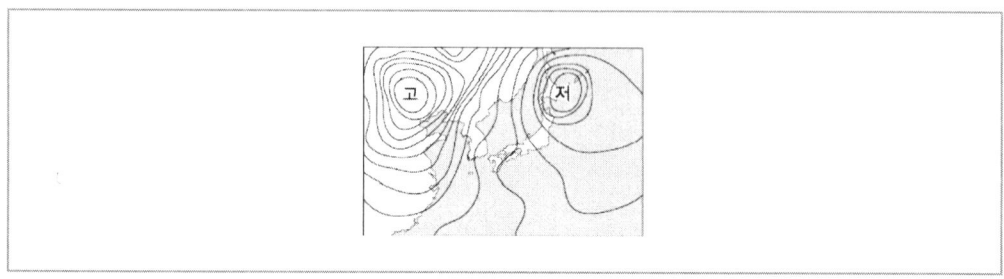

① 봄   ② 여름
③ 가을   ④ 겨울

24 다음 설명에 해당하는 천체는?

- 행성의 주위를 공전한다.
- 지구의 달, 목성의 이오, 토성의 타이탄 등이 예이다.

① 위성   ② 혜성
③ 소행성   ④ 왜소 행성

25 그림과 같이 우리나라에서 남쪽 밤하늘을 같은 시각에 관측한 별자리가 계절별로 다르게 보이는 원인은?

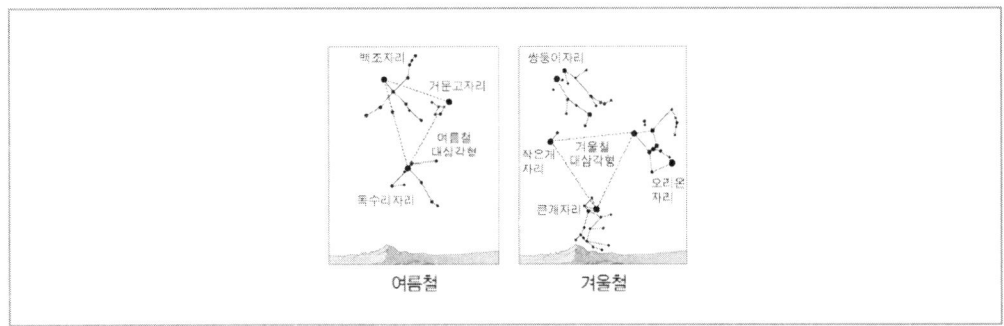

① 달의 공전
② 태양의 자전
③ 지구의 공전
④ 지구의 자전

25 지구의 공전에 의해 태양이 보이는 위치가 달라지면서 계절에 따라 밤하늘에서 보이는 별자리도 달라진다.

25.③

공무원시험/자격시험/독학사/검정고시/취업대비 동영상강좌 전문 사이트

공무원	9급 공무원	서울시 기능직 일반직 전환	각 시·도 기능직 일반직 전환	교육청 기능직 일반직 전환
	관리운영직 일반직 전환	사회복지직 공무원	우정사업본부 계리직	서울시 기술계고 경력경쟁
기술직 공무원	물리	화학	생물	
	기술계 고졸자 물리/화학/생물			
경찰·소방공무원	소방특채 생활영어	소방학개론		
군 장교, 부사관	육군부사관	공군부사관	해군부사관	부사관 국사(근현대사)
	공군 학사사관후보생	공군 조종장학생	공군 예비장교후보생	공군 국사 및 핵심가치
NCS, 공기업, 기업체	공기업 NCS	공기업 고졸 NCS	코레일(한국철도공사)	한국수력원자력
	국민건강보험공단	국민연금공단	LH한국토지주택공사	한국전력공사
자격증	임상심리사 2급	건강운동관리사	사회조사분석사	한국사능력검정시험
	국어능력인증시험	청소년상담사 3급	관광통역안내사	국내여행안내사
	텔레마케팅관리사	사회복지사 1급	경비지도사	경호관리사
	신변보호사	전산회계	전산세무	
무료강의	국민건강보험공단	사회조사분석사 기출문제	독학사 1단계	대입수시적성검사
	사회복지직 기출문제	농협 인적성검사	지역농협 6급	기업체 취업 적성검사
	한국사능력검정시험 백발백중 실전 연습문제		한국사능력검정시험 실전 모의고사	

서원각 www.goseowon.co.kr
QR코드를 찍으면 동영상강의 홈페이지로 들어가실 수 있습니다.

서원각

자격시험 대비서

핵심이론 〉   출제예상문제 〉   온라인강의 제공

교재구입 시
무료동영상강의
제공

임상심리사 2급

건강운동관리사

사회조사분석사 종합본

사회조사분석사 기출문제집

국어능력인증시험

청소년상담사 3급

관광통역안내사 종합본

사회복지사 1급 기출문제 정복하기